U0617598

本书得到
国家社会科学基金项目
广西大学文学与文化研究中心基金
资助

《全汉文》编年系地与分布

易小平◎著

社会科学文献出版社
SOCIAL SCIENCES ACADEMIC PRESS (CHINA)

目　录

绪 论

一 考察对象

清代严可均辑校的《全上古三代秦汉三国六朝文》（下称《全文》），是迄今收录先唐文章最全的一部总集。其子集《全汉文》63 卷，辑录西汉文章 1445 篇，第一作者 319 位，另有阙名 2 处。这些文章和作者，就是本课题的两类考察对象，分别说明如下。

（一）关于《全汉文》应考察作者数

《全汉文》第一作者 319 位，另外还有第二作者 5 位。据笔者统计，《全汉文》辑录作品 1445 篇，其中有些文章在出处里有多位作者，严可均一般只标首位作者。如《汉书·文帝纪》高后八年，诸吕被诛后，大臣迎代王，"上议曰：'丞相臣平、太尉臣勃、大将军臣武、御史大夫臣苍、宗正臣郢、朱虚侯臣章、东牟侯臣兴居、典客臣揭再拜言大王足下……'"是为《上代王即位议》，《全汉文》卷十四辑入陈平一人名下。《汉书·淮南王传》言刘长反事觉后，"王至长安，丞相张苍，典客冯敬行御史大夫事，与宗正、廷尉杂奏"云云，是为《奏论淮南王长罪》，《全汉文》卷十四辑入张苍一人名下。《汉书·师丹传》："丹既免数月，上用朱博议，尊傅太后为皇太太后，丁后为帝太后，与太皇太后及皇太后同尊，又为共皇立庙京师，仪如孝元皇帝。博迁为丞相，复与御史大夫赵玄奏言"云云，是为《奏免师丹爵邑》，《全汉文》卷四十七辑入朱博一人名下。

以上各文有多位作者，严氏均系于第一作者名下，不与第二以后作者并列。但另有 5 篇文章严氏标了两位作者：卷二十八《上言盐铁》署名孔仅与东郭咸阳，卷五十五《移书梁傅相中尉》署名方赏与毕由，卷六十二《移书刘良》署名甄阜与梁丘赐，卷四十六《与呼韩邪单于盟约》署名韩昌与张猛，卷五十六《奏尊傅太后丁后》署名泠褒与段犹。为了全书署名体例的统一，以上 5 篇文章不考虑第二作者①。

除去这 5 位第二作者，《全汉文》第一作者 319 位就是本课题考察的作者数。

以上作者之外，还需补充原来被归入阙名的作者庞真 1 人。《全汉文》卷五十七载阙名《薛况罪议》，出自《汉书·薛宣传》。薛宣与弟修因事后母不和，博士申咸毁宣不供养行丧服，薄于骨肉。宣子薛况使刺客斫之。事下有司，"廷尉直以为"云云，是为《薛况罪议》。"况竟减罪一等，徙敦煌。宣坐免为庶人，归故郡，卒于家。"《汉书·外戚恩泽侯表》高阳侯薛宣："绥和二年，坐不忠孝，父子贼伤近臣，免。"据此，廷尉直《薛况罪议》一文作于成帝绥和二年（前 7）。按《汉书·百官公卿表》绥和元年："少府庞真为廷尉，二年为长信少府。"则绥和二年廷尉仍为庞真，所谓的"廷尉直"实为"廷尉真"之误，而廷尉真即廷尉庞真，正是绥和二年《薛况罪议》一文的作者。庞真字稚孙，京兆杜陵人，曾任河内太守、左冯翊和少府。《汉书·百官公卿表》永始三年（前 14）："河内太守杜陵庞真稚孙为左冯翊，三年迁。"元延元年（前 12）："左冯翊庞真为少府，四年迁。"

加上庞真，《全汉文》应考第一作者数为 320 人。

（二）关于《全汉文》应考察文章篇数

《全汉文》文章原来 1445 篇，但有 14 篇文章不应计算在内，说明如下。

其一，文章重出不计者 4 篇。赵增寿《又白解万年》重出，实为成帝《徙解万年制》，应并入其名下。《全汉文》卷八成帝《徙解万年制》，辑自《汉书·陈汤传》：成帝下诏罢昌陵之后，有司请废昌陵邑中室，汤以为："县官且顺听群臣言，犹且复发徙之也。"大司马卫将军王商、丞相御史与廷尉赵增寿等分别议其罪。"制曰：'廷尉增寿当是。汤前有讨郅支单于功，其免汤为庶人，徙边。'又曰：'故将作大匠万年佞邪不忠，妄为巧诈，多赋敛，烦徭役……'""又曰"之后制文，严题《徙解万年制》。按《全汉文》卷四十九赵增寿《又白解万年》一文，出处及文字与成帝此文完全相同，属于重收，应删。

　　哀帝《诏上计丞史归告二千石》重出，实为孔光《丞相遣郡国计吏敕》，应并入其名下。《全汉文》卷十三孔光《丞相遣郡国计吏敕》，辑自《永乐大典》本《汉旧仪》："郡国守丞长史上计事竟，遣君侯出坐庭上，亲问百姓所疾苦，计室掾吏一人大音者读敕毕，遣敕曰：'诏书数下，禁吏无苛暴。丞长史归告二千石，凡民所疾苦，急去残贼，审择良吏，无任苛刻。治狱决讼，务得其中。明诏忧百姓困于衣食，二千石帅劝农桑，思称厚恩，有以赈赡之，无烦扰夺民时。公卿以下，务饬俭恪，今俗奢侈过制度，日以益甚，二千石务以身帅，有以化之。民冗食者谨以法养，视疾病，致医药，务活之。诏书无饰厨传增养食，至今未变，或更尤过度，甚不称。归告二千石，务省约如法。且案不改者，长吏以闻。守寺乡亭漏败，垣墙阤坏，所治无办护者，不称任，先自劾不应法。归告二千石，勿听。'"此文又见《后汉书·百官志一》"司徒"条刘昭注引《汉旧仪》曰："哀帝元寿二年，以丞相为大司徒。郡国守长史上计事竟，遣公出庭上，亲问百姓所疾苦。记室掾史一人大音读敕毕，遣敕曰"云云。然《全汉文》卷九哀帝《诏上计丞史归告二千石》一文，与孔光此文完全相同，属于重收。按《丞相遣郡国计吏敕》应为孔光作。首先，序文曰："哀帝元寿二年，以丞相为大司徒。"《汉书·哀帝纪》元寿二年："五月，正三公分职。大司马卫将军董贤为大司马，丞相孔光为大司徒，御史大夫彭宣为大司空。"故序文所指丞相即孔光。又序文曰："遣君侯出坐庭上。"这里的"君侯"也指丞相。《汉书·刘屈氂传》："其明年，贰师将军李广利将兵出击匈奴，丞相为祖道，送至渭桥，与广利辞决。广利曰：'愿君侯早请昌邑王为太子。'"如淳曰："《汉仪注》列侯为丞相，称君侯。"故窦婴、田千秋、杨敞、丙吉、翟方进、王嘉等为丞相，都曾被称作君侯。元寿二年丞相博山侯孔光为大司徒，故亦称君侯。其次，该文言"明诏"，显然不是皇帝下诏的口吻，而是臣下称奉诏书的语气。《两汉全书》删去孔光《丞相遣郡国计吏敕》，不妥，应删哀帝名下《诏上计丞史归告二千石》一文①。

　　东方朔《旱颂》重出，实为贾谊《旱云赋》，应并入其名下。《全汉文》卷二十五东方朔《旱颂》，辑自《艺文类聚》卷二百。《钦定四库全

---

　　①　详拙文《〈全汉文〉阙误辨正》，《兰台世界》2016 年第 9 期。

书考证》卷九十四："按此颂即用贾谊《旱云赋》裁截之者。"按贾谊《旱云赋》载《全汉文》卷十五。

阙名《奏遣王莽王仁就国》重出，实为朱博《奏免王莽爵土》，应并入其名下。《全汉文》卷四十七载朱博《奏免王莽爵土》，出自《汉书·王莽传》：绥和二年王莽去位，"后二岁，傅太后、丁姬皆称尊号，丞相朱博奏：'莽前不广尊尊之义，抑贬尊号，亏损孝道，当伏显戮。幸蒙赦令，不宜有爵土，请免为庶人。'"按《全汉文》卷四十九阙名《奏遣王莽王仁就国》一文，出自《汉书·元后传》："后二岁，傅太后、帝母丁姬皆称尊号。有司奏'新都侯莽前为大司马，贬抑尊号之议，亏损孝道，及平阿侯仁臧匿赵昭仪亲属，皆就国。'天下多冤王氏。"按此文"及平阿侯仁臧匿赵昭仪亲属，皆就国"为史家叙述之言，严氏辑入奏文，不妥。对比可知，此文与朱博文基本相同，应为朱博所作，可作为异文辑入朱博文，不当重出于阙名之下。

其二，以诗为文不计者 2 篇。《全文》凡例："是编亦不载诗。"《全汉文》卷三所载武帝《秋风辞》，辑自《文选》卷四十五，是典型的骚体诗，不应辑入。逯钦立先生辑入《先秦汉魏晋南北朝诗》中，也说明了这一点。《全汉文》卷二十三所载董仲舒《七言琴歌》二首，辑自《文选》孔稚珪《北山移文》李善注引《董仲舒集》，也是诗，不应辑入。《两汉全书》已辑入诗中。

其三，非西汉文不计者 8 篇。《全汉文》卷四武帝《建元鼎文》辑自《鼎录》："后汉光武建元元年，铸一鼎，其文曰：'定天下，万物伏。'小篆书，三足高九尺。"则此文为光武帝建武元年之鼎文，非西汉武帝文。"建元"当为"建武"之误。

《全汉文》卷三十张敞《答朱登遗蟹酱书》严按："《御览》四百七十八引《张敞集》：朱登为东海相，遗敞蟹酱，敞答曰云云。又见九百四十二，又见《困学纪闻》十二。案东汉亦有张敞，而《隋志》集部仅于前汉载梁有左冯翊《张敞集》一卷，录一卷。明此书非东汉之张敞也。"按严误，因为西汉并无东海国，自无东海相。此张敞及其文非西汉时。

《全汉文》卷三十二杨恽《闲居》："养羊酤酪，供伏腊之费。"辑自《太平御览》卷三十一："《汉官仪》曰：'伏日万鬼所行，故谨。'汉魏日有食之会，故《汉书》杨恽《闲居》曰：'养羊沽酪，供伏腊之费。'"按

《太平御览》所说"杨辉"，应为"杨恽"之误。《汉书》中杨恽所作并不是《闲居》，而是《报孙会宗书》，与《闲居》文字迥不相同。《汉书·杨恽传》："恽既失爵位，家居治产业，起室宅，以财自娱……恽宰相子，少显朝廷，一朝以晻昧语言见废，内怀不服，报孙会宗书曰"云云，是为《报孙会宗书》。其中言："田家作苦，岁时伏腊，烹羊炮羔，斗酒自劳。"按引文实出《文选》卷十六潘岳《闲居赋》："牧羊酤酪，以俟伏腊之费。"则《闲居》非杨恽文，实为潘安仁《闲居赋》。

　　《全汉文》卷六十一崔篆《慰志赋》辑自《后汉书》卷五十二《崔骃列传》："建武初，朝廷多荐言之者，幽州刺史又举篆贤良。篆自以宗门受莽伪宠，惭愧汉朝，遂辞归不仕。客居荥阳，闭门潜思，著《周易林》六十四篇，用决吉凶，多所占验。临终作赋以自悼，名曰《慰志》。其辞曰"云云。则为东汉建武之后文，非西汉文。

　　《全汉文》卷五十七阙名《侲子逐疫》辑自《后汉书·礼仪志中》："先腊一日，大傩，谓之逐疫。其仪：选中黄门子弟年十岁以上，十二以下，百二十人为侲子。皆赤帻皂制，执大鼗。方相氏黄金四目，蒙熊皮，玄衣朱裳，执戈扬盾。十二兽有衣毛角。中黄门行之，冗从仆射将之，以逐恶鬼于禁中。夜漏上水，朝臣会，侍中、尚书、御史、谒者、虎贲、羽林郎将执事，皆赤帻陛卫。乘舆御前殿。黄门令奏曰：'侲子备，请逐疫。'于是中黄门倡，侲子和，曰……因作方相与十二兽儛。欢呼，周遍前后省三过，持炬火，送疫出端门。门外驺骑传炬出宫，司马阙门门外五营骑士传火弃雒水中。"既言"弃雒水中"，则为东汉时制，非西汉文。

　　《全汉文》卷五十七阙名《琴铭》辑自《西京杂记》卷三："高祖初入咸阳宫，周行库府……有琴长六尺，安十三弦，二十六徽皆用七宝饰之，铭曰：'璠玙之乐。'"既为高祖入秦宫所见，则为秦时文或其前文。

　　《全汉文》卷五十七阙名《玉管铭》辑自《西京杂记》卷三："高祖初入咸阳宫，周行库府……玉管长二尺三寸，二十六孔，吹之则见车马山林，隐辚相次，吹息，亦不复见。铭曰：昭华之琯。"既为高祖入秦宫所见，也应为秦时文或其前文。

　　《全汉文》卷十四萧何《令诸大夫》作于秦时，不应计入《全汉文》中。《史记·高祖本纪》："单父人吕公善沛令，避仇从之客，因家沛焉。沛中豪杰吏闻令有重客，皆往贺。萧何为主吏，主进，令诸大夫曰：'进不满千钱，坐之堂下。'高祖为亭长，素易诸吏，乃绐为谒曰'贺钱万'，实不持一钱。"高祖遂入上坐，吕公妻之女，是为吕后，生孝惠帝、鲁元公主。按惠帝生于秦始皇三十七年（前210），则此年为高祖娶吕后的下限年，萧何此文当作于其前或其时。

除去以上14篇，《全汉文》实为1431篇。

又《全汉文》卷四十六谷永《日食上书》严辑为1篇，实为2篇合成，今析为2篇，实增1篇。

这样，《全汉文》应考篇目为1432篇。

二　研究现状

目前国内外对《全文》及其子集《全汉文》的研究，主要集中在以下几个方面。

一是点校刊刻。该书在严可均生前没有付印，直到光绪年间王毓藻受张之洞之命，方刻印此书（即粤刻本）。其后版本日多，主要有：民国十九年（1930）上海医学书局影印本，中华书局1958年影印本，台北世界书局1961年影印本，日本京都中文出版社1972年复制本，台北宏业书局1975年影印本，海南国际新闻出版中心1996年《传世藏书》本，上海古籍出版社2002年《续修四库全书》本，上海古籍出版社2009年影印本，河北教育出版社1997年陈延嘉、王同策、左振坤校点的横排简体字本，商务印书馆1999年许少峰、苑育新、任雪芬等审订的横排简体字本。

二是补遗订误研究。粤刻本、医学书局本、中华书局本、河北教育出版社本和商务印书馆本等校订了《全文》中的不少阙误，然而其中的阙误并未完全清除，因此《全文》补遗订误研究一直在进行。

有些从《全文》总集的角度进行研究。如陈延嘉、王同策、左振坤《严可均的贡献与我们的工作》（《长春师范学院学报》1994年3期）一文，总结了严可均在辑录广泛、精于校勘和多用善本方面的贡献，以及他们的新进展：加了新式标点符号，从删除重出之文、注明伪托之作、指出文章顺序编次不当之处、指出张冠李戴、指出误合、指明严氏"疑莫能明"者、补出处、指出无中生有者、校文字讹脱衍舛等九个方面进行了校勘。

王君夫《古籍整理的新收获——评〈全上古三代秦汉三国六朝文〉

新版横排校点本》(《长春师范学院学报》2001 年 1 期)一文指出,河北教育出版社点校本对《全文》整篇或大段"重出"之文全部删除,增补脱文一千余处,工作量之大,校勘之细,令人敬佩。

程章灿《论〈全上古三代秦汉三国六朝文〉之阙误》(《南京大学学报》1995 年 1 期)一文指出,《全文》存在出处漏标、阙辑失采、主名有误、小传阙误、篇名阙误、本文阙误等十种问题。

王利器《〈全上古三代秦汉三国六朝文〉证误》(《文学评论》1996 年 2 期)一文指出《全文》存在作者爵里不详、阙名不阙、阙字不阙等二十五种错误。

赵厚均《〈全上古三代秦汉三国六朝文〉所收诔文补遗》(《古籍整理研究学刊》2005 年 4 期)在《全文》所辑诔文之外,补遗了 27 篇。

有些从《全文》子集,包括《全汉文》的角度进行研究。如李士彪《〈全汉文〉校读札记》(《齐鲁学刊》2000 年 4 期)一文,对《全汉文》存在的出处缺失、出处不全、诏书失辑、篇目失辑等现象进行了举例说明。

程章灿《魏晋南北朝赋史》(江苏古籍出版社,2001)附录《先唐赋辑补》和《先唐赋存目考》,所辑汉赋比《全汉文》多出 22 篇。

踪凡《严可均〈全汉文〉〈全后汉文〉辑录汉赋之阙误》(《文学遗产》2007 年 6 期)一文指出,《全汉文》《全后汉文》辑录汉赋存在篇目遗漏、误收重出、内容阙失等问题。

费振刚等《全汉赋校注》(广东教育出版社,2005)将《全文》中汉代赋辑为专集,同时另补汉赋 15 篇。

余才林《〈全汉文〉校理拾零》(《读书》2016 年 9 期)一文指出,严书除确定篇目、录文及文之系年存在问题外,还有一些遗漏。

三是编年研究。《全文》是晚清严可均辑校的一部文章总集,因此其前一些编年体历史著作如荀悦《汉纪》、王益之《西汉年纪》、司马光《资治通鉴》等已涉及《全汉文》部分作者和部分文章的编年。

20 世纪以来,新出了一批学术和文学编年史,如刘汝霖《汉晋学术编年》、陆侃如《中古文学系年》、吴文治《中国文学史大事年表》等。《汉晋学术编年》重点在学术,因此对《全文》的涉及比较少。《中古文学系年》则从西汉末年的扬雄开始,其重点放在东汉及魏晋时期,只涉及

《全汉文》作者扬雄、刘向和刘歆三人，《全汉文》绝大多数作者与绝大多数作品仍被忽略。《中国文学史大事年表》只有对文学大事的简单叙述，没有进行考证，学术性不够强。

21 世纪以来，出现了刘跃进《秦汉文学编年史》（商务印书馆，2006）和石观海《中国文学编年史·汉魏卷》（湖南人民出版社，2006）两种重要的编年史著作，对《全汉文》作者事迹及文章进行了更多的编年。据笔者初步统计，石著涉及《全汉文》作者约 120 人，文章约 300 篇；刘著涉及《全汉文》作者约 180 人，文章约 340 篇。

此外，吴荣光《历代名人年谱》、钱保塘《历代名人生卒录》、梁廷灿《历代名人生卒年表·历代帝王生卒年表》和吴海林、李延沛《中国历史人物生卒年表》等专著也涉及《全汉文》部分作者的生卒年考订。不过这些著作少有考证或没有考证，学术性不强。

四是地理研究。主要研究文学的地域性和文学家的籍贯分布，如谭正璧《中国文学家大辞典》、曹道衡和沈玉成《中国文学家大辞典》（先秦汉魏晋南北朝卷）、姜亮夫《历代人物年里碑传综表》、卢云《汉晋文化地理》、曾大兴《中国历代文学家之地理分布》、刘跃进《秦汉文学地理与文人分布》、梅新林《中国古代文学地理形态与演变》等著作有《全汉文》部分作者的籍贯介绍，其中后面四种与本课题关系比较密切。

卢云《汉晋文化地理》（陕西人民出版社，1991）第一部分论述汉晋时期学术文化的区域特征及其变迁，其中论述了西汉文化发达区域的基本格局及其地理基础。该书根据各地所出书籍、士人、博士、私家教授的数量，将西汉文化划分为齐鲁周宋、河北西部、三辅、蜀郡周围、淮南吴越等五大区域。该书分析了这五大区域在西汉前期和后期发展不平衡的特点及其原因，认为西汉文化重心在齐鲁及其周围地区。

曾大兴《中国历代文学家之地理分布》（商务印书馆，2013）以谭正璧《中国文学家大辞典》为统计对象，考察中国历代文学家的籍贯分布，其中西汉 75 人，集中分布在关中、中原、齐鲁、燕赵、吴越和荆楚等六大文化区。论书还分析了这些区域文学家分布如此集中的原因。

梅新林《中国古代文学地理形态与演变》（上海人民出版社，2014）在本土文学的地理变迁部分中，以曾大兴《中国历代文学家之地理分布》的统计数据为依据，略加调整后，将西汉时期 77 位文学家籍贯落实到各州各郡。该书还从流域轴向、城市轴心、文人流向与区系轮动等方面对西汉文学的地理形态特征进行了分析。

刘跃进《秦汉文学地理与文人分布》（中国社会科学出版社，2012）以《汉书·儒林传》、《汉书·艺文志》、《后汉书·儒林列传》、《后汉书·文苑列传》和《隋书·经籍志》所记文人和著作为依据，将秦汉文学在三辅、河西、巴蜀、幽并、江南、河洛、齐鲁和荆楚等九大地区的分布情况进行专题研究。该书还以《汉书·地理志》为依据，考察了两汉103个郡国的文人分布情况。

上述国内外研究成果视野开阔，促进了研究方法和研究格局的多元变化，在各自领域里取得了不俗的成绩。但现有《全文》和《全汉文》研究还存在一些明显不足：

第一，从研究角度来看，从文献学角度进行点校刊刻、补遗订误研究工作的较多，从历史学角度进行编年研究和从地理学角度进行系地研究的较少，将这两者结合在一起进行研究的更少。

第二，编年研究尽管已经展开，其中一些也涉及《全汉文》中部分作者和部分作品，但对《全汉文》全部作者和全部作品进行全面编年研究的尚未出现。在编年基础上，对西汉作品各阶段的分布特点及其成因分析基本没有展开。

第三，虽然出现了地理研究，但主要是作者籍贯的系地研究，对作者的地理流向重视不够或者忽略；对作品系地研究基本没有展开。且对西汉文学的地域分布研究，多按后世地域观念或文化分区观念对汉代政区进行重新分割组合，对汉代各州的相对独立性和完整性不够重视，未能将汉代各州当作相对独立的地理对象进行研究。

三　主要内容

有鉴于此，本书研究思路是：以考证《全汉文》创作时地和作者生卒年与籍贯为研究基础，分析西汉各时期各州文章和作者籍贯的分布格局、分布重心及其变迁原因；以作者人生地理结构为结合点，将《全汉文》创作地分布和作者籍贯分布有机统一起来；以作者生存状态为落脚点，考察作者人生地理流向与作者功名追求和社会资源配置之间的关系。从而构建一个将时空还原、作品本体与作者主体有机结合起来的文学历史地理阐释体系。

本书在上述思路的引导下渐次完成，主要内容包括六个方面。

第一，对《全汉文》在西汉六个时期已编年作品进行统计，考察其作者的生卒时间。经统计，《全汉文》篇目 1445 篇，应考篇目为 1432 篇。已编年 1382 篇，待编年者 50 篇；已编年者占应考篇数的 96.5%，年均 5.93 篇。全面收集《全汉文》作者生平资料，分析其中包含的作者生年、卒年、享年或排行信息，以确定作者生卒年。同时结合当时有关年龄和职龄的习俗规定，辅助推断作者的生卒年。经统计，311 人的生卒年得到了全部或部分的确定。

第二，考察《全汉文》时态分布情况。经统计，《全汉文》已编年者 1382 篇，年均 5.93 篇。前期年均 2.83 篇，远远低于西汉平均数 5.93 篇；中期年均 4.85 篇，比较接近西汉平均数；后期年均 10.29 篇，远远超出西汉平均数。《全汉文》分布由少到多，由多到盛的时态分布特征非常明显。西汉前期少文的特征，与汉初流行的黄老政治思想和官吏以军功为主的结构有关。西汉中期明显地多文富辞，与中期对儒家思想的尊崇、官吏结构初步儒化和中央官制的变化有关。西汉后期文章繁盛的原因，在于儒学兴盛，官吏结构完全儒化和西汉后期危机四伏、矛盾重重的社会现实。

第三，考察《全汉文》作者籍贯。根据《汉书·地理志》和王先谦《汉书补注》，整理出西汉十三州的组成和 103 个郡国的属州，以及各个郡国的治所。州郡县之间统属关系的确定，为作者籍贯和作品创作地的考察提供了基本前提。文献史料直接记载人物的籍贯，包括四种情形：标明郡国和属县、只标郡国、只标属县、泛指。根据州郡县之间的统属关系，确定作者籍贯州郡县三级信息，或州郡两级信息。文献史料间接记载人物的籍贯，可以通过对其亲友籍贯的考察而推知其籍贯。从考察结果来看，有的与亲友同籍，也有的与亲友异籍。经统计，严可均《全汉文》辑录作者 320 人，无籍可考者 70 人，有籍可考者 250 人，占比 78.1%。

第四，考察各州作者分布的特点及其原因。除去匈奴和西域作者 10 人，西汉十三州作者 240 人，平均每州 18.46 人，在此平均数以上或接近此平均数的有司隶、豫州、冀州、徐州、青州、兖州六州，都集中在北方。司隶部出产作者 59 人，其中三辅出产作者 46 人，占司隶总数的大半。司隶作者出身多元而以皇室、外戚、儒家、法家为主，主要在于该地区独特的地理环境、多种列国文化交汇以及汉代的移民政策和文化政策。豫州，作者 36 人，出身多元而以法家、儒家为主，主要在于该州是北方中原文化与南方楚国文化的交界地和众多列国文化的交汇地，具有深厚的儒学历史传统，是汉代儒学复兴的主要策源地。冀州，作者 30 人，出身多元而以外戚、儒家、法家为主，与冀州多种列国文化的积淀交汇、四面受敌的地理位置、注重法治的历史传统、河间经学的繁荣以及元城外戚王氏的勃兴有关。徐州，作者 26 人，出身多元而以经学为主，主要在于该州是南北文化和众多列国文化的交汇地；该州经学发达，既有历史的渊源，又有汉初特殊的文化际遇。青州，作者 18 人，出身多元而以儒家、纵横家为主，在于其相对封闭的地理位置和长期"因俗简礼"的历史文化传统，形成雍容大度、自信多智的文人心态。兖州，作者 18 人，出身多元，分布均衡，在于其四通八达的地理位置和多种列国文化的积淀交汇。

益州和扬州超过平均数一半，在南方各州中最多。益州作者分布不均、出身多元的特点，主要在于巴蜀四塞的地理特点和悠久的历史传统，使巴蜀文化具有开放包容和独立滞后的双重特质。扬州作者出身多元而以赋家为主的特点，主要在于扬州水路四达的地理特点和历史上多重文化叠加的结果，使得扬州文化具有开放包容和辞风先盛的特点。

第五，考察《全汉文》创作地及其在各州的分布。《全汉文》辑录文章 1445 篇，应考篇目为 1432 篇。已系地 1376 篇，占应考篇数的 96.1%；未系地者 56 篇，占 3.9%。

除去匈奴和西域文章 29 篇，内地十三州文章 1347 篇，平均每州103.62 篇。但在此平均数以上的只有司隶一部，达到 1168 篇，占比86.71%；其中长安 1083 篇，占了全国总数的 80.4%。《全汉文》创作地高度集中于长安，主要在于长安是西汉的首都以及长安的首都效应。统计《全汉文》长安部分作品的作者身份，可知帝后文章 493 篇，中央官员文章 563 篇，两者合计 1056 篇，占《全汉文》长安部分作品总数 1085 篇的97.3%。而地方官员和庶人作品合计 23 篇，占《全汉文》长安部分作品比重仅为 2.1%。因此可以说，《全汉文》作者文章的多少，与其身份地位的高低成正比，是他们官职身份显赫程度的某种体现。中央官员之中，三公系 178 篇，九卿系 233 篇，其他朝官 152 篇。九卿之中，郎中令、太常和少府这三个部门出产文章最多，说明《全汉文》作者文章的多少也与各部门的职责要求、人数的多少、人员素质的高低，以及与皇帝的接近程度相关。

其他十二州 179 篇，占全国比重不到 15%，各州平均 14.92 篇，在此平均数以上的有豫州、兖州、凉州、青州、益州五州。豫州出产作品 34 篇，主要集中在梁国，多与战争、诸侯王事务和列侯事务有关。兖州出产作品 28 篇，多与战争、封禅和诸侯王事务有关。凉州出产作品 19 篇，多与外国外族或内地交往有关。青州出产作品 17 篇，主要集中在齐郡，多与战争、诸侯王事务、官民上书和人际交往相关。益州出产作品 15 篇，主要集中在蜀郡，作者多为庶人，作品多关乎个人、乡国或天下。

第六，考察《全汉文》作者人生地理流动。长安成为《全汉文》最集中的创作地，说明《全汉文》作者人生地理以向心型流动为主。这是中央政府一系列人才政策的结果，也是这些作者本人主观追求的结果。中央政府的人才政策包括下诏征召贤良文学、察举孝廉、考课官吏、兴学官立太学等。而作者本人心向长安的意愿同样强烈，行为同样果敢。他们有的直接上书皇帝，有的找人推荐。这种浓厚的长安情结，也是大一统王朝对地方势力打压的结果。

《全汉文》作者人生离心型流动与此相反，目的地各有不同。当然这种流动不占主流，《全汉文》只有不到 20% 的作品作于长安以外，就说明了这一点。离心型流动可以分为两种类型：短期离心型流动和长期离心型流动。短期离心型流动包括巡游、出征、出使等，长期离心型流动主体一般是诸侯王、地方官或致仕免职官员。

向心型流动和离心型流动交汇融合，形成《全汉文》作者人生地理的交互型流动。这种流动的主体是汉朝各级官员，他们按其主要任职经历，大致可以划分为治民官和非治民官两大类。治民官主要指公卿守相令长，按照其仕途的主要发展趋势可以分为升迁型和贬谪型。非治民官主要有军人、使者、皇帝侍从等。治民官出入中央和地方一般有任相对固定的特点，非治民官出入中央和地方的时间和期限则不大固定，一般由时局和皇帝意志决定。治民官和非治民官之外，皇帝亲征或封禅巡狩，形成一种特殊的交互型人生地理流动。

四　学术价值

一是文献学价值。从以校勘标点、辑补订误为主要内容的文献研究，转向以《全汉文》作者和作品为主要内容的文学主体和本体研究，有助于推动《全上古三代秦汉三国六朝文》及其子集研究的深入与多元化。

二是文学编年价值。《全汉文》311位作者生卒和1382篇作品得到了编年，分别占其应考总数的97.2%和96.5%，大大推进了西汉文学的编年研究。这说明既要在史料许可的范围内尽量精确地考证作者生卒年，也要结合当时有关年龄和职龄的习俗规定大致地推断作者生卒年。

统计各时期年均作品数和年均作者数，充分说明了西汉文学发展由少到多、由多到盛的变化特征。这与各时期流行的政治思想、官吏结构的变化、中央官制的改革和社会矛盾的积累等因素有关。这些因素的有无与多少，需要分阶段进行具体考察。

三是文学地理学价值。《全汉文》作者有籍可考者250人，作品系地者1376篇，分别占其应考总数的78.1%和96.1%。作者籍贯和作品创作地是文学地理学的两个基本维度，本书为这两方面的研究提供了大量数据，可以实质性推动汉代文学地理学的深入研究。

《全汉文》各州作者分布特点与作者出身密切相关，而作者出身与各州独特的地理环境、相关列国文化交汇、经学传承、汉代移民政策和文化政策以及某些地区特殊政治势力的兴起有关。这些特点及其原因考察只有在分州研究的基础上才能详细梳理出来。

《全汉文》作品创作地分布高度极化，既说明作品创作地多为其作者履职地，他们的人生地理流向以向心型流动为主，也说明作者之作品数量与其身份地位的高低成正比，是他们官职身份显赫程度的某种体现，这从一个侧面说明了西汉文学的政治性。

《全汉文》作者人生地理以向心型流动为主，这是中央政府一系列人才政策的结果，也是这些作者本人主观追求的结果，而这两者都以社会资源配置集中化为基础。它导致《全汉文》作品创作地分布高度极化，这说明既要保证社会资源配置适当集中，但也要避免社会资源配置过度集中。对比分析作品创作地分布与其作者籍贯地分布之间的差异表明，《全汉文》作品创作地多非其作者籍贯地，过分注重体现作者籍贯的文学地理静态分布研究是存在局限的，应加强体现作品创作地的文学地理动态分布研究。

《全汉文》作者籍贯主要分布在司隶、豫州、冀州、徐州、青州、兖州六州，作品创作地主要分布在司隶、豫州、兖州、凉州、青州、益州六州。这两个事实以及它们之间的差异说明，尊重西汉十三州的实际设置进行研究十分必要。

将编年与系地结合，既考察《全汉文》作者生卒年和作品创作时间，也考察《全汉文》作者籍贯和作品创作地点，这有助于还原西汉文学时空交融的立体原貌，改变传统编年重时轻地的思想，树立时地并重的新观念，推动文学编年与文学地理研究深度结合，催生发展新型交叉学科。

第一章 《全汉文》编年统计与补遗

《全汉文》1445 篇，对其编年考证详拙著《〈全汉文〉编年》（广西人民出版社，2018）。该书对严可均所辑《全汉文》中 312 位作者和 1346 篇文章进行了编年，待编年者作品 99 篇，作者 7 位。

经重新核对统计，《全汉文》应考篇目为 1432 篇，《〈全汉文〉编年》对其实际编年者 1343 篇，待编年者 89 篇。该书对文章编年之外，还对作者生平事迹、一些《全汉文》未收的佚文、专书和诗歌进行了编年考证。《全汉文》文章与其他佚文、专书和诗歌之间的界限，单从书名号来看还不是很清楚。有鉴于此，这里将其中编年的《全汉文》文章单独用表格分期汇总，以便直观地了解西汉各时期各年文章的产出和发展状况。

《〈全汉文〉编年》出版后，笔者对其中未编年的 39 篇文章又进行了补充编年，一并列入表中，其考证另附于后。

第一节 《全汉文》编年统计

拙著《〈全汉文〉编年》分六章对西汉各时期文章和作者事迹进行了编年考证：高惠高后时期、文景时期、武帝时期、昭宣时期、元成时期、哀平王莽更始时期。这里将各时期编年的《全汉文》篇目列表汇总，同时附上新考 39 篇，其篇名右上角加 * 标识。

表中另附作者该文写作时的身份、地点（县邑）、郡国、属州等信息。六个时期的统计表中，文章一共 1383 篇，其中《王使威长葬铭》1 篇未编年，编年者 1382 篇。张博《报谢淮阳王》《复遗淮阳王书》《报淮阳王》，孙禁《治河方略》，许商《驳孙禁开笃马河方略》，平当《奏求治河策》，刘立《闻翟义举兵上书》等 7 篇未系地，系地者 1376 篇。

一　高惠高后时期编年文章统计

高惠高后时期从沛公元年到高后八年（前209～前180），一共30年，《全汉文》文章作于这一时期者73篇，原来编年71篇，补考2篇（表1-1）。

表1-1　《全汉文》高惠高后时期文章编年系地统计表

序号	作者	篇名	时间	身份	地点	郡国	属州
1	高帝	《书帛射城上与沛父老》	前209	故亭长	沛县	沛郡	豫州
2	赵佗	《移檄告横浦阳山湟溪关》	前209	行南海尉事	番禺	南海	交州
3	冒顿	《习射令》	前209	单于子			匈奴
4	孔鲋	《将没戒弟子》	前208	陈涉博士	陈县	淮阳	兖州
5	宋义	《下令军中》	前207	上将军	己氏县安阳城	梁国	豫州
6	项羽	《斩宋义出令军中》	前207	次将	己氏县安阳城	梁国	豫州
7	郦食其	《踵军门上谒》	前207	监门	雍丘高阳邑	陈留	兖州
8	义帝	《与诸将约》	前207	怀王	彭城	楚国	徐州
9	陈余	《遗章邯书》	前207	赵国大将军	巨鹿县	巨鹿郡	冀州
10	沛公	《入关告谕》	前206	沛公	霸上	京兆	司隶
11	高帝	《夷三族令》*	前206	沛公	长安	京兆	司隶
12	张良	《遗项王书》《又以齐反书遗项王》	前206	韩司徒		颍川	豫州
13	高帝	《重祠诏》	前205	汉王	栎阳	左冯翊	司隶
14	高帝	《发使告诸侯》	前205	汉王	洛阳	河南	司隶
15	郦食其	《请说齐王》	前204	广野君	临淄	齐郡	青州
16	高帝	《数项羽十罪》《下令恤军士死者》	前203	汉王	荥阳广武	河南	司隶
17	高帝	《罢兵赐复诏》《诏卫尉郦商》	前202	皇帝	洛阳	河南	司隶
18	刘敬	《上书谏高祖》	前202	戍卒	洛阳	河南	司隶
19	高帝	《下令立韩信为楚王彭越为梁王》《下令赦天下》	前202	汉王	定陶	济阴	兖州
20	高帝	《答诸侯王韩信等上尊号》《立吴芮为长沙王诏》《以亡诸为闽粤王诏》	前202	皇帝	定陶	济阴	兖州

续表

序号	作者	篇名	时间	身份	地点	郡国	属州
21	韩信	《上尊号疏》	前202	楚王	定陶	济阴	兖州
22	高帝	《上太公尊号诏》	前201	皇帝	栎阳	左冯翊	司隶
23	高帝	《择立齐王荆王诏》《封爵誓》《又与群臣刑白马而盟》《丹书铁券》《赐韩王信书》	前201	皇帝	洛阳	河南	司隶
24	高帝	《赦诏》	前201	皇帝	陈县	淮阳	兖州
25	阙名	《溢城井铭》*	前201		浔阳	庐江	扬州
26	韩王信	《上书高帝》	前201	韩王	晋阳	太原	并州
27	高帝	《疑狱诏》	前200	皇帝	邯郸	赵国	冀州
28	高帝	《立灵星祠诏》	前199	皇帝	长安	京兆	司隶
29	高帝	《复吏卒限制衣冠令》	前199	皇帝	洛阳	河南	司隶
30	高帝	《所述书天子所服第八》	前198	皇帝	长安	京兆	司隶
31	萧何	《天子所服议》	前198	相国	长安	京兆	司隶
32	高帝	《捕赵王张敖诏》	前198	皇帝	洛阳	河南	司隶
33	刘敬	《作丹书铁券与匈奴分土界》	前198	使者		匈奴	
34	阙名	《请腊祀社稷》	前197	朝廷有司	长安	京兆	司隶
35	高帝	《立赵它为南粤王诏》	前196	皇帝	长安	京兆	司隶
36	高帝	《择立代王诏》《定口赋诏》《求贤诏》《择立梁王淮阳王诏》	前196	皇帝	洛阳	河南	司隶
37	张良	《与四皓书》	前196	留侯	洛阳	河南	司隶
38	四皓	《答张良书》	前196	隐士	商县	弘农	司隶
39	陈武	《遗韩王信书》	前196	将军	参合	代郡	幽州
40	韩王信	《报柴武书》	前196	故韩王	参合	代郡	幽州
41	高帝	《置秦始皇楚王陈胜等守冢诏》《议立燕王诏》《立南武侯织为南海王诏》《布告天下诏》《手敕太子》	前195	皇帝	长安	京兆	司隶
42	高帝	《择立吴王诏》	前195	皇帝	沛县	沛郡	豫州
43	惠帝	《重吏禄诏》	前195	皇帝	长安	京兆	司隶
44	高后	《报匈奴冒顿书》	前192	皇太后	长安	京兆	司隶

续表

序号	作者	篇名	时间	身份	地点	郡国	属州
45	冒顿	《遗高后谩书》	前192	单于		匈奴	
46	高后	《除重罪诏》	前187	皇太后	长安	京兆	司隶
47	高后	《议定列侯功次诏》	前186	皇太后	长安	京兆	司隶
48	陈平	《奏议定列侯功次》	前186	丞相	长安	京兆	司隶
49	高后	《废少帝诏》	前184	皇太后	长安	京兆	司隶
50	高后	《议昭灵等尊号诏》	前181	皇太后	长安	京兆	司隶
51	文帝	《即位赦诏》	前180	皇帝	长安	京兆	司隶
52	陈平	《上代王即位议》	前180	丞相	长安	京兆	司隶
53	周勃	《入北军行令军中》	前180	太尉	长安	京兆	司隶
54	刘襄	《遗诸侯王书》	前180	齐王	临菑	齐国	青州
55	宋昌	《劝进代王议》	前180	代国中尉	中都	太原	并州
56	张武	《议止代王入嗣》	前180	代国郎中令	中都	太原	并州
	合计	73					

二 文景时期编年文章统计

文景时期从文帝元年到景帝后三年（前179～前141），一共39年，《全汉文》文章作于这一时期者122篇，原来编年121篇，补考1篇（表1-2）。

表1-2 《全汉文》文景时期文章编年系地统计表

序号	作者	篇名	时间	身份	地点	郡国	属州
1	文帝	《封赐周勃等诏》《答有司请建太子诏》《振贷诏》《养老诏》《修代来功诏》《益封高帝从臣诏》《却献千里马诏》《答陈武》《赐南粤王赵佗书》《酎金律》*	前179	皇帝	长安	京兆	司隶
2	阙名	《固请建太子》	前179	朝臣	长安	京兆	司隶
3	陈武	《议征南越朝鲜》	前179	将军	长安	京兆	司隶

序号	作者	篇名	时间	身份	地点	郡国	属州
4	赵佗	《下令国中》《上文帝书》	前179	南越王	番禺	南海	交州
5	文帝	《令列侯之国诏》、《日食求言诏》、《开藉田诏》、《王辟彊等诏》、《除诽谤诖言法诏》、《劝农诏》（农天下之大本也）、《议除连坐诏》	前178	皇帝	长安	京兆	司隶
6	陈平	《奉诏除连坐法议》	前178	右丞相	长安	京兆	司隶
7	周勃	《奏仍用连坐法议》	前178	左丞相	长安	京兆	司隶
8	贾谊	《过秦论》	前178	博士	长安	京兆	司隶
9	贾山	《至言》	前178	颍阴侯骑	长安	京兆	司隶
10	文帝	《复遣周勃率列侯之国诏》《赦济北吏民诏》	前177	皇帝	长安	京兆	司隶
11	文帝	《遣灌婴击匈奴诏》	前177	皇帝	云阳甘泉	左冯翊	司隶
12	贾谊	《吊屈原赋》（《吊屈原文》）、《惜誓》	前177	长沙王太傅	临湘	长沙国	荆州
13	季布	《寄书谏窦长君》	前176	河东太守	安邑	河东	司隶
14	贾谊	《上疏陈政事》	前176	长沙王太傅	临湘	长沙国	荆州
15	冒顿	《遗文帝书》	前176	单于		匈奴	
16	薄昭	《与淮南王长书》	前175	将军	长安	京兆	司隶
17	贾山	《对诘谏除盗铸钱令》	前175	颍阴侯骑	长安	京兆	司隶
18	贾谊	《谏除盗铸钱令使民放铸》	前175	长沙王太傅	临湘	长沙国	荆州
19	文帝	《徙淮南王长制》《遗匈奴书》	前174	皇帝	长安	京兆	司隶
20	张苍	《奏论淮南王长罪》	前174	丞相	长安	京兆	司隶
21	贾谊	《鵩鸟赋》	前174	长沙王太傅	临湘	长沙国	荆州
22	贾谊	《上疏谏王淮南诸子》	前172	梁怀王太傅	睢阳	梁国	豫州
23	贾谊	《旱云赋》	前171	梁怀王太傅	睢阳	梁国	豫州
24	晁错	《上书言皇太子宜知术数》	前170	博士	长安	京兆	司隶
25	贾谊	《上疏请封建子弟》	前169	梁怀王太傅	睢阳	梁国	豫州
26	文帝	《劝农诏》（道民之路）、《置三老孝悌力田常员诏》	前168	皇帝	长安	京兆	司隶

序号	作者	篇名	时间	身份	地点	郡国	属州
27	晁错	《说文帝令民入粟受爵》（《论贵粟疏》）、《复奏勿收农民租》	前168	太子家令	长安	京兆	司隶
28	贾谊	《无蓄》（《说积贮》）	前168	梁怀王太傅	睢阳	梁国	豫州
29	文帝	《耕桑诏》、《劝农诏》（农天下之本）、《除秘祝诏》、《增神祠制》、《除肉刑诏》	前167	皇帝	长安	京兆	司隶
30	淳于缇萦	《上书求赎父刑》	前167	民女	长安	京兆	司隶
31	张苍	《奏议除肉刑》	前167	丞相	长安	京兆	司隶
32	文帝	《增祀无祈诏》《玺书赐答晁错》	前166	皇帝	长安	京兆	司隶
33	张苍	《奏驳公孙臣汉应土德议》	前166	丞相	长安	京兆	司隶
34	公孙臣	《上文帝书》	前166	庶民	长安	京兆	司隶
35	晁错	《上书言兵事》《言守边备塞务农力本当世急务二事》	前166	太子家令	长安	京兆	司隶
36	晁错	《复言募民徙塞下》	前166	太子家令	长安	京兆	司隶
37	文帝	《议郊祀诏》《策贤良文学诏》	前165	皇帝	长安	京兆	司隶
38	新垣平	《上言设五庙》	前165	庶民	长安	京兆	司隶
39	晁错	《贤良文学对策》	前164	太子家令	长安	京兆	司隶
40	淳于意	《对诏问所为治病死生验者几何人主名为谁》	前164	故太仓长	临菑	齐郡	青州
41	文帝	《求言诏》	前163	皇帝	长安	京兆	司隶
42	新垣平	《又言日再中》《又言迎周鼎》	前163	方士	长安	京兆	司隶
43	文帝	《与匈奴和亲诏》《遗匈奴和亲书》《与匈奴和亲布告天下诏》	前162	皇帝	长安	京兆	司隶
44	枚乘	《上书谏吴王》	前160	吴王郎中	广陵	广陵	徐州
45	文帝	《遗诏》	前157	皇帝	长安	京兆	司隶

序号	作者	篇名	时间	身份	地点	郡国	属州
46	景帝	《定孝文帝庙乐诏》《听民徙宽大地诏》《议著令诏》《减笞诏》	前156	皇帝	长安	京兆	司隶
47	申屠嘉	《奏议孝文为太宗庙》	前156	丞相	长安	京兆	司隶
48	廷尉信	《更议著令》	前156	廷尉	长安	京兆	司隶
49	邹阳	《上书吴王》	前156	吴王宾客	广陵	广陵	徐州
50	景帝	《封萧何孙嘉诏》	前155	皇帝	长安	京兆	司隶
51	晁错	《说景帝削吴》	前155	御史大夫	长安	京兆	司隶
52	景帝	《原襄平侯纪嘉诏》《赦吴吏民诏》《击七国诏》	前154	皇帝	长安	京兆	司隶
53	晁错	《请诛楚王》	前154	御史大夫	长安	京兆	司隶
54	陶青	《劾奏晁错》	前154	丞相	长安	京兆	司隶
55	枚乘	《上书重谏吴王》	前154	梁王宾客	睢阳	梁国	豫州
56	阙名	《与路中大夫盟》	前154	三国将	临菑	齐郡	青州
57	韩颓当	《遗胶西王书》	前154	汉将	高密	高密	青州
58	刘濞	《下令国中》	前154	吴王	广陵	广陵	徐州
59	刘濞	《发使遗诸侯王书》	前154	吴王	广陵	广陵	徐州
60	羊胜	《屏风赋》	前153	梁王宾客	睢阳	梁国	豫州
61	公孙诡	《文鹿赋》	前153	梁王宾客	睢阳	梁国	豫州
62	邹阳	《酒赋》《几赋》	前153	梁王宾客	睢阳	梁国	豫州
63	枚乘	《柳赋》《梁王菟园赋》	前153	梁王宾客	睢阳	梁国	豫州
64	路乔如	《鹤赋》	前153	梁王宾客	睢阳	梁国	豫州
65	公孙乘	《月赋》	前153	梁王宾客	睢阳	梁国	豫州
66	阙名	《奏请立栗姬为皇后》	前150	大行	长安	京兆	司隶
67	邹阳	《狱中上书自明》	前149	梁王宾客	睢阳	梁国	豫州
68	枚乘	《七发》	前149	梁王宾客	睢阳	梁国	豫州
69	严忌	《哀时命》	前149	梁王宾客	睢阳	梁国	豫州
70	枚乘	《临霸池远诀赋》	前148	梁王宾客	南陵	京兆	司隶
71	景帝	《谳狱诏》（法令度量）	前145	皇帝	长安	京兆	司隶
72	司马相如	《子虚赋》	前145	梁王宾客	睢阳	梁国	豫州

续表

序号	作者	篇名	时间	身份	地点	郡国	属州
73	景帝	《定长吏车服诏》《减笞法诏》《诏定箠令》	前144	皇帝	长安	京兆	司隶
74	阙名	《食鼎铭》	前144	朝廷有司	长安	京兆	司隶
75	刘舍	《请定箠令》	前144	丞相	长安	京兆	司隶
76	阙名	《上书言樊他广不当代后》	前144	侯家舍人	舞阳	颍川	豫州
77	司马相如	《美人赋》	前144	庶民	成都	蜀郡	益州
78	景帝	《谳狱诏》（狱重事）	前143	皇帝	长安	京兆	司隶
79	景帝	《令二千石修职诏》《重廉士诏》	前142	皇帝	长安	京兆	司隶
80	景帝	《颂系老幼诏》《劝农桑诏》	前141	皇帝	长安	京兆	司隶
	合计	122					

三　武帝时期编年文章统计

武帝时期从建元元年到后二年（前140～前87），一共54年，《全汉文》文章作于这一时期者235篇，原来编年226篇，补考9篇（表1-3）。

表1-3　《全汉文》武帝时期文章编年系地统计表

序号	作者	篇名	时间	身份	地点	郡国	属州
1	武帝	《策贤良制》（《元光元年策贤良制》）、《复高年子孙诏》、《修山川祠诏》、《省卫士罢苑马诏》	前140	皇帝	长安	京兆	司隶
2	许褒	《明堂议》	前140	朝臣	长安	京兆	司隶
3	董仲舒	《举贤良对策》（《元光元年举贤良对策》）	前140	贤良	长安	京兆	司隶
4	董仲舒	《粤有三仁对》《奏江都王求雨》	前140	江都相	广陵	广陵	徐州
5	东方朔	《上书自荐》	前140	待诏公车	长安	京兆	司隶
6	司马相如	《题市门》	前140	庶民	成都	蜀郡	益州

序号	作者	篇名	时间	身份	地点	郡国	属州
7	司马相如	《答盛览问作赋》	前140	郎	长安	京兆	司隶
8	司马相如	《报卓文君书》*	前140	郎中	长安	京兆	司隶
9	大乳母	《上武帝书》*	前140	武帝乳母	长安	京兆	司隶
10	淮南小山	《招隐士》	前140	淮南王宾客	寿春	九江	扬州
11	东方朔	《七谏》*	前139	太中大夫	长安	京兆	司隶
12	武帝	《祀太室牛鼎文》	前138	皇帝	长安	京兆	司隶
13	刘胜	《闻乐对》	前138	中山王	长安	京兆	司隶
14	东方朔	《谏除上林苑》	前138	待诏	长安	京兆	司隶
15	阙名	《初置五经博士举状》	前136	太常属官	长安	京兆	司隶
16	武帝	《诏罢王恢韩安国兵》《答淮南王安谏伐越诏》	前135	皇帝	长安	京兆	司隶
17	韩安国	《匈奴和亲议》	前135	御史大夫	长安	京兆	司隶
18	王恢	《匈奴和亲议》	前135	大行	长安	京兆	司隶
19	司马谈	《论六家要指》	前135	太史令	长安	京兆	司隶
20	刘安	《上疏谏伐南越》	前135	淮南王	寿春	九江	扬州
21	严助	《谕意淮南王》	前135	中大夫	寿春	九江	扬州
22	赵胡	《上武帝书》	前135	南越王	番禺	南海	交州
23	武帝	《诏贤良》	前134	皇帝	长安	京兆	司隶
24	主父偃	《上书谏伐匈奴》	前134	庶民	长安	京兆	司隶
25	徐乐	《上武帝书言世务》	前134	庶民	长安	京兆	司隶
26	严安	《上书言世务》	前134	庶民	长安	京兆	司隶
27	董仲舒	《雨雹对》《庙殿火灾对》	前134	中大夫	长安	京兆	司隶
28	武帝	《赐严助书》《欲伐匈奴诏》	前133	皇帝	长安	京兆	司隶
29	谬忌	《奏祠太一方》	前133	方士	长安	京兆	司隶
30	阙名	《上书言祠太一》《上书言春解祠》	前133		长安	京兆	司隶
31	缯它	《与杨王孙书》	前133	祁侯	长安	京兆	司隶
32	杨贵	《病且终令其子》《报祁侯缯它书》	前133	庶民		京兆	司隶

序号	作者	篇名	时间	身份	地点	郡国	属州
33	严助	《上书谢罪》	前133	会稽太守	吴县	会稽	扬州
34	董仲舒	《止雨祝》	前133	江都相	广陵	广陵	徐州
35	田蚡	《上言勿塞决河》	前132	丞相	长安	京兆	司隶
36	武帝	《策废陈皇后》《元光五年策贤良制》《册书答公孙弘》	前130	皇帝	长安	京兆	司隶
37	公孙弘	《元光五年举贤良对策》	前130	贤良文学	长安	京兆	司隶
38	公孙弘	《上疏言治道》《对册书问治道》	前130	博士、待诏	长安	京兆	司隶
39	唐蒙	《上书请通夜郎》	前130	番阳令	长安	京兆	司隶
40	翟公	《署门》	前130	廷尉	长安	京兆	司隶
41	邹长倩	《遗公孙弘书》	前130	国人		菑川国	青州
42	司马相如	《喻巴蜀檄》	前130	郎中将	僰道	犍为	益州
43	武帝	《赦雁门代郡军士诏》	前129	皇帝	长安	京兆	司隶
44	司马相如	《难蜀父老》	前129	中郎将	长安	京兆	司隶
45	司马相如	《长门赋》	前129	郎	长安	京兆	司隶
46	郑当时	《上言引渭穿渠》	前129	大司农	长安	京兆	司隶
47	军臣单于	《令军中》	前129	单于		匈奴	
48	武帝	《议不举孝廉者罪诏》《赦诏》（朕闻）	前128	皇帝	长安	京兆	司隶
49	阙名	《奏议不举孝廉者罪》	前128	朝廷有司	长安	京兆	司隶
50	韩安国	《上书言罢屯》	前128	材官将军		渔阳	幽州
51	武帝	《许诸侯王分子弟邑诏》《益封卫青》《报李广》《诏赐吾丘寿王玺书》	前127	皇帝	长安	京兆	司隶
52	主父偃	《说武帝令诸侯得分封子弟》《说武帝徙豪杰茂陵》	前127	中大夫	长安	京兆	司隶
53	阙名	《燕王定国罪议》	前127	公卿	长安	京兆	司隶

序号	作者	篇名	时间	身份	地点	郡国	属州
54	程姬	《遗孙女征臣书》	前127	鲁恭王太后	鲁县	鲁国	豫州
55	武帝	《赦诏》（夫刑罚）、《削梁王地》	前126	皇帝	长安	京兆	司隶
56	公孙弘	《郭解罪议》	前126	御史大夫	长安	京兆	司隶
57	张骞	《具言西域地形》	前126	太中大夫	长安	京兆	司隶
58	司马相如	《哀秦二世赋》	前126	郎	杜陵宜春宫	京兆	司隶
59	司马相如	《上书谏猎》	前126	郎	盩厔长杨宫	右扶风	司隶
60	东方朔	《与公孙弘借车书》	前125	太中大夫	长安	京兆	司隶
61	公孙弘	《答东方朔书》	前125	御史大夫	长安	京兆	司隶
62	番係	《上言作河东渠田》	前125	太守	安邑	河东	司隶
63	武帝	《劝学诏》《又益封卫青》《诏御史封公孙敖等》《封公孙弘为平津侯诏》	前124	皇帝	长安	京兆	司隶
64	公孙弘	《请为博士置弟子员议》《上言徙汲黯为右内史》《奏禁民挟弓弩》	前124	丞相	长安	京兆	司隶
65	吾丘寿王	《议禁民不得挟弓弩对》	前124	光禄大夫、侍中	长安	京兆	司隶
66	董仲舒	《诣丞相公孙弘记室书》	前124	江都相	长安	京兆	司隶
67	孔臧	《与侍中从弟安国书》*《与子琳书》*	前124	太常	长安	京兆	司隶
68	武帝	《议置武功驰赏官诏》《封霍去病等》	前123	皇帝	长安	京兆	司隶
69	庄芷	《上书发淮南王阴事》	前123		寿春	九江	扬州
70	武帝	《报公孙弘》《遣谒者巡行天下诏》	前122	皇帝	长安	京兆	司隶
71	刘彭祖	《淮南王安罪议》	前122	赵王	长安	京兆	司隶
72	刘端	《淮南王安罪议》	前122	胶西王	长安	京兆	司隶
73	公孙弘	《上书乞骸骨》	前122	丞相	长安	京兆	司隶

序号	作者	篇名	时间	身份	地点	郡国	属州
74	张骞	《言通大夏宜从蜀》	前122	太中大夫、博望侯	长安	京兆	司隶
75	董仲舒	《郊事对》《士不遇赋》	前122	故胶西相	茂陵	右扶风	司隶
76	终军	《白麟奇木对》	前122	谒者给事中	雍	右扶风	司隶
77	武帝	《益封霍去病》（戎士）、《浑邪王降益封霍去病》、《又益封霍去病》	前121	皇帝	长安	京兆	司隶
78	阙名	《江都王建罪议》	前121	朝臣	长安	京兆	司隶
79	阙名	《通褒斜道行船漕对》*	前121		长安	京兆	司隶
80	司马相如	《大人赋》	前121	孝文园令	霸陵	京兆	司隶
81	庄熊罴	《上言穿商洛渠》*	前121			左冯翊	司隶
82	武帝	《议后土祀》	前121	皇帝	雍	右扶风	司隶
83	武帝	《诏封萧何曾孙》	前120	皇帝	长安	京兆	司隶
84	董仲舒	《说武帝使关中民种麦》	前120	故胶西相	茂陵	右扶风	司隶
85	武帝	《益封霍去病》（率师）	前119	皇帝	长安	京兆	司隶
86	吾丘寿王	《骠骑论功论》	前119	光禄大夫、侍中	长安	京兆	司隶
87	东方朔	《答骠骑难》	前119	太中大夫	长安	京兆	司隶
88	阙名	《请造白金皮币》	前119	朝臣	长安	京兆	司隶
89	司马相如	《封禅文》	前119	故孝文园令	茂陵	右扶风	司隶
90	终军	《自请使匈奴》	前118	谒者给事中	长安	京兆	司隶
91	孔仅	《上言盐铁》	前118	大农丞	长安	京兆	司隶
92	阙名	《请算轺车贾人缗钱》	前118	公卿朝臣	长安	京兆	司隶
93	卓文君	《司马相如诔》	前118	庶民	茂陵	右扶风	司隶
94	董仲舒	《论御匈奴》	前118	故胶西相	茂陵	右扶风	司隶
95	武帝	《遣博士褚大等循行天下诏》《诏封皇子制》《封皇子制》《策封齐王闳》《策封燕王旦》《策封广陵王胥》	前117	皇帝	长安	京兆	司隶

序号	作者	篇名	时间	身份	地点	郡国	属州
96	霍去病	《请立皇子为诸侯王疏》	前117	大司马	长安	京兆	司隶
97	严青翟	《奏请立皇子为诸侯王》	前117	丞相	长安	京兆	司隶
98	董仲舒	《又言限民名田》	前117	故胶西相	茂陵	右扶风	司隶
99	终军	《奉诏诘徐偃矫制状》	前116	谏大夫	长安	京兆	司隶
100	武帝	《遣博士循行振饥诏》《振流民诏》	前115	皇帝	长安	京兆	司隶
101	张汤	《为书谢罪》	前115	御史大夫	长安	京兆	司隶
102	张骞	《请招乌孙居浑邪故地》	前115	庶人	长安	京兆	司隶
103	张骞	《谕指乌孙》	前115	中郎将	乌孙	西域	
104	刘彭祖	《上书告张汤奸状》	前115	赵王	邯郸	赵国	冀州
105	武帝	《封常山王二子诏》	前114	皇帝	长安	京兆	司隶
106	武帝	《封栾大为乐通侯诏》《得宝鼎》	前113	皇帝	长安	京兆	司隶
107	阙名	《尊宝鼎议》	前113	朝廷有司	长安	京兆	司隶
108	终军	《自请使南越》	前113	谏大夫	长安	京兆	司隶
109	阙名	《札书》	前113	方士	雍	右扶风	司隶
110	司马谈	《祠后土议》	前113	太史令	雍	右扶风	司隶
111	武帝	《封周子南君诏》	前113	皇帝	洛阳	河南	司隶
112	武帝	《以石庆为丞相诏》《赐卜式爵诏》《封韩千秋子等》《征南粤诏》	前112	皇帝	长安	京兆	司隶
113	武帝	《郊祠泰畤诏》	前112	皇帝	云阳甘泉	左冯翊	司隶
114	司马谈	《议立泰畤坛》（《议立太畤坛》）	前112	太史令	云阳甘泉	左冯翊	司隶
115	阙名	《郊拜太一赞飨文》	前112	朝臣有司	云阳甘泉	左冯翊	司隶
116	卜式	《上书请死节南越》	前112	齐相	临菑	齐郡	青州
117	余善	《上书击南越》	前112	东越王	东冶	会稽	扬州
118	吕嘉	《下令国中》	前112	南越相	番禺	南海	交州
119	武帝	《减内史稻田租挈诏》《敕责杨仆书》《议郊祀乐》	前111	皇帝	长安	京兆	司隶
120	兒宽	《议封禅对》	前111	左内史	长安	京兆	司隶
121	孔安国	《家语序》	前110	侍中博士	长安	京兆	司隶

序号	作者	篇名	时间	身份	地点	郡国	属州
122	孔安国	《秘记》*	前110	可能为博士	长安	京兆	司隶
123	武帝	《巡边诏》《迁东越民诏》	前110	皇帝	云阳甘泉	左冯翊	司隶
124	武帝	《改元大赦诏》《令诸侯治邸泰山下诏》《泰山刻石文》《与奉车子侯家诏》	前110	皇帝	奉高	泰山	兖州
125	武帝	《增太室祠诏》	前110	皇帝	崇高	颍川	豫州
126	兒宽	《封泰山还登明堂上寿》	前110	御史大夫	奉高	泰山	兖州
127	武帝	《临北河遣使者告单于》	前110	皇帝		朔方	并州
128	武帝	《尊祠灵星诏》	前109	皇帝	长安	京兆	司隶
129	武帝	《使公孙遂往朝鲜》	前109	皇帝	长安	京兆	司隶
130	卜式	《上言官求雨》	前109	御史大夫	长安	京兆	司隶
131	武帝	《产芝赦诏》	前109	皇帝	云阳甘泉	左冯翊	司隶
132	阙名	《拜祝祠太一赞飨文》	前109	朝廷有司	云阳甘泉	左冯翊	司隶
133	武帝	《报石庆》	前107	皇帝	长安	京兆	司隶
134	武帝	《祠后土诏》	前107	皇帝	汾阴	河东	司隶
135	石庆	《上书乞骸骨》	前107	丞相	长安	京兆	司隶
136	武帝	《求贤诏》	前106	皇帝	长安	京兆	司隶
137	武帝	《增封泰山诏》	前106	皇帝	奉高	泰山	兖州
138	司马迁	《与挚伯陵书》	前106	太史令	长安	京兆	司隶
139	挚峻	《报司马子长书》	前106	隐士	汧	右扶风	司隶
140	武帝	《礼首山祠后土诏》	前105	皇帝	汾阴	河东	司隶
141	武帝	《李夫人赋》《定礼仪诏》《诏兒宽》《定正朔改元太初诏》	前104	皇帝	长安	京兆	司隶
142	兒宽	《改正朔议》	前104	御史大夫	长安	京兆	司隶
143	东方朔	《化民有道对》	前104	太中大夫	长安	京兆	司隶
144	阙名	《祠上帝明堂赞飨文》	前104	有司	奉高	泰山	兖州
145	武帝	《幸河东诏》	前103	皇帝	汾阴	河东	司隶
146	李广利	《初征大宛还至敦煌上书》	前103	贰师将军		敦煌	凉州
147	武帝	《封李广利为海西侯诏》《击匈奴诏》	前101	皇帝	长安	京兆	司隶
148	东方朔	《答客难》《非有先生论》	前101	太中大夫	长安	京兆	司隶

续表

序号	作者	篇名	时间	身份	地点	郡国	属州
149	武帝	《制书报胡建》	前100	皇帝	长安	京兆	司隶
150	胡建	《奏斩监军御史》	前100	军正丞	长安	京兆	司隶
151	武帝	《沉命法》《诏关都尉》《诏路博德》《诏李陵》	前99	皇帝	长安	京兆	司隶
152	路博德	《奏留李陵》	前99	强弩将军	居延	张掖	凉州
153	李陵	《令》	前99	骑都尉	浚稽山	匈奴	
154	司马迁	《悲士不遇赋》	前97	中书令	长安	京兆	司隶
155	刘彭祖	《讼太子丹》	前96	赵王	邯郸	赵国	冀州
156	武帝	《改铸黄金诏》《报齐人延年》	前95	皇帝	长安	京兆	司隶
157	田仁	《上书请刺举三河》	前95	丞相长史	长安	京兆	司隶
158	齐人延年	《上书请开大河上领出之胡中》	前95	庶民		齐地	青州
159	司马迁	《报任少卿书》《素王妙论》*	前93	中书令	长安	京兆	司隶
160	武帝	《泰山鼎文》	前93	皇帝	奉高	泰山	兖州
161	武帝	《报楼兰国请立质子》	前92	皇帝	长安	京兆	司隶
162	东方朔	《临终谏天子》《诫子》	前92	太中大夫	长安	京兆	司隶
163	武帝	《以刘屈氂为左丞相诏》《以刘去为广川王诏》	前91	皇帝	长安	京兆	司隶
164	孔安国	《尚书序》《古文孝经训传序》	前91	博士	长安	京兆	司隶
165	武帝	《赐丞相刘屈氂玺书》《责问暴胜之》《封莽通等》《封李寿张富昌诏》	前91	皇帝	云阳甘泉	左冯翊	司隶
166	令狐茂	《上书理太子》	前91	三老	壶关	上党	并州
167	田千秋	《上急变讼太子冤》	前90	高寝郎	长安	京兆	司隶
168	桑弘羊	《奏屯田轮台》	前89	搜粟都尉	长安	京兆	司隶
169	武帝	《报桑弘羊等请屯田轮台诏》(《轮台罪己诏》)、《报车千秋》、《力农诏》	前89	皇帝	云阳甘泉	左冯翊	司隶
170	狐鹿姑单于	《遗武帝书》	前89	单于		匈奴	

序号	作者	篇名	时间	身份	地点	郡国	属州
171	武帝	《赦诏》（朕郊）	前88	皇帝	云阳甘泉	左冯翊	司隶
172	刘旦	《上书请立武帝庙》	前87	燕王	蓟县	广阳	幽州
	合计	235					

四　昭宣时期编年文章统计

昭宣时期从昭帝始元元年到宣帝黄龙元年（前86～前49），一共38年。《全汉文》文章作于这一时期者211篇，原来编年205篇，补考6篇（表1-4）。

表1-4　《全汉文》昭宣时期文章编年系地统计表

序号	作者	篇名	时间	身份	地点	郡国	属州
1	刘长	《为燕王旦命令群臣》	前86	中山哀王子	蓟县	广阳	幽州
2	昭帝	《免田租诏》	前85	皇帝	长安	京兆	司隶
3	昭帝	《止出马诏》	前83	皇帝	长安	京兆	司隶
4	昭帝	《举贤良文学诏》	前82	皇帝	长安	京兆	司隶
5	蔡义	《上疏求召见》	前82	待诏	长安	京兆	司隶
6	王吉	《上疏谏昌邑王》	前82	昌邑中尉	昌邑	山阳	兖州
7	刘贺	《下令赐王吉》	前82	昌邑王	昌邑	山阳	兖州
8	昭帝	《立毋波为钩町王诏》	前81	皇帝	长安	京兆	司隶
9	苏武	《报李陵书》《书》	前81	典属国	长安	京兆	司隶
10	魏相	《贤良对策》	前81	郡文学	长安	京兆	司隶
11	刘旦	《上书为丁外人求侯》《上疏请入宿卫》	前81	燕王	蓟县	广阳	幽州
12	李陵	《与苏武书》、《答苏武书》（《重报苏武书》）、《表》*	前81	故汉骑都尉		匈奴	
13	昭帝	《赐韩福等诏》《赏诛上官桀等功诏》《赦燕太子等诏》《赐燕王旦玺书》	前80	皇帝	长安	京兆	司隶
14	昭帝	《免今年马口钱诏》	前79	皇帝	长安	京兆	司隶
15	昭帝	《免明年漕诏》	前78	皇帝	长安	京兆	司隶
16	眭弘	《上书预推昌邑王宣帝事》	前78	符节令	长安	京兆	司隶

序号	作者	篇名	时间	身份	地点	郡国	属州
17	张寿王	《上书言不宜更历》	前78	太史令	长安	京兆	司隶
18	杜延年	《奏记霍光争侯史吴事》	前78	太仆右曹给事中	长安	京兆	司隶
19	昭帝	《封范明友为平陵侯诏》《封傅介子为义阳侯诏》	前77	皇帝	长安	京兆	司隶
20	阙名	《孝昭帝冠辞》《祭天辞》*《祭地辞》*《迎日辞》*	前77	朝臣	长安	京兆	司隶
21	尉屠耆	《请遣将屯田伊循城》	前77	鄯善王	长安	京兆	司隶
22	霍光	《责过魏相》	前77	大将军	长安	京兆	司隶
23	昭帝	《以叔粟当赋诏》《封张安世为富平侯诏》	前75	皇帝	长安	京兆	司隶
24	丙吉	《与魏相书》	前75	光禄大夫	长安	京兆	司隶
25	昭帝	《减口赋钱诏》《蓝田覆车山鼎文》	前74	皇帝	长安	京兆	司隶
26	田延年	《奏没入诸下里物》	前74	大司农	长安	京兆	司隶
27	上官后	《玺书征昌邑王》	前74	皇太后	长安	京兆	司隶
28	阙名	《上书言宜立昌邑王》	前74	郎	长安	京兆	司隶
29	张敞	《上书谏昌邑王》	前74	太仆丞	长安	京兆	司隶
30	龚遂	《蝇矢对》	前74	昌邑王郎中令	长安	京兆	司隶
31	霍光	《奏废昌邑王》《奏立皇曾孙》	前74	大将军	长安	京兆	司隶
32	丙吉	《奏记霍光议立皇曾孙》	前74	光禄大夫给事中	长安	京兆	司隶
33	严延年	《劾奏霍光》	前74	侍御史	长安	京兆	司隶
34	丞相属宝	《劾张寿王》	前74	丞相属	长安	京兆	司隶
35	王吉	《奏书戒昌邑王》	前74	昌邑中尉	昌邑	山阳	兖州
36	刘解忧	《上昭帝书》	前74	乌孙昆弥妻	乌孙		西域
37	宣帝	《封赐功臣诏》《益封霍光诏》《益封张安世诏》《议戾太子庙谥诏》	前73	皇帝	长安	京兆	司隶

序号	作者	篇名	时间	身份	地点	郡国	属州
38	阙名	《奏故太子谥号园邑》	前73	朝臣有司	长安	京兆	司隶
39	宣帝	《议武帝庙乐诏》	前72	皇帝	长安	京兆	司隶
40	刘解忧	《上宣帝书》	前72	乌孙昆弥妻	乌孙	西域	
41	昆弥	《上宣帝书》	前72	乌孙昆弥	乌孙	西域	
42	宣帝	《振贷贫民诏》、《地震诏》（盖灾异）、《议罚广川王去制》（《议罚广州王去制》）	前70	皇帝	长安	京兆	司隶
43	常惠	《奏请击龟兹》	前70	校尉、持节护乌孙兵	长安	京兆	司隶
44	阙名	《广川王去罪议》	前70	朝臣	长安	京兆	司隶
45	宣帝	《复宗室属籍诏》	前69	皇帝	长安	京兆	司隶
46	刘延寿	《遗广陵王胥书》	前69	楚王	彭城	楚国	徐州
47	宣帝	《霍光薨下诏》	前68	皇帝	长安	京兆	司隶
48	霍光	《病笃上宣帝书谢恩》	前68	大将军	长安	京兆	司隶
49	魏相	《上封事夺霍氏权》《上封事荐张安世》	前68	御史大夫	长安	京兆	司隶
50	宣帝	《赐王成爵秩诏》、《诏二千石》、《地震诏》（乃者）、《举孝弟诏》、《封霍云为冠阳侯》、《置廷平诏》	前67	皇帝	长安	京兆	司隶
51	魏相	《上书自陈》	前67	丞相	长安	京兆	司隶
52	萧望之	《雨雹对》	前67	御史大夫属吏	长安	京兆	司隶
53	萧望之	《劾奏赵广汉》	前67	丞相司直	长安	京兆	司隶
54	路温舒	《上书言宜尚德缓刑》	前67	廷尉史	长安	京兆	司隶
55	郑昌	《请删定律令疏》	前67	涿郡太守	涿县	涿郡	幽州
56	宣帝	《丧不緤诏》《子匿父母等罪勿坐诏》《诛霍禹等诏》《减盐贾诏》《岁上系囚诏》《策废霍皇后》《以黄霸为颍川太守诏》	前66	皇帝	长安	京兆	司隶
57	阙名	《上书言霍氏》	前66				司隶

续表

序号	作者	篇名	时间	身份	地点	郡国	属州
58	徐福	《上疏言霍氏》	前66	庶民	茂陵	右扶风	司隶
59	阙名	《为徐福上书》	前66		茂陵	右扶风	司隶
60	张敞	《为霍氏上封事》	前66	山阳太守	昌邑	山阳	兖州
61	冀州刺史林	《奏劾代王年》	前66	冀州刺史			冀州
62	绛宾	《上书求与乌孙女入朝》	前66	龟兹王	龟兹		西域
63	宣帝	《凤皇集甘露降诏》《博举诏》	前65	皇帝	长安	京兆	司隶
64	萧望之	《冯奉世封爵议》	前65	少府	长安	京兆	司隶
65	萧望之	《上疏请选谏官》	前65	平原太守	平原县	平原郡	青州
66	魏相	《复言悼园戾园号邑》	前65	丞相	长安	京兆	司隶
67	宣帝	《赦诏》（书云）、《平法诏》《更讳诏》、《为张贺置守冢诏》、《赐张敞玺书》、《谕意萧望之》	前64	皇帝	长安	京兆	司隶
68	张敞	《条奏故昌邑王居处状》	前64	山阳太守	昌邑	山阳	兖州
69	昆弥	《又上宣帝书》	前64	乌孙王	乌孙		西域
70	宣帝	《封丙吉等诏》《禁春夏弹射诏》《封昌邑王贺为海昏侯诏》《报丙吉》	前63	皇帝	长安	京兆	司隶
71	金安上	《上书言昌邑王贺》	前63	侍中卫尉	长安	京兆	司隶
72	赵充国	《先零羌事对》	前63	后将军、少府	长安	京兆	司隶
73	宣帝	《耆老勿坐罪诏》《神爵集宫苑诏》《赐尹翁归子黄金诏》《躬亲郊祀诏》《报张安世》	前62	皇帝	长安	京兆	司隶
74	魏相	《上书谏击匈奴右地》	前62	丞相	长安	京兆	司隶
75	张敞	《上书自请治胶东勃海盗贼》	前62	山阳太守	昌邑	山阳	兖州
76	张敞	《奏书谏胶东王太后数出游猎》《为胶东相与朱邑书》《书》*	前62	胶东相	即墨	胶东	青州

序号	作者	篇名	时间	身份	地点	郡国	属州
77	郑吉	《上书请益车师田卒》	前62	卫司马	车师	西域	
78	宣帝	《止诸侯王入朝诏》《祠江海诏》《赐朱邑子黄金诏》《赐陈遂玺书》《以张敞守京兆尹诏》《敕让赵充国书》《赐赵充国书》《报赵充国》《复赐书报赵充国》《报赵充国听留屯》	前61	皇帝	长安	京兆	司隶
79	魏相	《条奏便宜》《表奏采易阴阳明堂月令》	前61	丞相	长安	京兆	司隶
80	张敞	《上书请令入谷赎罪》《答两府入谷赎罪难问》	前61	京兆尹	长安	京兆	司隶
81	萧望之	《驳张敞入谷赎罪议》《对两府难问入谷赎罪议》	前61	左冯翊	长安	京兆	司隶
82	阙名	《与韦玄成书》	前61	丞相史	长安	京兆	司隶
83	侍郎章	《上疏言宜听韦玄成让袭爵》	前61	侍郎	长安	京兆	司隶
84	宣帝	《改元神爵诏》	前61	皇帝	汾阴	河东	司隶
85	赵充国	《击罕开议》《上书谢罪因陈兵利害》《上屯田奏》《条上屯田便宜十二事状》《复奏屯田便宜》	前61	后将军		金城	凉州
86	辛武贤	《奏击罕开》	前61	酒泉太守	禄福	酒泉	凉州
87	宣帝	《敕诏》（正月）	前60	皇帝	长安	京兆	司隶
88	萧望之	《乌孙元贵靡尚少主议》	前60	大鸿胪	长安	京兆	司隶
89	盖宽饶	《奏封事》	前60	司隶校尉	长安	京兆	司隶
90	王生	《与盖宽饶书》	前60	太子庶子	长安	京兆	司隶
91	郑昌	《上书理盖宽饶》	前60	谏大夫	长安	京兆	司隶
92	王褒	《圣主得贤臣颂》《九怀》	前60	庶人待诏	长安	京兆	司隶
93	赵充国	《奏罢屯田》	前60	后将军		金城	凉州
94	常惠	《从塞下上书言乌孙事》	前60	长罗侯		敦煌	凉州
95	王褒	《四子讲德论》	前60	庶人			益州
96	扬州刺史柯	《奏海昏侯贺罪》（《奏昌邑王贺罪》）	前60	扬州刺史			扬州

序号	作者	篇名	时间	身份	地点	郡国	属州
97	宣帝	《益吏奉诏》《策丙吉为丞相》《封郑吉为安远侯诏》	前59	皇帝	长安	京兆	司隶
98	张敞	《与严延年书》	前59	京兆尹	长安	京兆	司隶
99	严延年	《报张敞书》	前59	河南太守	洛阳	河南	司隶
100	王褒	《僮约》	前59	庶人	成都	蜀郡	益州
101	豫章太守廖	《奏绝海昏侯后》（《奏绝昌邑王后》）	前59	豫章太守	南昌	豫章	扬州
102	宣帝	《赦诏》（凤凰）、《赐黄霸爵秩诏》	前58	皇帝	长安	京兆	司隶
103	萧望之	《对诏问因乱灭匈奴议》《奏驳耿寿昌增海租及近籴计》	前57	御史大夫	长安	京兆	司隶
104	耿寿昌	《奏籴三辅等郡谷》《白筑常平仓》	前57	大司农中丞	长安	京兆	司隶
105	宣帝	《嫁娶不禁具酒食诏》《左迁萧望之策》	前56	皇帝	长安	京兆	司隶
106	萧望之	《奏言三公非其人》	前56	御史大夫	长安	京兆	司隶
107	繁延寿	《奏劾萧望之》	前56	丞相司直	长安	京兆	司隶
108	戴长乐	《上疏告杨恽罪》	前56	太仆	长安	京兆	司隶
109	于定国	《奏考问杨恽罪》	前56	廷尉	长安	京兆	司隶
110	张敞	《上疏谏用方术》《美阳鼎不宜荐见议》	前56	京兆尹	长安	京兆	司隶
111	王禹	《奏平干王元不宜立嗣》	前56	大鸿胪	长安	京兆	司隶
112	阙名	《奏逮捕菑川王终古》	前56	朝臣	长安	京兆	司隶
113	阙名	《奏菑川王终古淫乱事》	前56	青州刺史			青州
114	宣帝	《匈奴来降赦诏》《策杜延年为御史大夫》《使尚书召问黄霸》	前55	皇帝	长安	京兆	司隶
115	张敞	《奏劾黄霸》	前55	京兆尹	长安	京兆	司隶
116	宣帝	《日食诏》	前54	皇帝	长安	京兆	司隶
117	张敞	《告絮舜教》	前54	京兆尹	长安	京兆	司隶
118	杨恽	《报孙会宗书》	前54	庶人	华阴	京兆	司隶
119	孙会宗	《与杨恽书》	前54	安定太守	高平	安定	凉州

序号	作者	篇名	时间	身份	地点	郡国	属州
120	宣帝	《华山仙掌鼎文》	前53	皇帝	长安	京兆	司隶
121	王褒	《甘泉宫颂》《洞箫赋》	前53	谏大夫	长安	京兆	司隶
122	张敞	《诣公车上书》	前53	庶人	长安	京兆	司隶
123	宣帝	《赦诏》（黄龙）、《以客礼待单于诏》	前52	皇帝	长安	京兆	司隶
124	萧望之	《单于朝仪议》	前52	太子太傅	长安	京兆	司隶
125	黄霸	《单于朝仪议》	前52	丞相	长安	京兆	司隶
126	宣帝	《嫁母不制服诏》《蒋满父子同拜诏》《凤凰集诏》	前51	皇帝	长安	京兆	司隶
127	王褒	《碧鸡颂》	前51	谏大夫、持节使	青蛉	越嶲	益州
128	刘解忧	《又上宣帝书》	前51	乌孙王夫人	乌孙	西域	
129	宣帝	《察计簿诏》《毋得举六百石为廉吏诏》《敕边守尉》*	前49	皇帝	长安	京兆	司隶
130	王吉	《上宣帝疏言得失》	前49	博士、谏大夫	长安	京兆	司隶
131	冯嫽	《上元帝书》	前49	乌孙右大将妻	乌孙	西域	
132	韩宣	《奏镇抚星靡》《奏更立乌孙昆弥》	前49	都护	乌垒城	西域	
	合计	211					

五 元成时期编年文章统计

元成时期从元帝初元元年到成帝绥和二年（前48~前7），一共42年。《全汉文》文章作于这一时期者389篇，原来编年373篇，补考16篇（表1-5）。

表1-5 《全汉文》元成时期文章编年系地统计表

序号	作者	篇名	时间	身份	地点	郡国	属州
1	元帝	《遣使循行天下诏》《免灾民租赋诏》《节省诏》《封王禁制书》《令孔霸奉孔子祀诏》	前48	皇帝	长安	京兆	司隶

续表

序号	作者	篇名	时间	身份	地点	郡国	属州
2	萧望之	《建白宜罢中书宦官》	前48	前将军光禄勋	长安	京兆	司隶
3	郑朋	《奏记萧望之》	前48	待诏	长安	京兆	司隶
4	翼奉	《上封事言邪正》	前48	待诏	长安	京兆	司隶
5	翼奉	《日辰时对》	前48	中郎	长安	京兆	司隶
6	贡禹	《奏宜放古自节》	前48	谏大夫	长安	京兆	司隶
7	杨兴	《说史高》	前48	长安令	长安	京兆	司隶
8	元帝	《灾异求言诏》《又诏》《赐萧望之爵邑诏》《原萧望之诏》	前47	皇帝	长安	京兆	司隶
9	弘恭	《奏收萧望之等》《建白下萧望之狱》	前47	中书令	长安	京兆	司隶
10	刘向	《使外亲上变事》	前47	中郎	长安	京兆	司隶
11	韦玄成	《劾刘更生》	前47	太子太傅	长安	京兆	司隶
12	翼奉	《因灾异应诏上封事》	前47	中郎	长安	京兆	司隶
13	元帝	《赦诏》（乃者火灾）、《求言诏》、《罢珠崖郡诏》、《诘问贾捐之》	前46	皇帝	长安	京兆	司隶
14	贾捐之	《弃珠崖议》	前46	待诏	长安	京兆	司隶
15	贡禹	《上书言得失》	前46	光禄大夫	长安	京兆	司隶
16	翼奉	《因灾异上疏》《上疏请徙都洛阳》《庙祀对》	前46	中郎	长安	京兆	司隶
17	元帝	《赐诸葛丰书》	前45	皇帝	长安	京兆	司隶
18	诸葛丰	《上书谢恩》《复上书》	前45	司隶校尉	长安	京兆	司隶
19	京房	《律术对》	前45	郎	长安	京兆	司隶
20	元帝	《因灾异改行新政诏》《议律令诏》《诏条责丞相御史》《报贡禹》	前44	皇帝	长安	京兆	司隶
21	贡禹	《上书乞骸骨》	前44	光禄大夫	长安	京兆	司隶
22	贡禹	《奏请正定庙制》《送匈奴侍子议》	前44	御史大夫	长安	京兆	司隶

续表

序号	作者	篇名	时间	身份	地点	郡国	属州
23	谷吉	《上书请送郅支侍子至庭》	前44	卫司马	长安	京兆	司隶
24	匡衡	《华阴守丞嘉封事对》《以孔子世为殷后议》	前44	太子太傅	长安	京兆	司隶
25	华阴守丞嘉	《上封事荐朱云》	前44	华阴守丞	华阴	京兆	司隶
26	王尊	《安定太守告属县教》《又敕掾功曹教》	前44	安定太守	高平	安定	凉州
27	元帝	《赦诏》（五帝三王）、《复诏条责丞相御史》、《报于定国》、《诏免诸葛丰》、《左迁周堪张猛诏》	前43	皇帝	长安	京兆	司隶
28	刘向	《条灾异封事》	前43	中郎	长安	京兆	司隶
29	贾捐之	《与杨兴共为荐石显奏》《又共为荐杨兴奏》	前43	待诏	长安	京兆	司隶
30	王禁	《杨兴贾捐之狱议》	前43	皇后父、阳平侯	长安	京兆	司隶
31	阙名	《韩昌张猛盟匈奴议》	前43	公卿朝臣	长安	京兆	司隶
32	薛广德	《上元帝书谏射猎》	前43	御史大夫	云阳甘泉	左冯翊	司隶
33	韩昌	《与呼韩邪单于盟约》	前43	车骑都尉	诸水东山	匈奴	
34	元帝	《大赦诏》、《日食诏》、《赦诏》（间者）、《玺书劳冯奉世且让之》、《留屯田》	前42	皇帝	长安	京兆	司隶
35	匡衡	《上疏言政治得失》	前42	太子太傅	长安	京兆	司隶
36	元帝	《责吏诏》《封冯奉世关内侯诏》	前41	皇帝	长安	京兆	司隶
37	元帝	《赦诏》（朕承）、《日蚀求言诏》、《初陵勿置县邑诏》《征周堪诏》、《议罢郡国庙诏》、《议毁庙诏》	前40	皇帝	长安	京兆	司隶
38	刘向	《九叹》	前40	中郎	长安	京兆	司隶
39	京房	《奏考功课吏法》	前40	郎	长安	京兆	司隶
40	韦玄成	《罢郡国庙议》《毁庙议》	前40	丞相	长安	京兆	司隶

续表

序号	作者	篇名	时间	身份	地点	郡国	属州
41	许嘉	《毁庙议》	前40	大司马车骑将军	长安	京兆	司隶
42	尹忠	《毁庙议》	前40	廷尉	长安	京兆	司隶
43	尹更始	《毁庙议》	前40	谏大夫	长安	京兆	司隶
44	元帝	《正毁庙迁主礼仪诏》	前39	皇帝	长安	京兆	司隶
45	韦玄成	《毁庙迁主议》	前39	丞相	长安	京兆	司隶
46	阙名	《诸寝园祀议》	前39	朝臣	长安	京兆	司隶
47	匡衡	《上疏言治性正家》	前39	光禄大夫、太子少傅	长安	京兆	司隶
48	韦玄成	《复言罢文昭太后寝祠园》	前38	丞相	长安	京兆	司隶
49	欧阳地余	《戒子》	前38	少府	长安	京兆	司隶
50	刘钦	《报舅张博书》	前38	淮阳王	陈县	淮阳	兖州
51	张博	《报谢淮阳王》《复遗淮阳王书》《报淮阳王》	前38	淮阳王舅			
52	元帝	《赐淮阳王钦玺书》	前37	皇帝	长安	京兆	司隶
53	京房	《拜魏郡太守上封事》	前37	魏郡太守	长安	京兆	司隶
54	京房	《因邮上封事》	前37	魏郡太守	新丰	京兆	司隶
55	京房	《至陕复上封事》	前37	魏郡太守	陕县	弘农	司隶
56	朱云	《上疏劾韦玄成》	前37	槐里令	槐里	右扶风	司隶
57	王骏	《谕指淮阳王钦》	前37	谏大夫	陈县	淮阳	兖州
58	郅支单于	《因都护上元帝嫚书》	前37	单于	康居	西域	
59	韦玄成	《奏发陈咸朱云事》	前36	丞相	长安	京兆	司隶
60	匡衡	《郅支县头稿街议》	前36	丞相	长安	京兆	司隶
61	许嘉	《郅支县头稿街议》	前36	车骑将军	长安	京兆	司隶
62	陈汤	《上疏自理》	前36	西域副校尉		右扶风	司隶
63	甘延寿	《上疏斩送郅支首》	前36	护西域骑都尉	康居	西域	
64	元帝	《遣使循行天下诏》《敕谕东平王宇玺书》《赐东平王太后玺书》《敕东平王傅相诏》	前35	皇帝	长安	京兆	司隶

序号	作者	篇名	时间	身份	地点	郡国	属州
65	谷永	《三月雨雪对》	前35	太常丞	长安	京兆	司隶
66	公孙健仔	《奏免东平相王尊》	前35	东平王太后	无盐	东平	兖州
67	元帝	《禁妨农诏》、《赦诏》（盖闻）、《诏免丙显官》、《申明毁庙制书》	前34	皇帝	长安	京兆	司隶
68	士伍尊	《上书请复丙吉后爵邑》	前34	士伍	长安	京兆	司隶
69	匡衡	《祷高祖孝文孝武庙》《告谢毁庙》	前34	丞相	长安	京兆	司隶
70	平当	《上书请复太上皇寝庙园》	前34	博士给事中	长安	京兆	司隶
71	呼韩邪单于	《上元帝书请入朝》	前34	单于		匈奴	
72	元帝	《改元竟宁诏》《以张谭为御史大夫诏》《使许嘉口谕呼韩邪单于》《赦甘延寿陈汤矫制罪诏》	前33	皇帝	长安	京兆	司隶
73	呼韩邪单于	《上书请罢边备》	前33	单于	长安	京兆	司隶
74	侯应	《对问罢边备事状》	前33	郎中	长安	京兆	司隶
75	刘向	《理甘延寿陈汤疏》	前33	故宗正	长安	京兆	司隶
76	匡衡	《甘延寿陈汤封爵议》《奏免陈汤》《奏罢诸毁庙》	前33	丞相	长安	京兆	司隶
77	杜钦	《上疏追讼冯奉世前功》《说王凤重后父》《说王凤绝阇宾》*	前33	大将军军武库令	长安	京兆	司隶
78	成帝	《大赦诏》《报王凤》（承先）	前32	皇帝	长安	京兆	司隶
79	匡衡	《上疏戒妃匹劝经学威仪之则》《奏徙南北郊》《上言罢郊坛伪饰》《又言罢雍鄜密上下祠》	前32	丞相	长安	京兆	司隶
80	王商	《徙南北郊议》	前32	右将军	长安	京兆	司隶

序号	作者	篇名	时间	身份	地点	郡国	属州
81	刘向	《对成帝甘泉泰畤问》	前32	中郎、使领护三辅都水	长安	京兆	司隶
82	王凤	《因灾异上书辞谢》	前32	大将军	长安	京兆	司隶
83	杨兴	《黄雾对》	前32	谏大夫	长安	京兆	司隶
84	杜钦	《说王凤》《复说王凤》	前32	大将军军武库令	长安	京兆	司隶
85	薛宣	《上疏言吏多苛政》	前32	御史中丞	长安	京兆	司隶
86	冯逡	《奏请浚屯氏河》	前32	清河都尉	贝丘	清河	冀州
87	成帝	《赦罪减赋诏》《报匡衡》	前31	皇帝	长安	京兆	司隶
88	匡衡	《复条奏罢群祠》	前31	丞相	长安	京兆	司隶
89	王尊	《劾奏匡衡》	前31	司隶校尉	长安	京兆	司隶
90	阙名	《劾奏王尊》	前31	御史丞	长安	京兆	司隶
91	萧育	《奏封事荐冯野王》	前31	朔方刺史		朔方	并州
92	成帝	《遣使循行天下诏》《举贤良方正诏》《策许嘉》《报张禹》	前30	皇帝	长安	京兆	司隶
93	谷永	《请赐谥郑宽中疏》	前30	太常丞	长安	京兆	司隶
94	王骏	《劾奏匡衡》	前30	司隶校尉	长安	京兆	司隶
95	成帝	《白虎殿策方正直言》	前29	皇帝	长安	京兆	司隶
96	杜钦	《举贤良方正对策》《白虎殿对策》	前29	贤良方正	长安	京兆	司隶
97	谷永	《举方正对策》（《建始三年举方正对策》）、《对策毕复言灾异》、《复对》	前29	待诏	长安	京兆	司隶
98	谷永	《谢王凤书》	前29	光禄大夫	长安	京兆	司隶
99	谷永	《上疏讼陈汤》	前29	太中大夫	长安	京兆	司隶
100	刘歆	《答父书》（《答文学》）	前29	侍郎	长安	京兆	司隶
101	刘向	《诫子歆书》	前29	中郎、使领护三辅都水	长安	京兆	司隶
102	郭舜	《上言宜绝康居》	前29	都护	乌垒城	西域	
103	成帝	《改元河平诏》《日蚀求言大赦诏》《诏有司复东平削县》《议减省律令诏》	前28	皇帝	长安	京兆	司隶

序号	作者	篇名	时间	身份	地点	郡国	属州
104	刘向	《日食对》	前28	中郎、使领护三辅都水	长安	京兆	司隶
105	成帝	《报许皇后》	前27	皇帝	长安	京兆	司隶
106	许后	《上疏言椒房用度》	前27	皇后	长安	京兆	司隶
107	谷永	《受降议》	前27	光禄大夫	长安	京兆	司隶
108	王尊	《行县还上奏事》	前27	京兆尹	长安	京兆	司隶
109	张忠	《奏免王尊》	前27	御史大夫	长安	京兆	司隶
110	范延寿	《奏事》*	前27	廷尉	长安	京兆	司隶
111	公乘兴	《上书讼王尊治京兆功效日著》	前27	三老	湖县	京兆	司隶
112	杜钦	《说王凤处置夜郎等国》	前27	议郎	长安	京兆	司隶
113	成帝	《闵楚王被疾诏》	前26	皇帝	长安	京兆	司隶
114	平当	《乐议》	前26	下大夫博士	长安	京兆	司隶
115	王凤	《东平王求子史对》《荐辛庆忌》	前26	大将军	长安	京兆	司隶
116	杜钦	《说王凤治河》	前26	议郎	长安	京兆	司隶
117	成帝	《免丞相王商诏》《加秩王尊诏》	前25	皇帝	长安	京兆	司隶
118	张匡	《日蚀对》	前25	太中大夫	长安	京兆	司隶
119	史丹	《奏劾王商》	前25	左将军	长安	京兆	司隶
120	谷永	《戒段会宗书》	前25	光禄大夫	长安	京兆	司隶
121	刘向	《新序》	前25	都水使者、谏议大夫	长安	京兆	司隶
122	成帝	《报王凤》（秉事）	前24	皇帝	长安	京兆	司隶
123	王凤	《因日蚀上言宜遣定陶王之国》《上疏乞骸骨》	前24	大将军	长安	京兆	司隶
124	王章	《上封事召见对言王凤不可任用》《奏封事荐冯野王》	前24	京兆尹	长安	京兆	司隶
125	阙名	《劾奏王章》	前24	尚书	长安	京兆	司隶
126	范延寿	《致王章大逆罪》	前24	廷尉	长安	京兆	司隶

序号	作者	篇名	时间	身份	地点	郡国	属州
127	杜钦	《戒王凤》《复说王凤起就位》《复说王凤举直言极谏》《奏记王凤理冯野王》	前24	征诣大将军幕府	长安	京兆	司隶
128	薛宣	《手自牒书封与高陵令杨湛》《移书责栎阳令谢游》《移书劳勉频阳令尹赏粟邑令薛恭》《移书池阳追署廉吏王立》《下贼曹掾张扶教》	前24	左冯翊	长安	京兆	司隶
129	扬雄	《反离骚》《广骚》《畔牢愁》	前24	庶人	成都	蜀郡	益州
130	成帝	《顺时令诏》《举博士诏》	前23	皇帝	长安	京兆	司隶
131	刘向	《极谏用外戚封事》	前23	都水使者、谏议大夫	长安	京兆	司隶
132	谷永	《说王音》	前22	车骑将军长史	长安	京兆	司隶
133	谷永	《与王音书》	前22	营军司马	长安	京兆	司隶
134	郑子真	《教》*	前22	隐士	谷口	左冯翊	司隶
135	谷永	《与王谭书》	前22	安定太守	高平	安定	凉州
136	成帝	《劝农诏》	前21	皇帝	长安	京兆	司隶
137	谷永	《上疏荐薛宣》	前21	大司马车骑将军长史	长安	京兆	司隶
138	成帝	《封丙吉孙诏》《封史丹为武阳侯诏》《幼弱减死罪令》《封王音为安阳侯诏》《赐王音策书》《治冤狱诏》	前20	皇帝	长安	京兆	司隶
139	翟方进	《奏劾涓勋》	前20	丞相司直	长安	京兆	司隶
140	平当	《奏劾翟方进》	前20	太中大夫	长安	京兆	司隶
141	涓勋	《奏劾薛宣》	前20	司隶校尉	长安	京兆	司隶
142	翟方进	《劾陈庆》	前20	丞相司直	云阳甘泉	左冯翊	司隶
143	梁太傅辅	《奏约束梁王立》	前20	梁太傅	睢阳	梁国	豫州

序号	作者	篇名	时间	身份	地点	郡国	属州
144	成帝	《选贤诏》	前19	皇帝	长安	京兆	司隶
145	王音	《因雉雊上言》《复对诏》	前19	大司马车骑将军	长安	京兆	司隶
146	陈汤	《上封事请徙初陵》	前19	从事中郎	长安	京兆	司隶
147	谷永	《谏成帝微行》	前19	大司马车骑将军长史	长安	京兆	司隶
148	班倢仔	《自悼赋》《捣素赋》	前18	倢仔供养太后	长安	京兆	司隶
149	何武	《上封事荐辛庆忌》	前18	丞相司直	长安	京兆	司隶
150	胡常	《与翟方进书》	前18	青州刺史			青州
151	成帝	《恤民诏》《赐赵婕妤书》	前17	皇帝	长安	京兆	司隶
152	班倢仔	《报诸侄书》	前17	倢仔供养太后	长安	京兆	司隶
153	谷永	《塞河议》	前17	车骑将军长史	长安	京兆	司隶
154	李寻	《塞河议》	前17		长安	京兆	司隶
155	杜邺	《说王音》	前17	郎	长安	京兆	司隶
156	刘向	《说苑叙录》	前17	中垒校尉	长安	京兆	司隶
157	扬雄	《蜀都赋》*《蜀王本纪》*	前17?	庶人	成都	蜀郡	益州
158	陈咸	《移敕郡长吏书》《与陈汤书》	前17	南阳太守	宛县	南阳	荆州
159	孙禁	《治河方略》	前17	丞相史			
160	许商	《驳孙禁开笃马河方略》	前17	河隄都尉			
161	成帝	《罢昌陵诏》	前16	皇帝	长安	京兆	司隶
162	阙名	《罢昌陵议》	前16	有司朝臣	长安	京兆	司隶
163	赵昭仪	《奏上赵皇后书贺正位》	前16	昭仪	长安	京兆	司隶
164	王仁	《谏立赵皇后疏》	前16	谏大夫	长安	京兆	司隶
165	刘辅	《上疏谏立赵后》	前16	谏大夫	长安	京兆	司隶
166	辛庆忌	《上书理刘辅》	前16	左将军	长安	京兆	司隶
167	谷永	《日食对》《日食上书》（饮酒）	前16	车骑将军长史	长安	京兆	司隶

序号	作者	篇名	时间	身份	地点	郡国	属州
168	刘向	《谏营延陵疏》（《谏营昌陵疏》）	前16	中垒校尉	长安	京兆	司隶
169	杜业	《说成帝绍封功臣》	前16	太常	长安	京兆	司隶
170	朱博	《出教主簿》《敕功曹》《口占檄文》《移游徼王卿书》	前16	琅邪太守	东武	琅邪	徐州
171	成帝	《龙见日蚀诏》《吏民助振赡者赐爵诏》《封淳于长等诏》《册免薛宣》《徙陈汤制》《徙解万年制》《答赵皇后》	前15	皇帝	长安	京兆	司隶
172	赵飞燕	《奏笺成帝》	前15	皇后	长安	京兆	司隶
173	元后	《与成帝书》	前15	太后	长安	京兆	司隶
174	薛宣	《奏免张放》	前15	丞相	长安	京兆	司隶
175	扬雄	《酒箴》（《酒赋》）	前15	黄门郎	长安	京兆	司隶
176	赵增寿	《陈汤罪议》	前15	廷尉	长安	京兆	司隶
177	谷永	《黑龙见东莱对》	前15	凉州刺史	长安	京兆	司隶
178	谷永	《又日食对》、《日食上书》（赋敛滋重）、《星陨对》	前15	凉州刺史			凉州
179	刘向	《关尹子书录》	前15	护左都水使者光禄大夫	长安	京兆	司隶
180	薛宣	《奏事》*	前15	丞相	长安	京兆	司隶
181	成帝	《遣使循行诏》《赐史丹策》	前14	皇帝	长安	京兆	司隶
182	元后	《诏有司复甘泉泰畤等祠》	前14	太后	长安	京兆	司隶
183	翟方进	《奏免陈咸逄信》	前14	丞相	长安	京兆	司隶
184	谷永	《说成帝距绝祭祀方术》《上疏理梁王立》	前14	太中大夫、光禄大夫	长安	京兆	司隶
185	刘向	《列子书录》《战国策书录》*《管子书录》*《晏子叙录》*《孙卿书录》*《韩非子书录》*《邓析书录》*《子华子书录》*《别录》*	前14	护左都水使者光禄大夫	长安	京兆	司隶

序号	作者	篇名	时间	身份	地点	郡国	属州
186	梅福	《上书言王凤专擅》	前14	故南昌尉	寿春	九江	扬州
187	成帝	《诏有司》《禁奢侈诏》	前13	皇帝	长安	京兆	司隶
188	翟方进	《荐薛宣》	前13	丞相	长安	京兆	司隶
189	杜邺	《说王商》	前13	大司马卫将军主簿	长安	京兆	司隶
190	扬雄	《甘泉赋》	前13	黄门侍郎	云阳甘泉	左冯翊	司隶
191	刘歆	《甘泉宫赋》	前13	黄门郎	云阳甘泉	左冯翊	司隶
192	扬雄	《河东赋》	前13	黄门侍郎	汾阴	河东	司隶
193	成帝	《孛星见求直言诏》	前12	皇帝	长安	京兆	司隶
194	赵昭仪	《与籍武诏记》《赫蹄书》	前12	昭仪	长安	京兆	司隶
195	谯玄	《上书谏成帝》	前12	议郎	长安	京兆	司隶
196	翟方进	《复奏免陈咸》	前12	丞相	长安	京兆	司隶
197	谷永	《灾异对》《门牡自亡对》	前12	北地太守	长安	京兆	司隶
198	扬雄	《赵充国颂》《校猎赋》（《羽猎赋》）	前12	黄门郎	长安	京兆	司隶
199	赵昭仪	《又与籍武诏记》	前11	昭仪	长安	京兆	司隶
200	扬雄	《长杨赋》	前11	黄门郎	盩屋	右扶风	司隶
201	刘向	《复上奏灾异》	前10	护左都水使者光禄大夫	长安	京兆	司隶
202	李寻	《说王根》	前10	丞相吏	长安	京兆	司隶
203	毋将隆	《奏征定陶王封事》	前9	谏大夫	长安	京兆	司隶
204	成帝	《立定陶王欣为皇太子诏》《封孔吉诏》《报乌珠留若鞮单于诏》《还许旦及亲属诏》《还冯参诏》《鼎铭》《报翟方进》	前8	皇帝	长安	京兆	司隶
205	刘欣	《上书谢为皇太子》	前8	皇太子	长安	京兆	司隶
206	阎崇	《皇太子谢为所生立后议》	前8	太子少傅	长安	京兆	司隶
207	翟方进	《劾红阳侯王立》《复奏王立党友》《立嗣议》《淳于长小妻乃始等坐罪议》	前8	丞相	长安	京兆	司隶
208	孔光	《立嗣议》	前8	御史大夫	长安	京兆	司隶

序号	作者	篇名	时间	身份	地点	郡国	属州
209	孔光	《淳于长小妻乃始等坐罪议》	前8	廷尉	长安	京兆	司隶
210	王立	《上封事为淳于长求留》《与杜业书》	前8	红阳侯	长安	京兆	司隶
211	何武	《奏请内史如都尉》《奏置三公官》《奏置州牧》	前8	御史大夫大司空	长安	京兆	司隶
212	阙名	《罢三公官议》	前8	朝臣议者	长安	京兆	司隶
213	刘向	《说成帝定礼乐》《奏劾甘忠可》	前8	中垒校尉	长安	京兆	司隶
214	孔衍	《上成帝书辩家语宜记录》	前8	博士	长安	京兆	司隶
215	严遵	《道德指归说目》*《座右铭》*	前8?	隐士	成都	蜀郡	益州
216	梅福	《上书请封孔子子孙为殷后》	前8	故南昌尉	寿春	九江	扬州
217	成帝	《赐翟方进册》	前7	皇帝	长安	京兆	司隶
218	哀帝	《尊定陶傅太后等诏》《罢乐府官诏》《益封河间王良诏》《议限列名田诏》《遣使循行水灾诏》《益封王根等诏》《遣王根就国诏》《诏王莽》《白太后》《益封王莽诏》《策免何武》《策萧育》	前7	皇帝	长安	京兆	司隶
219	元后	《治问成帝发病状诏》《诏有司复长安南北郊》	前7	太后	长安	京兆	司隶
220	李寻	《奏记翟方进》《对诏问灾异》	前7	丞相府吏	长安	京兆	司隶
221	解光	《奏劾王根王况》	前7	司隶校尉	长安	京兆	司隶
222	何武	《上书荐傅喜》	前7	大司空	长安	京兆	司隶
223	师丹	《建言限民田奴婢》	前7	大司马	长安	京兆	司隶
224	师丹	《上书言封丁傅》	前7	大司空	长安	京兆	司隶
225	师丹	《劾奏董宏》《共皇庙议》	前7	左将军	长安	京兆	司隶
226	董宏	《上哀帝书请上傅太后及丁姬尊号》	前7	高昌侯	长安	京兆	司隶
227	泠褒	《奏尊傅太后丁后》	前7	郎中令	长安	京兆	司隶

序号	作者	篇名	时间	身份	地点	郡国	属州
228	孔光	《条奏限名田奴婢》《奏谏复留傅迁》《奏请议毁庙》《奏罢减乐人员》	前7	丞相	长安	京兆	司隶
229	彭宣	《毁庙议》	前7	光禄勋	长安	京兆	司隶
230	刘歆	《孝武庙不毁议》《惠景及太上皇寝园议》	前7	中垒校尉	长安	京兆	司隶
231	贾让	《奏治河三策》	前7	待诏	长安	京兆	司隶
232	御史中丞众	《薛况罪议》	前7	御史中丞	长安	京兆	司隶
233	庞真	《薛况罪议》	前7	廷尉	长安	京兆	司隶
234	敬武长公主	《上哀帝书》	前7	公主、薛宣妻	长安	京兆	司隶
235	耿育	《上书言便宜因冤讼陈汤》	前7	议郎	长安	京兆	司隶
236	何并	《署都亭下》	前7	长陵令	长陵	左冯翊	司隶
237	杜业	《上书追劾翟方进》《上书言王氏世权》	前7	列侯就国	建平	沛郡	豫州
238	阙名	《奏改徙陈汤》	前7	敦煌太守	敦煌县	敦煌郡	凉州
239	平当	《奏求治河策》	前7	使领河堤			
	合计	389					

六　哀平王莽更始时期编年文章统计

哀平王莽更始时期从哀帝元年到更始二年（前6～24），一共30年。《全汉文》文章作于这一时期者352篇，原来编年347篇，补考5篇（表1-6）。

表1-6　《全汉文》哀平王莽更始时期文章编年系地统计表

序号	作者	篇名	时间	身份	地点	郡国	属州
1	哀帝	《举贤诏》《策免师丹》	前6	皇帝	长安	京兆	司隶
2	申咸	《上书理师丹》	前6	给事中博士	长安	京兆	司隶
3	阙名	《上书言宜改币》	前6		长安	京兆	司隶
4	阙名	《劾奏申咸炔钦》	前6	尚书	长安	京兆	司隶

序号	作者	篇名	时间	身份	地点	郡国	属州
5	唐林	《上哀帝疏请复师丹邑爵》	前6	尚书令	长安	京兆	司隶
6	刘歆	《移书让太常博士》《上山海经表》	前6	侍中奉车都尉、光禄大夫	长安	京兆	司隶
7	解光	《奏劾赵皇后姊娣》	前6	司隶校尉	长安	京兆	司隶
8	耿育	《上疏请宽赵氏》	前6	议郎	长安	京兆	司隶
9	刘歆	《遂初赋》	前6	五原太守	九原	五原	并州
10	哀帝	《尊恭皇太后诏》《葬丁太后》《大赦改元诏》《蠲除改元制书诏》《策免傅喜》《策免孔光》《策免彭宣》	前5	皇帝	长安	京兆	司隶
11	傅太后	《诏丞相御史遣傅喜就国》	前5	太后	长安	京兆	司隶
12	朱博	《奏复置御史大夫》《奏复置刺史》《奏封事免孔光傅喜》	前5	御史大夫	长安	京兆	司隶
13	朱博	《奏免师丹爵邑》《奏免王莽爵土》《上书让封邑》《奏免傅喜何武爵土》	前5	丞相	长安	京兆	司隶
14	彭宣	《劾奏朱博赵玄傅晏》	前5	左将军	长安	京兆	司隶
15	龚胜	《朱博傅晏赵玄罪议》	前5	谏大夫	长安	京兆	司隶
16	李寻	《又对问灾异》	前5	黄门侍郎	长安	京兆	司隶
17	夏贺良	《改元易号议》	前5	黄门待诏	长安	京兆	司隶
18	扬雄	《对诏问灾异》	前5	黄门侍郎	长安	京兆	司隶
19	哀帝	《策诏王崇》《报平当》	前4	皇帝	长安	京兆	司隶
20	元后	《诏有司复甘泉泰畤汾阴后土祠》	前4	太后	长安	京兆	司隶
21	王嘉	《上疏请养材》	前4	丞相	长安	京兆	司隶
22	郭钦	《奏劾豫州牧鲍宣》	前4	丞相司直	长安	京兆	司隶
23	杜业	《奏事》	前4	列侯居国	建平	沛郡	豫州
24	哀帝	《封傅商为汝昌侯诏》《免孙宝诏》《封董贤等诏》《举明习兵法诏》	前3	皇帝	长安	京兆	司隶

序号	作者	篇名	时间	身份	地点	郡国	属州
25	郑崇	《谏封傅商》	前3	尚书仆射	长安	京兆	司隶
26	孙宝	《上书理郑崇》	前3	司隶校尉	长安	京兆	司隶
27	息夫躬	《上疏诋公卿大臣》、《上言开渠》（《上言开言渠》）、《奏间匈奴乌孙》、《建言厌应变异》	前3	光禄大夫	长安	京兆	司隶
28	公孙禄	《驳息夫躬谋间匈奴议》	前3	左将军	长安	京兆	司隶
29	王嘉	《遣将行边对》《谏封董贤等封事》	前3	丞相	长安	京兆	司隶
30	扬雄	《上书谏勿许单于朝》	前3	黄门郎	长安	京兆	司隶
31	鲍宣	《上书谏哀帝》	前3	谏大夫	长安	京兆	司隶
32	杨宣	《上封事理王氏》《灾异对》	前3	谏大夫	长安	京兆	司隶
33	西王母	《传书》	前3			京兆	司隶
34	方赏	《移书梁傅相中尉》	前3	廷尉	长安	京兆	司隶
35	杜邺	《灾异对》	前3	病免归家	茂陵	右扶风	司隶
36	刘立	《对讯》	前3	梁王	睢阳	梁国	豫州
37	乌珠留单于	《上哀帝书请入朝》	前3	单于		匈奴	
38	哀帝	《日蚀诏》、《册免丁明》、《册董贤为大司马卫将军》（《册董贤为大司马大将军》）、《左迁毋将隆诏》、《免傅嘉诏》、《责问王嘉》、《免息夫躬孙宠诏》	前2	皇帝	长安	京兆	司隶
39	孔光	《上书对问日蚀事》	前2	征诣公车	长安	京兆	司隶
40	孔光	《奏劾王嘉》《举成公敞封事》	前2	光禄大夫	长安	京兆	司隶
41	王嘉	《因日食举直言复奏封事》《谏益封董贤等封事》《因大赦奏荐梁相鞠谭宗伯凤封事》《下诏狱对诘》	前2	丞相	长安	京兆	司隶

序号	作者	篇名	时间	身份	地点	郡国	属州
42	议郎龚	《王嘉罪议》	前2	议郎	长安	京兆	司隶
43	永信少府猛	《王嘉罪议》	前2	永信少府	长安	京兆	司隶
44	龚胜	《王嘉罪议》	前2	光禄大夫	长安	京兆	司隶
45	阙名	《劾奏王嘉》	前2	尚书	长安	京兆	司隶
46	阙名	《奏劾龚胜夏侯常》	前2	御史中丞	长安	京兆	司隶
47	毋将隆	《奏请收还武库兵器》	前2	执金吾	长安	京兆	司隶
48	王闳	《上书谏尊宠董贤》	前2	侍中	长安	京兆	司隶
49	鲍宣	《复上书》	前2	谏大夫	长安	京兆	司隶
50	杜邺	《元寿元年举方正直言对》《临终作墓石文》	前2	方正	长安	京兆	司隶
51	元后	《禁举赦前事诏》《册罢董贤》《令傅皇后退居桂宫诏》《贬徙赵太后诏》《废赵皇后诏》《策免彭宣》	前1	皇太后	长安	京兆	司隶
52	孔光	《奏徙毋将隆》《奏徙张由史立》《奏徙董贤家属》《奏遣红阳侯王立就国》《丞相遣郡国计吏敕》	前1	大司徒	长安	京兆	司隶
53	彭宣	《御史大夫敕上计丞吏》《上书求退》	前1	御史大夫	长安	京兆	司隶
54	扬雄	《解嘲》《解难》《太玄赋》	前1	黄门侍郎	长安	京兆	司隶
55	天皇大帝	《茅君九锡玉册文》	前1			京兆	司隶
56	伶玄	《飞燕外传自序》	前1	老休	潞	上党	并州
57	元后	《令王莽勿辞安汉公诏》《益封孔光等四辅诏》《以王莽为太傅诏》《策王莽为安汉公》《听王莽让益封诏》《令王莽平决奏事诏》《拜平帝母卫姬为中山孝王后诏》《封王坚固为邛成侯诏》《还傅喜诏》	1	太皇太后	长安	京兆	司隶

序号	作者	篇名	时间	身份	地点	郡国	属州
58	王莽	《上书让定策功赏》《白太后隔绝卫氏》	1	大司马	长安	京兆	司隶
59	阙名	《奏益封莽爵邑》《请赐莽号安汉公》《复上言益封莽》《奏宜令莽平决事》	1	朝臣	长安	京兆	司隶
60	甄邯	《劾奏金钦》	1	侍中奉车都尉、光禄大夫	长安	京兆	司隶
61	扬雄	《逐贫赋》	1	黄门侍郎	长安	京兆	司隶
62	元后	《更名诏》、《诏群臣》、《诏王莽》（菜食）、《赐公孙弘子孙当为后者爵诏》、《策遣龚胜邴汉》	2	太皇太后	长安	京兆	司隶
63	王莽	《白太后示俭》《奏请太后安养》《上书助给贫民》	2	安汉公太师大司马	长安	京兆	司隶
64	乌珠留单于	《上书改名》	2	单于		匈奴	
65	元后	《勿采王莽女诏》、《为平帝纳采王莽女诏》、《诏王莽》（唐尧）、《罢申屠刚诏》、《封师丹为义阳侯诏》	3	太皇太后	长安	京兆	司隶
66	王莽	《奏请为平帝纳后》《上言己女不与选》《谢益封国邑》《奏诛子宇》	3	安汉公太师大司马	长安	京兆	司隶
67	大司马护军褒	《奏请班莽戒八篇》	3	大司马护军	长安	京兆	司隶
68	阙名	《言宜采莽女为后》《见莽女还奏言》《请益封莽》《奏聘皇后故事》《复言益聘》	3	有司朝臣	长安	京兆	司隶
69	张竦	《为陈崇草奏称莽功德》	3	庶民	长安	京兆	司隶
70	尹赏	《临死戒诸子》	3	执金吾	长安	京兆	司隶

序号	作者	篇名	时间	身份	地点	郡国	属州
71	何并	《临颍川敕吏捕钟威赵季李款》	3	颍川太守	阳翟	颍川	豫州
72	刘佟	《上言宜益安汉公国邑》	3	信乡侯	信乡	清河	冀州
73	元后	《诏孔光等》《许刻宰衡太傅大司马印章诏》《答群臣请加王莽九锡诏》《非坐不道无得系妇女老弱诏》《诏孔光》	4	太皇太后	长安	京兆	司隶
74	王莽	《受宰衡上书》《奏定郊祀》	4	宰衡太师大司马	长安	京兆	司隶
75	孔光	《奏不听王莽让宰衡》	4	丞相	长安	京兆	司隶
76	王舜	《奏请加莽宰衡》《奏请宣莽德化》	4	太保	长安	京兆	司隶
77	阙名	《奏加莽九锡》	4	群臣	长安	京兆	司隶
78	扬雄	《琴清英》	4	黄门侍郎	长安	京兆	司隶
79	元后	《置宗师诏》《封刘歆王恽等列侯诏》《出平帝媵妾诏》《议九锡礼仪诏》《策安汉公九锡文》《令安汉公居摄诏》《诏赐免马宫策》《改葬傅太后及丁姬诏》	5	太皇太后	长安	京兆	司隶
80	王莽	《上书辞赏新野田》《奏羌豪内附》《奏复长安南北郊》《奏改郊祀礼》《奏分群神为五部兆》《言立官稷》《复言发傅太后及丁姬冢》《奏更傅太后及丁姬梓宫珠玉衣》《奏罢悼园南陵云陵园》	5	宰衡太师大司马	长安	京兆	司隶
81	陈崇	《奏为莽祠祖祢设骑从》	5	大司徒司直	长安	京兆	司隶
82	马宫	《上书谢罪乞骸骨》	5	太师大司徒	长安	京兆	司隶
83	阙名	《平帝丧礼议》《奏请莽居摄》	5	群臣	长安	京兆	司隶

序号	作者	篇名	时间	身份	地点	郡国	属州
84	谢嚣	《奏井石文》	5	前辉光	长安	京兆	司隶
85	关并	《言治河》	5	长水校尉	长安	京兆	司隶
86	张戎	《言治河》	5	大司马史	长安	京兆	司隶
87	韩牧	《言治河》	5	御史	长安	京兆	司隶
88	王横	《言治河》	5	大司空掾	长安	京兆	司隶
89	刘歆	《三统历》《钟律书》《斛铭》	5	羲和、京兆尹	长安	京兆	司隶
90	平宪	《奏羌豪内属》	5	中郎将		金城	凉州
91	刘庆	《上书言莽宜居摄》	5	泉陵侯	泉陵	零陵郡	荆州
92	元后	《封刘嘉为帅礼侯诏》（《封刘嘉为师礼侯诏》）、《封孔光孙等诏》	6	太皇太后	长安	京兆	司隶
93	阙名	《复白宜尊莽为假皇帝》《奏益莽殿省官属》	6	群臣	长安	京兆	司隶
94	张竦	《为刘嘉作奏称莽功德》	6	庶民	杜陵	京兆	司隶
95	刘咸	《令李业诣狱养病教》	6	广汉太守	梓潼	广汉	益州
96	王莽	《大诰》《破翟义下诏》《族诛翟义等下诏》	7	摄皇帝	长安	京兆	司隶
97	陈崇	《上书言破翟义》	7	司威	圉县	淮阳	兖州
98	翟义	《移檄郡国》	7	东郡太守	濮阳	东郡	兖州
99	刘立	《闻翟义举兵上书》	7	故宛令			
100	元后	《进封莽二子及兄子诏》	8	太皇太后	长安	京兆	司隶
101	王莽	《奏请诸将帅封爵》《下书议功显君未周丧作乐》《上奏符命》《下书即真》	8	摄皇帝	长安	京兆	司隶
102	哀章	《铜匮检署》	8	学问长安	长安	京兆	司隶
103	刘歆	《功显君丧服议》	8	少阿、羲和	长安	京兆	司隶
104	陈崇	《劾奏陈遵》	8	司直	长安	京兆	司隶
105	阙名	《奏请进莽二子爵为公》《铜符帛图》	8	群臣	长安	京兆	司隶
106	扬雄	《州箴》十二篇、《官箴》二十一篇	8	黄门侍郎	长安	京兆	司隶

序号	作者	篇名	时间	身份	地点	郡国	属州
107	何并	《先令书》*	8	颍川太守	阳翟	颍川	豫州
108	刘京	《上书言齐郡新井》	8	广饶侯	广饶	齐郡	青州
109	王莽	《下诏更太后为新室文母》《自说德祥事》《铜权铭》《权石铭》《策命孺子》《策群司》《置司五事策》《改诸侯王号》《封古圣人后》《五姓名籍》《祠汉庙》《去刚卯除刀钱》《益封刘殷》《限田禁奴婢》《下书禁挟五铢钱》《总说符命》《策命五威将》《策命统睦侯陈崇》《命说符侯崔发》《命明威侯王级》《命尉睦侯王嘉》《命堂威侯王奇》《命怀羌子王福》	9	皇帝	长安	京兆	司隶
110	王谏	《上书请废太皇太后》	9	莽疏属	长安	京兆	司隶
111	扬雄	《剧秦美新》《难盖天八事》	9	中散大夫	长安	京兆	司隶
112	扬雄	《与桓谭书》*《答桓谭书》*	9	黄门侍郎	长安	京兆	司隶
113	张永	《献符命铜璧文》	9	庶民	冠军	南阳	荆州
114	王莽	《报孙建奏废刘氏》《伐匈奴》《下书改钱币》《下诏立五均官》《设五均科条诏》	10	皇帝	长安	京兆	司隶
115	鲁匡	《上言令官作酒》	10	羲和	长安	京兆	司隶
116	孙建	《奏废刘氏》	10	立国将军	长安	京兆	司隶
117	但钦	《上书言匈奴状》	10	西域都护	乌垒城		西域
118	王莽	《因汉律令仪法》《下书责司监》《封王舜二子》	11	皇帝	长安	京兆	司隶
119	陈咸	《戒子孙》	11	故尚书	浽县	沛郡	豫州
120	严尤	《谏伐匈奴》	11	讨秽将军		渔阳	幽州
121	王莽	《下书授诸侯茅土》《下书改限田买卖奴婢》《下书更名高句骊为下句骊》《下书东巡狩》《下书止巡狩》	12	皇帝	长安	京兆	司隶

序号	作者	篇名	时间	身份	地点	郡国	属州
122	区博	《谏限田》	12	中郎	长安	京兆	司隶
123	严尤	《奏高句骊事》	12	讨秽将军		渔阳	幽州
124	陈钦	《上言虏犯边》	12	厌难将军		云中	并州
125	王莽	《禁彻长安室宅》《剑铭》*	13	皇帝	长安	京兆	司隶
126	班嗣	《报桓谭》	13	平民	长安	京兆	司隶
127	刘歆	《与扬雄书从取方言》	13	国师公	长安	京兆	司隶
128	扬雄	《答刘歆书》《元后诔》	13	诸吏中散大夫	长安	京兆	司隶
129	满昌	《劾奏昆弥使者》	13	保成师友祭酒	长安	京兆	司隶
130	王莽	《巡狩》《止巡狩》《策免逯并》《选置和叔敕》《下书改郡县名》	14	皇帝	长安	京兆	司隶
131	阙名	《奏止莽巡狩》	14	群公	长安	京兆	司隶
132	王莽	《报王邑》《下吏禄制度》《损御膳吏禄》	16	皇帝	长安	京兆	司隶
133	王邑	《上书乞骸骨》	16	大司空	长安	京兆	司隶
134	冯英	《上言廉丹史熊调发状》	16	就都大尹	梓潼	广汉	益州
135	王莽	《封唐林纪逡》《授诸侯茅土于明堂》	17	皇帝	长安	京兆	司隶
136	唐林	《奏事》*	17	尚书令	长安	京兆	司隶
137	王莽	《下诏收军吏财产》《追贬孙宗》	18	皇帝	长安	京兆	司隶
138	王宗	《刻印文》	18	皇孙	长安	京兆	司隶
139	阙名	《劾奏孔仁》	18	尚书	长安	京兆	司隶
140	费兴	《对到部方略》	18	大司马司允	长安	京兆	司隶
141	王莽	《下书顺符命》《策免严尤》	19	皇帝	长安	京兆	司隶
142	严尤	《谏立匈奴须卜当》	19	大司马	长安	京兆	司隶
143	韩博	《上言荐巨毋霸》	19	夙夜连率	不夜	东莱	青州
144	王莽	《出军下书》《因天变下书》《下书厌盗贼》《大风毁王路堂下书》《下书令衣绛》《下书筑明堂太庙》《大作下书》	20	皇帝	长安	京兆	司隶

续表

序号	作者	篇名	时间	身份	地点	郡国	属州
145	王莽	《策书赐太子临谥》《又诏国师公》《为新迁王安作奏使上言》《下书责七公》	21	皇帝	长安	京兆	司隶
146	王临	《与母书》	21	皇太子	长安	京兆	司隶
147	公孙禄	《议禽贼方略》	21	故左将军	长安	京兆	司隶
148	田况	《上言平盗贼方略》	21	领青徐二州牧事			青州
149	王况	《为魏成大尹李焉作谶书》	21	卜者	邺县	魏郡	冀州
150	王莽	《霸桥灾下书》《遣太师赈贷》《恣听采取山泽物》《下书赐廉丹谥》《忧时下诏》《追诏廉丹》	22	皇帝	长安	京兆	司隶
151	甄阜	《移书刘良》	22	前队大夫	育阳	南阳	荆州
152	王莽	《大赦天下复下书购捕刘伯升等》《诏王匡等》《授兵誓》	23	皇帝	长安	京兆	司隶
153	阙名	《上寿》	23	群臣	长安	京兆	司隶
154	阙名	《王使威长葬铭》			长安	京兆	司隶
合计		352（不含未编年的《王使威长葬铭》）					

第二节 《全汉文》编年补遗

《全汉文》篇目 1445 篇，应考篇目为 1432 篇。原编年者 1343 篇，详拙著《〈全汉文〉编年》（广西人民出版社，2018），此附新补编年者 39 篇。其中前期 3 篇，中期 15 篇，后期 22 篇。

为了考证方便，新补篇目有的附于原条目之下。对原条目中原来已编年作品一般不再重复考证，但与新考篇目有关者例外。为了不致混淆，新考篇目右上角加 * 标识。

一　西汉前期文章编年补遗

汉高帝元年（乙未，前206）

1. 沛公入关，作《入关告谕》《夷三族令》*。

《汉书·高帝纪》："元年冬十月，五星聚于东井。沛公至霸上。秦王子婴素车白马，系颈以组，封皇帝玺符节，降枳道旁……十一月，召诸县豪杰曰"云云，是为《入关告谕》。

《汉书·刑法志》："汉兴之初，虽有约法三章，网漏吞舟之鱼，然其大辟，尚有夷三族之令。令曰"云云，是为《夷三族令》。"故谓之具五刑。彭越、韩信之属皆受此诛。至高后元年，用除三族罪、祅言令。"按约法三章即《入关告谕》："杀人者死，伤人及盗抵罪。余悉除去秦法。"故以本年为《夷三族令》的上限年。

汉高帝六年（庚子，前201）

1. 阙名作《溢城井铭》*。

《元和郡县图志》卷二九："州理城，古之溢口城也。汉高帝六年，灌婴所筑。汉建安中，孙权经此城，权自标地，令人掘之，正得古井，铭云：'汉六年颍阴侯开，三百年当塞，后不满百年，当为应运者所开。'权以为己瑞。井极深大，江中风浪，井水辄动。"《太平御览》一百八十九引《浔阳记》："盆城，汉灌婴所筑。孙权经此城，自立标井，令人掘得井，铭曰：'颍阴侯所开，三百年当塞，不满百年为当运者所开。'权忻以为瑞井。江中风浪，井水辄动。"按汉时浔阳，至隋改为溢城。

文帝元年（壬戌，前179）

1. 文帝作十一诏：《封赐周勃等诏》《答有司请建太子诏》《复答有司请建太子诏》《振贷诏》《养老诏》《修代来功诏》《益封高帝从臣诏》《却献千里马诏》《答陈武》《赐南粤王赵佗书》《酎金律》*。

《酎金律》见《后汉书·礼仪志》刘昭注引丁孚《汉仪》曰："《酎金律》，文帝所加，以正月旦作酒，八月成，名酎酒，因令诸侯助祭贡金。《汉律·金布令》曰：'皇帝斋宿，亲帅群臣承祠宗庙，群臣宜分奉请。诸侯、列侯各以民口数，率千口奉金四两，奇不满千口至五百口，亦四两。皆会酎，少府受。'又大鸿胪食邑九真、交阯、日南者，用犀角长九寸以上若瑇瑁甲一，郁林用象牙长三尺以上若翡翠各二十，准以当金。"

《汉书·文帝纪》："元年冬十月辛亥，皇帝见于高庙。"文帝本年见高庙，可为此文作年的上限年。

二　西汉中期文章编年补遗

建元元年（辛丑，前140）

1. 司马相如被召，作《题市门》《天子游猎赋》《答盛览问作赋》《报卓文君书》*，为郎。

《史记·司马相如列传》："居久之，蜀人杨得意为狗监，侍上。上读《子虚赋》而善之，曰：'朕独不得与此人同时哉！'得意曰：'臣邑人司马相如自言为此赋。'上惊，乃召问相如。相如曰：'有是。然此乃诸侯之事，未足观也。请为天子游猎赋，赋成奏之。'上许，令尚书给笔札。相如以'子虚'，虚言也，为楚称；'乌有先生'者，乌有此事也，为齐难；'无是公'者，无是人也，明天子之义。故空藉此三人为辞，以推天子诸侯之苑囿。其卒章归之于节俭，因以讽谏。奏之天子，天子大悦。其辞曰"云云，是为《天子游猎赋》。"赋奏，天子以为郎。"按建元二年淮南王入朝，武帝报书常召司马相如视草，则相如其前已入侍武帝，故系于本年。

《司马文园集》卷二载司马相如《报卓文君书》："五味虽甘，宁先稻黍，五色有灿，而不掩韦布。惟此绿衣，将执子之釜。锦水有鸳，汉宫有木。诵子嘉吟，而回予故步。当不令负丹青感白头也。"又载卓文君《与相如书》："锦水有鸳，汉宫有木。""锦水有鸳"言己留在成都，"汉宫有木"当指相如在长安。《西京杂记》卷三："相如将聘茂陵人女为妾，卓文君作《白头吟》以自绝，相如乃止。"司马相如本年入长安而显赫，故以本年为他情感变动的上限年。

2. 大乳母作《上武帝书》*。

《史记·滑稽列传》褚补："武帝少时，东武侯母常养帝，帝壮时，号之曰'大乳母'。率一月再朝，朝奏入，有诏使幸臣马游卿以帛五十匹赐乳母，又奉饮糒飧养乳母。乳母上书曰：'某所有公田，愿得假倩之。'帝曰：'乳母欲得之乎？'以赐乳母。"既言武帝诏赐，当作于武帝即位之后，可以本年为赐田的上限年。

建元二年（壬寅，前 139）

1. 东方朔待诏金马门，作《自责歌》《据地歌》《七谏》*。

《史记·滑稽列传》褚补："朔行殿中，郎谓之曰：'人皆以先生为狂。'朔曰：'如朔等，所谓避世于朝廷间者也。古之人，乃避世于深山中。'时坐席中，酒酣，据地歌曰：'陆沉于俗，避世金马门。宫殿中可以避世全身，何必深山之中，蒿庐之下。'金马门者，宦者署门也，门傍有铜马，故谓之曰金马门。"是为《据地歌》。

《楚辞》卷十三："《七谏》者，东方朔之所作也。谏者，正也，谓陈法度以谏正君也。古者人臣三谏不从，退而待放。屈原与楚同姓，无相去之义，故加为七谏，殷勤之意，忠厚之节也。或曰：《七谏》者，法天子有争臣七人也。东方朔追悯屈原，故作此辞，以述其志，所以昭忠信、矫曲朝也。"洪兴祖《补注》云："昔枚乘作《七发》，傅毅作《七激》，张衡作《七辩》，崔骃作《七依》，曹植作《七启》，张协作《七命》，皆七谏之类。李善云：《七发》者，说七事以起发太子也，犹《楚词·七谏》之流。五臣云：七者，少阳之数，欲发阳明于君也。"东方朔悯屈原，与其《据地歌》之旨相通，或作于此时。

元朔五年（丁巳，前 124）

1. 孔臧与议为博士置弟子员，免太常，作《与侍中从弟安国书》*《与子琳书》*。

《史记·高祖功臣侯者年表》："元朔三年，侯臧坐为太常，南陵桥坏，衣冠车不得度，国除。"《汉书·百官公卿表》元朔二年："蓼侯孔臧为太常，三年坐南陵桥坏衣冠道绝免。"又本年张当居为太常，当为孔臧继任者。

《孔丛子·连丛》上载孔臧《与侍中从弟安国书》曰："臧报侍中：相知忿俗儒淫辞冒义，有意欲校乱反正，由来久矣。然雅达博通，不世而出，流学守株，比肩皆是，众口非非，正将焉立？"又载孔臧《与子琳书》曰："告琳：顷来闻汝与诸友生讲肆《书传》，滋滋昼夜，衎衎不怠，善矣。"孔臧本年免太常，文中称从弟孔安国为侍中，言孔琳与诸友讲肆《书传》，当作于本年前后。

元狩二年（庚申，前 121）

1. 阙名作《通褒斜道行船漕对》*。

《汉书·沟洫志》："其后人有上书，欲通褒斜道及漕事，下御史大夫张汤。汤问之，言"云云。"上以为然。拜汤子卬为汉中守，发数万人作褒斜道五百余里。道果便近，而水多湍石，不可漕。其后严熊言：'临晋民愿穿洛以溉重泉以东万余顷故恶地。诚即得水，可令亩十石。'"颜师古注曰："临晋、重泉，皆冯翊之县也。"《史记》作庄熊罴。当作于左冯翊。张汤本年为御史大夫，可以本年为此事的上限年。

2. 庄熊罴作《上言穿商洛渠》*。

见上。

元封元年（辛未，前110）

1. 孔安国为谏大夫，撰集《孔子家语》，作《家语序》《秘记》*。

《孔子家语》卷十载孔安国《家语序》："《孔子家语》者，皆当时公卿士大夫及七十二弟子之所咨访、交相对问言语者。既而诸弟子各自记其所问焉，与《论语》《孝经》并。时弟子取其正实而切事者别出为《论语》，其余则都集录，名之曰《孔子家语》……李斯焚书而《孔子家语》与诸子同列，故不见灭。高祖克秦，悉敛得之，皆载于二尺竹简，多有古文字。及吕氏专汉，取归藏之。其后被诛亡，而《孔子家语》乃散在人间。好事亦各以意增损其言，故使同是一事而辄异辞。孝景皇帝末年，募求天下礼书，于时士大夫皆送官，得吕氏之所传《孔子家语》，而与诸国事及七十二子辞妄相错杂，不可得知，以付掌书，与《曲礼》众篇乱简合而藏之秘府。元封之时，吾仕京师，窃惧先人之典辞将遂泯灭，于是因诸公卿士大夫，私以人事募求其副，悉得之。乃以事类相次，撰集为四十四篇。"其后附载孔安国生平："年四十为谏议大夫，迁侍中博士。"据《汉书·百官公卿表》，谏大夫为郎中令属官，武帝元狩五年初置，秩比八百石。

《抱朴子·至理》引孔安国《秘记》云："良得黄石公不死之法，不但兵法而已。"又云："良本师四皓，甪里先生、绮里季之徒，皆仙人也。良悉从受其神方，虽为吕后所强饮食，寻复修行仙道，密自度世。但世人不知，故云其死耳。"孔安国"元封之时"为谏大夫、博士，有机会接触皇家文献，故以本年为作《秘记》的上限年。

太始四年（戊子，前93）

1. 司马迁作《报任少卿书》《素王妙论》*。

《汉书·司马迁传》："迁既被刑之后，为中书令，尊宠任职。故人益州刺史任安予迁书，责以古贤臣之义。迁报之曰"云云。

《困学纪闻》卷二十载太史公《素王妙论》曰："诸称富者，非贵其身得志也，乃贵恩覆子孙，泽及乡里也。黄帝设五法，布之天下，用之无穷。盖世有能知者，莫不尊亲，如范子可谓晓之矣。管子设轻重九府，行伊尹之术，则桓公以霸。范蠡行十术之计，二十一年之间，三致千万，再散与贫。"王应麟按："利者，夫子所罕言，又曰'如不可求，从吾所好。'太史公著论，以素王名而言求富之术，岂以家贫无财赂，有激而云，如《货殖传》之意欤？然何足以为妙论。"所谓"有激而云"，与《报任少卿书》中"家贫，财赂不足以自赎"略同，故附于此。

始元六年（庚子，前81）

1. 李陵别苏武，作《歌》一首、《与苏武诗》三首；又作《与苏武书》《答苏武书》（《重报苏武书》)、《表》*。

《表》载《文选》卷四一李陵《答苏武书》李善注："《汉书武纪》曰：'天汉二年，将军李广利出酒泉，公孙敖出西河，骑都尉李陵将步卒五千出居延。'时无五将，未审陵书之误，而《武纪》略之。集表云：'臣以天汉二年到塞外，寻被诏书，责臣不进。臣辄引师到浚稽山，五将失道。'"当作于昭帝始元六年，时苏武已返汉，作于匈奴中。

元凤四年（甲辰，前77）

1. 阙名作《孝昭帝冠辞》《祭天辞》*《祭地辞》*《迎日辞》*。

《大戴礼记·公符》："陛下离显先帝之光耀，以承皇天嘉禄……孝昭冠辞。"《汉书·昭帝纪》："四年春正月丁亥，帝加元服，见于高庙。"师古曰："冠为元服。"

《大戴礼记·公符》载《祭天辞》《祭地辞》《迎日辞》于《孝昭帝冠辞》之后，当与之同时。"皇皇上天，照临下土，集地之灵，降甘风雨，庶物群生，各得其所，靡今靡古，维予一人某，敬拜皇天之祜。"是为《祭天辞》。"薄薄之土，承天之神，兴甘风雨，庶卉百谷，莫不茂者，既安且宁，维予一人某，敬拜下土之灵。"是为《祭地辞》。"维某年某月，上日明光于上下，勤施于四方，旁作穆穆，维予一人某，敬拜迎于郊。"是为《迎日辞》。严按："《宋书·礼志》一引《尚书大传》，又见《大戴礼·公冠篇》。案祭天已下三篇，《大戴礼》列于孝昭冠辞后，明非先秦古辞，今编入汉阙名类。"

元康四年（己未，前62）

1. 张敞作《上书自请治胶东勃海盗贼》《奏书谏胶东王太后数出游猎》《为胶东相与朱邑书》《书》*。

《汉书·张敞传》："久之，勃海、胶东盗贼并起，敞上书自请治之，曰"云云，是为《上书自请治胶东勃海盗贼》。"敞到胶东，明设购赏，开群盗令相捕斩除罪。吏追捕有功，上名尚书调补县令者数十人。由是盗贼解散，传相捕斩。吏民翕然，国中遂平。居顷之，王太后数出游猎，敞奏书谏曰"云云，是为《奏书谏胶东王太后数出游猎》。按神爵元年（前61）敞入为京兆尹，则本年为张敞任胶东相的下限年。

《汉书·循吏传》："朱邑字仲卿，庐江舒人也……是时张敞为胶东相，与邑书曰：'……韩信虽奇，赖萧公而后信……'"是为《为胶东相与朱邑书》。"邑感敞言，贡荐贤士大夫，多得其助者。"

《后汉书·隗嚣列传》："而苍蝇之飞，不过数步。即托骥尾，得以绝群。"李贤注引张敞《书》曰："'苍蝇之飞，不过十步。自托骐骥之尾，乃腾千里之路。然无损于骐骥，得使苍蝇绝群也。'见敞传。"《艺文类聚》九十七："夫苍龙非不神，不能白日升天。飘风虽疾，不以霖雨，不能扬尘。故苍蝇之飞，不过十步，自托骐骥之尾，乃腾千里之路。然无损于骐骥，得使苍蝇绝群也。"严按："案此疑即《与朱邑书》，未敢定之。"敞时为胶东相，当与《与朱邑书》同时。

黄龙元年（壬申，前49）

1. 宣帝作《察计簿诏》《毋得举六百石为廉吏诏》《敕边守尉》*；崩。

《汉书·宣帝纪》本年："冬十二月甲戌，帝崩于未央宫。"臣瓒曰："帝年十八即位，即位二十五年，寿四十三。"

《后汉书·南匈奴列传》载司徒掾班彪奏曰："臣闻孝宣皇帝敕边守尉曰：'匈奴大国，多变诈。交接得其情，则却敌折冲；应对入其数，则反为轻欺。'"此文作时不可确考，姑附于宣帝末。

三 西汉后期文章编年补遗

竟宁元年（戊子，前33）

1. 杜钦作《上疏追讼冯奉世前功》《说王凤重后父》《说王凤绝罽宾》*。

《汉书·西域传》："后军候赵德使罽宾，与阴末赴相失。阴末赴锁琅当德，杀副已下七十余人。遣使者上书谢。孝元帝以绝域不录，放其使者于县度，绝而不通。成帝时，复遣使献谢罪。汉欲遣使者报送其使，杜钦说大将军王凤曰"云云。"于是凤白从钦言。罽宾实利赏赐贾市，其使数年而壹至云。"既言成帝初，可以本年为其上限年。按《汉书·杜钦传》：钦乃杜延年子，"钦字子夏，少好经书，家富而目偏盲，故不好为吏。"

河平二年（甲午，前27）

1. 范延寿作《奏事》*。

《太平御览》卷三六一引《傅子》曰："昔燕赵之间，有三男子共娶一女，生四子。后争讼。廷尉延寿奏云：'禽兽生子逐母，宜以四子还母，尸三男子于市。'"严案："《初学记》十二、《御览》二百三十一并引谢承《后汉书》云：范延寿，宣帝时为廷尉。时燕赵之间有三男共娶一妻，生四子。长各求离别，争财分子，至闻于县。县不能决断，谳之于廷尉。于是延寿决之，以为悖逆人伦，比之禽兽。生子属其母，以子并付母，尸三男于市。奏免郡太守令长，无率化之道。天子遂可其言。又案《百官公卿表》成帝河平二年，范延寿为廷尉，而谢承书载其事，盖追引之也。宣帝乃成帝之误。"按《汉书·百官公卿表》河平二年："北海太守安成范延寿子路为廷尉，八年卒。"本年范延寿为廷尉，可为《奏事》上限年。

阳朔三年（己亥，前22）

1. 郑子真作《教》*。

《华阳国志》卷十下"汉中士女"："郑子真，褒中人也。玄静守道，履至德之行，乃其人也。教曰：'忠孝爱敬，天下之至行也。神中五征，帝王之要道也。'成帝元舅大将军王凤备礼聘之，不应。家谷口，世号谷口子真。亡，汉中与立祠。"本年王凤去世，可为他聘郑子真的下限年，也是郑子真《教》的下限年。《汉书·成帝纪》"阳朔三年"："秋八月丁巳，大司马大将军王凤薨。"《汉书·百官公卿表》"阳朔三年"载："八月丁巳，大司马凤薨。九月甲子，御史大夫王音为大司马车骑将军。"

鸿嘉四年（甲辰，前17）

1. 扬雄作《蜀都赋》*《蜀王本纪》*。

《艺文类聚》卷六十一"居处部"载汉扬雄《蜀都赋》曰："蜀都之地，古曰梁州。禹治其江，渟皋弥望……"《古文苑》卷四《蜀都赋》章樵注："按蜀即汉之蜀郡也，成都又为三蜀之都会，故称蜀都。"《隋书·

经籍志》二："《蜀王本纪》一卷,扬雄撰。"残佚,严可均辑入二十六则。二文皆记蜀地事,或作于扬雄入京前。扬雄明年入京,故以本年为二文的下限年。《汉书·扬雄传》:"初,雄年四十余,自蜀来至游京师,大司马车骑将军王音奇其文雅,召以为门下史,荐雄待诏。"按王音永始二年正月去世,故以其前的永始元年(前16)为扬雄至京师的下限年。《汉书·成帝纪》永始二年:"春正月己丑,大司马车骑将军王音薨。"周寿昌《汉书注校补》卷四十八:"阳朔三年己亥王音始拜大司马车骑将军,雄年三十二,永始二年丙午音薨,雄年三十九,与书中所云四十余自蜀游京师为王音门下史语不合。寿昌案:古四字作三,传写时由三字误加一画,应正作三十余始合。"可从。

永始二年(丙午,前15)

1. 薛宣作《奏免张放》《奏事》*,免丞相。

《汉书·薛宣传》:"会邛成太后崩,丧事仓卒,吏赋敛以趋办。其后上闻之,以过丞相御史,遂册免宣曰"云云,是为《册免薛宣》。《汉书·百官公卿表》永始二年:"十月己丑,丞相宣免。"

《奏事》二则,一则据《太平御览》卷二百四十一、三百三十八、三百五十四并引《汉名臣奏》曰:"丞相薛宣奏"云云。另一则据《艺文类聚》卷九十九引《汉名臣奏》曰:"丞相薛宣奏"云云。皆言"丞相薛宣",薛宣本年免相,可以本年为《奏事》下限年。

永始三年(丁未,前14)

1. 刘向作《列子书录》《战国策书录》*《管子书录》*《晏子叙录》*《孙卿书录》*《韩非子书录》*《邓析书录》*《子华子书录》*《别录》*。

《列子》载刘向《列子书录》曰:"右新书定著八章,护左都水使者光禄大夫臣向言……臣向昧死上,护左都水使者光禄大夫臣向所校《列子书录》,永始三年八月壬寅上。"

《列子书录》是刘向书录有时间记载里面最晚的一篇,应于成帝时作于长安,时向为护左都水使者光禄大夫。《战国策书录》《管子书录》《晏子叙录》《孙卿书录》《韩非子书录》《邓析书录》《子华子书录》等七篇无时间记载,可附于此。

《战国策书录》:"护左都水使者光禄大夫臣向言:所校中战国策书,中书余卷,错乱相糅莒。又有国别者八篇,少不足,臣向因国别者略以时次之，分别不以序者以相补，除复重，得三十三篇。"

《管子书录》："护左都水使者光禄大夫臣向言：所校雠中《管子》书三百八十九篇，太中大夫卜圭书二十七篇，臣富参书四十一篇，射声校尉立书十一篇，太史书九十六篇，凡中外书五百六十四篇。以校，除复重四百八十四篇，定著八十六篇。杀青而书可缮写也。"

《晏子叙录》："护左都水使者光禄大夫臣向言：所校中书《晏子》十一篇。臣向谨与长社尉臣参校雠太史书五篇，臣向书一篇，参书十三篇，凡中外书三十篇，为八百三十八章，除复重二十二篇六百三十八章，定著八篇二百一十五章。外书无有三十六章，中书无有七十一章，中外皆有以相定……以杀青，书可缮写。"

《孙卿书录》："护左都水使者光禄大夫臣向言：所校雠中《孙卿书》凡三百二十二篇，以相校，除复重二百九十篇，定著三十二篇，皆以定杀青。简书可缮写。"

《韩非子书录》："韩非者，韩之诸公子也。喜刑名法术之学，而归其本于黄老。其为人吃，口不能道说，善著书。与李斯俱事荀卿，李斯自以为不如。非见韩之削弱，数以书干韩王，韩王不能用。于是韩非病治国不务求人任贤，反举浮淫之蠹，而加之功实之上。以为儒者用文乱法，而侠者以武犯禁，宽则宠名誉之人，急则用介胄之士，所用非所养，所养非所用。廉直不容于邪枉臣。观往者得失之变，故作《孤愤》《五蠹》《内外储》《说难》，五十五篇，十余万言。"严按："宋本不著名，疑是刘向作。"可从。

《邓析书录》："中《邓析书》四篇，臣叙书一篇，凡中外书五篇。以相校，除复重为一篇。皆定杀而书可缮写也。"

《子华子书录》："护左都水使者光禄大夫臣向言：所校雠中《子华书》，凡二十有四篇，以相校，复重十有四篇，定著十篇，皆以杀青，书可缮写。"

《别录》也附于此。《隋书·经籍志》二："《七略别录》二十卷，刘向撰。"

绥和元年（癸丑，前8）

1. 严遵见李强，作《道德指归说目》*《座右铭》*。

《汉书·王贡两龚鲍传》："其后谷口有郑子真，蜀有严君平……君平卜筮于成都市。裁日阅数人，得百钱足自养，则闭肆下帘而授《老子》。

博览无不通，依老子、严周之指，著书十余万言。扬雄少时从游学，以而仕京师显名，数为朝廷在位贤者称君平德。杜陵李强素善雄，久之为益州牧，喜谓雄曰：'吾真得严君平矣。'雄曰：'君备礼以待之，彼人可见而不可得诎也。'强心以为不然。及至蜀，致礼与相见，卒不敢言以为从事。乃叹曰：'扬子云诚知人！'君平年九十余，遂以其业终，蜀人爱敬，至今称焉。"按刺史改州牧始于绥和元年，可为李强为益州牧而见严君平的上限年。

严君平作有《道德指归论》。其《说目》曰："庄子曰：昔者《老子》之作也，变化所由，道德为母，效经列首，天地为象。上经配天，下经配地。阴道八，阳道九，以阴行阳，故七十有二首。以阳行阴，故分为上下。以五行八，故上经四十而更始；以四行八，故下经三十有二而终矣。阳道奇，阴道偶，故上经先而下经后。阳道大，阴道小，故上经众而下经寡。阳道左，阴道右，故上经覆来，下经反往，反覆相过，沦为一形，冥冥混沌，道为中主。重符列验，以见端绪。下经为门，上经为户。智者见其经效，则通乎天地之数，阴阳之纪，夫妇之配，父子之亲，君臣之仪，万物敷矣。"

又有《座右铭》，见《全蜀艺文志》卷四十四："夫疾行不能遁影，大音不能掩响，默然托荫，则影响无因。常体卑弱，则祸患无萌。口舌者，祸患之门，灭身之斧。言语者，天命之属，形骸之部。出失则患入，言失则亡身……"作年不可确考，姑附于此。

居摄三年（戊辰，8）

1. 何并作《先令书》*。

《汉书·何并传》："徙颍川太守……数年卒。疾病，召丞掾作先令书，曰：'告子恢，吾生素餐日久，死虽当得法赙，勿受。葬为小椁，亶容下棺。'恢如父言。王莽擢恢为关都尉。"何并元始三年（3）为颍川太守，"数年"计五，为居摄三年。

始建国元年（己巳，9）

1. 扬雄作《剧秦美新》《法言》《难盖天八事》《与桓谭书》*《答桓谭书》*。

《难盖天八事》载《隋书·天文志上》："汉末，扬子云难盖天八事，以通浑天。其一"云云。《太平御览》卷二引桓谭《新论》曰："通人扬子云因众儒之说天以为盖，常左旋，日月星辰随而东西，乃图画形体行度，参以四时历数昏明昼夜，欲为世人立纪律，以垂法后嗣。余难之曰……子云立坏其所作。"《法言·重黎》："请问盖天。曰：'盖哉盖哉，应难未几也。'"桓谭本年升典乐大夫，他驳扬雄盖天说或在其时，扬雄《难盖天八事》当作于其后。《后汉书·桓谭列传》："当王莽居摄篡弑之际，天下之士，莫不竞褒称德美，作符命以求容媚，谭独自守，默然无言。莽时为掌乐大夫。"《全后汉文》卷十四《新论·祛蔽》："余前为王翁典乐大夫，见乐家书记。"《汉书·王莽传》始建国元年："少府曰共工……与三公司卿凡九卿，分属三公。每一卿置大夫三人。"桓谭既为少府属下的典乐大夫，当为此共工卿属下的三大夫之一。

《文选》卷五十二任昉《王文宪集序》李善注引扬雄《与桓谭书》曰："望风景附，声训自结。"《全汉文》卷五十二载扬雄作《答桓谭书》曰："长卿赋不似从人间来，其神化所至邪？大谛能读千赋，则能为之。谚云：'伏习众神，巧者不过习者之门。'"严案："《西京杂记》子云曰：'长卿赋不似人间来，其神化所至邪？'《意林》载桓谭《新论》云：'扬子云工于赋，王君大习兵器，余欲从二子学。子云曰：能读千赋则善赋。君大曰：能观千剑则晓剑。谚曰：伏习象神，巧者不过习者之门。'《北堂书钞》一百二引桓子《新论》云：'余少好文，见扬子云赋，欲从学。子云曰：能读千赋则善之矣。'《艺文类聚》五十六引桓子《新论》云：'余素好文，见子云工为赋，欲从之学。子云曰：能读千赋则善为之矣。'用修缀拾成文，唯加'大谛'二字。然'谚云'以下是桓谭语，非子云语也。此与《答郭威书》，张溥《百三家》、梅鼎祚《文纪》皆入录。今姑不删。"二文作时不可确考，或与《难盖天八事》同时，姑附于此。

始建国五年（癸酉，13）

1. 王莽作《禁彻长安室宅》《剑铭》*。

《剑铭》见陶弘景《古今刀剑录》："王莽在伪位十七年。以建国五年，岁次庚午，造威斗及神剑，皆炼五色石为之。铭曰：'神胜万里伏。'小篆书，长三尺六寸。"①

---

① 按"岁次庚午"为始建国二年，"建国五年"之"五"，疑当作"二"。

天凤四年（丁丑，17）

1. 唐林为建德侯，作《奏事》*。

《汉书·王莽传》："（天凤）四年五月，莽曰：'保成师友祭酒唐林，故谏议祭酒琅邪纪逡，孝弟忠恕，敬上爱下，博通旧闻，德行醇备，至于黄发，靡有愆失。其封林为建德侯，逡为封德侯，位皆特进，见礼如三公。赐第一区，钱三百万，授几杖焉。'"

《初学记》卷二十刑罚引《汉名臣奏事》曰："唐林云：'秦设重刑而群盗盈山，赤衣半道。'"《玉海》卷六十一："《中兴书目》：《汉名臣奏》二卷。一卷孔光元寿二年八月奏，篇凡三；一卷唐林在新莽时奏，篇凡十。"本年为唐林生平可考的最后一年，可为他作《奏事》的下限年。

第二章　《全汉文》作者生卒年考

第一节　有关年龄和职龄的说明

根据《全汉文》作者生平资料，分析其中包含的作者生年、卒年、享年或排行等信息，可以确定大部分作者的生卒年。有些作者生卒年、享年信息比较模糊，甚至没有记载，这时可以结合当时有关年龄和职龄的习俗规定，辅助推断作者的生卒年。当然这种推断偏差可能要大一些。

一　有关年龄的说明

其一，关于幼童弱冠。《礼记·曲礼上》："人生十年曰幼，学；二十曰弱，冠；三十曰壮，有室。"《礼记·内则》："成童舞《象》。"郑玄注："成童，十五以上。"《礼记·内则》："二十而冠，始学礼。""三十而有室。"《尔雅》卷三："冥，幼也。"郭璞注："幼稚者冥昧。"《说文解字》："幼，少也。""少，不多也。"《释名·释长幼》："长，萇也，言体萇也。幼，少也，言生日少也。十五曰童，故礼有阳童，牛羊之无角者曰童，山无草木曰童，言未巾冠似之也。女子之未笄者亦称之也。二十曰弱，言柔弱也。三十曰壮，言丁壮也。四十曰强，言坚强也。"《中国风俗通史》："幼的年龄在 10 至 15 岁之间，童亦称成童，年龄在 15 至行冠礼（20 岁）之间。"① 据此可知，十岁曰幼学，十五为童，二十曰弱冠，三十曰壮有室，四十曰强。

其二，关于学龄。《礼记·曲礼上》："人生十年曰幼，学。"《礼记·内则》："成童舞《象》。"郑玄注："成童，十五以上。"《汉书·食货

---

① 彭卫、杨振红：《中国风俗通史》（秦汉卷），上海文艺出版社，2002，第 354 页。

志》："八岁入小学，学六甲五方书计之事，始知室家长幼之节。十五入大学，学先圣礼乐，而知朝廷君臣之礼。"《白虎通·辟雍》："七八十五，阴阳备，故十五成童志明，入大学，学经籍。"《四民月令》正月："命幼童入小学，学篇章。""命成童以上入大学，学《五经》。"崔寔注："成童以上，谓年十五以上至二十。"据此可知，八岁入小学，十岁曰幼学，十五入大学。

其三，关于婚龄。有学者研究指出："两汉时期，男子初婚年龄在14～20岁之间，女子初婚年龄在13～16岁之间。"[1] 这是有大量数据统计为支撑的，也符合古人和当时的观念制度。《汉书·惠帝纪》六年（前189）："女子年十五以上至三十不嫁，五算。"《礼记·内则》："十有五年而笄，二十而嫁。"《孔子家语·本命篇》："夫礼言其极，不是过也。男子二十而冠，有为人父之端。女子十五许嫁，有适人之道。于此而往，则自婚矣。"《黄帝内经·素问》："女子七岁，肾气盛，齿更发长。二七而天癸至，任脉通，太冲脉盛，月事以时下，故有子。""丈夫八岁，肾气实，发长齿更。二八肾气盛，天癸至，精气溢写，阴阳和，故能有子。"取其中，可定男子初婚年龄为十八岁，女子初婚年龄为十五岁。

二 有关职龄的说明

其一，关于赋龄。《汉书·食货志》载董仲舒语："又加月为更卒，已，复为正一岁，屯戍一岁，力役三十倍于古。"王彦辉《秦汉户籍管理与赋役制度研究》认为："材官骑士一生集中服二年兵役为'现役'，其中一年在地方服役称'常兵'或'郡国兵'，一年到京师屯卫称'卫士'；一般正卒不服地方兵役，只服一年的'戍边'兵役。""材官骑士和平年代一生服二年兵役，遇到战事发生，不仅材官骑士需要随时发遣，丁男也要被征发从军。"[2]

《史记·项羽本纪》："萧何亦发关中老弱未傅悉诣荥阳。"《集解》引孟康曰："古者二十而傅，三年耕有一年储，故二十三年而后役之。"如淳曰："律年二十三傅之畴官，各从其父畴内学之。高不满六尺二寸以下为

---

① 彭卫、杨振红：《中国风俗通史》（秦汉卷），上海文艺出版社，2002，第307页。
② 王彦辉：《秦汉户籍管理与赋役制度研究》，中华书局，2016，第287、265页。

罢癃。《汉仪注》'民年二十三为正,一岁为卫士,一岁为材官骑士,习
射御骑驰战阵'。又曰'年五十六衰老,乃得免为庶民,就田里'。今老
弱未尝傅者皆发之,未二十三为弱,过五十六为老。"《史记·孝景本纪》
二年(前155):"男子二十而得傅。"《索隐》引荀悦云:"傅,正卒也。"
《汉书·高帝纪》二年(前205):"萧何发关中老弱未傅者悉诣军。"师
古曰:"傅,著也。言著名籍,给公家徭役也。"

《盐铁论·未通》:"御史曰:'古者十五入太学,与小役。二十冠而
成人,与戎事。五十以上,血脉溢刚,曰艾壮……今陛下哀怜百姓,宽力
役之政,二十三始赋,五十六而免,所以辅耆壮而息老艾也……'文学
曰:'十九年已下为殇,未成人也。二十而冠,三十而娶,可以从戎事。
五十已上曰艾老,杖于家,不从力役,所以扶不足而息高年也……今五十
已上至六十,与子孙服挽输,并给繇役,非养老之意也。'"

据此可知,景帝前和昭帝后傅龄为二十三岁,景帝、武帝时傅龄为二
十岁。

其二,关于入职龄和仕龄。《礼记·曲礼上》:"四十曰强,而仕。"
《礼记·内则》:"四十始仕。""五十命为大夫。"《后汉书·左雄列传》:
"郡国孝廉,古之贡士,出则宰民,宣协风教。若其面墙,则无所施用。
孔子曰'四十不惑',《礼》称'强仕'。请自今孝廉年不满四十,不得察
举,皆先诣公府,诸生试家法,文吏课笺奏,副之端门,练其虚实,以观
异能,以美风俗。有不承科令者,正其罪法。若有茂才异行,自可不拘年
齿。"孝廉一般是举在任官员。在任官员不大可能入仕就被举荐。官员入
仕前一般要先做低级职员,因此姑且把赋龄二十三或二十(详前)作为入
职年龄,四十为仕龄。

其三,关于博士年龄限制。《后汉书·儒林列传》:"太常上(杨)仁
经中博士,仁自以年未五十,不应旧科。"李贤注引《汉官仪》曰:"博
士限年五十以上。"据此可知,博士至少五十岁。

其四,关于博士弟子年龄限制。《汉书·武帝纪》元朔五年(前124)
夏六月:"丞相弘请为博士置弟子员,学者益广。"《汉书·儒林传》:"为
博士官置弟子五十人,复其身。太常择民年十八以上仪状端正者,补博士
弟子。郡国县官有好文学,敬长上,肃政教,顺乡里,出入不悖,所闻,
令相长丞上属所二千石。二千石谨察可者,常与计偕,诣太常,得受业如

弟子。一岁皆辄课，能通一艺以上，补文学掌故缺；其高第可以为郎中，太常籍奏。即有秀才异等，辄以名闻。"据此可知，博士弟子至少十八岁。

其五，关于三老年龄限制。《汉书·高帝纪》二年："举民年五十以上，有修行，能帅众为善，置以为三老，乡一人。择乡三老一人为县三老，与县令丞尉以事相教，复勿徭戍。以十月赐酒肉。"《汉书·百官公卿表》："乡有三老……三老掌教化……皆秦制也。"据此可知，县乡三老至少五十岁。

其六，关于三载考绩。《白虎通·考黜》："三岁一考绩何？三年有成，故于是赏有功，黜不肖。《尚书》曰：'三载考绩，三考黜陟。'"据此可知，汉代职官任期，一般是三年一届。

其七，关于老耄致仕。《礼记·曲礼上》："五十曰艾，服官政；六十曰耆，指使；七十曰老，而传；八十、九十曰耄。七年曰悼，悼与耄，虽有罪不加刑焉。百年曰期颐。大夫七十而致事，若不得谢，则必赐之几杖，行役以妇人，适四方乘安车，自称曰老夫。"《礼记·内则》："七十致事。"《说文解字》："老，考也，七十曰老。从人、毛、匕，言须发变白也。"《白虎通·致仕》："臣年七十，悬车致仕者，臣以执事趋走为职，七十阳道极，耳目不聪明，跛踦之属，是以退老去，避贤者路，所以长廉远耻也。悬车，示不用也。"《释名·释长幼》："五十曰艾。艾，乂也；乂，治也，治事能断割芟刈，无所疑也。六十曰耆。耆，指也，不从力役，指事使人也。七十曰耄，头发白耄耄然也。"据此可知，致仕年龄为七十岁。

第二节 《全汉文》作者生卒年简况

《全汉文》作者 320 人，其中 311 人的生卒年得到了全部或部分的确定，具体考证详拙著《〈全汉文〉编年》（广西人民出版社，2018）。这里汇总整理这些作者生卒年简要信息，大致可以分为四种情况。

一是生卒年信息皆全者，如薄昭（前 219？～前 170）、丙吉（前 125？～前 55）、鲍宣（前 57？～公元 3）、晁错（前 217？～前 154）、董仲舒（前 191～前 115）等。

二是生年不详而卒年详者，如哀章（？～公元 23）、陈平（？～前

178)、陈钦（？～公元15）、韩博（？～公元19）、胡建（？～前80）等。

三是生年详、卒年不详但可以确知在某年之后者，如班婕妤（前49～前7～?）、班嗣（前28?～公元13～?）、陈汤（前81?～前7～?）、淳于意（前215～前164～?）、胡常（前70?～前18～?）等。

四是生卒年皆不详，只知某（些）年史载其事者，如卜式（？～前110～?）、陈崇（？～公元10～?）、淳于缇萦（？～前167～?）、冯英（？～公元16～?）、郭舜（？～前29～?）等。

前面三种情况全部或部分地包含作者生卒年信息，结合其作品写作情况，可以大致确定其所属历史时期。第四种则全无作者生卒年信息，但有某年其生平事迹特别是其作品写作时间的记载，这对于确定这些作者所属历史时期十分重要，故不避简略列出，作为一种特殊的生卒年信息。

这些作者生卒年信息大致按音序排列，基本上与《〈全汉文〉编年》附录三《〈全汉文〉作者及相关人物条目索引》对应，便于检阅。

A

哀章（？～公元23），生年不详，卒于更始元年（23）。

B

班婕妤（前49～前7～?），生于黄龙元年（前49），卒于绥和二年（前7）以后。

班嗣（前28?～公元13～?），生于河平元年（前28），卒于始建国五年（13）以后。

薄昭（前219?～前170），约生于秦始皇二十八年（前219），卒于文帝十年（前170）。

卜式（？～前110～?），生年不详，卒于元封元年（前110）以后。

丙吉（前124?～前55），约生于元朔五年（前124），卒于五凤三年（前55）。

鲍宣（前57?～公元3），约生于五凤元年（前57），元始三年（3）自杀。

C

陈余（？～前204），生年不详，汉三年（前204）被斩。

陈平（？～前178），生年不详，卒于文帝二年（前178）。

陈武（？～前163），生年不详，卒于文帝后元年（前163）。

陈汤（前81？～前7～？），约生于始元六年（前81），卒于绥和二年（前7）以后。

陈咸（相人，前78？～前8～？），约生于元凤三年（前78），卒于绥和元年（前8）以后。

陈崇（？～公元10～？），生卒年不详，始建国二年（10）史载其事。

陈咸（浤人，？～公元11～？），生年不详，约卒于始建国三年（11）以后。

陈钦（？～公元15），生年不详，天凤二年（15）自杀。

崔篆（？～公元17～？），生年不详，约卒于天凤四年（17）以后。

淳于意（前215～前164～？），生于秦始皇三十二年（前215），卒于文帝十六年（前164）以后。

淳于缇萦（？～前167～？），生卒年不详，文帝十三年（前167）史载其事。

晁错（前217？～前154），约生于秦始皇三十年（前217），卒于孝景三年（前154）。

蔡义（前158？～前71），约生于文帝后六年（前158），卒于本始三年（前71）。

程姬（前185？～前127～？），约生于高后三年（前185），卒于元朔二年（前127）以后。

丞相属宝（？～前74～？），生卒年不详，元平元年（前74）史载其事。

常惠（前119？～前47），约生于元狩四年（前119），卒于初元二年（前47）。

D

杜延年（前121？～前52），约生于元狩二年（前121），卒于甘露二年（前52）。

杜钦（？～前24～？），生年不详，卒于阳朔元年（前24）以后。

杜业（前49？～公元1），约生于黄龙元年（前49），卒于元始元年（1）。

杜邺（？～前2），生年不详，卒于元寿元年（前2）。

董仲舒（前191～前115），生于惠帝四年（前191），卒于元鼎二年

（前 115）。

董宏（？ ～前 4），生年不详，卒于建平三年（前 4）。

大司马护军襃（？ ～3 ～?），生卒年不详，元始三年（3）史载其事。

东方朔（前 161 ～前 92），生于文帝后三年（前 161），卒于征和元年（前 92）。

戴长乐（前 91？ ～前 56 ～?），约生于征和二年（前 91），卒于五凤二年（前 56）以后。

但钦（？ ～13），生年不详，卒于始建国五年（13）。

F

冯嫽（前 114？ ～前 49 ～?），约生于元鼎三年（前 114），卒于黄龙元年（前 49）以后。

冯逡（前 74？ ～前 28?），约生于元平元年（前 74），约卒于河平元年（前 28）。

冯英（？ ～公元 16 ～?），生卒年不详，天凤三年（16）史载其事。

范延寿（？ ～前 19），生年不详，卒于鸿嘉二年（前 19）。

傅太后（？ ～前 2），生年不详，卒于元寿元年（前 2）。

方赏（？ ～前 3 ～?），生卒年不详，建平四年（前 3）史载其事。

费兴（？ ～公元 18 ～?），生卒年不详，天凤五年（18）史载其事。

G

公孙弘（前 199 ～前 121），生于高祖八年（前 199），卒于元狩二年（前 121）。

公孙臣（前 214？ ～前 165 ～?），约生于秦始皇三十三年（前 214），卒于文帝十五年（前 165）以后。

公孙诡（？ ～前 148），生年不详，自杀于景帝中二年（前 148）。

公孙乘（？ ～前 153 ～?），生卒年不详，景帝四年（前 153）史载其事。

公孙倢伃（？ ～前 35 ～?），生卒年不详，建昭四年（前 35）史载其事。

公乘兴（？ ～前 76？ ～前 27 ～?），约生于元凤五年（前 76），卒于河平二年（前 27）以后。

公孙禄（？ ～前 21 ～?），生年不详，卒于地皇二年（21）以后。

谷吉（？～前44），生年不详，卒于初元五年（前44）。

谷永（前65？～前8），约生于元康元年（前65），卒于绥和元年（前8）。

龚遂（前144？～前62），约生于景帝中六年（前144），卒于元康四年（前62）。

龚胜（前68～公元11），生于地节二年（前68），卒于始建国三年（11）。

耿寿昌（？～前57～?），生卒年不详，五凤元年（前57）史载其事。

耿育（？～前6～?），生卒年不详，建平元年（前6）史载其事。

郭舜（？～前29～?），生卒年不详，建始四年（前29）史载其事。

郭钦（？～前4～?），生卒年不详，建平三年（前4）史载其事。

盖宽饶（前105？～前60），约生于元封六年（前105），卒于神爵二年（前60）。

贡禹（前124～前44），生于元朔五年（前124），卒于初元五年（前44）。

甘延寿（？～前24），生年不详，卒于阳朔元年（前24）。

关并（？～公元5～?），生卒年不详，元始五年（5）史载其事。

H

韩信（？～前196），生年不详，卒于高祖十一年（前196）。

韩王信（？～前196），生年不详，卒于高帝十一年（前196）。

韩颓当（前200～前151?），生于高帝七年（前200），约卒于景帝前六年（前151）。

韩安国（前190？～前127），约生于惠帝五年（前190），卒于元朔二年（前127）。

韩宣（？～前49～?），生卒年不详，黄龙元年（前49）史载其事。

韩昌（？～前43～?），生卒年不详，永光元年（前43）史载其事。

韩牧（？～公元5～?），生卒年不详，元始五年（5）史载其事。

韩博（？～公元19），生年不详，卒于天凤六年（19）。

华阴守丞嘉（？～前44～?），生卒年不详，初元五年（前44）史载其事。

霍去病（前140～前117），生于建元元年（前140），卒于元狩六年

（前 117）。

霍光（前 133 ~ 前 68），生于元光二年（前 133），卒于地节二年（前 68）。

何武（前 75 ~ 公元 3），生于元凤六年（前 75），卒于元始三年（3）。

何并（? ~ 公元 8?），生年不详，约卒于居摄三年（8）。

侯应（? ~ 前 33 ~?），生卒年不详，竟宁元年（前 33）史载其事。

胡建（? ~ 前 80），生年不详，卒于元凤元年（前 80）。

胡常（前 70? ~ 前 18 ~?），约生于本始四年（前 70），卒于鸿嘉三年（前 18）以后。

淮南小山（? ~ 前 140 ~?），生卒年不详，建元元年（前 140）前后略存其事。

狐鹿姑单于（? ~ 前 85），生年不详，卒于始元二年（前 85）。

黄霸（前 125? ~ 前 51），约生于元朔四年（前 125），卒于甘露三年（前 51）。

弘恭（? ~ 前 43），生年不详，卒于永光元年（前 43）。

呼韩邪单于（? ~ 前 31），生年不详，卒于建始二年（前 31）。

J

贾谊（前 200 ~ 前 168），生于汉七年（前 200），卒于文帝十二年（前 168）。

贾山（? ~ 前 174 ~?），生卒年不详，文帝六年（前 174）前后史载其事。

贾捐之（? ~ 前 43），生年不详，卒于永光元年（前 43）。

贾让（? ~ 前 7 ~?），生卒年不详，绥和二年（前 7）史载其事。

军臣单于（? ~ 前 126），生年不详，卒于元朔三年（前 126）。

京房（前 77 ~ 前 37），生于元凤四年（前 77），卒于建昭二年（前 37）。

季布（? ~ 前 176 ~?），生卒年不详，文帝四年（前 176）前后史载其事。

冀州刺史林（? ~ 前 66 ~?），生卒年不详，地节四年（前 66）史载其事。

绛宾（? ~ 前 66 ~?），生卒年不详，地节四年（前 66）前后史载其事。

金安上（前 88？～前 55），约生于武帝后元年（前 88），卒于五凤三年（前 55）。

涓勋（？～前 20～?），生卒年不详，鸿嘉元年（前 20）前后史载其事。

敬武长公主（？～公元 3），生年不详，卒于元始三年（3）。

K

孔鲋（前 264～前 208），生于秦昭王四十三年（前 264），卒于二世二年（前 208）。

孔臧（？～前 124～?），生卒年不详，元朔五年（前 124）前后史载其事。

孔仅（？～前 115～?），生卒年不详，元鼎二年（前 115）前后史载其事。

孔安国（前 149？～前 90），约生于景帝中元年（前 149），卒于征和三年（前 90）。

孔光（前 65～公元 5），生于元康元年（前 65），卒于元始五年（5）。

孔衍（前 57？～前 8～?），约生于五凤元年（前 57），卒于绥和元年（前 8）以后。

昆弥（？～前 64），生年不详，卒于元康二年（前 64）。

匡衡（前 94？～前 29～?），约生于太始三年（前 94），卒于建始四年（前 29）以后。

L

刘邦（前 256～前 195），生于周赧王五十九年（前 256），崩于汉十二年（前 195）。

刘盈（前 210～前 188），生于秦始皇三十七年（前 210），崩于惠帝七年（前 188）。

刘濞（前 215～前 154），生于秦始皇三十二年（前 215），卒于景帝三年（前 154）。

刘恒（前 203～前 157），生于高祖四年（前 203），崩于后七年（前 157）。

刘襄（前 202？～前 179），约生于高帝五年（前 202），卒于文帝元年（前179）。

刘启（前188～前141），生于孝惠七年（前188），崩于后三年（前141）。

刘安（前179～前122），生于孝文元年（前179），卒于元狩元年（前122）。

刘彻（前156～前87），生于景帝元年（前156），崩于后二年（前87）。

刘胜（前166?～前113），约生于文帝十四年（前166），卒于元鼎四年（前113）。

刘舍（?～前141），生年不详，卒于景帝后三年（前141）。

刘彭祖（前168?～前92），约生于文帝十二年（前168），卒于征和元年（前92）。

刘端（前166?～前108），约生于文帝十四年（前166），卒于元封三年（前108）。

刘旦（前126?～前80），约生于元朔三年（前126），卒于元凤元年（前80）。

刘弗陵（前94～前74），生于太始三年（前94），崩于元平元年（前74）。

刘询（前91～前49），生于征和二年（前91），崩于黄龙元年（前49）。

刘长（?～前86），生年不详，卒于始元元年（前86）。

刘贺（前92～前59），生于征和元年（前92），卒于神爵三年（前59）。

刘向（前79～前8），生于元凤二年（前79），卒于绥和元年（前8）。

刘解忧（前119～前49），生于元狩四年（前119），卒于黄龙元年（前49）。

刘奭（前74～前33），生于元平元年（前74），崩于竟宁元年（前33）。

刘钦（前72?～前28），约生于本始二年（前72），卒于河平元年（前28）。

刘延寿（?～前69），生年不详，卒于地节元年（前69）。

刘骜（前51～前7），生于甘露三年（前51），崩于绥和二年（前7）。

刘歆（前 47?～公元 23），约生于初元二年（前 47），卒于更始元年（23）。

刘欣（前 25～前 1），生于河平四年（前 25），崩于元寿二年（前 1）。

刘辅（?～前 16～?），生卒年不详，永始元年（前 16）前后史载其事。

刘衎（前 9～公元 5），生于元延四年（前 9），崩于元始五年（5）。

梁王刘立（?～公元 3），生年不详，卒于元始三年（3）。

刘佟（?～公元 1～?），生卒年不详，元始元年（1）前后史载其事。

刘庆（?～公元 5～?），生卒年不详，元始五年（5）史载其事。

刘咸（?～公元 6～?），生卒年不详，居摄元年（6）史载其事。

宛令刘立（?～公元 7～?），生卒年不详，居摄二年（7）史载其事。

刘京（?～公元 8～?），生卒年不详，居摄三年（8）史载其事。

李广利（?～前 89），生年不详，卒于征和四年（前 89）。

李陵（前 140?～前 74），约生于建元元年（前 140），卒于元平元年（前 74）。

李寻（?～前 5～?），生年不详，卒于建平二年（前 5）以后。

路乔如（?～前 153～?），生卒年不详，景帝四年（前 153）史载其事。

路博德（?～前 97～?），生年不详，卒于天汉四年（前 97）以后。

路温舒（?～前 67～?），生卒年不详，地节三年（前 67）史载其事。

郦食其（前 271?～前 203），约生于周赧王四十四年（前 271），卒于汉四年（前 203）。

吕雉（?～前 180），生年不详，卒于八年（前 180）。

吕嘉（?～前 111），生年不详，被诛于元鼎六年（前 111）。

娄敬（前 225～前 198～?），高帝赐姓刘，故又名刘敬。约生于秦始皇二十二年（前 225），卒于高帝九年（前 198）以后。

令狐茂（前 140?～前 91～?），约生于建元元年（前 140），征和二年（前 91）史载其事，卒年不详。

梁太傅辅（?～前 20～?），生卒年不详，鸿嘉元年（前 20）史载其事。

泠褒（?～前 7～?），生卒年不详，绥和二年（前 7）前后史载其事。

鲁匡（？～公元 10～？），生卒年不详，始建国二年（10）史载其事。

伶玄（？～前 1～？），生卒年不详，元寿二年（前 1）前后史载其事。

M

枚乘（前 209？～前 140），约生于秦二世元年（前 209），卒于建元元年（前 140）。

马宫（？～公元 21？），生年不详，约卒于地皇二年（21）之前。

冒顿（？～前 174），生年不详，卒于文帝前六年（前 174）。

梅福（？～公元 3～？），生年不详，卒于元始三年（3）以后。

满昌（？～公元 13～？），生卒年不详，始建国五年（13）史载其事。

谬忌（？～前 133～？），生卒年不详，元光二年（前 133）前后史载其事。

N

兒宽（？～前 103），生年不详，卒于太初二年（前 103）。

O

欧阳地余（前 100？～前 38），约生于天汉元年（前 100），卒于建昭元年（前 38）。

区博（？～公元 12～？），生卒年不详，始建国四年（12）史载其事。

P

平当（前 77？～前 4），约生于元凤四年（前 77），卒于建平三年（前 4）。

平宪（？～公元 5～？），生卒年不详，元始五年（5）史载其事。

番係（？～前 122～？），生年不详，卒于元狩元年（前 122）以后。

繁延寿（李延寿，？～前 33），生年不详，卒于竟宁元年（前 33）。

彭宣（前 69？～公元 3），约生于地节元年（前 69），卒于元始三年（3）。

庞真（？～前 7～？），生卒年不详，绥和二年（前 7）前后史载其事。

Q

齐人延年（？～前 95～？），生卒年不详，太始二年（前 95）史载其事。

谯玄（？～公元 35），生年不详，卒于建武十一年（35）。

S

孙宝（前68～公元2～?），生于地节二年（前68），卒于元始二年（2）以后。

孙会宗（?～前54～?），生卒年不详，五凤四年（前54）史载其事。

孙禁（?～前17～?），生卒年不详，鸿嘉四年（前17）史载其事。

孙建（?～公元15），生年不详，卒于天凤二年（15）。

史丹（?～前14），生年不详，卒于永始三年（前14）。

申屠嘉（前225?～前155），约生于秦始皇二十二年（前225），卒于景帝二年（前155）。

申咸（前56?～前7～?），约生于五凤二年（前56），绥和二年（前7）前后史载其事。

司马相如（前179?～前118），约生于文帝元年（前179），卒于元狩五年（前118）。

司马谈（?～前110），生年不详，卒于元封元年（前110）。

司马迁（前145～前86?），生于孝景中五年（前145），约卒于始元元年（前86）。

宋义（?～前207），生年不详，卒于秦二世三年（前207）。

宋昌（?～前180～?），生卒年不详，高后八年（前180）史载其事。

苏武（前144?～前60），约生于景帝中六年（前144），卒于神爵二年（前60）。

石庆（前176?～前103），约生于文帝四年（前176），卒于太初二年（前103）。

桑弘羊（前130?～前80），生于元光五年（前130），卒于元凤元年（前80）。

上官后（前88～前37），生于武帝后元年（前88），卒于建昭二年（前37）。

眭弘（?～前78），生年不详，卒于元凤三年（前78）。

侍郎章（?～前61～?），生卒年不详，神爵元年（前61）史载其事。

士伍尊（?～前34～?），生卒年不详，建昭五年（前34）史载其事。

师丹（前82?～公元3），约生于始元五年（前82），卒于元始三年（3）。

T

田蚡（？～前131），生年不详，卒于元光四年（前131）。

田仁（？～前91），生年不详，卒于征和二年（前91）。

田千秋（前168？～前77），约生于文帝十二年（前168），卒于元凤四年（前77）。

田延年（？～前72），生年不详，卒于本始二年（前72）。

田况（？～公元21～？），生卒年不详，地皇二年（21）史载其事。

唐蒙（？～前130～？），生卒年不详，元光五年（前130）前后史载其事。

唐林（前53？～公元17～？），约生于甘露元年（前53），卒于天凤四年（17）以后。

廷尉信（？～前156～？），生卒年不详，景帝元年（前156）史载其事。

陶青（？～前148），生年不详，卒于景帝中二年（前148）。

W

王恢（？～前133），生年不详，卒于元光二年（前133）。

王吉（前123？～前48），约生于元朔六年（前123），卒于初元元年（前48）。

王政君（前71～公元13），生于本始三年（前71），卒于始建国五年（13）。

王褒（？～前51），生年不详，约卒于甘露三年（前51）。

王生（？～前60～？），生卒年不详，神爵二年（前60）史载其事。

王禹（大鸿胪禹,？～前56～？），生卒年不详，五凤二年（前56）史载其事。

王尊（？～前20？），生年不详，约卒于鸿嘉元年（前20）。

王莽（前45～公元23），生于初元四年（前45），卒于地皇四年（23）。

王禁（？～前42），生年不详，卒于永光二年（前42）。

王凤（？～前22），生年不详，卒于阳朔三年（前22）。

王骏（？～前15），生年不详，卒于永始二年（前15）。

王商（？～前25），生年不详，卒于河平四年（前25）。

王章（？～前24），生年不详，卒于阳朔元年（前24）。

王嘉（前60？～前2），约生于神爵二年（前60），卒于元寿元年（前2）。

王音（？～前15），生年不详，卒于永始二年（前15）。

王仁（？～公元3），生年不详，卒于元始三年（3）。

王立（？～公元3），生年不详，卒于元始三年（3）。

王闳（？～前23～？），生年不详，卒于地皇四年（23）以后。

王舜（？～公元11），生年不详，卒于始建国三年（11）。

王横（？～公元5～？），生卒年不详，元始五年（5）史载其事。

王谏（？～公元9），生年不详，卒于始建国元年（9）。

王邑（？～公元23），生年不详，卒于地皇四年（23）。

王宗（？～公元18），生年不详，卒于天凤五年（18）。

王况（？～公元21），生年不详，卒于地皇二年（21）。

王临（前9～公元21），生于元延四年（前9），卒于地皇二年（21）。

韦玄成（前120？～前36），约生于元狩三年（前120），卒于建昭三年（前36）。

吾丘寿王（？～前115？），生年不详，约卒于元鼎二年（前115）。

魏相（？～前59），生年不详，卒于神爵三年（前59）。

尉屠耆（？～前77～？），生卒年不详，元凤四年（前77）前后史载其事。

毋将隆（？～前1～？），生年不详，卒于元寿二年（前1）以后。

乌珠留单于（？～公元13），生年不详，卒于始建国五年（13）。

X

许襄（？～前140～？），生卒年不详，建元元年（前140）史载其事。

许嘉（？～前28），生年不详，卒于河平元年（前28）。

许后（前49？～前8），约生于黄龙元年（前49），卒于绥和元年（前8）。

许商（？～前17～？），生卒年不详，鸿嘉四年（前17）前后史载其事。

萧何（前264？～前193），约生于周赧王五十一年（前264），卒于孝惠二年（前193）。

萧望之（前107？～前47），约生于元封四年（前107），卒于初元二年（前 47）。

萧育（前 72? ～前 3），约生于本始二年（前 72），卒于建平四年（前 3）。

薛广德（前 105? ～前 43 ～?），约生于元封六年（前 105），卒于永光元年（前 43）以后。

薛宣（? ～前 7 ～?），生年不详，卒于绥和二年（前 7）以后。

辛武贤（? ～前 54），生年不详，卒于五凤四年（前 54）。

辛庆忌（前 81? ～前 12），约生于始元六年（前 81），卒于元延元年（前 12）。

徐乐（? ～前 134 ～?），生卒年不详，元光元年（前 134）史载其事。

徐福（? ～前 67 ～?），生卒年不详，地节三年（前 67）前后史载其事。

夏贺良（? ～前 5），生年不详，卒于建平二年（前 5）。

项羽（前 232 ～前 202），生于秦始皇十五年（前 232），卒于汉五年（前 202）。

新垣平（? ～前 163），生年不详，卒于文帝后元年（前 163）。

息夫躬（? ～前 1），生年不详，卒于元寿二年（前 1）。

解光（? ～前 5 ～?），生年不详，卒于建平二年（前 5）以后。

谢嚣（? ～公元 5 ～?），生卒年不详，元始五年（5）史载其事。

Y

严忌（? ～前 149 ～?），生卒年不详，景帝中元年（前 149）前后史载其事。

严助（? ～前 122），生年不详，卒于元狩元年（前 122）。

严安（? ～前 134 ～?），生卒年不详，元光元年（前 134）史载其事。

严青翟（? ～前 115），生年不详，卒于元鼎二年（前 115）。

严延年（? ～前 58），生年不详，卒于神爵四年（前 58）。

严尤（? ～公元 23），生年不详，卒于地皇四年（23）。

杨贵（? ～前 133），生年不详，卒于元光二年（前 133）。

杨敞（? ～前 74），生年不详，卒于元平元年（前 74）。

杨恽（? ～前 54），生年不详，卒于五凤四年（前 54）。

杨兴（? ～前 20 ～?），生年不详，卒于鸿嘉元年（前 20）以后。

杨宣（？～前6～?），生卒年不详，建平年间（前6～前3）史载其事。

扬州刺史柯（？～前60～?），生卒年不详，神爵二年（前60）史载其事。

扬雄（前53～公元18），生于甘露元年（前53），卒于天凤五年（18）。

尹忠（？～前29），生年不详，卒于建始四年（前29）。

尹更始（？～前40～?），生卒年不详，永光四年（前40）史载其事。

尹赏（？～公元3），生年不详，卒于元始三年（3）。

义帝（？～前206），生年不详，卒于汉元年（前206）。

羊胜（？～前148），生年不详，卒于景帝中二元年（前148）。

于定国（前114？～前40），约生于元鼎三年（前114），卒于永光四年（前40）。

余善（？～前110），生年不详，卒于元封元年（前110）。

豫章太守廖（？～前59～?），生卒年不详，神爵三年（前59）史载其事。

翼奉（前95？～前26?），约生于太始二年（前95），约卒于河平三年（前26）。

阎崇（？～前7），生年不详，卒于绥和二年（前7）。

御史中丞众（？～前7～?），生卒年不详，绥和二年（前7）前后史载其事。

议郎龚（？～前2～?），生卒年不详，元寿元年（前2）史载其事。

永信少府猛（？～前2～?），生卒年不详，元寿元年（前2）史载其事。

Z

张苍（前256？～前152），约生于周赧王五十九年（前256），卒于景帝五年（前152）。

张良（前252？～前186），约生于秦昭王五十五年（前252），卒于高后二年（前186）。

张武（？～前180～?），生卒年不详，高后八年（前180）史载其事。

张骞（？～前112），生年不详，卒于元鼎五年（前112）。

张汤（前178？～前115），约生于文帝二年（前178），卒于元鼎二年（前115）。

张寿王（？～前78～？），生年不详，元凤三年（前78）前后史载其事。

张敞（？～前47），生年不详，卒于初元二年（前47）。

张博（？～前37），生年不详，卒于建昭二年（前37）。

张忠（？～前23），生年不详，卒于阳朔二年（前23）。

张匡（？～前25～？），生卒年不详，河平四年（前25）史载其事。

张竦（？～公元23），生年不详，卒于更始元年（23）。

张戎（？～公元5～？），生卒年不详，元始五年（5）史载其事。

张永（？～公元9～？），生卒年不详，始建国元年（9）史载其事。

赵佗（前244？～前137），约生于秦王政三年（前244），卒于建元四年（前137）。

赵充国（前137～前52），生于建元四年（前137），卒于甘露二年（前52）。

赵胡（？～前120？），生年不详，约卒于元狩三年（前120）。

赵飞燕（？～前1），生年不详，卒于元寿二年（前1）。

赵昭仪（？～前7），生年不详，卒于绥和二年（前7）。

赵增寿（？～前14～？），生卒年不详，永始三年（前14）前后史载其事。

郑当时（前188？～前114？），约生于惠帝七年（前188），约卒于元鼎三年（前114）。

郑昌（？～前67～？），生卒年不详，地节三年（前67）前后史载其事。

郑吉（？～前48），生年不详，卒于初元元年（前48）。

郑朋（？～前48～？），生卒年不详，初元元年（前48）前后史载其事。

郑崇（？～前3），生年不详，卒于建平四年（前3）。

朱云（前89？～前15？），约生于征和四年（前89），卒于永始二年（前15）。

朱博（？～前5），生年不详，卒于建平二年（前5）。

邹阳（？～前148～？），生年不详，卒于景帝中二年（前148）以后。

邹长倩（？～前130～？），生卒年不详，元光五年（前130）史载其事。

庄芷（？～前123～？），生卒年不详，元朔六年（前123）史载其事。

翟公（？～前130～？），生卒年不详，元光五年（前130）前后史载其事。

翟方进（前62？～前7），约生于元康四年（前62），卒于绥和二年（前7）。

翟义（？～公元7），生年不详，卒于居摄二年（7）。

甄邯（？～公元12），生年不详，卒于始建国四年（12）。

甄阜（？～公元23），生年不详，卒于地皇四年（23）。

主父偃（前198？～前126），约生于汉九年（前198），卒于元朔三年（前126）。

周勃（前232？～前169），约生于秦始皇十五年（前232），卒于孝文十一年（前169）。

卓文君（前160？～前118～？），约生于文帝后四年（前160），卒于元狩五年（前118）以后。

终军（前140～前112），生于建元元年（前140），卒于元鼎五年（前112）。

缯它（？～前133～？），生卒年不详，元光二年（前133）前后史载其事。

挚峻（？～前106～？），生卒年不详，元封五年（前106）前后史载其事。

诸葛丰（？～前45～？），生卒年不详，初元四年（前45）前后史载其事。

郅支单于（？～前36），生年不详，卒于建昭三年（前36）。

第三章　《全汉文》时态分布及其原因

《全汉文》涉及西汉上起刘邦起兵为沛公的秦二世元年（前209），下迄刘秀建立东汉的前一年，即更始二年（24），历时233年的历史，共辑录作者319位（不含第二作者与阙名），应考作者320位（含庞真），未编年者3位已编年者317位（不含庞真为316人），占比99.1%，年均1.36人。《全汉文》篇目1445篇，应考篇目为1432篇，待编年者50篇，已编年1382篇，占比96.5%，总年均作品数（以下简称"平均数"）为5.93篇。

年均数表明，西汉六个时期的文章分布呈逐渐上升的趋势（表3-1）。高惠高后时期作品年均2.43篇，是平均数5.93篇的0.41倍；文景时期年均3.13篇，是平均数的0.53倍；武帝时期作品年均4.35篇，是平均数的0.73倍；昭宣时期年均5.55篇，是平均数的0.94倍；元成时期年均9.26篇，是平均数的1.56倍；哀平王莽更始时期年均11.73篇，是平均数的1.98倍。

表3-1　《全汉文》作者与作品六期分布情况

分期	年数	作者		作品		
		数量（人）	年均人数（人）	数量（篇）	年均篇数（篇）	与合计平均数之比（%）
高惠高后	30	22	0.73	73	2.43	0.41
文景	39	32	0.82	122	3.13	0.53
武帝	54	57	1.06	235	4.35	0.73
昭宣	38	53	1.39	211	5.55	0.94
元成	42	94	2.24	389	9.26	1.56
哀平王莽更始	30	79	2.63	352	11.73	1.98
合计	233	317	1.36	1382	5.93	

说明：各时期作者之间有部分重出，作者合计之数不计重出者，故本表中各时期作者数之和与作者合计总数不等。表3-2同。

将西汉文章分布的六个时期合并为三个时期（表3-2），更能体现其发展的阶段性。前面两个时期的文章年均数为2.83篇，远远低于整个西汉平均数5.93篇，不到其一半，可以合并为前期，其特征明显少文；中间两个时期文章年均数为4.85篇，接近整个西汉平均数，为其大半，可以合并为中期，其特征明显多文；后面两个时期文章年均数为10.29篇，远远高出西汉平均数，可以合并为后期，其特征是文章繁盛。

表3-2 《全汉文》作者与作品三期分布情况

时期	年数	作者		作品		
		数量（人）	年均人数（人）	数量（篇）	年均篇数（篇）	与合计平均数之比（%）
前期	69	54	0.78	195	2.83	0.48
中期	92	110	1.2	446	4.85	0.82
后期	72	173	2.4	741	10.29	1.74
合计	233	317	1.36	1382	5.93	

这三个时期文章分布的特点，还体现在两个特殊群体的文章分布。一是帝后的文章分布。在前期，高帝37篇，吕后5篇，惠帝1篇，文帝39篇，景帝17篇，合计99篇，年均1.43篇。而中期武帝100篇，比前期五位帝后文章总数都多，可见汉初帝后少文多质。在中期，除武帝100篇之外，还有昭帝6篇，宣帝72篇，合计178篇，年均1.93篇，是前期的1.35倍，为文明显增多。在后期，元帝49篇，成帝51篇，哀帝37篇，元后46篇，王莽99篇，合计282篇，年均3.92篇，是前期的2.74倍，中期的2.03倍，可见后期帝后为文成倍增加。

二是丞相的文章分布。经统计，前期丞相13人[1]，但有文章而被辑入《全汉文》者仅7人：萧何2篇，陈平3篇，周勃2篇，张苍3篇，申屠嘉1篇，陶青1篇，刘舍1篇；无文者6人：曹参、王陵、审食其、灌婴、周亚夫、卫绾。整个前期69年，丞相文章13篇，年均0.19篇。而贾谊一人11篇，几乎相当于这13位丞相文章之和。如果加上《全汉文》未收的贾谊《新书》58篇，那么贾谊一人之文总数69篇，是这13位丞

---

[1] 钱穆：《秦汉史》，生活·读书·新知三联书店，2004，第211页。

相文章的 5 倍多，由此可见汉初丞相是多么地少文多质。中期丞相 20 人①，有文章而被辑入《全汉文》者 11 人：田蚡 1 篇，公孙弘 9 篇，严青翟 1 篇，石庆 1 篇，田千秋 1 篇，杨敞 2 篇，蔡义 1 篇，魏相 7 篇，丙吉 2 篇，黄霸 1 篇，于定国 1 篇；无文者 9 人：窦婴、许昌、薛泽、李蔡、赵周、公孙贺、刘屈氂、王䜣、韦贤。整个中期 92 年，丞相文章 27 篇，年均 0.29 篇，是前期的 1.5 倍，可见中期丞相为文明显增多。后期丞相 12 人（不含王莽）②，有文章而被辑入《全汉文》者 10 人：韦玄成 6 篇，匡衡 15 篇，王商 1 篇，薛宣 8 篇，翟方进 9 篇，孔光 16 篇，朱博 11 篇，平当 4 篇，王嘉 7 篇，马宫 1 篇；无文者仅张禹、平晏 2 人。整个后期 72 年，丞相文章 78 篇，年均 1.08 篇，是前期的 5.68 倍，中期的 3.72 倍，后期丞相为文几乎成几何级数增加。

综上所述，《全汉文》由少到多，由多到盛的时态分布特征是非常明显的。这决定于各时期流行的政治思想、官吏结构的变化、中央官制的改革和社会矛盾的积累等因素。

第一节　西汉前期少文的原因

《文心雕龙·诠赋》："秦世不文，颇有杂赋。"西汉前期少文的特点，是"秦世不文"的自然延续，也是汉初流行的政治思想和官吏结构使然。

一　汉初政治思想的影响

由于长期战乱，民生极度凋敝，汉初统治者实行无为而治、与民休息的政策，黄老思想盛行。《汉书·食货志》："汉兴，接秦之敝，诸侯并起，民失作业，而大饥馑。凡米石五千，人相食，死者过半。高祖乃令民得卖子，就食蜀汉。天下既定，民亡盖臧，自天子不能具醇驷，而将相或乘牛车。于是约法省禁，轻田租，什五而税一。"人相食而卖子，足见汉初民生凋敝之甚。高帝时尽管戎马倥偬，日不暇给，但已初顺民心，约法

---

① 钱穆：《秦汉史》，生活·读书·新知三联书店，2004，第 209～211 页。
② 钱穆：《秦汉史》，生活·读书·新知三联书店，2004，第 210 页。

省禁，轻徭薄赋。其后惠帝、高后俱欲无为，文帝、景帝与民休息，遵而不改。《史记·吕太后本纪》太史公曰："孝惠皇帝、高后之时，黎民得离战国之苦，君臣俱欲休息乎无为。故惠帝垂拱，高后女主称制，政不出房户，天下晏然，刑罚罕用，罪人是希，民务稼穑，衣食滋殖。"《汉书·景帝纪》赞曰："汉兴，扫除烦苛，与民休息。至于孝文，加之以恭俭，孝景遵业，五六十载之间，至于移风易俗，黎民醇厚。周云成康，汉言文景，美矣。"

这种无为而治、与民休息的政策取向，使得汉初帝王平易质朴，但求易知无难，不尚高论。《史记·叔孙通列传》记载，叔孙通请与弟子共起朝仪，高帝要求不要太难，要易知能行。"高帝曰：'得无难乎？'叔孙通曰：'五帝异乐，三王不同礼。礼者，因时世人情为之节文者也。故夏、殷、周之礼所因损益可知者，谓不相复也。臣愿颇采古礼与秦仪杂就之。'上曰：'可试为之，令易知，度吾所能行为之。'"《史记·张释之列传》："释之既朝毕，因前言便宜事。文帝曰：'卑之，毋甚高论，令今可施行也。'于是释之言秦汉之间事，秦所以失而汉所以兴者久之。文帝称善。"

汉初践行黄老政治，是来自社会底层的统治者体察现实、顺应民心的结果，也是一批士人和良臣总结历史、继承文化传统的结果。

陆贾首先总结亡秦之教训，倡议无为。《史记·陆贾列传》："陆生时时前说，称《诗》《书》。高帝骂之曰：'乃公居马上而得之，安事《诗》《书》！'陆生曰：'居马上得之，宁可以马上治之乎？且汤武逆取而以顺守之，文武并用，长久之术也。昔者吴王夫差、智伯极武而亡；秦任刑法不变，卒灭赵氏。乡使秦已并天下，行仁义，法先圣，陛下安得而有之？'高帝不怿而有惭色，乃谓陆生曰：'试为我著秦所以失天下，吾所以得之者何，及古成败之国。'陆生乃粗述存亡之征，凡著十二篇。每奏一篇，高帝未尝不称善，左右呼万岁，号其书曰《新语》。"陆贾向高帝提出汉初需要从"马上得天下"的战时状态，过渡到"马下治天下"的和平建设状态，可谓十分及时。而和平时期的重要政治特征，就是"无为而治"。《新语·无为》："夫道莫大于无为，行莫大于谨敬。"《新语·至德》："君子之为治也，块然若无事，寂然若无声，官府若无吏，亭落若无民。"

　　一代良相曹参，在齐地为相时就接受了当地流传已久的黄老思想。据《史记·曹相国世家》记载："参之相齐，齐七十城。天下初定，悼惠王富于春秋。参尽召长老诸生，问所以安集百姓，如齐故诸儒以百数，言人人殊，参未知所定。闻胶西有盖公，善治黄老言，使人厚币请之。既见盖公，盖公为言治道贵清静而民自定，推此类具言之。参于是避正堂，舍盖公焉。其治要用黄老术，故相齐九年，齐国安集，大称贤相。"后来曹参入为汉相，继续实施黄老之治，同样取得了很好的效果，百姓歌之。"参代何为汉相国，举事无所变更，一遵萧何约束。择郡国吏木讷于文辞，重厚长者，即召除为丞相史。吏之言文刻深，欲务声名者，辄斥去之。日夜饮醇酒。卿大夫已下吏及宾客见参不事事，来者皆欲有言。至者，参辄饮以醇酒，间之，欲有所言，复饮之，醉而后去，终莫得开说，以为常……百姓歌之曰：'萧何为法，颟若画一；曹参代之，守而勿失。载其清净，民以宁一。'"而曹参之师盖公，其学来自燕赵。《史记·乐毅列传》："而乐氏之族有乐瑕公、乐臣公，赵且为秦所灭，亡之齐高密。乐臣公善修黄帝、老子之言，显闻于齐，称贤师……乐臣公教盖公，盖公教于齐高密、胶西，为曹相国师。"

　　惠帝二年（前193）曹参入为汉相，三年之后去世。但他所推行的黄老政治，却正式成为汉朝统治者的基本国策。《隋书·经籍志》道家："然自黄帝以下，圣哲之士，所言道者，传之其人，世无师说。汉时，曹参始荐盖公能言黄老，文帝宗之。自是相传，道学众矣。"如果说此前高帝推行黄老政治还是一种不自觉的经验性选择，那么惠帝以后则是一种自觉的主动选择。来自民间的黄老思想家和来自社会底层的政治家之间携手合作，由此开创了中国历史上令人钦羡不已的西汉治世，几至刑错。《汉书·刑法志》："当孝惠、高后时，百姓新免毒蠚，人欲长幼养老。萧、曹为相，填以无为，从民之欲，而不扰乱，是以衣食滋殖，刑罚用稀。及孝文即位，躬修玄默，劝趣农桑，减省租赋。而将相皆旧功臣，少文多质，惩恶亡秦之政，论议务在宽厚，耻言人之过失。化行天下，告讦之俗易。吏安其官，民乐其业，畜积岁增，户口浸息。风流笃厚，禁网疏阔。选张释之为廷尉，罪疑者予民，是以刑罚大省，至于断狱四百，有刑错之风。"

　　黄老思想在政治上主张无为而治，在文学上则主张少言寡文。曹参用人的标准是"木讷于文辞"的"厚重长者"，对那些"言文深刻"者摒弃不用。周勃也质朴少文，《史记·绛侯周勃世家》："勃不好文学，每召诸生说士，东向坐而责之：'趣为我语。'其椎少文如此。"就是这种厚重质朴、少言寡文之士，被称为长者，受到统治者的肯定和重用。《史记·张释之列传》："释之从行，登虎圈。上问上林尉诸禽兽簿，十余问，尉左右视，尽不能对。虎圈啬夫从旁代尉对上所问禽兽簿甚悉，欲以观其能口对响应无穷者。文帝曰：'吏不当若是耶？尉无赖！'乃诏释之拜啬夫为上林令。释之久之前曰：'陛下以绛侯周勃何如人也？'上曰：'长者也。'又复问：'东阳侯张相如何如人也？'上复曰：'长者。'释之曰：'夫绛侯、东阳侯称为长者，此两人言事曾不能出口，岂敩此啬夫谍谍利口捷给哉！且秦以任刀笔之吏，吏争以亟疾苛察相高，然其敝徒文具耳，无恻隐之实。以故不闻其过，陵迟而至于二世，天下土崩。今陛下以啬夫口辩而超迁之，臣恐天下随风靡靡，争为口辩而无其实。且下之化上疾于景响，举错不可不审也。'文帝曰：'善。'乃止不拜啬夫。"

虎圈啬夫作为长者的对立面而被抑制，不得升迁，这其实也是能文善对、倡言改易的贾谊被贬的原因。《史记·贾生列传》："孝文皇帝初立，闻河南守吴公治平为天下第一，故与李斯同邑而常学事焉，乃征为廷尉。廷尉乃言贾生年少，颇通诸子百家之书。文帝召以为博士。是时贾生年二十余，最为少。每诏令议下，诸老先生不能言，贾生尽为之对，人人各如其意所欲出。诸生于是乃以为能，不及也。孝文帝悦之，超迁，一岁中至太中大夫。"《汉书·贾谊传》："谊以为汉兴二十余年，天下和洽，宜当改正朔，易服色制度，定官名，兴礼乐。乃草具其仪法，色上黄，数用五，为官名悉更，奏之。文帝谦让未皇也。然诸法令所更定，及列侯就国，其说皆谊发之。于是天子议以谊任公卿之位。绛、灌、东阳侯、冯敬之属尽害之，乃毁谊曰：'洛阳之人年少初学，专欲擅权，纷乱诸事。'于是天子后亦疏之，不用其议，以谊为长沙王太傅。"所谓"不能言"的诸老先生，所谓绛、灌、东阳侯、冯敬之属，其实都是拥立文帝并为文帝所倚重的"长者"，即黄老思想的奉行者，而贾谊则是当时"文多质少"的儒者（《史记·万石列传》）。"在汉朝之儒，唯贾生而已"（《汉书·刘向传》）的局面，固然说明了西汉前期儒者之少，更说明了当时黄老长者之多和文少质多风气之盛。

二　汉初官吏结构的影响

西汉前期少文的特征，也与西汉初期官吏的结构有关。汉初以军功取天下，因此多用武力功臣。《汉书·景帝纪》："先是吏多军功，车服尚轻，故为设禁。"《汉书·张周赵任申屠传》："汉兴二十余年，天下初定，公卿皆军吏。"功臣与黄老结缘，直接导致儒者具官备员而已。《汉书·儒林传》："孝惠、高后时，公卿皆武力功臣。孝文时颇登用，然孝文本好刑名之言。及至孝景，不任儒，窦太后又好黄老术，故诸博士具官待问，未有进者。"赵翼《廿二史札记》卷二"汉初布衣将相之局"条："汉初诸臣，惟张良出身最贵，韩相之子也。其次则张苍，秦御史；叔孙通，秦待诏博士。次则萧何，沛主吏掾；曹参，狱掾；任敖，狱吏；周苛，泗水卒史；傅宽，魏骑将；申屠嘉，材官。其余陈平、王陵、陆贾、郦商、郦食其、夏侯婴等，皆白徒。樊哙则屠狗者，周勃则织薄曲吹箫给丧事者，灌婴则贩缯者，娄敬则挽车者，一时人才皆出其中，致身将相，前此所未有也……于是汉祖以匹夫起事，角群雄而定一尊。其君既起自布衣，其臣亦自多亡命无赖之徒，立功以取将相，此气运为之也。天之变局，至是始定。"① 尽管这些功臣多出自布衣，本身文化素养不高，不善言辞，然而他们数量很大，占据了当时政府大部分官吏名额。据《汉书·高惠高后文功臣表》记载，仅高祖一代封侯的功臣就有 143 人。"现以此数为基准来推算当时因军功受爵的人数，如果按每级增加 50% 的比例计算，那么，第七级公大夫以上所谓'高爵'的人数则为 81641 人，若再加上众多的受'低爵'者，其人数则相当可观。据《汉书·百官公卿表》统计，西汉'吏员自佐史至丞相十二万二百八十五人'，显然，这 12 万官吏的名额是远远不够已受爵者来分配的。可见当时政府各级官吏大部分被这些军事新贵所占据。"②

汉初重用军功，必然轻视口舌之功，看不起文人和儒者。楚汉相争时，随何往说九江王黥布背楚归汉，立下大功。然高帝得天下之后，却称随何为"腐儒"。《汉书·英布传》："项籍死，上置酒对众折随何曰腐儒，

---

① （清）赵翼著，王树民校证《廿二史札记校证》，中华书局，2001，第 36 页。

② 黄留珠：《秦汉仕进制度》，西北大学出版社，1985，第 81 页。

'为天下安用腐儒哉！'"《史记·刘敬列传》记载，娄敬以建议都关中而为郎，赐姓刘，也因"口舌得官"而被轻视。后谏高帝勿击匈奴，被骂曰："齐虏！以口舌得官，今乃妄言沮吾军。"据《史记·郦食其列传》记载，沛公过高阳，"骑士归，郦生见谓之曰：'吾闻沛公慢而易人，多大略，此真吾所愿从游，莫为我先。若见沛公，谓曰：'臣里中有郦生，年六十余，长八尺，人皆谓之狂生，生自谓我非狂生。'骑士曰：'沛公不好儒，诸客冠儒冠来者，沛公辄解其冠，溲溺其中。与人言，常大骂。未可以儒生说也。'郦生曰：'弟言之。'骑士从容言如郦生所诫者"。从骑士所言，可见高帝对儒生偏见之深。郦食其入见，一言不合，被沛公骂为"竖儒"。后来建言立六国后，再次被骂为"竖儒"。《汉书·高帝纪》三年："项羽数侵夺汉甬道，汉军乏食，与郦食其谋桡楚权。食其欲立六国后以树党，汉王刻印，将遣食其立之。以问张良，良发八难。汉王辍饭吐哺，曰：'竖儒几败乃公事！'令趋销印。"出身微贱的郦食其如此，曾为秦博士的叔孙通和与高帝同为楚人的陆贾也不能幸免。《史记·叔孙通列传》："叔孙通儒服，汉王憎之；乃变其服，服短衣，楚制，汉王喜。"《史记·陆贾列传》："陆生时时前说称《诗》《书》。高帝骂之曰：'乃公居马上而得之，安事《诗》《书》！'"

统治者用人如此，而诸大臣推贤用士也不例外。叔孙通被称为"汉家儒宗"，然而他先举用者也是群盗壮士。据《史记·叔孙通列传》记载："叔孙通之降汉，从儒生弟子百余人，然通无所言进，专言诸故群盗壮士进之。弟子皆窃骂曰：'事先生数岁，幸得从降汉，今不能进臣等，专言大猾，何也？'叔孙通闻之，乃谓曰：'汉王方蒙矢石争天下，诸生宁能斗乎？故先言斩将搴旗之士。诸生且待我，我不忘矣。'汉王拜叔孙通为博士，号稷嗣君。"直到汉七年，叔孙通受命草定朝仪，才起用弟子演习礼仪。"于是叔孙通使征鲁诸生三十余人……遂与所征三十人西，及上左右为学者与其弟子百余人为绵蕞野外。习之月余，叔孙通曰：'上可试观。'上既观，使行礼，曰：'吾能为此。'乃令群臣习肄，会十月。"朝仪大获成功，叔孙通受赏，才推荐弟子儒生，然而官不过为郎。"汉七年，长乐宫成，诸侯群臣皆朝十月……于是高祖曰：'吾乃今日知为皇帝之贵也。'乃拜叔孙通为太常，赐金五百斤。叔孙通因进曰：'诸弟子儒生随臣久矣，与臣共为仪，愿陛下官之。'高帝悉以为郎。叔孙通出，皆以五百斤金赐诸生。诸生乃皆喜曰：'叔孙生诚圣人也，知当世之要务。'"叔孙通的这种做法，不仅当时受到诸生的欢迎，后来也受到司马迁的肯定。《史记·叔孙通列传》太史公曰："叔孙通希世度务制礼，进退与时变化，卒为汉家儒宗。'大直若诎，道固委蛇'，盖谓是乎？"

汉初官吏来源除军功之外，还有赀选和任子。赀选初限十万，景帝时才改为四万。《汉书·景帝纪》后二年诏曰："人不患其不知，患其为诈也；不患其不勇，患其为暴也；不患其不富，患其亡厌也。其唯廉士，寡欲易足。今赀算十以上乃得宦，廉士算不必众。有市籍不得宦，无赀又不得宦，朕甚愍之。赀算四得宦，亡令廉士久失职，贪夫长利。"应劭曰："古者疾吏之贫，衣食足知荣辱，限赀十算乃得为吏。十算，十万也。贾人有财不得为吏，廉士无赀又不得宦，故减赀四算得宦矣。"《汉书·董仲舒传》："夫长吏多出于郎中、中郎，吏二千石子弟选郎吏，又以富赀，未必贤也。"西汉长期实行任子制，直到哀帝时才废止。《汉书·哀帝纪》绥和二年诏曰："除任子令及诽谤诋欺法。"应劭曰："任子令者，《汉仪注》吏二千石以上视事满三年，得任同产若子一人为郎。不以德选，故除之。"师古曰："任者，保也。"赀选的标准是财富，任子的条件是出身，都不以文德。除此之外，还有举贤良方正、举贤良文学等，但都是特科，不占主流。

西汉前期官吏构成以军功为主，辅以赀选和任子，都不尚文化。这无疑促进了该时期寡言重行的社会风气和少文多质的文化风气。

第二节　西汉中期多文的原因

和前期少文多质的文风不同，西汉中期明显地多文富辞。这与西汉中期对儒家思想的尊崇、官吏结构的变化和中央官制的改革有关。

一　对儒家思想的尊崇

西汉中期自武帝开始，由于社会经济的发展，广大民众的生活发生了很大改观。《汉书·食货志》记载："至武帝之初七十年间，国家亡事，非遇水旱，则民人给家足，都鄙廪庾尽满，而府库余财。京师之钱累百巨万，贯朽而不可校。太仓之粟陈陈相因，充溢露积于外，腐败不可食。众庶街巷有马，仟伯之间成群，乘牸牝者摈而不得会聚。守闾阎者食粱肉，为吏者长子孙，居官者以为姓号。人人自爱而重犯法，先行谊而黜愧辱焉。"在社会中上层，豪强横行，贵族骄奢僭上。"于是网疏而民富，役财骄溢，或至并兼豪党之徒以武断于乡曲。宗室有土，公卿大夫以下争于奢侈，室庐车服僭上亡限。物盛而衰，固其变也。"人民生活的给足，公卿豪贵的骄奢，表明汉代社会已由汉初的贫困走向富裕。他们对生活的追求不再局限于物质层面，转而扩展到精神层面，如对事功的追求，对制度的革新，对全新帝国事业的开拓等。《史记·封禅书》："今天子初即位，尤敬鬼神之祀。元年，汉兴已六十余岁矣，天下艾安，搢绅之属皆望天子封禅改正度也。而上乡儒术，招贤良，赵绾、王臧等以文学为公卿，欲议古立明堂城南，以朝诸侯。草巡狩封禅改历服色事未就。会窦太后治黄老言，不好儒术，使人微伺得赵绾等奸利事，召案绾、臧，绾、臧自杀，诸所兴为皆废。后六年，窦太后崩。其明年，征文学之士公孙弘等。"可见封禅改制是民心所向，尽管黄老主义者窦太后可以暂时影响这一进程，但最终也不能改变这一时代潮流走向。因此她一去世，武帝和公孙弘等人就开始大刀阔斧地改革，重塑大汉帝国。

武帝向儒而好文词，是社会中下层推动的结果，也是地方诸侯王国推动的结果。在北方，河间献王刘德修学好古，诸儒多从而游，对中央王朝形成不小的压力。《汉书·景十三王传》："河间献王德以孝景前二年立，修学好古，实事求是。从民得善书，必为好写与之，留其真，加金帛赐以招之。由是四方道术之人不远千里，或有先祖旧书，多奉以奏献王者，故得书多，与汉朝等……献王所得书皆古文先秦旧书，《周官》《尚书》《礼》《礼记》《孟子》《老子》之属，皆经传说记，七十子之徒所论。其学举六艺，立《毛氏诗》《左氏春秋》博士。修礼乐，被服儒术，造次必于儒者。山东诸儒多从而游。"刘德为武帝之兄，已为武帝所忌。而又修礼乐服儒术，为天下雄俊众儒所归，更为武帝所嫉。武帝尊儒，显然有与之争胜之意。《史记·五宗世家》《集解》引《汉名臣奏》杜业奏曰："河间献王经术通明，积德累行，天下雄俊众儒皆归之。孝武帝时，献王朝，被服造次必于仁义。问以五策，献王辄对无穷。孝武帝艴然难之，谓献王曰：'汤以七十里，文王百里，王其勉之。'王知其意，归即纵酒听乐，因以终。"《西汉年纪》考异曰："盖河间王栗姬子，太子荣同母弟也，荣废而武帝立，固已不能无疑于栗氏子矣。况德贤明如此，而属又称兄，此帝之所以尤不能无忌也。德知其意，归而纵酒，曾未三月而继之以死，盖等死也。"

在南方，淮南王刘安辩博善为文辞，招致宾客数千人，同样对中央王朝形成压力。《汉书·淮南王传》："（安）招致宾客方术之士数千人，作为《内书》二十一篇，《外书》甚众，又有《中篇》八卷，言神仙黄白之术，亦二十余万言。时武帝方好艺文，以安属为诸父，辩博善为文辞，甚尊重之。每为报书及赐，常召司马相如等视草乃遣。初，安入朝，献所作《内篇》，新出，上爱秘之。使为《离骚传》，旦受诏，日食时上。又献《颂德》及《长安都国颂》。每宴见，谈说得失及方技赋颂，昏莫然后罢。"刘安乃武帝叔父辈，多客善文，武帝报书必待司马相如视草，可见他内心对刘安的嫉妒和信心不足。作为武帝舅，太尉田蚡对刘安也心仪不已，这令武帝更加恼怒。《史记·魏其武安侯列传》："（淮南）王前朝，武安侯为太尉，时迎王至霸上，谓王曰：'上未有太子，大王最贤，高祖孙，即宫车晏驾，非大王立当谁哉！'淮南王大喜，厚遗金财物。上自魏其时不直武安，特为太后故耳。及闻淮南王金事，上曰：'使武安侯在者，族矣。'"

面对南北两大诸侯王国经术和辞赋人才高地的双重压力，武帝唯有"并驾兼收"，才能胜出而无惭于天下。钱穆先生指出："经术为北学，集于河间，辞赋为南学，萃于淮南。武帝并驾兼收，欲跨河间淮南而上之。河间淮南两王，皆已不得其死，而经术辞赋之士，悉会于汉廷。"[①]事实确实如此。武帝即位，广征贤良，成百上千的人才很快汇聚长安。《汉书·东方朔传》："武帝初即位，征天下举方正贤良文学材力之士，待以不次之位，四方士多上书言得失，自衒鬻者以千数。"《汉书·严助传》："郡举贤良，对策百余人。"这些人才之中，既有申公、辕固、公孙弘、董仲舒等经学大儒，也有枚乘、枚皋、司马相如、严助等辞赋大家，还有东方朔、吾丘寿王、主父偃、严安、徐乐等杂家、纵横家人士，于是汉朝人才济济，可以傲视地方诸侯王而无愧。

武帝师儒向儒，对唐虞三代之事神往不已，好远比高论，与其父祖迥

① 钱穆：《秦汉史》，生活·读书·新知三联书店，2004，第98页。

然不同。武帝师王臧，乃鲁《诗》大师申公之弟子。《史记·儒林列传》："兰陵王臧既受《诗》，以事孝景帝为太子少傅，免去。今上初即位，臧乃上书宿卫上，累迁，一岁中为郎中令。"武帝好儒学，因而"务法上古"，欲兴太平、致祥瑞于当代之情溢于言表。如《汉书·董仲舒传》载其策文："盖闻五帝三王之道，改制作乐而天下洽和，百王同之。当虞氏之乐莫盛于《韶》，于周莫盛于《勺》。圣王已没，钟鼓管弦之声未衰，而大道微缺，陵夷至乎桀纣之行，王道大坏矣。夫五百年之间，守文之君，当涂之士，欲则先王之法以戴翼其世者甚众，然犹不能反，日以仆灭，至后王而后止，岂其所持操或悖谬而失其统与？固天降命不可复反，必推之于大衰而后息与？"心怀对上古三代美政的憧憬，面对春秋以来陵夷衰微、积重难返的现实，年轻的武帝既心向往之而又略感力不从心，因此他真诚地希望贤良大夫能为他"烛厥理"，辅助他行"修饬"而致政事宣昭。"乌呼！凡所为屑屑，夙兴夜寐，务法上古者，又将无补与？三代受命，其符安在？灾异之变，何缘而起？性命之情，或夭或寿，或仁或鄙，习闻其号，未烛厥理。伊欲风流而令行，刑轻而奸改，百姓和乐，政事宣昭，何修何饬而膏露降，百谷登，德润四海，泽臻草木，三光全，寒暑平，受天之祜，享鬼神之灵，德泽洋溢，施乎方外，延及群生？"

武帝向儒而"务法上古"，为此他进行了一系列大刀阔斧的改革。《汉书·武帝纪》赞曰："汉承百王之弊，高祖拨乱反正，文景务在养民，至于稽古礼文之事，犹多阙焉。孝武初立，卓然罢黜百家，表章六经。遂畴咨海内，举其俊茂，与之立功。兴太学，修郊祀，改正朔，定历数，协音律，作诗乐，建封禅，礼百神，绍周后，号令文章，焕焉可述。后嗣得遵洪业，而有三代之风。如武帝之雄材大略，不改文景之恭俭以济斯民，虽《诗》《书》所称，何有加焉！"对武帝的众多改革，班固准确地概括为"稽古礼文之事"，指出了武帝以儒家理想政治为目标的改革本质。

武帝内改制度，外征四夷，毕竟是对汉初七十年黄老清静无为政治的背离，相当一部分人对此不能理解，甚至反对。为此武帝不得不重用一批文学侍从，与之辩论。《汉书·严助传》："是时征伐四夷，开置边郡，军旅数发。内改制度，朝廷多事。屡举贤良文学之士，公孙弘起徒步，数年至丞相。开东阁，延贤人与谋议。朝觐奏事，因言国家便宜。上令助等与大臣辩论，中外相应以义理之文，大臣数诎。"师古曰："中谓天子之宾客，若严助之辈也；外谓公卿大夫也。"这些文学侍从，既通儒理经义，又能文善辩，为武帝推行新政消除了不少阻力，因此受到武帝重用。他们俨若天子宾客，对西汉中期尊儒尚文、能言善辩风气的形成，起了很大的示范推动作用。《汉书·儒林传》："及窦太后崩，武安君田蚡为丞相，黜黄老、刑名百家之言，延文学儒者以百数，而公孙弘以治《春秋》为丞相封侯，天下学士靡然乡风矣。"

公孙弘尊儒尚文、能言善辩，又能承顺上指，因此受到武帝重用，徒步而为丞相封侯。据《汉书·公孙弘卜式儿宽传》记载："每朝会议，开陈其端，使人主自择，不肯面折庭争。于是上察其行慎厚，辩论有余，习文法吏事，缘饰以儒术，上说之，一岁中至左内史。弘奏事，有所不可，不肯庭辩……尝与公卿约议，至上前，皆背其约以顺上指。汲黯庭诘弘曰：'齐人多诈而无情，始为与臣等建此议，今皆背之，不忠。'上问弘，弘谢曰：'夫知臣者以臣为忠，不知臣者以臣为不忠。'上然弘言。左右幸臣每毁弘，上益厚遇之。弘为人谈笑多闻，常称以为人主病不广大，人臣病不俭节。"尽管公孙弘受到武帝的厚遇，但也时常受到内朝侍从朱买臣、吾丘寿王等人的驳难。"为内史数年，迁御史大夫。时又东置苍海，北筑朔方之郡。弘数谏，以为罢弊中国以奉无用之地，愿罢之。于是上乃使朱买臣等难弘置朔方之便。发十策，弘不得一。弘乃谢曰：'山东鄙人，不知其便若是，愿罢西南夷、苍海，专奉朔方。'上乃许之。"《汉书·吾丘寿王传》："后征入为光禄大夫侍中。丞相公孙弘奏言"云云，主张禁民挟弓弩。"上下其议。寿王对曰"云云，反对禁民不得挟弓弩。"书奏，上以难丞相弘。弘诎服焉。"作为御史大夫、丞相的公孙弘，本来"辩论有余，习文法吏事，缘饰以儒术"，但面对内朝侍从咄咄逼人的驳难而节节败退，可见西汉中期尊儒尚文、能言善辩风气之盛。

与此风相反，毁儒质直、面折犯主之人则受到抑制贬谪。据《汉书·汲黯传》记载："黯学黄老言，治官民，好清静，择丞史任之，责大指而已，不细苛……治务在无为而已，引大体，不拘文法。为人性倨，少礼，面折，不能容人之过。合己者善待之，不合者弗能忍见，士亦以此不附焉。然好游侠，任气节，行修洁。其谏，犯主之颜色……上方招文学儒者，上曰吾欲云云，黯对曰：'陛下内多欲而外施仁义，奈何欲效唐虞之治乎！'上怒，变色而罢朝。"汲黯主张黄老无为，反对儒者之事，将武帝新政斥为"多欲"之实，批评其徒有"仁义"之名，可谓犀利尖锐。既然敢当面批评武帝，当然也能面触公孙弘、张汤等宠臣。"上方乡儒术，尊公孙弘，及事益多，吏民巧。上分别文法，汤等数奏决谳以幸。而黯常毁儒，面触弘等徒怀诈饰智以阿人主取容，而刀笔之吏专深文巧诋，陷人于网，以自为功。上愈益贵弘、汤。"汲黯节义固然可嘉，却不善辩，以至辩不能胜而骂詈。"黯时与汤论议，汤辩常在文深小苛，黯愤发，骂曰：'天下谓刀笔吏不可为公卿，果然。必汤也，令天下重足而立，仄目而视矣！'"汲黯出身本贵，孝景时以父任为太子洗马，然以不合时宜，久抑不迁。"始黯列九卿矣，而公孙弘、张汤为小吏。及弘、汤稍贵，与黯同位，黯又非毁弘、汤。已而弘至丞相封侯，汤御史大夫，黯时丞史皆与同列，或尊用过之。黯褊心，不能无少望，见上，言曰：'陛下用群臣如积薪耳，后来者居上。'黯罢，上曰：'人果不可以无学，观汲黯之言，日益甚矣。'"尽管汲黯牢骚满腹，但武帝不为所动，斥之为"无学"，最终将其外放淮阳。汉初贾谊以儒者而外放，武帝时汲黯以黄老而外放，这一对比有力地说明时移世易，尊儒尚文、能言善辩之风在西汉中期已占主流。

这种风气在昭帝、宣帝时期继续发展。昭帝年幼，霍光秉政。霍光虽然"不学无术"（《汉书·霍光传》），但也举贤良文学，用经术士。《汉书·昭帝纪》赞曰："光知时务之要，轻繇薄赋，与民休息。至始元、元凤之间，匈奴和亲，百姓充实，举贤良文学，问民所疾苦，议盐铁而罢榷酤，尊号曰昭，不亦宜乎！"《汉书·隽疏于薛平彭传》记载隽不疑收缚假卫太子，"天子与大将军霍光闻而嘉之，曰：'公卿大臣当用经术，明于大谊。'"宣帝讲论六艺，招选茂异，人才济济。《汉书·公孙弘卜式兒宽传》赞曰："孝宣承统，纂修洪业，亦讲论六艺，招选茂异，而萧望之、梁邱贺、夏侯胜、韦玄成、严彭祖、尹更始以儒术进，刘向、王褒以文章显，将相则张安世、赵充国、魏相、丙吉、于定国、杜延年，治民则黄霸、王成、龚遂、郑弘、召信臣、韩延寿、尹翁归、赵广汉、严延年、张敞之属，皆有功迹见述于世。参其名臣，亦其次也。"宣帝修武帝故事，好辞赋，作歌诗，兴协律。《汉书·王褒传》："宣帝时修武帝故事，讲论六艺群书，博尽奇异之好，征能为《楚辞》九江被公，召见诵读，益召高材刘向、张子侨、华龙、柳褒等待诏金马门。神爵、五凤之间，天下殷富，数有嘉应。上颇作歌诗，欲兴协律之事，丞相魏相奏言知音善鼓雅琴者渤海赵定、梁国龚德，皆召见待诏。"

二　官吏结构的变化

西汉中期文多辞富，也与西汉中期官吏结构的变化有关。西汉前期，官吏以军功贵族为主。但是在传统社会之中，生而富贵必然一代不如一代。经过一百多年的发展历程，汉初的军功贵族无可挽回地日益走向衰微，到武帝末年"靡有孑遗"，宣帝时咸为庸保。《汉书·高惠高后文功臣表》："始未尝不欲固根本，而枝叶稍落也。故逮文、景四五世间，流民既归，户口亦息，列侯大者至三四万户，小国自倍，富厚如之。子孙骄逸，忘其先祖之艰难，多陷法禁，陨命亡国，或亡子孙。讫于孝武后元之年，靡有孑遗，耗矣。网亦少密焉。故孝宣皇帝愍而录之，乃开庙臧，览旧籍，诏令有司求其子孙，咸出庸保之中，并受复除，或加以金帛，用章中兴之德。"据黄留珠先生统计，高帝时封侯的功臣，"在文帝之初尚存留46%，但经过文帝统治的23年时间，他们中的绝大部分已经去世，延续到景帝时期只剩下5人，仅占原封侯者143人的3.5%；逮武帝时期，便呈现出'元功宿将略尽'的局面。"①

功臣宿旧数量日益减少，存余的素质也不断下降。《汉书·张周赵任申屠传》："自嘉死后，开封侯陶青、桃侯刘舍，及武帝时柏至侯许昌、平棘侯薛泽、武强侯庄青翟、商陵侯赵周，皆以列侯继踵，龊龊廉谨，为丞相备员而已，无所能发明功名著于世者。"列侯为相"备员而已"的局面，说明他们除了祖先功劳之外，自身实在乏善可陈，只能素位尸餐，碌碌无为。而普通文人和一般官吏甚至不能读懂武帝的诏令和朝廷文书。《汉书·儒林传》："臣谨案诏书律令下者，明天人分际，通古今之谊，文章尔雅，训辞深厚，恩施甚美。小吏浅闻，弗能究宣，亡以明布谕下。"《史记·乐书》："至今上即位，作十九章，令侍中李延年次序其声，拜为协律都尉。通一经之士不能独知其辞，皆集会《五经》家相与共讲习读之，乃能通知其意，多尔雅之文。"

---

① 黄留珠：《秦汉仕进制度》，西北大学出版社，1985，第86页。

　　然而庞大的汉帝国仍然需要数量庞大的官吏才能维持其正常运转。旧人既然入不敷出，守旧落伍，统治者只能另觅新人。武帝建元元年诏举贤良方正直言极谏之士，就是这一尝试。《汉书·东方朔传》："武帝初即位，征天下举方正贤良文学材力之士，待以不次之位，四方士多上书言得失，自衒鬻者以千数，其不足采者辄报闻罢。"数以千计的人上书言事，可见新人来源非常丰富，可堪资用。不过阅读数千份上书是一项耗时费力的工作，必定让年轻的皇帝疲惫不堪。另外他还要面对公卿列侯郡国守相所举荐的数百位贤良对策，年轻的皇帝不免困惑，感到无所适从。《汉书·董仲舒传》："武帝即位，举贤良文学之士前后百数，而仲舒以贤良对策焉。"该传载武帝策文之二曰："今子大夫待诏百有余人，或道世务而未济，稽诸上古之不同，考之于今而难行，毋乃牵于文系而不得骋与？将所由异术，所闻殊方与？"可见这百余位待诏对策言人人殊，让武帝感到困惑和厌倦，已流露出取舍黜陟的倾向了。因此，建元元年诏举贤良固然为武帝新政提供了最初的顾问人选，但也让他意识到，人才选拔需要确立一套制度和标准，交由专门的机构负责。

　　作为"举首"的一代大儒董仲舒，对此成竹在胸，这就是他在对策中提出的三大建议：兴太学，岁贡士，尊六艺。《汉书·董仲舒传》载其对策曰："夫不素养士而欲求贤，譬犹不琢玉而求文采也。故养士之大者，莫大乎太学；太学者，贤士之所关也，教化之本原也。今以一郡一国之众，对亡应书者，是王道往往而绝也。臣愿陛下兴太学，置明师，以养天下之士，数考问以尽其材，则英俊宜可得矣。"这是兴太学、养贤士的建议。"累日以取贵，积久以致官，是以廉耻贸乱，贤不肖浑殽，未得其真。臣愚以为使诸列侯、郡守、二千石各择其吏民之贤者，岁贡各二人以给宿卫，且以观大臣之能。所贡贤者有赏，所贡不肖者有罚。夫如是，诸侯、吏二千石皆尽心于求贤，天下之士可得而官使也。遍得天下之贤人，则三王之盛易为，而尧舜之名可及也。毋以日月为功，实试贤能为上，量材而授官，录德而定位，则廉耻殊路，贤不肖异处矣。"这是让诸侯、吏二千石岁贡贤士而官之的建议。"春秋大一统者，天地之常经，古今之通谊也。今师异道，人异论，百家殊方，指意不同，是以上亡以持一统；法制数变，下不知所守。臣愚以为诸不在六艺之科孔子之术者，皆绝其道，勿使并进。邪辟之说灭息，然后统纪可一而法度可明，民知所从矣。"这是以孔子六艺为选拔人才标准的建议。按

《汉书·武帝纪》，"推明孔氏，抑黜百家"而置《五经》博士在建元五年（前136），"州郡举茂材孝廉"而初令郡国举孝廉在元光元年（前134），"立学校之官"而为博士置弟子员在元朔五年（前124）。由此确立了以儒家经术为取士标准，以学校培养考核和郡国推荐相结合的官吏培养选任制度。

据《汉书·儒林传》记载，博士弟子五十人，每年考核，合格者可补太常文学掌故，或入为郎中，都是中央官员。"为博士官置弟子五十人，复其身。太常择民年十八以上仪状端正者，补博士弟子。郡国县官有好文学，敬长上，肃政教，顺乡里，出入不悖，所闻，令相长丞上属所二千石。二千石谨察可者，常与计偕，诣太常，得受业如弟子。一岁皆辄课，能通一艺以上，补文学掌故缺；其高第可以为郎中，太常籍奏。即有秀才异等，辄以名闻。""昭帝时举贤良文学，增博士弟子员满百人，宣帝末增倍之。"太常掌故留滞者，充实郡国属官。"以治礼掌故以文学礼义为官，迁留滞。请选择其秩比二百石以上及吏百石通一艺以上补左右内史、大行卒史，比百石以下补郡太守卒史，皆各二人，边郡一人。"博士弟子都是经过选拔的优秀分子，不妨按100%的合格率计算。按昭帝时每年100人计算，平均每年就有100名儒生源源不断地充实到中央和地方的各级政府部门之中，西汉中期官吏的构成，焕然一新。"自此以来，公卿大夫士吏彬彬多文学之士矣。"

《汉书·武帝纪》元光元年："冬十一月，初令郡国举孝廉各一人。"师古曰："孝谓善事父母者，廉谓清洁有廉隅者。"孝被儒家认为是品德之本，因为孝亲必然忠君，忠君必然廉洁。《孝经》："夫孝，德之本也，教之所由生也。""夫孝，天之经也，地之义也，民之行也。天地之经，而民是则之。"《论语·学而》子曰："弟子入则孝，出则弟。"有子曰："其为人也孝弟，而好犯上者鲜矣。不好犯上而好作乱者，未之有也。君子务本，本立而道生。孝弟也者，其为仁之本与？"这不仅是儒家的一贯立场，也是其他学派的看法。《吕氏春秋·孝行》："人臣孝，则事君忠，处官廉，临难死。"高诱注："孝于亲故能忠于君。《孝经》曰'以孝事君则忠'，此之谓也。处官廉，《孝经》曰'修身慎行，恐辱先也'，此之谓也。"孝廉可以说是"孝弟忠廉"的简称，是儒家学说里面家国同构、家国同治思想的集中体现，是修身齐家治国模式的有机统一，因此被作为汉代察举的主要常设科目。在此科所举人选之中，儒者占有明显优势。"统计数字表明，两汉孝廉的个人资历以儒者为最多。儒生和兼有儒、吏双重身份的人合计起来，在孝廉中所占比例接近二分之一。另一点值得注意的是，儒生和处士两种人所占的比例亦接近60%。这反映两汉孝廉多数是从未仕者之中察举的。"①《通典》卷十三"历代制"条言武帝定制："郡国口二十万以上岁察一人，四十万以上二人，六十万三人，八十万四人，百万五人，百二十万六人，不满二十万，二岁一人，不满十万，三岁一人。"汉时郡国数按盛时103个计算，每个郡国不妨按每年2人的平均数计算，那么每年察举孝廉总数为206人。这些孝廉源源不断地充实到各级政府之中，官吏结构变化的步伐进一步加快。

这些孝廉和博士弟子，每年大约有306人。其中博士弟子100人全部是儒生；孝廉206人中儒生按一半计算，为103人。这样，在每年充实到中央和地方的各级政府部门中的306人里面，就有大约203人为儒生，约占总数三分之二。加上贤良、茂才、明经、明法、至孝、有道、敦厚、尤异、治剧等特科，新进官吏中的儒生比例无疑更高。因为，"上述察举各科，无一不与经学有关，而刘汉政权又特设明经一科，察举通晓经学的人才，以示对经学的特别重视和对治经儒生的特殊关照。"②儒生入仕的道路从来没有像现在这样畅通，因此他们治经的热情和信心也从来没有像现在这样高涨。《汉书·夏侯胜传》："士病不明经术；经术苟明，其取青紫如俯拾地芥耳。"《汉书·韦贤传》："故邹鲁谚曰：'遗子黄金满籝，不如一经。'"这种热情和信心实际上也是西汉中期官吏结构初步儒学化并加速儒学化的反映。

三 中央官制的改革

西汉中期明显文多辞富，还与中央官制的变化有关。汉初丞相权力很大，因此受到皇帝优礼。《汉书·翟方进传》："《春秋》之义，尊上公谓之宰，海内无不统焉。丞相进见圣主，御坐为起，在舆为下。"师古注曰："《汉旧仪》云皇帝见丞相起，谒者赞称曰'皇帝为丞相起'。起立乃坐。皇帝在道，丞相迎谒，谒者赞称曰'皇帝为丞相下舆'。立乃升车。"《汉

① 黄留珠：《秦汉仕进制度》，西北大学出版社，1985，第142页。
② 张涛：《经学与汉代社会》，河北人民出版社，2001，第159页。

官旧仪》卷上："丞相有病，皇帝法驾亲至问病。"丞相不仅掌治外朝，对皇宫内廷之事也有权管辖。如文帝佞幸邓通，丞相申屠嘉为檄召之，而文帝不仅不反对，还很配合。《汉书·申屠嘉传》："嘉入朝，而通居上旁，有怠慢之礼。嘉奏事毕，因言曰：'陛下幸爱群臣则富贵之，至于朝廷之礼，不可以不肃。'上曰：'君勿言，吾私之。'罢朝坐府中，嘉为檄召通诣丞相府，不来，且斩通。通恐，入言上。上曰：'汝第往，吾今使人召若。'通至丞相府，免冠，徒跣，顿首谢嘉。嘉坐自如，弗为礼，责曰：'夫朝廷者，高皇帝之朝廷也，通小臣，戏殿上，大不敬，当斩。史今行斩之！'通顿首，首尽出血，不解。上度丞相已困通，使使持节召通，而谢丞相：'此吾弄臣，君释之。'邓通既至，为上泣曰：'丞相几杀臣。'"皇帝为一弄臣而谢丞相，足见丞相权力之大和地位之尊。

由于丞相权力太大，与君权之间不免产生矛盾。《汉书·张陈王周传》："窦太后曰：'皇后兄王信可侯也。'上让曰：'始南皮及章武先帝不侯，及臣即位，乃侯之，信未得封也。'窦太后曰：'人生各以时行耳。窦长君在时，竟不得封侯，死后，乃其子彭祖顾得侯。吾甚恨之。帝趣侯信也！'上曰：'请得与丞相计之。'亚夫曰：'高帝约："非刘氏不得王，非有功不得侯。不如约，天下共击之。"今信虽皇后兄，无功，侯之，非约也。'上默然而沮。"窦太后欲侯皇后兄王信，景帝先拒后从。但丞相周亚夫坚持原则不变，太后和皇帝竟然无计可施。其后外戚出身的田蚡为相专权，也让武帝忍无可忍。《汉书·窦田灌韩传》："上初即位，富于春秋。蚡以肺附为相，非痛折节以礼屈之，天下不肃。当是时，丞相入奏事，语移日，所言皆听。荐人或起家至二千石，权移主上。上乃曰：'君除吏尽未？吾亦欲除吏。'尝请考工地益宅，上怒曰：'遂取武库！'是后乃退。"

丞相乃百官之首，在朝廷中举足轻重；而皇帝治天下，也不得不倚赖丞相百官。因此武帝只能另辟蹊径，"另建一套可托为心腹的、恭谨从命的官僚系统，这就出现了'中朝'。"① 中朝负责决策，以丞相为首的外朝只负责执行和处理日常事务，中、外朝由此形成。中朝后来以大将军为

----

① 林剑鸣：《秦汉史》，上海人民出版社，2003，第 312 页。

首，但其众者则为大夫、郎、谒者，皆为郎中令属官。《汉书·百官公卿表》："郎中令，秦官，掌宫殿掖门户，有丞。武帝太初元年更名光禄勋。属官有大夫、郎、谒者，皆秦官。又期门、羽林皆属焉。大夫掌论议，有太中大夫、中大夫、谏大夫，皆无员，多至数十人……郎掌守门户，出充车骑，有议郎、中郎、侍郎、郎中，皆无员，多至千人……谒者掌宾赞受事，员七十人。"大夫、郎、谒者之中，郎多至千余人，执戟卫宫陛，实际充当皇帝的近卫军。《初学记》卷十二职官部："《汉官》云：郎中令属官，有五官中郎将，左、右中郎将，曰三署。署中各有中郎、议郎、侍郎、郎中，皆无员外，多至千人。主执戟，卫宫陛。及诸虎贲郎羽林皆属焉。谓之郎中令者，言领诸郎而为之令长。"又有侍中、中常侍、给事中、左右曹、诸吏、散骑等加官。《汉书·百官公卿表》："侍中、左右曹诸吏、散骑、中常侍，皆加官。所加或列侯、将军、卿大夫、将、都尉、尚书、太医、太官令至郎中，亡员，多至数十人。侍中、中常侍得入禁中，诸曹受尚书事，诸吏得举法，散骑并乘舆车。给事中亦加官，所加或大夫、博士、议郎，掌顾问应对，位次中常侍。中黄门有给事黄门，位从将大夫，皆秦制。"应劭曰："入侍天子，故曰侍中。"晋灼曰："《汉仪注》：诸吏、给事中日上朝谒，平尚书奏事，分为左右曹。"

不论是大夫、郎、谒者，还是侍中、左右曹、诸吏、散骑、中常侍、给事中等加官，实际上都是皇帝的侍从，除侍卫职外，可以随时备顾问，与论议，无形中成为中朝决策的参与者，外朝执行的监督者。《汉书·严助传》："郡举贤良，对策百余人。武帝善助对，由是独擢助为中大夫。后得朱买臣、吾丘寿王、司马相如、主父偃、徐乐、严安、东方朔、枚皋、胶仓、终军、严葱奇等，并在左右。是时征伐四夷，开置边郡，军旅数发。内改制度，朝廷多事。屡举贤良文学之士，公孙弘起徒步，数年至丞相。开东阁，延贤人与谋议。朝觐奏事，因言国家便宜。上令助等与大臣辩论，中外相应以义理之文，大臣数诎。"师古曰："中谓天子之宾客，若严助之辈也；外谓公卿大夫也。"据钱穆先生研究，上述严助、朱买臣等十二人，"是诸人者，或诵诗书，通儒术；或习申商，近刑名；或法纵横，效苏张。虽学术有不同，要皆驳杂不醇，而尽长于辞赋。盖皆文学之士也……凡所谓正礼乐，致太平者，皆导源于辞赋，而缘饰之以经术。""武帝当时所以斡旋朝政，独转乾纲者，则在其以文学为侍中。"①

值得一提的是，前述博士弟子高第者入为郎中；而地方推荐的孝廉，一半以上先为郎、议郎、谒者和光禄主事，均为光禄勋属官。据黄留珠先生的研究，"孝廉所拜授的官职，既有中央属官（约占69.8%），也有地方官吏（约占30.2%）。中央官分别属于光禄勋、少府、太仆、将作大匠和城门都尉，而又以光禄勋属官最为集中（约占53.5%），其次是少府属官（约占13.1%）。地方官主要是郡国长官的高级助手（约占5%），以及县级长官（约占20.8%）。""郎官在孝廉拜授的诸官职之中，所占比例最大，约近50%。实际上，上表所统计的数字反映的情况还不尽十分确切。因为史书记载每每有省文现象，所以许多地方把孝廉任用的第一步'除郎中'便省略掉，而直接记载了由郎迁任的职务。"② 由此可见，博士弟子和孝廉中的大部分优秀分子，都要进入光禄勋系统为官，实际充当皇帝的侍从，耳濡目染地接受天子的熏陶、教化和培养。他们中的优秀分子，不仅参与中朝决策，监督外朝执行，而且经常被委以重任，出任各级长吏。《汉书·董仲舒传》："夫长吏多出于郎中、中郎，吏二千石子弟选郎吏。"因此可以说，光禄勋实际上充当了国家中高级官吏培训学校的功能。皇帝的旨意，通过他们推向全国，成为法令制度并得到执行；皇帝的好尚，也通过他们传向整个社会，成为时代风尚。而武帝"好文词"，宣帝"修武帝故事"，必然通过这些侍从形成重文尚辞的时代风气。

第三节　西汉后期文盛的原因

西汉后期文章最为繁盛，主要在于儒学的兴盛，官吏结构的完全儒化，以及西汉后期危机四伏、矛盾重重的社会现实。

一　儒学的兴盛

史称武帝"卓然罢黜百家，表章六经"，其事始于建元元年（前

---

① 钱穆：《秦汉史》，生活·读书·新知三联书店，2004，第96，98，99页。
② 黄留珠：《秦汉仕进制度》，西北大学出版社，1985，第143~145页。

140）。《汉书·武帝纪》："建元元年冬十月，诏丞相、御史、列侯、中二千石、二千石、诸侯相举贤良方正直言极谏之士。丞相绾奏：'所举贤良，或治申、商、韩非、苏秦、张仪之言，乱国政，请皆罢。'奏可。"不过，这只是罢弃该年所举贤良文学之中治申、商、韩非、苏秦、张仪之言者，从制度上安排表章六经之事则在其后的建元五年（前136）。《汉书·武帝纪》建元五年："春……置《五经》博士。"《汉书·百官公卿表》："博士，秦官，掌通古今，秩比六百石，员多至数十人。武帝建元五年初置《五经》博士，宣帝黄龙元年稍增员十二人。"《汉书·儒林传》："初，《书》唯有欧阳，《礼》后，《易》杨，《春秋》公羊而已。"博士本秦官，掌通古今，原来并不限于《五经》。赵岐《孟子题辞》："孝文皇帝欲广游学之路，《论语》《孝经》《孟子》《尔雅》，皆置博士。后罢传记博士，独立《五经》而已。"从武帝建元五年开始，只有《五经》才可以立于博士官，这就从制度上确立了儒家经典在学官的独尊地位。《汉书·武帝纪》元朔五年（前124）："丞相弘请为博士置弟子员，学者益广。"据《汉书·儒林传》，武帝该年批准丞相公孙弘奏议，为博士置弟子员五十人，每年考课，合格者补文学掌故，高第者为郎中。这就在选举制度上为儒家经典学习者从学校到官府之间搭起了一座畅通的桥梁，由此真正确立了儒术独尊的地位。但这已在武帝即位十六年之后。

任何一项制度，从它正式实施到普遍显现成效，其间并不同步，而是有一段距离的。儒者而为丞相，公孙弘之后，武帝朝更无一人。昭帝时始有蔡义以明经给事大将军幕府，后为博士，历迁，元平元年（前74）为丞相。直到元帝时，才出现了第一个由博士弟子出身的人升迁为丞相：匡衡以博士弟子射策，为太常掌故，补平原文学，历迁，建昭三年（前36）为丞相。博士弟子而升迁为丞相，可以视为西汉后期儒学兴盛的一个重要标志，而这距博士弟子之设已有88年。

西汉后期儒学兴盛的另一个重要标志，是皇帝几乎完全好儒，委之以政。西汉前期诸帝多好黄老刑名，不好儒术。《汉书·儒林传》："孝文本好刑名之言。及至孝景，不任儒，窦太后又好黄老术，故诸博士具官待问，未有进者。"《史记·外戚世家》："窦太后好黄帝、老子言，帝及太子诸窦不得不读《黄帝》《老子》，尊其术。"这里说的"帝"指景帝，"太子"指武帝。可见中期武帝尊儒，但也读黄老书。武帝为太子时，还

有黄老学者为其属官。《汉书·张冯汲郑传》："（汲黯）以父任，孝景时
为太子洗马……黯学黄老言。""孝景时，为太子舍人……（郑）当时好
黄老言。"至于宣帝，则重文法，以刑名绳下。据《汉书·元帝纪》记
载，元帝为太子时，"柔仁好儒。见宣帝所用多文法吏，以刑名绳下，
大臣杨恽、盖宽饶等坐刺讥辞语为罪而诛，尝侍燕从容言：'陛下持刑
太深，宜用儒生。'宣帝作色曰：'汉家自有制度，本以霸王道杂之，奈
何纯任德教，用周政乎！且俗儒不达时宜，好是古非今，使人眩于名
实，不知所守，何足委任？'"师古曰："刘向《别录》云申子学号刑
名。刑名者，以名责实，尊君卑臣，崇上抑下。宣帝好观其《君臣篇》。
绳谓弹治之耳。"

　　西汉后期诸帝则皆好儒。尽管受到宣帝批评，元帝即位后还是好儒，
以政委儒。《汉书·元帝纪》赞曰："少而好儒，及即位，征用儒生，委
之以政，贡、薛、韦、匡迭为宰相。而上牵制文义，优游不断，孝宣之业
衰焉。然宽弘尽下，出于恭俭，号令温雅，有古之风烈。"成帝也向经学，
敬师傅。《汉书·张禹传》："上富于春秋，谦让，方向经学，敬重师傅。"
《汉书·叙传》："时上方向学，郑宽中、张禹朝夕入说《尚书》《论语》
于金华殿中。"哀帝虽好文法，但也习经。《汉书·哀帝纪》："长好文辞
法律……上令诵《诗》，通习，能说。"哀帝之后到新朝，王莽秉政，服
膺儒学，以至泥古改制。《汉书·王莽传》："受《礼经》，师事沛郡陈参。
勤身博学，被服如儒生。事母及寡嫂，养孤兄子，行甚敕备。又外交英
俊，内事诸父，曲有礼意。""莽意以为制定，则天下自平，故锐思于地
里，制礼作乐，讲合六经之说。公卿旦入暮出，议论连年不决。""莽志方
盛，以为四夷不足吞灭，专念稽古之事。"

　　西汉后期儒学兴盛的第三个重要标志，是经学家法日众，解说日繁。
《汉书·儒林传》赞曰："自武帝立《五经》博士，开弟子员，设科射策，
劝以官禄，讫于元始，百有余年，传业者浸盛，支叶蕃滋，一经说至百余
万言，大师众至千余人，盖禄利之路然也。初，《书》唯有欧阳，《礼》
后，《易》杨，《春秋》公羊而已。至孝宣世，复立大小夏侯《尚书》，大
小戴《礼》，施、孟、梁丘《易》，《穀梁春秋》。至元帝世，复立《京氏
易》。平帝时，又立《左氏春秋》、《毛诗》、逸《礼》、古文《尚书》，所
以网罗遗失，兼而存之，是在其中矣。"武帝之前《诗》鲁、齐、韩三家

已立为博士，故武帝新立唯四家。宣、元增立之后，《五经》博士增至十四家：《易》施、孟、梁丘、京四家，《书》欧阳、大小夏侯三家，《诗》鲁、齐、韩三家，《礼》大小戴二家，《春秋》严、颜二家①。加上平帝时所立四家，则为十八家。家法几增四倍，大师众至千人，《五经》解说必然日繁。颜师古注引桓谭《新论》云："秦近君能说《尧典》，篇目两字之说至十余万言，但说'曰若稽古'三万言。"《汉书·艺文志》："后世经传既已乖离，博学者又不思多闻阙疑之义，而务碎义逃难，便辞巧说，破坏形体；说五字之文至于二三万言。"经说日益烦琐，固然破碎大道，但有助于学经者在辩论中"应敌"取胜。这无疑可以极大地提高习经者能言善辩的学术水平，当然也可以提高他们文繁理富的写作水平。《汉书·夏侯胜传》："胜从父子建字长卿，自师事胜及欧阳高，左右采获，又从《五经》诸儒问与《尚书》相出入者，牵引以次章句，具文饰说。胜非之曰：'建所谓章句小儒，破碎大道。'建亦非胜为学疏略，难以应敌。建卒自颛门名经。"

二 官吏结构的完全儒化

武宣之世通过博士弟子培养和察举孝廉等方式，扩大了官吏结构中儒生的比例。但是武宣毕竟是这些制度的初创期，这些制度充分发挥其效果，还需要一个时期的过渡。在过渡完成之前，官吏结构中必然还存在黄老、法家、方士等各派人士。特别值得一提的是，武帝时期"吏道杂而多端"，因为卖官而多富人。根据《史记·平准书》记载，卖官主要有入物和出货两种途径："干戈日滋，行者赍，居者送，中外骚扰而相奉，百姓抏弊以巧法，财赂衰耗而不赡。入物者补官，出货者除罪，选举陵迟。"入物就是向政府交纳非货币性的财物，包括入奴婢、入羊、入谷等。"府库益虚。乃募民能入奴婢得以终身复，为郎增秩，及入羊为郎，始于此。""始令吏得入谷补官，郎至六百石。"出货就是向政府交纳货币性的财物，也就是用钱买爵、减罪或加官。"置赏官，命曰武功爵。级十七万，凡直三十余万金。诸买武功爵官首者试补吏，先除；千夫如五大夫；其有罪又减二等；爵得至乐卿：以显军功。军功多用越等，大者封侯卿大夫，小者

---

① 皮锡瑞著，周予同注释《经学历史》，中华书局，2004，第45页。

郎吏。吏道杂而多端，则官职耗废。""所忠言：'世家子弟富人或斗鸡走狗，弋猎博戏，乱齐民。'乃征诸犯令，相引数千人，命曰株送徒。入财者得补郎，郎选衰矣。"官吏群体之中不仅新增许多富人，有时还直接任用善于经商的贾人为吏。"使孔仅、东郭咸阳乘传举行天下盐铁，作官府，除故盐铁家富者为吏。吏道益杂，不选，而多贾人矣。"

这种"吏道益杂"的官吏来源情况，到西汉后期得到了根本性的改观。表现之一，是高级官吏几乎全为儒者。以丞相为例，元成哀平时期丞相12人：除王商为外戚，朱博为武吏外，韦玄成、匡衡、张禹、薛宣、翟方进、孔光、平当、王嘉、马宫、平晏皆为儒者。正如钱穆先生所言："至于元成哀三朝，为相者皆一时大儒。其不通经术为相者，如薛宣，以经术浅见轻，卒策免。朱博以武吏得犯自杀。盖非经术士，即不得安其高位。"①《汉书·匡张孔马传》赞曰："自孝武兴学，公孙弘以儒相，其后蔡义、韦贤、玄成、匡衡、张禹、翟方进、孔光、平当、马宫及当子晏，咸以儒宗居宰相位。服儒衣冠，传先王语，其酝藉可也，然皆持禄保位，被阿谀之讥。彼以古人之迹见绳，乌能胜其任乎！""儒宗居宰相位"，实际上成了西汉后期上层政治的重要特征。

表现之二，是博士弟子数猛增，从宣帝时200人增加到1000人，中层官吏结构基本儒化。《汉书·儒林传》："元帝好儒，能通一经者皆复。数年，以用度不足，更为设员千人，郡国置《五经》百石卒史。成帝末，或言孔子布衣养徒三千人，今天子太学弟子少，于是增弟子员三千人。岁余，复如故。平帝时王莽秉政，增元士之子得受业如弟子，勿以为员。岁课甲科四十人为郎中，乙科二十人为太子舍人，丙科四十人补文学掌故云。"博士弟子优秀者为郎中，而孝廉一半以上为郎、议郎、谒者，这些人都是长吏的主要人选。当时郡级以上长官为高级官吏，县级为中级，所谓"长吏"。《汉书·高帝纪》五年："守尉长吏教训甚不善。"师古曰："守，郡守也。尉，郡尉也。长吏，谓县之令长。"《汉书·董仲舒传》："夫长吏多出于郎中、中郎，吏二千石子弟选郎吏，又以富訾，未必贤也。"汉时县邑1587个，需要令长1587人。如前所述，西汉中期孝廉和博士弟子每年大约有306人，其中约203人为儒生。假如其中十

分之一每年被任为令长，那么 80 年左右，就可以实现儒生对全国令长的全覆盖。而西汉后期单是博士弟子就上升到 1000 人，长吏儒学化的速度必然更快。

表现之三，是低级官吏也多为儒者。《文献通考》卷三十五《选举考八》："公非刘氏《送焦千之序》曰：'东西汉之时，贤士长者未尝不仕郡县也。自曹掾书史，驭吏亭长，门干街卒，游徼啬夫，尽儒生学士为之。才试于事，情见于物，则贤不肖较然。故遭事不惑则知其智，犯难不避则知其节，临财不私则知其廉，应对不疑则知其辩。如此则察举易，而贤公卿大夫自此出矣。'"所谓"曹掾书史，驭吏亭长，门干街卒，游徼啬夫，尽儒生学士为之"，指的就是低级官吏的普遍儒化。据《汉书·韩延寿传》记载，韩延寿门卒之中就有诸生为之者。"延寿尝出，临上车，骑吏一人后至，敕功曹议罚白。还至府门，门卒当车，愿有所言。延寿止车问之，卒曰：'《孝经》曰："资于事父以事君，而敬同，故母取其爱，而君取其敬，兼之者父也。"今旦明府早驾，久驻未出，骑吏父来至府门，不敢入。骑吏闻之，趋走出谒，适会明府登车。以敬父而见罚，得毋亏大化乎？'延寿举手舆中曰：'微子，太守不自知过。'归舍，召见门卒。卒本诸生，闻延寿贤，无因自达，故代卒，延寿遂待用之。"

三　社会危机四伏、矛盾重重

西汉后期社会危机四伏、矛盾重重，为文人充分发挥他们的思辨和表达能力提供了丰富的素材和原料。

在社会底层，普通民众面临"七亡七死"的威胁，走投无路。据《汉书·王贡两龚鲍传》，鲍宣提出凡民有"七亡""七死"等尖锐的现实问题："凡民有七亡：阴阳不和，水旱为灾，一亡也；县官重责更赋租税，二亡也；贪吏并公，受取不已，三亡也；豪强大姓蚕食亡厌，四亡也；苛吏繇役，失农桑时，五亡也；部落鼓鸣，男女遮迣，六亡也；盗贼劫略，取民财物，七亡也。七亡尚可，又有七死：酷吏殴杀，一死也；治狱深刻，二死也；冤陷亡辜，三死也；盗贼横发，四死也；怨雠相残，五死也；岁恶饥饿，六死也；时气疾疫，七死也。民有七亡而无一得，欲望国安，诚难；民有七死而无一生，欲望刑措，诚难。此非公卿守相贪残成化之所致邪?"又据《汉书·谷永杜邺传》，面临上述问题的百姓不在少数，而是"以百万数"："百姓财竭力尽，愁恨感天，灾异娄降，饥馑仍臻。流散冗食，馁死于道，以百万数。"

在社会上层，豪富贵戚奢侈淫乐，靡有厌足。《汉书·元后传》："而五侯群弟，争为奢侈，赂遗珍宝，四面而至。后庭姬妾，各数十人，僮奴以千百数。罗钟磬，舞郑女，作倡优，狗马驰逐。大治第室，起土山渐台，洞门高廊阁道，连属弥望。百姓歌之曰：'五侯初起，曲阳最怒，坏决高都，连竟外杜，土山渐台西白虎。'其奢侈如此。"这里说的是外戚五侯的情况，但公卿列侯亲属近臣也不例外。《汉书·成帝纪》永始四年："方今世俗奢僭罔极，靡有厌足。公卿列侯亲属近臣，四方所则，未闻修身遵礼，同心忧国者也。或乃奢侈逸豫，务广第宅，治园池，多畜奴婢，被服绮縠，设钟鼓，备女乐，车服嫁娶葬埋过制。吏民慕效，浸以成俗，而欲望百姓俭节，家给人足，岂不难哉！"这些文字出自成帝诏书，可见最高统治者对上述问题也是清楚的，但是无可奈何，只能听之任之。

又有宦官专权。据《汉书·佞幸传》记载，元帝时石显权倾朝廷。"元帝被疾，不亲政事，方隆好于音乐。以（石）显久典事，中人无外党，精专可信任，遂委以政。事无小大，因显白决，贵幸倾朝，百僚皆敬事显。显为人巧慧习事，能探得人主微指，内深贼，持诡辩以中伤人，忤恨睚眦，辄被以危法。初元中，前将军萧望之及光禄大夫周堪、宗正刘更生皆给事中。望之领尚书事，知显专权邪辟，建白以为'尚书百官之本，国家枢机，宜以通明公正处之。武帝游宴后庭，故用宦者，非古制也。宜罢中书宦官，应古不近刑人。'元帝不听，由是大与显忤。后皆害焉，望之自杀，堪、更生废锢，不得复进用，语在《望之传》。"周堪、刘更生等给事中，而萧望之为元帝师，又领尚书事，都属于权力很大的中朝官，却被石显所害，可见宦官权势之大。其他被石显加害的人还有不少，以至"公卿以下畏显，重足一迹"。"后太中大夫张猛、魏郡太守京房、御史中丞陈咸、待诏贾捐之皆尝奏封事，或召见，言显短。显求索其罪，房、捐之弃市，猛自杀于公车，咸抵罪，髡为城旦。及郑令苏建得显私书奏之，后以它事论死。自是公卿以下畏显，重足一迹。"

又有佞幸专宠。哀帝时宠幸董贤，其亲属皆贵重。据《汉书·佞幸传》记载："召贤女弟以为昭仪，位次皇后，更名其舍为椒风，以配椒房云。昭仪及贤与妻旦夕上下，并侍左右。赏赐昭仪及贤妻亦各千万数。迁贤父为少府，赐爵关内侯，食邑，复徙为卫尉。又以贤妻父为将作大匠，弟为执金吾。"至于董贤本人，恩荣备至，其选物皆上第，皇帝所御"乃其副"。"诏将作大匠为贤起大第北阙下，重殿洞门，木土之功穷极技巧，柱槛衣以绨锦。下至贤家僮仆皆受上赐，及武库禁兵，上方珍宝。其选物上第尽在董氏，而乘舆所服乃其副也。及至东园秘器，珠襦玉柙，豫以赐贤，无不备具。又令将作为贤起冢茔义陵旁，内为便房，刚柏题凑，外为徼道，周垣数里，门阙罘罳甚盛。"后来董贤自杀，"县官斥卖董氏财，凡四十三万万。"比当时中央政府财政"都内钱四十万万"（《汉书·何武王嘉师丹传》）还要多。佞幸一人而富甲天下，可见其受宠之甚。

不过上层奢侈淫乐、宦官专权和佞幸专宠，都不是西汉后期最大的问题。西汉后期最大的问题，是外戚骄纵，专权篡国。成帝时先有许皇后、班倢伃之贵，后有赵飞燕姐妹、李平之宠。《汉书·谷永杜邺传》："建始、河平之际，许、班之贵，顷动前朝。熏灼四方，赏赐无量，空虚内臧，女宠至极，不可上矣。今之后起，天所不飨，什倍于前。废先帝法度，听用其言，官秩不当，纵释王诛，骄其亲属，假之威权，从横乱政，刺举之吏，莫敢奉宪。又以掖庭狱大为乱阱，榜棰瘱于炮烙，绝灭人命，主为赵、李报德复怨，反除白罪，建治正吏，多系无辜，掠立迫恐。至为人起责，分利受谢。生入死出者，不可胜数。"然而赵、李之宠虽盛，比起王氏之盛，又不可同日而语。王氏上有太后之尊，内有大将军秉权，外有百官州郡之附，成为"历上古至秦汉"外戚之极盛者。对此，作为宗室的刘向忧心忡忡。《汉书·楚元王传》："今王氏一姓乘朱轮华毂者二十三人，青紫貂蝉充盈幄内，鱼鳞左右。大将军秉事用权，五侯骄奢僭盛，并作威福，击断自恣，行污而寄治，身私而托公。依东宫之尊，假甥舅之亲，以为威重。尚书九卿州牧郡守皆出其门，管执枢机，朋党比周。称誉者登进，忤恨者诛伤，游谈者助之说，执政者为之言。排摈宗室，孤弱公族，其有智能者，尤非毁而不进。远绝宗室之任，不令得给事朝省，恐其与己分权。数称燕王、盖主以疑上心，避讳吕、霍而弗肯称。内有管、蔡之萌，外假周公之论，兄弟据重，宗族盘互。历上古至秦汉，外戚僭贵未有如王氏者也。"可惜刘向等人的忧虑无济于事，刘汉王朝最终还是被王莽所篡。《汉书·元后传》："及王莽之兴，由孝元后历汉四世为天下母，享国六十余载，群弟世权，更持国柄，五将十侯，卒成新都。"

如此众多紧迫的现实问题，为西汉后期文章的繁荣提供了丰富的素材和原料。而尊儒尚文、能言善辩的广大作者，无疑具有驾驭这些素材和原料的杰出能力。西汉文章产出的高峰，由此出现。

第四章 《全汉文》系地考察的基本前提

以上主要从编年的角度考察了《全汉文》作者生卒年及其作品写作时间与时态分布。接下来将从系地的角度考察《全汉文》作者籍贯、各州作者分布与各州作品分布；在对比分析作者籍贯地分布与其创作地分布之间差异的基础上，考察作者人生地理流动的基本类型及其原因或背景。进行这些考察，需要首先梳理西汉州郡之间的统属关系，确定作者籍贯考察依据与方法、作品创作地与作者履职地之间关系。这是后面所有系地研究的基本前提。

第一节 西汉州郡设置及其统属关系

中国古代分州而治，其历史可以追溯到五帝时期。《尚书·禹贡》所载为舜时禹制九州，大略为："冀州既载""济河惟兖州""海岱惟青州""海岱及淮惟徐州""淮海惟扬州""荆及衡阳惟荆州""荆河惟豫州""华阳黑水惟梁州""黑水西河惟雍州"。《尔雅·释地》所载为殷九州："两河间曰冀州，河南曰豫州，河西曰雍州，汉南曰荆州，江南曰杨州，济河间曰兖州，济东曰徐州，燕曰幽州，齐曰营州。——九州。"郭璞注："此盖殷制。"邢昺疏："此文上与《禹贡》不同，下与《周礼》又异。禹别九州有青、徐、梁，而无幽、并、营，是夏制也。《周礼》周公所作，有青、幽、并，而无徐、梁、营，是周制也。此有徐、幽、营，而无青、梁、并，疑是殷制也。"《周礼·职方氏》所载为周代九州：东南曰扬州，正南曰荆州，河南曰豫州，正东曰青州，河东曰兖州，正西曰雍州，东北曰幽州，河内曰冀州，正北曰并州。

汉初承秦制，实行郡县制，但也辅以封建制。直到武帝时，始分天下为十三州。《汉书·武帝纪》元封五年（前106）："初置刺史部十三州。"

师古曰："《汉旧仪》云：初分十三州，假刺史印绶，有常治所。常以秋分行部，御史为驾四封乘传。到所部，郡国各遣一吏迎之界上，所察六条。"《汉书·地理志》："汉兴，因秦制度，崇恩德，行简易，以抚海内。至武帝攘却胡、越，开地斥境，南置交阯，北置朔方之州，兼徐、梁、幽、并，夏、周之制，改雍曰凉，改梁曰益，凡十三部，置刺史。"师古曰："胡广记云，汉既定南越之地，置交阯刺史，别于诸州，令持节治苍梧，分雍州置朔方刺史。"

这两段文字都说到武帝分置十三州，但具体是哪十三州，众说纷纭。根据辛德勇先生的总结，有三种说法。第一说：冀州、兖州、青州、徐州、扬州、荆州、豫州、梁州、雍州、幽州、并州、朔方、交阯；第二说（实际只有十二州）：司隶、豫州、冀州、兖州、徐州、青州、荆州、扬州、益州、并州、幽州、交州；第三说：司隶、豫州、冀州、兖州、徐州、青州、荆州、扬州、益州、凉州、并州、幽州、交州。辛德勇先生还提出了第四说：冀州、兖州、青州、徐州、扬州、荆州、豫州、益州、凉州、幽州、并州、朔方、交阯和中州，所谓十四大区①。

以上诸说哪一种更符合实际，并不是本书关注的重点，因此不拟细论。本书关注的重点，是《汉书·地理志》所记的州郡情况。对此有一点可以肯定，《汉书·地理志》所记的州制，并不完全是武帝时期的设置，而是经过一些变更之后，累积到西汉后期平帝元始二年（2）的实际情况。因为《汉书·地理志》记京兆尹户口时，标明其时间："元始二年户十九万五千七百二，口六十八万二千四百六十八。"师古曰："汉之户口当元始时最为殷盛，故志举之以为数也。后皆类此。"

《汉书·王莽传上》记载，元始五年（5）王莽上奏更定州制："臣又闻圣王序天文，定地理，因山川民俗以制州界。汉家地广二帝三王，凡十三州，州名及界多不应经。《尧典》十有二州，后定为九州。汉家廓地辽远，州牧行部，远者三万余里，不可为九。谨以经义正十二州名分界，以应正始。"奏可。按原文中所说"十三州"，今中华书局点校本改为"十二州"。按上下文，王莽认为十二州既符合《尧典》经义，又符合"汉家廓地辽远"的现实。因此如果王莽之前汉廷所行州数为十二，就不会"不

---

① 辛德勇：《秦汉政区地理与边界地理研究》，中华书局，2009，第95、96、127页。

应经"了。这样改为十二州，反而与下文矛盾，故还是应为十三州。何况
"这一校改，并没有其他可靠根据，似不宜信从。"① 实际上，在王莽改为
十二州之前，西汉已有实行十三州制度的佐证。《汉书·平帝纪》元始元
年（1）："大司农部丞十三人，人部一州，劝农桑。"十三人"人部一
州"，说明平帝时确有十三州无疑。

　　元始五年王莽改州制不久，平帝去世，王莽居摄。其后的历史，班固
另入《王莽传》，不再入汉史本纪。班固为汉撰《地理志》，当保存其前
之汉制。"因而，《汉书·地理志》所记各郡国上属的州名及其所辖属的
区域，固然也应该是元始二年的实际情况。"②

　　《汉书·地理志》列述元始二年郡国 103 个，其中 78 个标明其所属
州。如沛郡属豫州，河内属司隶，魏郡属冀州，北海属青州等。但另外
25 个郡国则未标明其所属州，如京兆、左冯翊、河间、临淮、六安
等。对这些未标属州的郡国，《汉书补注》据《后汉书·郡国志》一
一补其属州。如陇西郡，《汉书补注》先谦曰："《续志》后汉因，属
凉州，志失书。"北地郡，《汉书补注》先谦曰："《续志》后汉因，
属凉州，志失书。"根据《汉书·地理志》和王先谦补注，整理出这
十三州为司隶、豫州、冀州、兖州、徐州、青州、荆州、扬州、益
州、凉州、并州、幽州、交州，进而整理出各州所属郡国、郡治或国
都（表 4 - 1）。

表 4 - 1　《汉书·地理志》州郡统辖表

州部	郡国	小计	别名旧属	郡国治所	县数	小计	后汉州治
司隶	※京兆	7	内史，塞，渭南，右内史	长安	12	132	—
	※左冯翊		内史，塞，河上，左内史	高陵	24		—
	※右扶风		内史，雍，中地，右内史	渭城	21		茂陵
	※弘农		右队	弘农	11		—
	※河东		兆阳	安邑	24		—
	河内		殷，后队	怀	18		—
	河南		三川，保忠信乡	洛阳	22		—

---

① 辛德勇：《秦汉政区地理与边界地理研究》，中华书局，2009，第 136 页。
② 辛德勇：《秦汉政区地理与边界地理研究》，中华书局，2009，第 137 页。

续表

州部	郡国	小计	别名旧属	郡国治所	县数	小计	后汉州治
豫州	颖川	5	韩，左队	阳翟	20	108	—
	汝南		汝汾	平舆	37		—
	沛郡		泗水，吾符	相	37		谯
	梁国		砀，陈定	砀	8		—
	鲁国		薛	鲁	6		—
冀州	魏郡	10	魏城	邺	18	129	
	巨鹿		—	巨鹿	20		
	常山		井关	元氏	18		高邑
	清河		平河	清阳	14		—
	赵国		邯郸，桓亭	邯郸	4		
	广平		平干，富昌	广平	16		—
	真定		—	真定	4		—
	中山		常山	卢奴	14		—
	信都		广川，新博	信都	17		—
	※河间		赵，朔定	乐成	4		—
兖州	东郡	8	治亭	濮阳	22	115	—
	陈留		—	陈留	17		—
	山阳		梁，巨野	昌邑	23		昌邑
	济阴		梁，定陶	定陶	9		—
	泰山		—	奉高	24		—
	城阳		齐，莒陵	莒	4		—
	淮阳		新平	陈	9		—
	东平		梁，济东，大河，有盐	无盐	7		—
徐州	琅邪	6	填夷	东武	51	132	—
	东海		沂平	郯	38		郯
	※临淮		淮平	徐	29		—
	楚国		彭城，和乐	彭城	7		—
	※泗水		东海，水顺	凌	3		—
	※广陵		荆，吴，江都，江平	广陵	4		—
青州	平原		河平	平原	19		—
	千乘		建信	千乘	15		

州部	郡国	小计	别名旧属	郡国治所	县数	小计	后汉州治
青州	济南	9	齐，乐安	东平陵	14	119	—
	齐郡		济南	临淄	12		临淄
	北海		—	营陵	26		—
	东莱		—	掖	17		—
	※菑川		齐，北海	剧	3		—
	※胶东		齐，郁秩	即墨	8		—
	※高密		齐，胶西	高密	5		—
荆州	南阳	7	前队	宛	36	115	—
	南郡		临江，南顺	江陵	18		—
	江夏		—	西陵	14		—
	桂阳		南平	郴	11		—
	武陵		建平	索	13		汉寿
	零陵		九疑	零陵	10		—
	长沙		填蛮	临湘	13		—
扬州	庐江	6	淮南	舒	12	93	—
	九江		淮南，延平	寿春	15		历阳
	※六安		楚，衡山，淮南，安风	六	5		—
	会稽		荆，吴，江都	吴	26		—
	丹扬		鄣，江都	宛陵	17		—
	豫章		九江	南昌	18		—
益州	汉中	8	新成	西城	12	119	—
	广汉		就都	梓潼	13		雒
	蜀郡		导江	成都	15		—
	犍为		西顺	僰道	12		—
	越嶲		集嶲	邛道	15		—
	益州		就新	滇池	24		—
	牂柯		同亭	故且兰	17		—
	巴郡		—	江州	11		—
凉州	※武都		乐平	武都	9		—
	※陇西		厌戎	狄道	11		—
	※金城		西海	允吾	13		—

州部	郡国	小计	别名旧属	郡国治所	县数	小计	后汉州治
凉州	※天水	10	填戎	平襄	16	124	陇
	※武威		休屠，张掖	姑臧	10		—
	※张掖		昆邪，设屏	觻得	10		—
	※酒泉		辅平	禄福	9		—
	※敦煌		酒泉，敦德	敦煌	6		—
	※安定		—	高平	21		—
	※北地		威成	马领	19		—
并州	太原	9	—	晋阳	21	157	晋阳
	上党		—	长子	14		—
	上郡		翟	肤施	23		—
	西河		归新	富昌	36		—
	朔方		沟搜	三封	10		—
	五原		九原，获降	九原	16		—
	云中		受降	云中	11		—
	定襄		得降	成乐	12		—
	雁门		填狄	善无	14		—
幽州	涿郡	11	垣翰	涿	29	180	—
	勃海		迎河	浮阳	26		—
	代郡		厌狄	桑乾	18		—
	上谷		朔调	沮阳	15		—
	渔阳		通路	渔阳	12		—
	右北平		北顺	平刚	16		—
	辽西		—	且虑	14		—
	辽东		—	襄平	18		—
	玄菟		高句骊，下句骊	高句骊	3		—
	乐浪		乐鲜	朝鲜	25		—
	※广阳		燕，广有	蓟	4		蓟
交州	南海		尉佗	番禺	6		—
	郁林		桂林，尉佗，郁平	布山	12		—
	苍梧		新广	广信	10		广信
	交趾		—	赢娄	10		—

续表

州部	郡国	小计	别名旧属	郡国治所	县数	小计	后汉州治
交州	合浦	7	桓合	徐闻	5	55	—
	※九真			胥浦	7		—
	日南		象	朱吾	5		
合计		103			1578	1578	

说明：1. 州的顺序，依据《后汉书·郡国志》。

2. 郡国名前加※者，表示其属州据《汉书补注》《后汉书·郡国志》补出。

3. 据《汉官仪》，后汉荆州治所在九江寿春。

《汉书·地理志》列举完所有郡国后总结：县邑 1314 个，道 32 个，侯国 241 个，据此县级行政区数量为 1587 个。不过，各郡国后所标县级政区数总和实际为 1578 个，比前者少了 9 个。为了行文方便，下文不论县邑、道还是侯国，一律称县。

这些县之中，值得重视的是郡治和国都，因为它一般是太守或诸侯王的常驻地。《汉书·地理志》列举郡国属县，首县一般为郡国治所。《后汉书志·郡国一》："《汉书·地理志》记天下郡县本末，及山川奇异，风俗所由，至矣……凡县名先书者，郡所治也。"但个别地方例外。如左冯翊，首县为高陵，但治长安。《汉书·地理志》王先谦《补注》引阎若璩云："左冯翊虽先书高陵，不为治，治长安城中，以《赵广汉传》及《景纪》注、《百官表》注知之。《韩延寿传》：'为左冯翊，出行县，至高陵。'证最分明。"先谦案："《黄图》云：冯翊治所在故城内太上皇庙西南。《续志》刘注、《关中记》：三辅旧治长安城中，长吏各在其县治民。光武东都之后，扶风出治槐里，冯翊出治高陵。"右扶风首县虽然是渭城，但也治长安。又如梁国首县为砀县，睢阳居末。但梁都睢阳，不都砀县，历代学者辨之甚明。《汉书补注》引阎若璩曰："梁国不治砀县，而治睢阳，以《梁孝王武传》知之。吴楚七国反，梁王城守睢阳，后广睢阳城七十里，大治宫室，王国以内史治其民，而梁内史韩安国从王于睢阳，非以睢阳为治而何？"又引王鸣盛曰："贾谊请徙代王都睢阳，代王即孝王武，后果徙王梁，如谊策。睢阳为梁都甚明，志乃居末，此国至元始方除，盖始终都睢阳，而志以居末，可见王国都不必定首县，举一可知其余。"先谦曰："据《睢水注》，梁国治睢阳。《续志》，后汉治下邑。"

据前引师古注，州刺史有常治所。然《汉书·地理志》没有标明治所，此据《后汉书志·郡国一》补出。不过东汉各州治所不一定也是西汉各州治所，只是一种参考而已。

州郡之间和郡县之间统属关系以及郡国治所的确定，为《全汉文》作者籍贯和作品创作地的考察提供了基本前提。

第二节　作者籍贯考察依据与方法

对《全汉文》作者籍贯的考察，就是根据有关文献史料记载，尽可能地确定作者所属的州和郡县这些地理信息。在西汉，分州始自武帝，出现较晚，而且主要是作为监察区出现，并不是行政区。因此文献史料一般不记载人物的属州。对人物属州的确定，主要根据是《汉书·地理志》和《后汉书·郡国志》所记郡国的属州情况。

文献史料对人物籍贯的记载，可以分为直接记载和间接记载两种情况。直接记载人物的籍贯，就是文献史料直接记载人物所属的地理信息，包括四种情况：标明郡国属县、只标郡国、只标属县、泛指。

第一种情况，标明郡国属县。这种情况最好考察，只需确定其属州，就可以得到州郡县三级完整的籍贯信息。如《汉书·蔡义传》："蔡义，河内温人也。"《汉书·眭弘传》："眭弘字孟，鲁国蕃人也。"《汉书·贾邹枚路传》："路温舒字长君，巨鹿东里人也。"《汉书·京房传》："京房字君明，东郡顿丘人也。"查阅《汉书·地理志》《后汉书·郡国志》，可知蔡义是司隶河内温人，眭弘是豫州鲁国蕃人，路温舒是冀州巨鹿东里人，京房是兖州东郡顿丘人。

第二种情况，只标郡国。这种情况也比较好考察，只需考查其属州，就可以得到州郡两级籍贯信息，但不能具体到县。如《汉书·卜式传》："卜式，河南人也。"《史记·晁错列传》："晁错者，颍川人也。"《汉书·盖宽饶传》："盖宽饶字次公，魏郡人也。"《汉书·终军传》："终军字子云，济南人也。"查阅《汉书·地理志》，可知卜式为司隶河南人，晁错为豫州颍川人，盖宽饶为冀州魏郡人，终军为青州济南人，属县均不详。

第三种情况，只标属县。这种情况考察难度要大一些，需要先考查其所属郡国，再考察该郡国的属州，但也可以得到州郡县三级完整的籍贯信息。如《汉书·杨敞传》："杨敞，华阴人也。"《汉书·百官公卿表》河平二年："北海太守安成范延寿子路为廷尉。"《史记·儒林列传》："董仲舒，广川人也。"《史记·项羽本纪》："项籍者，下相人也，字羽。"据《汉书·地理志》和《后汉书·郡国志》，华阴属京兆，京兆属司隶，故杨敞为司隶京兆华阴人；安成属汝南，汝南属豫州，故范延寿为豫州汝南安成人；广川属信都，信都属冀州，故董仲舒为冀州信都广川人；下相属临淮，临淮属徐州，故项羽为徐州临淮下相人。

第四种情况，泛指。这种情况可以考其属州，也可以兼考其郡国，但结果的可信度要低一些。如《汉书·吾丘寿王传》："吾丘寿王字子赣，赵人也。"赵可以指战国时赵国，基本上在汉代的冀州范围内；也可以指汉代邯郸一带的赵国。这样吾丘寿王为冀州人，或冀州赵国人。《史记·刘敬列传》："刘敬者，齐人也。"齐可以指战国时整个齐地，基本上在汉代的青州范围内；也可以指汉代齐郡。这样，刘敬（本名娄敬）为青州人，或青州齐郡人。《史记·韩长孺列传》："大行王恢，燕人也，数为边吏，习知胡事。"燕可以指战国时燕国，基本上在汉代的幽州范围内；也可以指汉代的燕国，后改为广阳国。这样王恢为幽州人，或幽州广阳国人。

间接记载人物的籍贯，就是文献史料不直接记载人物的籍贯，而是通过对其亲友籍贯的记载，来间接地表述其籍贯。通过对其亲友籍贯的考察，可以知道其籍贯。从考察结果来看，有的与亲友同籍，也有的与亲友异籍。

与亲友同籍，属于一般正常情况。如《汉书·翟方进传》："翟方进字子威，汝南上蔡人也。"翟义为方进之子，亦为豫州汝南上蔡人。《汉书·萧望之传》："萧望之字长倩，东海兰陵人也，徙杜陵。""望之八子，至大官者育、咸、由。育字次君。"萧育为望之长子，亦为徐州东海兰陵人。《汉书·杜周传》："杜周，南阳杜衍人也……唯少子延年行宽厚云。"杜延年为杜周子，亦为荆州南阳杜衍人。《西京杂记》卷五："公孙弘以元光五年为国士所推，上为贤良。国人邹长倩以其家贫，少自资致。"《史记·平津侯列传》："丞相公孙弘者，齐菑川国薛县人也，字季。"邹长倩与公孙弘同国，故亦为青州菑川国人。

与亲友异籍，则属于一些特殊情况。有的因为早宦，如《汉书·万石传》："万石君石奋，其父赵人也。赵亡，徙温。高祖东击项籍，过河内，时奋年十五……徙其家长安戚里。"石奋早宦，徙长安时年十五，应未生子。石庆为其少子，当生于长安，故为司隶京兆长安人。有的因为战争，如《汉书·金日磾传》："金日磾字翁叔，本匈奴休屠王太子也……日磾以父不降见杀，与母阏氏、弟伦俱没入官，输黄门养马，时年十四矣。""初，日磾所将俱降弟伦，字少卿，为黄门郎，早卒。日磾两子贵，及孙则衰矣，而伦后嗣遂盛，子安上始贵显封侯。"金日伦与金日磾从父籍，为匈奴人。降汉时金日磾十四岁，其弟伦更小，应未有子。故伦子金安上生于汉，当从汉籍，为司隶京兆长安人。又如《史记·南越列传》："南越王尉佗者……与越杂处十三岁。佗，秦时用为南海龙川令。至二世时，南海尉任嚣病且死，召龙川令赵佗。"二世元年（前209），赵佗处越十三岁，则徙越于秦始皇二十五年（前222）。当时赵佗应到傅籍年龄二十三岁，约生于秦王政三年（前244）。赵佗徙越时即使生子，也不超过十岁，因此其孙赵胡显然还没有出生。故赵胡生于南越，长于南越，为南越人，后属交州南海番禺。再如《汉书·韩王信传》："七年冬，上自往击破信军铜鞮，斩其将王喜。信亡走匈奴……信之入匈奴，与太子俱，及至颓当城，生子，因名曰颓当。韩太子亦生子婴。""至孝文时，颓当及婴率其众降。汉封颓当为弓高侯，婴为襄城侯。"《汉书·高惠高后文功臣表》弓高壮侯韩颓当："（文帝）十六年六月丙子封。"汉七年（前200）韩颓当生于匈奴，长于匈奴，文帝十六年（前164）归汉时已三十七岁，故籍贯为匈奴。

帝王宗室是一种特殊的亲属关系，除开国皇帝籍贯有记载之外，其亲属子孙籍贯一般没有记载。汉高祖刘邦籍贯记载最详，详细到邑和里。《史记·高祖本纪》："高祖，沛丰邑中阳里人，姓刘氏，字季。"高祖一生征战，后来长都关中，因此其亲属与子孙籍贯有的从原籍，有的从新籍。

有的籍贯可以定于沛，因为他们在高祖起兵之前出生。如高帝太子刘盈和兄子刘濞。《史记·吕太后本纪》惠帝七年（前188）："秋八月戊寅，孝惠帝崩。"《集解》引皇甫谧曰："帝以秦始皇三十七年生，崩时年二十三。"惠帝刘盈生于秦始皇三十七年（前210），在秦二世元年（前209）高祖起兵之前一年。按《汉书·高帝纪》汉二年（前205），彭城大败后，高祖"过沛，使人求室家，室家亦已亡，不相得。汉王道逢孝惠、鲁元，载行"。则刘盈六岁前都在沛，故为沛人。据《史记·吴王濞列传》，高帝十一年（前196）刘濞封为吴王，时"年二十"。则刘濞生于秦始皇三十二年（前215），在高祖起兵之前六年出生，也为沛人①。

有的籍贯则不在原籍，而在长安。如武帝刘彻与广川王刘越，皆景帝子。《汉书·外戚传》："孝景王皇后，武帝母也。"本嫁金王孙，后因事"纳太子宫。太子幸爱之，生三女一男……初，皇后始入太子家，后女弟儿姁亦复入，生四男。"刘彻、刘越皆在景帝立为太子后出生，故为京兆长安人，不是沛人。又如燕王刘旦、广陵王刘胥、昭帝刘弗陵，皆武帝子。按武帝六男，长男刘据，生于元朔元年（前128），在武帝即位之后十三年。《汉书·外戚传》："而（卫）子夫生三女，元朔元年生男据，遂立为皇后。"作为刘据之弟，刘旦、刘胥、刘弗陵出生更晚，但都在武帝即位后出生，故为京兆长安人，不是沛人②。

皇帝之子，除太子外，一般要封王。诸侯王及其子孙的籍贯，也有两种情况。第一代诸侯王出自皇帝，而皇帝一般在京师生子，因此第一代诸侯王的籍贯多从京师。如刘德、刘余、刘胜，皆景帝子。据《汉书·景十三王传》，栗姬生河间献王刘德，程姬生鲁恭王刘余，贾夫人生中山靖王刘胜。刘德、刘余立于景帝二年，刘胜立于三年。他们都在景帝立为太子以后出生，故为长安人。淮阳王刘钦，宣帝子。《汉书·外戚传》："及宣帝即位，召（王皇后）入后宫，稍进为倢伃。是时，馆陶王母华倢伃及淮阳宪王母张倢伃、楚孝王母卫倢伃皆爱幸。"刘钦在宣帝即位后出生，故为京兆长安人③。

首封诸侯王一般十多岁封王就国，其子孙一般生于封国，故第二代以后籍贯一般从封国。据《汉书·武五子传》，武帝子刘髆为第一代昌邑王，其子刘贺为第二代昌邑王，籍贯为山阳昌邑。《汉书·楚元王传》："宣帝即位，延寿以为广陵王胥武帝子，天下有变必得立，阴欲附倚辅助之，故为其后母弟赵何齐取广陵王女为妻。"按刘延寿为楚元王刘交六世孙，籍贯为楚国彭城。《汉书·哀帝纪》："孝哀皇帝，元帝庶

---

① 拙文《两汉宗室文人籍贯考辨》，《北京社会科学》2016年第4期。
② 拙文《两汉宗室文人籍贯考辨》，《北京社会科学》2016年第4期。
③ 拙文《两汉宗室文人籍贯考辨》，《北京社会科学》2016年第4期。

孙，定陶恭王子也。"荀悦曰："讳欣之字曰喜。"刘欣为元帝子定陶王刘兴之子，籍贯从封国首都，为济阴定陶。《汉书·武五子传》："旦怒曰：'我当为帝，何赐也！'遂与宗室中山哀王子刘长、齐孝王孙刘泽等结谋。"哀王名昌，为中山王刘胜之子，故刘长为刘胜之孙，当为中山卢奴人。据《史记·淮南王列传》，高祖少子刘长，汉十一年（前196）立为淮南王，后因谋反废，死于迁徙途中。"孝文八年，上怜淮南王，淮南王有子四人，皆七八岁，乃封子安为阜陵侯，子勃为安阳侯，子赐为阳周侯，子良为东成侯。"刘安排在最前，后来继号为淮南王，显然是刘长之长子，当为八岁。孝文八年（前172）刘安八岁，则生于文帝元年（前179），在其父刘长封淮南王之后十七年。淮南国都九江寿春，故刘安为九江寿春人①。

第三节 作品创作地与作者履职地

《全汉文》辑录文章1445篇，应考篇目为1432篇。其中地点无考者56篇，地点可考者1376篇。匈奴和西域作品29篇之外，内地十三州文章1347篇，其中1317篇作者身份为各级官员，占比97.8%；只有30篇可以确定为平民所作，占比2.2%。可以说，《全汉文》文章基本上是各级官员履行职务之作。因此考察这些文章的创作地，实际上就是考察这些作者做官和执行公务的地点。

这些官员可以划分为三大群体：皇帝太后群体、中央官员群体、地方官员群体。每类群体的成员都有相对固定的工作地点，但也有外出执行公务或私务的情况。因此考察他们文章的创作地点，就是考察他们各自相对固定的工作地点或特定的外出地点。

西汉皇帝和太后相对固定的工作地点，无疑是首都长安，因此他们的诏令，主要作于司隶京兆长安。如《汉书·魏相传》载魏相上书引高帝《所述书天子所服第八》曰："大谒者臣章受诏长乐宫，曰：'令群臣议天子所服，以安治天下。'相国臣何、御史大夫臣昌谨与将军臣陵、太子太傅臣通等议"云云，是为《天子所服议》，作于长安长乐宫。《汉书·文

---

① 拙文《两汉宗室文人籍贯考辨》，《北京社会科学》2016年第4期。

帝纪》："闰月己酉，（代王）入代邸。群臣从至，上议曰：'丞相臣平、太尉臣勃……'"是为陈平《上代王即位议》。"（代王）遂即天子位。群臣以次侍。使太仆婴、东牟侯兴居先清宫，奉天子法驾迎代邸。皇帝即日夕入未央宫。夜拜宋昌为卫将军，领南北军，张武为郎中令，行殿中。还坐前殿，下诏曰"云云，是为《即位赦诏》，作于长安未央宫。《汉书·惠帝纪》："十二年四月，高祖崩。五月丙寅，太子即皇帝位，尊皇后曰皇太后。赐民爵一级……又曰：'吏所以治民也，能尽其治则民赖之，故重其禄，所以为民也。今吏六百石以上父母妻子与同居，及故吏尝佩将军都尉印将兵及佩二千石官印者，家唯给军赋，他无有所与。'"惠帝即位后下《重吏禄诏》，也作于长安。

经统计，西汉皇帝和太后文章系地者一共 572 篇，其中 493 篇作于长安，另外 79 篇作于外地。如因临时都栎阳，高帝《重祠诏》作于栎阳。《汉书·郊祀志》："二年，东击项籍而还入关……悉召故秦祀官，复置太祝、太宰，如其故仪礼。因令县为公社。下诏曰"云云，是为《重祠诏》。《汉书·高帝纪》二年："汉王还归，都栎阳……六月，汉王还栎阳……令祠官祀天地四方上帝山川，以时祠之。"因东伐项羽，高帝《发使告诸侯》作于洛阳。《汉书·高帝纪》二年（前 205）：汉王东伐项羽，"至洛阳，新城三老董公遮说汉王曰……于是汉王为义帝发丧，袒而大哭，哀临三日。发使告诸侯曰"云云，是为《发使告诸侯》。匈奴入寇，文帝幸左冯翊云阳甘泉而作《遣灌婴击匈奴诏》。《汉书·匈奴传》"至文帝即位，复修和亲。其三年夏，匈奴右贤王入居河南地为寇，于是文帝下诏曰"云云，是为《遣灌婴击匈奴诏》。《汉书·文帝纪》三年（前 177）："五月，匈奴入居北地、河南为寇。上幸甘泉，遣丞相灌婴击匈奴，匈奴去。"师古曰："甘泉在云阳，本秦林光宫。"因祠后土，武帝作《祠后土诏》于河东汾阴。《汉书·武帝纪》："（元封）四年冬十月，行幸雍，祠五畤。通回中道，遂北出萧关，历独鹿、鸣泽，自代而还，幸河东。春三月，祠后土。诏曰"云云，是为《祠后土诏》。《汉书·武帝纪》元鼎四年："十一月甲子，立后土祠于汾阴脽上。"因封泰山，武帝《改元大赦诏》作于泰山奉高。《汉书·武帝纪》元封元年："行，遂东巡海上。夏四月癸卯，上还，登封泰山，降坐明堂。诏曰"云云，是为《改元大赦诏》。《汉书·地理志》泰山郡："奉高，有明堂，在西南四里。武帝元封二年造。"

中央官员协助皇帝、三公或诸卿处理全国事务，其相对固定的工作地点同样是首都长安，因此他们的奏议等文章也多作于司隶京兆长安。如薄昭为将军，作《与淮南王长书》于长安。《汉书·淮南王传》：文帝三年刘长杀审食其，"当是时，自薄太后及太子诸大臣皆惮厉王。厉王以此归国益恣，不用汉法，出入警跸，称制，自作法令，数上书不逊顺。文帝重自切责之。时帝舅薄昭为将军，尊重，上令昭予厉王书谏数之，曰"云云。下文即言刘长得书不悦，六年谋反事。终军为谏大夫，作《奉诏诘徐偃矫制状》于长安。《汉书·终军传》："元鼎中，博士徐偃使行风俗。偃矫制，使胶东、鲁国鼓铸盐铁。还，奏事，徙为太常丞。御史大夫张汤劾偃矫制大害，法至死。偃以为《春秋》之义，大夫出疆，有可以安社稷，存万民，专之可也。汤以致其法，不能诎其义。有诏下军问状，军诘偃曰"云云。"奏可。上善其诘，有诏示御史大夫。"翟方进为丞相，作《奏免陈咸逢信》于长安。《汉书·翟方进传》："时方进新为丞相，陈咸内惧不安，乃令小冠杜子夏往观其意，微自解说。子夏既过方进，揣知其指，不敢发言。居亡何，方进奏"云云，建议成帝"免以示天下"。成帝可其奏。

经统计，中央官员有 563 篇文章作于长安，另外 22 篇作于外地。有的随皇帝出行，如御史大夫兒宽从武帝东封泰山，作《封泰山还登明堂上寿》于泰山奉高。《汉书·兒宽传》："（上）乃自制仪，采儒术以文焉。既成，将用事，拜宽为御史大夫，从东封泰山，还登明堂。宽上寿曰……制曰：'敬举君之觞。'"《汉书·百官公卿表》元封元年（前 110）："左内史兒宽为御史大夫。"御史大夫薛广德随元帝至云阳甘泉，作《上元帝书谏射猎》。《汉书·薛广德传》："及为三公，直言谏争。始拜旬日间，上幸甘泉，郊泰畤，礼毕，因留射猎。广德上书曰……上即日还。"《汉书·元帝纪》："永光元年春正月，行幸甘泉，郊泰畤。"丞相司直翟方进从成帝至甘泉，作《劾陈庆》。《汉书·翟方进传》："迁为丞相司直。从上甘泉，行驰道中，司隶校尉陈庆劾奏方进，没入车马。既至甘泉宫，会殿中，庆与廷尉范延寿语，时庆有章劾……方进于是举劾庆曰"云云，是为《劾陈庆》。

有的受命出使，如中大夫严助作《谕意淮南王》于淮南寿春。《汉书·严助传》："建元三年……后三岁，闽越复兴兵击南越。南越守天子约，不敢擅发兵，而上书以闻。上多其义，大为发兴，遣两将军将兵诛闽越。淮南王安上书谏……是时，汉兵遂出，未逾领，适会闽越王弟余善杀王以降。汉兵罢。上嘉淮南之意，美将卒之功，乃令严助谕意风指于南越。南越王顿首曰：'天子乃幸兴兵诛闽越，死无以报！'即遣太子随助入侍。助还，又谕淮南曰"云云。"助谕意曰"云云，是为《谕意淮南王》。"助由是与淮南王相结而还。"车骑都尉韩昌送呼韩邪单于侍子，作《与呼韩邪单于盟约》于匈奴。《汉书·匈奴传》下："汉遣车骑都尉韩昌、光禄大夫张猛送呼韩邪单于侍子，求问吉等，因赦其罪，勿令自疑。昌、猛见单于民众益盛，塞下禽兽尽，单于足以自卫，不畏郅支。闻其大臣多劝单于北归者，恐北去后难约束，昌、猛即与为盟约曰"云云，是为《与呼韩邪单于盟约》。"昌、猛与单于及大臣俱登匈奴诸水东山，刑白马……共饮血盟。"谏大夫王骏受命责谕淮阳王刘钦，作《谕指淮阳王钦》于淮阳陈县。《汉书·宣元六王传》："会房出为郡守，离左右，显具得此事告之。房漏泄省中语，博兄弟诖误诸侯王，诽谤政治，狡猾不道，皆下狱。有司奏请逮捕钦，上不忍致法，遣谏大夫王骏赐钦玺书曰……骏谕指曰"云云，是为《谕指淮阳王钦》。

有的受命出征，如七国之乱，汉将军韩颓当作《遗胶西王书》于胶西高密。《汉书·荆燕吴传》："三王之围齐临菑也，三月不能下。汉兵至，胶西、胶东、菑川王各引兵归国。胶西王徒跣，席稿，饮水，谢太后……汉将弓高侯颓当遗王书曰……（胶西王）遂自杀。"贰师将军李广利出征大宛，作《初征大宛还至敦煌上书》于敦煌。《史记·大宛列传》：太初元年李广利远征大宛，"往来二岁。还至敦煌，士不过什一二。使使上书言：'道远多乏食；且士卒不患战，患饥。人少，不足以拔宛。愿且罢兵，益发而复往。'天子闻之，大怒，而使使遮玉门，曰军有敢入者辄斩之！贰师恐，因留敦煌。"强弩将军路博德受命半道迎李陵，作《奏留李陵》于居延。《汉书·李陵传》："天汉二年，贰师将三万骑出酒泉，击右贤王于天山。召陵，欲使为贰师将辎重。陵召见武台，叩头自请曰……上壮而许之，因诏强弩都尉路博德将兵半道迎陵军。博德故伏波将军，亦羞为陵后距，奏言：'方秋匈奴马肥，未可与战，臣愿留陵至春，俱将酒泉、张掖骑各五千人并击东西浚稽，可必禽也。'"是为《奏留李陵》。《汉书·武帝纪》太初三年（前102）："强弩将军路博德筑居延。"

　　地方官员包括郡国县邑各级长官及其属吏，因为履行职守，他们文章多作于各自所在郡县。如高阳里监门郦食其作《踑军门上谒》于陈留雍丘，昌邑中尉王吉作《上疏谏昌邑王》于山阳昌邑。《史记·郦食其列传》：郦生见沛公骑士，遂见沛公，献计下陈留，号为"广野君"。"初，沛公引兵过陈留，郦生踑军门上谒曰"云云，是为《踑军门上谒》。《史记·高祖本纪》二世三年："（沛公）西过高阳，郦食其为监门，曰：'诸将过此者多，吾视沛公大人长者。'乃求见说沛公。"《集解》引瓒曰："《陈留传》曰在雍丘西南。"《汉书·王吉传》："王吉字子阳，琅邪皋虞人也。少好学明经，以郡吏举孝廉为郎，补若庐右丞，迁云阳令。举贤良为昌邑中尉，而王好游猎，驱驰国中，动作亡节，吉上疏谏曰"云云，是为《上疏谏昌邑王》。安定太守王尊作《安定太守告属县教》《又敕掾功曹教》于安定高平，清河都尉冯逡作《奏请浚屯氏河》于清河贝丘。《汉书·王尊传》："以高弟擢为安定太守。到官，出教告属县曰"云云，是为《安定太守告属县教》。"又出教敕掾功曹"云云，是为《又敕掾功曹教》。《汉书·沟洫志》："成帝初，清河都尉冯逡奏言……事下丞相、御史，白博士许商治《尚书》，善为算，能度功用。遣行视，以为屯氏河盈溢所为，方用度不足，可且勿浚。后三岁，河果决于馆陶及东郡金隄。"《汉书·地理志》清河郡："贝丘，都尉治。"

　　地方官员也有一部分文章作于所属郡县之外。有的属于诸侯王入朝，如中山王刘胜入朝，作《闻乐对》于长安。《汉书·景十三王传》："建元三年，代王登、长沙王发、中山王胜、济川王明来朝，天子置酒，胜闻乐声而泣。问其故，胜对曰"云云，是为《闻乐对》。"以吏所侵闻。于是上乃厚诸侯之礼，省有司所奏诸侯事，加亲亲之恩焉。"有的是入朝奏事，如凉州刺史谷永奏事毕之部前对问，作《黑龙见东莱对》于长安。《汉书·谷永传》："（王）音薨，成都侯商代为大司马卫将军，永乃迁为凉州刺史。奏事京师讫，当之部，时有黑龙见东莱，上使尚书问永，受所欲言。永对曰"云云，是为《黑龙见东莱对》。有的是太守赴任途中作文，如魏郡太守京房作《因邮上封事》于京兆新丰，作《至陕复上封事》

于弘农陕县。《汉书·京房传》："石显、五鹿充宗皆疾房，欲远之，建言宜试以房为郡守。元帝于是以房为魏郡太守，秩八百石，居得以考功法治郡。房自请，愿无属刺史，得除用它郡人，自第吏千石已下，岁竟乘传奏事。天子许焉。房自知数以论议为大臣所非，内与石显、五鹿充宗有隙，不欲远离左右，及为太守，忧惧。房以建昭二年二月朔拜，上封事曰"云云。"房未发，上令阳平侯凤承制诏房，止无乘传奏事。房意愈恐，去至新丰，因邮上封事曰"云云，是为《因邮上封事》。"房至陕，复上封事曰"云云，是为《至陕复上封事》。

上述各级官员之外，还有一部分作品为平民所作。他们的作品有的作于本地，如司马相如《美人赋》作于蜀郡成都，卜者王况《为魏成大尹李焉作谶书》作于魏郡邺县，梅福《上书言王凤专擅》作于九江寿春。《西京杂记》卷二："文君姣好，眉色如望远山，脸际常若芙蓉，肌肤柔滑如脂，十七而寡，为人放诞风流，故悦长卿之才而越礼焉。长卿素有消渴疾，及还成都，悦文君之色，遂以发痼疾。乃作《美人赋》，欲以自刺。"《汉书·王莽传》地皇二年（21）："魏成大尹李焉与卜者王况谋，况谓焉曰：'新室即位以来，民田奴婢不得卖买，数改钱货，征发烦数，军旅骚动，四夷并侵，百姓怨恨，盗贼并起，汉家当复兴。君姓李，李音徵，徵火也，当为汉辅。'因为焉作谶书，言"云云，"焉令吏写其书，吏亡告之。莽遣使者即捕焉，狱治皆死。"《汉书·梅福传》："为郡文学，补南昌尉。后去官归寿春，数因县道上言变事，求假辄传，诣行在所条对急政，辄报罢。是时成帝委任大将军王凤，凤专势擅朝，而京兆尹王章素忠直，讥刺凤，为凤所诛。王氏浸盛，灾异数见，群下莫敢正言。福复上书曰"云云，是为《上书言王凤专擅》。

平民作品也有一部分作于外地，特别是京师长安，如主父偃《上书谏伐匈奴》、淳于缇萦《上书求赎父刑》、东方朔《上书自荐》。《史记·主父偃列传》："孝武元光元年中，以为诸侯莫足游者，乃西入关见卫将军。卫将军数言上，上不召。资用乏，留久，诸公宾客多厌之，乃上书阙下。朝奏，暮召入见。所言九事，其八事为律令，一事谏伐匈奴。其辞"云云。《史记·仓公列传》："然左右行游诸侯，不以家为家，或不为人治病，病家多怨之者。文帝四年中，人上书言意，以刑罪当传西之长安。意有五女，随而泣。意怒，骂曰：'生子不生男，缓急无可使者！'于是少女缇萦伤父之言，乃随父西。上书曰……书闻，上悲其意，此岁中亦除肉刑法。"《汉书·东方朔传》："武帝初即位，征天下举方正贤良文学材力之士，待以不次之位，四方士多上书言得失，自衒鬻者以千数，其不足采者辄报闻罢。朔初来，上书曰"云云。"朔文辞不逊，高自称誉，上伟之，令待诏公车，奉禄薄，未得省见。"

第五章　各州作者籍贯考证

严可均《全汉文》作者 320 人，无籍可考者 70 人，有籍可考者 250 人，占比 78.1%。皆具体到各州，州下具体到郡国；如有可能，还具体到县。

第一节　司隶作者考

司隶部辖七郡，出产《全汉文》作者 59 人，分布在京兆、扶风、冯翊、河南、河东、河内六郡，弘农无作者产出记录。

一　京兆作者考

京兆，原来属秦内史，高帝元年（前 206）属塞国，二年更为渭南郡，九年复为内史。武帝建元六年（前 135）分为右内史，太初元年（前 104）更为京兆尹。属县十二，治长安。《汉书·地理志》未言属州。《汉书补注》先谦曰："《续志》后汉因，属司隶校尉部。"京兆出产《全汉文》作者 34 人。

《史记·孝文本纪》："孝文皇帝，高祖中子也。"《集解》引《汉书音义》曰："讳恒。"文帝刘恒生于高祖四年（前 203）。《汉书·外戚传》："高祖薄姬，文帝母也……汉王四年……遂幸，有身。岁中生文帝。"刘恒生于高帝起兵之后，故定为京兆长安人。

《史记·孝景本纪》："孝景皇帝者，孝文之中子也。母窦太后。"《集解》引《汉书音义》曰："讳启。"《汉书·外戚传》："孝文窦皇后，景帝母也……至代，代王独幸窦姬，生女嫖。孝惠七年，生景帝。"惠帝七年（前 188）景帝刘启生于代，但高后八年（前 180）代王立为皇帝后一直生活在长安，故定为长安人。

《汉书·武帝纪》："孝武皇帝，景帝中子也，母曰王美人。"荀悦曰："讳彻之字曰通。"景帝生于惠帝七年（前188），文帝元年（前179）在长安被立为太子。其子刘彻等皆生于长安，故为京兆长安人。

《史记·五宗世家》："贾夫人子曰彭祖、胜……中山靖王胜，以孝景前三年用皇子为中山王。"刘胜为景帝子，京兆长安人。

据《汉书·景十三王传》，刘彭祖为景帝贾夫人所生，景帝二年立为广川王，五年为赵王。刘彭祖为景帝子，京兆长安人。

据《汉书·景十三王传》，刘端为景帝程姬所生，景帝三年立为胶西王。刘端为景帝子，京兆长安人。

《汉书·武五子传》："孝武皇帝六男。卫皇后生戾太子，赵婕妤生孝昭帝，王夫人生齐怀王闳，李姬生燕剌王旦、广陵厉王胥，李夫人生昌邑哀王髆。"《汉书·武帝纪》元狩六年（前117）："夏四月乙巳，庙立皇子闳为齐王，旦为燕王，胥为广陵王。"刘旦为武帝子，籍贯从父，为京兆长安人。

《汉书·昭帝纪》："孝昭皇帝，武帝少子也。母曰赵倢伃，本以有奇异得幸，及生帝，亦奇异。"昭帝刘弗陵籍贯从父，为京兆长安人。

《汉书·宣帝纪》："孝宣皇帝，武帝曾孙，戾太子孙也。太子纳史良娣，生史皇孙。皇孙纳王夫人，生宣帝，号曰皇曾孙。"荀悦曰："讳询，字次卿。询之字曰谋。"宣帝刘询籍贯从其父祖，为京兆长安人。

《汉书·元帝纪》："孝元皇帝，宣帝太子也。母曰共哀许皇后，宣帝微时生民间。"荀悦曰："讳奭之字曰盛。"从父籍，元帝刘奭为京兆长安人。

《汉书·宣元六王传》："孝宣皇帝五男。许皇后生孝元帝，张倢伃生淮阳宪王钦，卫倢伃生楚孝王嚣。"从父籍，刘钦为京兆长安人。

《汉书·刘向传》："向字子政，本名更生。"按刘向为楚元王刘交五世孙：元王生刘富，刘富生辟彊，辟彊生德，德生向。"初，休侯富既奔京师，而王戊反，富等皆坐免侯，削属籍。后闻其数谏戊，乃更封为红侯。太夫人与窦太后有亲，惩山东之寇，求留京师，诏许之。富子辟彊等四人供养，仕于朝。"刘富从父籍为豫州沛郡丰县人，但其子辟彊留居京师，故其孙刘德当著籍长安，德子刘向为京兆长安人。

《汉书·刘向传》："歆字子骏，少以通《诗》《书》能属文召见成帝，待诏宦者署，为黄门郎。"歆为向子，京兆长安人。

《汉书·成帝纪》："孝成皇帝，元帝太子也。母曰王皇后，元帝在太子宫生甲观画堂，为世嫡皇孙。"荀悦曰："讳骜，字太孙。"成帝刘骜为元帝太子，京兆长安人。

据《汉书·张汤传》，张汤子安世，安世子延寿，延寿子临，"临尚敬武公主。"师古曰："既谓元后为嫂，是则元帝妹也。"据此，敬武公主为宣帝女，京兆长安人。

《汉书·万石传》："万石君石奋，其父赵人也。赵亡，徙温。高祖东击项籍，过河内，时奋年十五……徙其家长安戚里。"石奋徙长安时年十五，应未有子。石庆为其少子，当生于长安，为京兆长安人。

《汉书·金日磾传》："金日磾字翁叔，本匈奴休屠王太子也……日磾以父不降见杀，与母阏氏、弟伦俱没入官，输黄门养马，时年十四矣。""初，日磾所将俱降弟伦，字少卿，为黄门郎，早卒。日磾两子贵，及孙则衰矣，而伦后嗣遂盛，子安上始贵显封侯。"金日伦与金日磾从父籍，为匈奴人。降汉时金日磾十四岁，其弟更小，应未有子。故伦子金安上生于汉，当从汉籍，为京兆长安人。

《汉书·谷永传》："谷永字子云，长安人也。父吉，为卫司马，使送郅支单于侍子，为郅支所杀。"谷永、谷吉均为京兆长安人。

《汉书·丙吉传》："元帝时，长安士伍尊上书，言"云云，则士伍尊为京兆长安人。

《汉书·外戚传》："孝成赵皇后，本长安宫人。"故赵飞燕为京兆长安人。

《汉书·外戚传》："皇后既立，后宠少衰，而弟绝幸，为昭仪。"赵昭仪亦为京兆长安人。

《汉书·儒林传》："（周）堪授牟卿及长安许商长伯……商善为算，著《五行论历》，四至九卿。"许商为京兆长安人。

《高士传》卷中："挚峻字伯陵，京兆长安人也。少治清节，与太史令司马迁交好。"挚峻为京兆长安人。

《汉书·沟洫志》："王莽时，征能治河者以百数，其大略异者……大司马史长安张戎言"云云，则张戎为京兆长安人。

《史记·酷吏列传》："张汤者，杜人也。"据《汉书·地理志》，杜即杜陵，属京兆，故张汤为京兆杜陵人。《汉书·张汤传》赞曰："冯商称张汤之先与留侯同祖，而司马迁不言，故阙焉。"

《汉书·苏武传》："苏建，杜陵人也……中子武最知名。"从父籍，苏武为京兆杜陵人。

《汉书·朱博传》："朱博字子元，杜陵人也。"朱博为京兆杜陵人。

《汉书·百官公卿表》永始三年："河内太守杜陵庞真稚孙为左冯翊，三年迁。"又绥和二年："少府庞真为廷尉。"庞真为京兆杜陵人。

《汉书·杨敞传》："杨敞，华阴人也。"据《汉书·地理志》，华阴属京兆，故杨敞为京兆华阴人。《后汉书·杨震列传》："杨震字伯起，弘农华阴人也。八世祖喜，高祖时有功，封赤泉侯。高祖敞，昭帝时为丞相，封安平侯。"

《汉书·杨敞传》："（杨）敞薨，谥曰敬侯。子忠嗣……忠弟恽，字子幼，以忠任为郎，补常侍骑。恽母，司马迁女也。"杨恽为杨敞子，京兆华阴人。

《史记·汲郑列传》太史公曰："下邽翟公有言，始翟公为廷尉，宾客阗门；及废，门外可设雀罗。"据《汉书·地理志》，下邽属京兆，故翟公为京兆下邽人。

《汉书·王尊传》："尊坐免，吏民多称惜之。湖三老公乘兴等上书讼尊治京兆功效日著"云云。据《汉书·地理志》，湖县属京兆，故公乘兴为京兆湖县人。

《汉书·杨胡朱梅云传》："杨王孙者，孝武时人也。"《西京杂记》卷三："杨贵字王孙，京兆人也。"杨贵为京兆人，属县不详。

二 扶风作者考

扶风，即右扶风，原属秦内史，高帝元年（前206）属雍国，二年更为中地郡，九年复为内史。武帝建元六年（前135）分为右内史，太初元年（前104）更名主爵都尉为右扶风。属县二十一，治渭城。《汉书·地理志》未言属州。《汉书补注》先谦曰："《续志》后汉因，属司隶。"扶风出产《全汉文》作者6人。

《汉书·王嘉传》："王嘉字公仲，平陵人也。"据《汉书·地理志》，平陵属扶风，故王嘉为扶风平陵人。

《汉书·李寻传》："李寻字子长，平陵人也。"李寻为扶风平陵人。

《汉书·沟洫志》："王莽时，征能治河者以百数，其大略异者，长水校尉平陵关并言"云云，关并为扶风平陵人。

《汉书·霍光传》："初，霍氏奢侈，茂陵徐生曰……其后霍氏诛灭，而告霍氏者皆封。人为徐生上书曰"云云，称徐生为"徐福"。据《汉书·地理志》，茂陵属扶风，故徐福为扶风茂陵人。

《汉书·张敞传》："敞孙竦，王莽时至郡守。"按张敞祖父已由河东平阳徙茂陵（详后），故张敞孙张竦应为扶风茂陵人。

《汉书·鲍宣传》："始隃麋郭钦，哀帝时为丞相司直，奏免豫州牧鲍宣、京兆尹薛修等。"师古曰："隃麋，扶风之县也。"郭钦为扶风隃麋人。

三　冯翊作者考

冯翊，即左冯翊，原属秦内史，高帝元年（前206）属塞国，二年更名为河上郡，九年复为内史。武帝建元六年（前135）分为左内史，太初元年（前104）更名左冯翊。属县二十四，治高陵。《汉书·地理志》未言属州。《汉书补注》先谦曰："《续志》后汉因，属司隶。"冯翊出产《全汉文》作者6人。

《史记·太史公自序》：司马氏为重黎氏之后，世典周史，春秋时去周适晋。"晋中军随会奔秦，而司马氏入少梁……而少梁更名曰夏阳……喜生谈，谈为太史公。"据《汉书·地理志》，夏阳属冯翊，故司马谈为冯翊夏阳人。

《史记·太史公自序》："迁生龙门。"《集解》引徐广曰："在冯翊夏阳县。"司马迁为冯翊夏阳人。

《史记·魏其武安侯列传》："武安侯田蚡者，孝景后同母弟也，生长陵。"据《汉书·地理志》，长陵属冯翊，故田蚡为冯翊长陵人。

《汉书·田千秋传》："车千秋，本姓田氏，其先齐诸田徙长陵。"则田千秋为冯翊长陵人。

《汉书·酷吏传》："田延年字子宾，先齐诸田也，徙阳陵。"据《汉书·地理志》，阳陵属冯翊，故田延年为冯翊阳陵人。

《汉书·王贡两龚鲍传》："其后谷口有郑子真，蜀有严君平……君平卜筮于成都市。"据《汉书·地理志》，谷口属冯翊，故郑子真为冯翊谷口人。又东汉赵岐《三辅决录》卷一曰："郑朴，字子真，谷口人也。修道静默，世服其清高。成帝时，元舅大将军王凤以礼聘之，遂不屈。扬雄盛称其德曰：'谷口郑子真，耕于崖石之下，名振京师。冯翊人刻石祠之，至今不绝。'"《太平御览》卷五十四引《云阳记》曰："龙谷水出云阳宫东南。又有郑泉，云汉时郑朴字子真，隐于谷口，不屈其志，耕于岩石之下，名震京师，时人亦因子真所居以为名也。"按此郑子真为冯翊谷口人，非汉中褒中人①。《华阳国志》卷十下"汉中士女"载："郑子真，褒中人也"误。

四　河南郡作者考

河南郡，故秦三川郡，高帝更名，《汉书·地理志》本注明言属司隶。属县二十二，治洛阳。出产《全汉文》作者 6 人。

《史记·贾生列传》："贾生名谊，洛阳人也。"贾谊为河南洛阳人。

《汉书·贾捐之传》："贾捐之字君房，贾谊之曾孙也。"贾捐之为贾谊曾孙，亦河南洛阳人。

《史记·平准书》："弘羊，洛阳贾人子，以心计，年十三侍中。"则桑弘羊为河南洛阳人。

《史记·张丞相列传》："张丞相苍者，阳武人也。"据《汉书·地理志》，阳武属河南，故张苍为河南阳武人。

《汉书·陈平传》："陈平，阳武户牖乡人也。少时家贫，好读书，治黄帝、老子之术。"则陈平为河南阳武人。

《汉书·卜式传》："卜式，河南人也。"卜式为河南人，属县不详。

五　河东郡作者考

河东郡，秦时设置，属县二十四，治安邑。《汉书·地理志》未言属州。《汉书补注》先谦曰："《续志》后汉因，属司隶。"河东郡出产《全汉文》作者 4 人。

---

① 郭荣章：《唐孙樵〈兴元新路记〉识评——兼述郑子真故里考辨》，《成都大学学报》1997 年第 2 期。

《汉书·霍光传》："霍光字子孟，票骑将军去病弟也。父中孺，河东平阳人也。以县吏给事平阳侯家，与侍者卫少儿私通而生去病。中孺吏毕归家，娶妇生光。"霍光为中孺之子，河东平阳人。

《汉书·霍去病传》："霍去病，大将军青姊少儿子也。其父霍仲孺先与少儿通，生去病。"霍去病为霍光兄，河东平阳人。

《汉书·张敞传》："张敞字子高，本河东平阳人也。祖父孺为上谷太守，徙茂陵。"

《汉书·胡建传》："胡建字子孟，河东人也。"胡建为河东人，属县不详。

六　河内郡作者考

河内郡，高帝元年（前206）为殷国，二年更名为河内郡。《汉书·地理志》本注明言属司隶。属县十八，治怀县。出产《全汉文》作者3人。

《汉书·蔡义传》："蔡义，河内温人也。"

《汉书·外戚传》："孝元傅昭仪，哀帝祖母也。父河内温人。"从父籍，傅太后为河内温人。

《汉书·息夫躬传》："息夫躬字子微，河内河阳人也。"

第二节　豫州作者考

豫州辖五郡国，出产《全汉文》作者36人，分布在鲁国、沛郡、颍川、汝南和梁国。

一　鲁国作者考

鲁国，秦时为薛郡，高后元年（前187）为鲁国，《汉书·地理志》本注明言属豫州。属县六，治鲁县（今曲阜）。出产《全汉文》作者11人。

《史记·孔子世家》："孔子生鲁昌平乡陬邑。"其后嗣子慎"生鲋，年五十七，为陈王涉博士，死于陈下。"孔鲋为孔子九世孙，为鲁国鲁县人。

《孔丛子·连丛子》上："家之族胤，一世相承，以至九世。相魏，居大梁。始有三子焉……小子之后彦，以将士高祖有功，封蓼侯。其子臧嗣焉，历位九卿，迁御史大夫。"孔臧为孔子十世孙，鲁国鲁县人。

《史记·孔子世家》："（孔）武生延年及安国。安国为今皇帝博士，至临淮太守，早卒。"孔安国为孔子十二世孙（《汉书》为十一世），为鲁国鲁县人。

《汉书·孔光传》："孔光字子夏，孔子十四世之孙也。"父孔霸，光为其少子。孔光为鲁国鲁县人。

《孔子家语后叙》末附孔衍《上成帝书辩家语宜记录》："臣祖故临淮太守安国，逮仕于孝武皇帝之世，以经学为名，以儒雅为官，赞明道义，见称前朝。"既为孔安国之孙，则孔衍为鲁国鲁县人。

《汉书·韦玄成传》："韦贤字长孺，鲁国邹人也。"韦玄成为韦贤第四子，亦鲁国邹人。

《汉书·眭弘传》："眭弘字孟，鲁国蕃人也。"眭弘为鲁国蕃人。

《史记·张丞相列传》："苍为丞相十余年，鲁人公孙臣上书言汉土德时，其符有黄龙当见。"《汉书·郊祀志》："鲁人公孙臣上书曰"云云。公孙臣为鲁人，属县不详。

《汉书·丙吉传》："丙吉字少卿，鲁国人也。"丙吉为鲁国人，属县不详。

《汉书·朱云传》："朱云字游，鲁人也，徙平陵。"朱云为鲁人，属县不详。

《汉书·史丹传》："史丹字君仲，鲁国人也，徙杜陵。"史丹为鲁国人，属县不详。

二　沛郡作者考

沛郡，秦时为泗水郡，高帝更名为沛，《汉书·地理志》本注明言属豫州。属县三十七，治相。出产《全汉文》作者 10 人。

《史记·高祖本纪》："高祖，沛丰邑中阳里人，姓刘氏，字季。"《集解》引孟康曰："后沛为郡，丰为县。"

《史记·吴王濞列传》："吴王濞者，高帝兄刘仲之子也。"刘濞为高帝兄子，沛郡丰人。

《汉书·惠帝纪》："孝惠皇帝，高祖太子也，母曰吕皇后。"荀悦曰："讳盈之字曰满。"刘盈为高帝子，沛郡丰人。

《史记·萧相国世家》："萧相国何者，沛丰人也。"

《汉书·薛广德传》："薛广德字长卿，沛郡相人也。"

《汉书·陈万年传》："陈万年字幼公，沛郡相人也……子咸字子康，年十八，以万年任为郎。"子从父籍，陈咸为沛郡相人。

《后汉书·陈宠列传》："陈宠字昭公，沛国洨人也。"曾祖父咸，成哀间以律令为尚书。平帝时，王莽辅政，多改汉制，咸心非之。及莽篡位，解官归乡里。按沛国为东汉时建制，西汉为郡，故陈咸为沛郡洨人。

《史记·绛侯周勃世家》："绛侯周勃者，沛人也。其先卷人，徙沛。"按卷在河南郡。周勃为沛郡沛县人。

《汉书·佞幸传》："石显字君房，济南人；弘恭，沛人也。皆少坐法腐刑，为中黄门，以选为中尚书。"弘恭为沛郡沛县人。

《汉书·王贡两龚鲍传》："沛郡则唐林子高。"《汉书·儒林传》："（许）商善为算，著《五行论历》，四至九卿，号其门人沛唐林子高为德行。"唐林为沛人，属县不详。

三 颍川郡作者考

颍川郡，秦时设置，高帝五年（前202）为韩国，六年复为颍川郡，《汉书·地理志》本注明言属豫州。属县二十，治阳翟。出产《全汉文》作者7人。

《史记·留侯世家》："留侯张良者，其先韩人也。大父开地，相韩昭侯、宣惠王、襄哀王。父平，相厘王、悼惠王。悼惠王二十三年，平卒。卒二十岁，秦灭韩。良年少，未宦事韩。韩破，良家僮三百人，弟死不葬，悉以家财求客刺秦王，为韩报仇，以大父、父五世相韩故。"《索隐》："顾氏按：《后汉书》云'张良出于城父'，城父县属颍川也。"张良为颍川城父人。

《汉书·韩王信传》："韩王信，故韩襄王孽孙也。"据《汉书·地理志》，颍川郡治阳翟，"周末，韩景侯自新郑徙此。"籍贯从其故国末都，韩王信为颍川阳翟人。

《汉书·孙宝传》："孙宝字子严，颍川鄢陵人也。"

《汉书·贾山传》："贾山，颍川人也。祖父祛，故魏王时博士弟子也。山受学祛，所言涉猎书记，不能为醇儒。"贾山为颍川人，属县不详。

《史记·晁错列传》："晁错者，颍川人也。学申商刑名于轵张恢先所，与雒阳宋孟及刘礼同师。以文学为太常掌故。"《索隐》案："朝氏出南阳，今西鄂鼂氏，自谓子鼂之后也。"晁错为颍川人，属县不详。

《汉书·百官公卿表》建平二年："五官中郎将颍川公孙禄中子为执金吾。"公孙禄为颍川人，属县不详。

《汉书·儒林传》："（匡）衡授……颍川满昌君都。"满昌为颍川人，属县不详。

四 汝南郡作者考

汝南郡，高帝设置，《汉书·地理志》本注明言属豫州。属县三十七，治平舆。出产《全汉文》作者 5 人。

《汉书·翟方进传》："翟方进字子威，汝南上蔡人也。"

翟义为方进之子，亦汝南上蔡人。

《汉书·百官公卿表》河平二年："北海太守安成范延寿子路为廷尉，八年卒。"据《汉书·地理志》，安成属汝南，故范延寿为汝南安成人。

《汉书·何并传》："何并字子廉，祖父以吏二千石自平舆徙平陵。"何并为汝南平舆人。

《汉书·儒林传》："汝南尹更始翁君本自事千秋。"尹更始为汝南人，属县不详。

五 梁国作者考

梁国，原为秦时砀郡，高帝五年（前 202）设置为梁国，《汉书·地理志》本注明言属豫州。属县八，治睢阳。按《地理志》梁国首县为砀县，睢阳居末。但梁都睢阳，不都砀县，历代学者辨之甚明。《汉书补注》引阎若璩曰："梁国不治砀县，而治睢阳，以《梁孝王武传》知之。吴楚七国反，梁王城守睢阳，后广睢阳城七十里，大治宫室，王国以内史治其民，而梁内史韩安国从王于睢阳，非以睢阳为治而何？"又引王鸣盛曰："贾谊请徙代王都睢阳，代王即孝王武，后果徙王梁，如谊策。睢阳为梁都甚明，志乃居末，此国至元始方除，盖始终都睢阳，而志以居末，可见王国都不必定首县，举一可知其余。"先谦曰："据《睢水注》，梁国治睢阳。《续志》，后汉治下邑。"梁国出产《全汉文》作者 3 人。

《汉书·文三王传》：梁孝王子共王买，买子平王襄，襄子顷王无伤，无伤子敬王定国，定国子夷王遂，遂子荒王嘉，嘉子立，数犯法。刘立为梁孝王刘武八世孙，籍贯从其国都，为梁国睢阳人。

《汉书·平当传》："平当字子思，祖父以訾百万，自下邑徙平陵。"据《汉书·地理志》，下邑属梁国，故平当为梁国下邑人。

《汉书·申屠嘉传》："申徒嘉，梁人也。"申屠嘉（亦作"申徒嘉"）为梁人，属县不详。

第三节　冀州作者考

冀州辖十郡，出产《全汉文》作者 30 人，分布在魏郡、巨鹿、中山、赵国、清河、信都、河间与真定八郡。

一　魏郡作者考

魏郡，高帝时设置，《汉书·地理志》本注明言属冀州。属县十八，治邺。出产《全汉文》作者 16 人。

《汉书·元后传》：元后曾祖王遂，"生贺，字翁孺……翁孺既免，而与东平陵终氏为怨，乃徙魏郡元城委粟里，为三老，魏郡人德之……翁孺生禁，字稚君，少学法律长安，为廷尉史。"据《汉书·地理志》，元城属魏郡。王禁为王贺子，魏郡元城人。

据《汉书·元后传》，元后父王禁，母李亲："（王）禁，字稚君，少学法律长安，为廷尉史。本始三年，生女政君，即元后也。禁有大志，不修廉隅，好酒色，多取傍妻，凡有四女八男：长女君侠，次即元后政君，次君力，次君弟；长男凤孝卿，次曼元卿，谭子元，崇少子，商子夏，立子叔，根稚卿，逢时委卿。唯凤、崇与元后政君同母。母，适妻，魏郡李氏女也。后以妒去，更嫁为河内苟宾妻。初，李亲任政君在身，梦月入其怀。"王政君为王禁之女，魏郡元城人。

《汉书·元后传》："永光二年，禁薨，谥曰顷侯。长子凤嗣侯，为卫尉侍中。"《汉书·外戚恩泽侯表》阳平顷侯："永光二年，敬成侯凤嗣。"

王凤为王禁长子，魏郡元城人。

王立字子叔，元后同父兄弟，五侯之一，魏郡元城人。见前。

《汉书·元后传》："久之，平阿侯谭薨，谥曰安侯，子仁嗣侯。"王仁为平阿侯王谭之子，魏郡元城人。

《汉书·佞幸传》："是时，成帝外家王氏衰废，唯平阿侯谭子去疾，哀帝为太子时为庶子得幸，及即位，为侍中骑都尉。上以王氏亡在位者，遂用旧恩亲近去疾，复进其弟闳为中常侍。"王闳为平阿侯王谭之子，魏郡元城人。

《汉书·元后传》："哀帝深感其言，复封商中子邑为成都侯。"王邑为成都侯王商之子，魏郡元城人。

《汉书·元后传》，王音为"太后从弟，长乐卫尉弘子"，师古曰："弘者，太后之叔父也。音则从父弟。""王氏爵位日盛，唯音为修整，数谏正，有忠节，辅政八年，薨。"王音为太后从弟，魏郡元城人。

《汉书·元后传》："王氏爵位日盛，唯（王）音为修整，数谏正，有忠节，辅政八年，薨。吊赠如大将军，谥曰敬侯。子舜嗣侯，为太仆侍中。"《汉书·王莽传》："安阳侯王舜，莽之从弟，其人修饬，太后所信爱也。"王舜为安阳侯王音之子，魏郡元城人。

《汉书·王莽传》："王莽字巨君，孝元皇后之弟子也。"《汉书·元后传》："太后怜弟曼蚤死，独不封，曼寡妇渠供养东宫，子莽幼孤不及等比，常以为语。平阿侯谭、成都侯商及在位多称莽者。久之，上复下诏追封曼为新都哀侯，而子莽嗣爵为新都侯。"王莽为新都哀侯王曼之子，为魏郡元城人。

《汉书·元后传》："及莽即位，请玺……莽又欲改太后汉家旧号，易其玺绶，恐不见听，而莽疏属王谏欲谄莽，上书言……"王谏为莽疏属，魏郡元城人。

《汉书·王莽传》始建国元年（9）："初，莽妻宜春侯王氏女，立为皇后。本生四男：宇、获、安、临。"王临，王莽第四子，魏郡元城人。

《汉书·王莽传》："皇孙功崇公宗坐自画容貌，被服天子衣冠，刻印三。"王宗，王莽太子王宇之子，魏郡元城人。

《汉书·杜邺传》："杜邺字子夏，本魏郡繁阳人也。祖父及父积功劳皆至郡守，武帝时徙茂陵。邺少孤，其母张敞女。邺壮，从敞子吉学问，得其家书。"

《汉书·盖宽饶传》："盖宽饶字次公，魏郡人也。"盖宽饶为魏郡人，属县不详。

《汉书·百官公卿表》初元四年："廷尉魏郡尹忠子宾。"尹忠为魏郡人，属县不详。

二　巨鹿等郡国作者考

1. 巨鹿郡，秦时设置，《汉书·地理志》本注明言属冀州。属县二十，治巨鹿县。出产《全汉文》作者4人。

《汉书·贾邹枚路传》："路温舒字长君，巨鹿东里人也。"

《汉书·酷吏传》："尹赏字子心，巨鹿杨氏人也。"

《汉书·百官公卿表》建始四年（前29）："东平相巨鹿张忠子赣为少府，十一月迁。"张忠为巨鹿人，属县不详。

《汉书·百官公卿表》绥和二年（前7）："光禄大夫巨鹿阎宗君阑为执金吾。"阎宗为巨鹿人，属县不详。

2. 中山国，高帝时为郡，景帝三年（前154）为国，《汉书·地理志》本注明言属冀州。属县十四，治卢奴。出产《全汉文》作者3人。

《史记·田叔列传》："田叔者，赵陉城人也。其先，齐田氏苗裔也。"《索隐》按："县名也，属中山。"陉城当即苦陉，据《汉书·地理志》，苦陉属中山，不属赵，当与赵国政区的变迁有关。田仁为田叔少子，官至丞相长史，为中山苦陉人。

《汉书·武五子传》："旦怒曰：'我当为帝，何赐也！'遂与宗室中山哀王子刘长、齐孝王孙刘泽等结谋。"哀王名昌，为中山王刘胜之子，故刘长为刘胜之孙，中山卢奴人。

《史记·外戚世家》："而中山李夫人有宠……是时其长兄广利为贰师将军。"李广利为中山人，属县不详。

3. 赵国，秦时为邯郸郡，高帝四年（前203）为赵国，景帝三年复为邯郸郡，五年复为赵国，《汉书·地理志》本注明言属冀州。属县四，治邯郸县。出产《全汉文》作者2人。

《汉书·郊祀志》："文帝即位十三年……明年……明年……赵人新垣平以望气见上，言"云云。新垣平为赵国人，属县不详。

《汉书·吾丘寿王传》："吾丘寿王字子赣，赵人也。"吾丘寿王为赵国人，属县不详。

4. 清河郡，高帝设置，《汉书·地理志》本注明言属冀州。属县十四，治清阳。出产《全汉文》作者 2 位。

《汉书·王莽传》元始三年（3）："信乡侯佟上言"云云，是为《上言宜益安汉公国邑》。师古曰："《王子侯表》清河纲王子豹始封新乡侯，传爵至曾孙佟，王莽篡位赐姓王，即谓此也。而此传作信乡侯，古者新信同音故耳。"据《汉书·诸侯王表》，清河刚王刘义为文帝子代孝王刘参之孙。《汉书·地理志》清河："信乡，侯国。"刘佟为第四代信乡侯，故为清河信乡人。

《汉书·翟方进传》："是时宿儒有清河胡常，与方进同经。"《汉书·儒林传》："孔氏有古文《尚书》……都尉朝授胶东庸生。庸生授清河胡常少子，以明《穀梁春秋》为博士、部刺史，又传《左氏》。"胡常为清河人，属县不详。

5. 信都国，景帝二年（前 155）为广川国，宣帝甘露三年（前 51）复为信都国，《汉书·地理志》本注明言属冀州。属县十七，治信都县。出产《全汉文》作者 1 人。

《史记·儒林列传》："董仲舒，广川人也。"据《汉书·地理志》，广川属信都国，故董仲舒为信都广川人。

6. 河间国，原属赵国，文帝二年（前 178）分设，《汉书·地理志》未言属州。《汉书补注》先谦曰："《续志》后汉为河间郡，属冀州，志失书。"属县四，治乐成。出产《全汉文》作者 1 人。

《汉书·刘辅传》："刘辅，河间宗室人也。举孝廉，为襄贲令。上书言得失，召见，上美其材，擢为谏大夫。"刘辅为河间人，属县不详（也可能为乐成）。

7. 真定国，武帝元鼎四年（前 113）设置，《汉书·地理志》本注明言属冀州。属县四，治真定县，故东垣。出产《全汉文》作者 1 人。

《汉书·南粤传》："南粤王赵佗，真定人也。"

第四节 徐州作者考

徐州辖七郡，出产《全汉文》作者 26 人，分布在东海、琅邪、临淮、楚国四郡。

一　东海郡作者考

东海郡，高帝设置，《汉书·地理志》本注明言属徐州。属县三十八，治郯。出产《全汉文》作者 11 人。

《汉书·萧望之传》："萧望之字长倩，东海兰陵人也，徙杜陵。"

《汉书·萧望之传》："望之八子，至大官者育、咸、由。育字次君。"萧育为望之子，东海兰陵人。

《汉书·毋将隆传》："毋将隆字君房，东海兰陵人也。"

《汉书·于定国传》："于定国字曼倩，东海郯人也。"

《汉书·薛宣传》："薛宣字赣君，东海郯人也。"

《汉书·酷吏传》："严延年字次卿，东海下邳人也。"

《汉书·翼奉传》："翼奉字少君，东海下邳人也。"

《汉书·匡衡传》："匡衡字稚圭，东海承人也。"

《汉书·马宫传》："马宫字游卿，东海戚人也。"

《汉书·薛宣传》："久之，哀帝初即位，博士申咸给事中，亦东海人也。"申咸为东海人，属县不详。

《汉书·百官公卿表》建平元年："司隶校尉东海方赏君宾为左冯翊，二年迁。"方赏为东海人，属县不详。

二　琅邪郡作者考

琅邪郡，秦时设置，《汉书·地理志》本注明言属徐州。属县五十一，治东武。出产《全汉文》作者 6 人。

《汉书·王吉传》："王吉字子阳，琅邪皋虞人也。"

王骏为王吉子，琅邪皋虞人。

《汉书·师丹传》："师丹字仲公，琅邪东武人也。"

《汉书·贡禹传》："贡禹字少翁，琅邪人也。"

《汉书·诸葛丰传》："诸葛丰字少季，琅邪人也。"

《汉书·儒林传》："琅邪王璜平中能传之。璜又传古文《尚书》。"

三　临淮郡作者考

临淮郡，武帝元狩六年（前 117）设置，属县二十九，治徐。《汉书·地理志》未言属州。《汉书补注》先谦曰："《续志》：后汉更为下邳国，属徐州，志失书。"临淮郡出产《全汉文》作者5人。

《史记·项羽本纪》："项籍者，下相人也，字羽。初起时，年二十四。其季父项梁，梁父即楚将项燕。"据《汉书·地理志》，下相属临淮郡，故项羽为临淮下相人。

《汉书·高惠高后文功臣表》桃安侯刘襄："以客从，汉王二年起定陶，以大谒者击布，侯，千户，为淮南太守。项氏亲。"《史记·项羽本纪》："诸项氏枝属，汉王皆不诛。乃封项伯为射阳侯。桃侯、平皋侯、玄武侯皆项氏，赐姓刘。"关于桃侯，《集解》引徐广曰："名襄。其子舍为丞相。"刘襄既为项羽亲，亦应为临淮下相人。子从父籍，刘舍亦临淮下相人。按《汉书·地理志》，桃属冀州信都。

《汉书·韩信传》："韩信，淮阴人也。"据《汉书·地理志》，淮阴属临淮郡，故韩信为临淮淮阴人。

《汉书·枚乘传》："枚乘字叔，淮阴人也。"枚乘为临淮淮阴人。

《汉书·沟洫志》："王莽时，征能治河者以百数，其大略异者……御史临淮韩牧以为"云云。韩牧为临淮人，属县不详。

四　楚国作者考

楚国，高帝设置，宣帝地节元年（前69）更为彭城郡，黄龙元年（前49）复为楚国。《汉书·地理志》本注明言属徐州。属县七，治彭城。出产《全汉文》作者4人。

《汉书·西域传》下："汉复以楚王戊之孙解忧为公主，妻岑陬。"按刘解忧为楚王戊之孙，为楚国彭城人。

《汉书·楚元王传》："宣帝即位，延寿以为广陵王胥武帝子，天下有变必得立，阴欲附倚辅助之，故为其后母弟赵何齐取广陵王女为妻。"按刘延寿为楚元王刘交六世孙，为楚国彭城人。

《汉书·龚胜传》："两龚皆楚人也，胜字君宾。"《汉书·王莽传》始建国三年："遣谒者持安车印绶，即拜楚国龚胜为太子师友祭酒，胜不应征，不食而死。"龚胜为楚国人，属县不详。

《汉书·季布传》："季布，楚人也，为任侠有名。"季布为楚国人，属县不详。

第五节 青州作者考

青州辖九郡，出产《全汉文》作者18人，分布在齐郡、菑川、千乘、济南、平原、高密等六郡国。

一 齐郡作者考

齐郡，秦时设置，《汉书·地理志》本注明言属青州。属县十二，治临淄。出产《全汉文》作者11人。

《史记·仓公列传》："太仓公者，齐太仓长，临菑人也，姓淳于氏，名意。"淳于意为齐郡临淄人。

《史记·仓公列传》："意有五女，随而泣……于是少女缇萦伤父之言，乃随父西。"淳于缇萦为淳于意女，亦齐郡临淄人。

《史记·齐悼惠王世家》：刘襄即齐哀王，为悼惠王刘肥子，第二代齐王，籍贯从其封国，为齐郡临淄人。

《史记·主父偃列传》："主父偃者，齐临淄人也。"

《汉书·严安传》："严安者，临菑人也。"

《汉书·王莽传》："是岁广饶侯刘京、车骑将军千人扈云、大保属臧鸿奏符命。京言齐郡新井，云言巴郡石牛，鸿言扶风雍石，莽皆迎受。"按《汉书·王子侯表》，广饶康侯国为菑川靖王子，甘露元年其孙"侯麟嗣，王莽篡位，绝"。此刘麟当为刘京之误。据《汉书·诸侯王表》，菑川靖王刘建为高帝子齐悼惠王刘肥之孙。刘京为第三代广饶侯，籍贯从其封国，为齐郡广饶人。

《史记·刘敬列传》："刘敬者，齐人也。"刘敬本名娄敬，为齐人，属县不详。

《史记·梁孝王世家》："齐人羊胜、公孙诡、邹阳之属。公孙诡多奇邪计，初见王，赐千金，官至中尉，梁号之曰公孙将军。"《汉书·邹阳传》："邹阳，齐人也。"羊胜、公孙诡、邹阳为齐人，属县不详。

《汉书·沟洫志》："是时方事匈奴，兴功利，言便宜者甚众。齐人延年上书言"云云。延年为齐人，属县不详。

二 千乘等郡国作者考

1. 菑川国，原属齐国，文帝十六年（前164）别为菑川国，后并入北海。属县三，治剧。《汉书·地理志》未言菑川国的属州，但记载了北海郡的属州："北海郡，景帝中二年置。属青州。"据此可知，后来并入北海郡的菑川国也应属青州。菑川国出产《全汉文》作者2人。

《史记·平津侯列传》："丞相公孙弘者，齐菑川国薛县人也，字季。少时为薛狱吏，有罪，免。家贫，牧豕海上。"《索隐》按："薛县属鲁国，汉置菑川国，后割入齐也。"据《汉书·地理志》，薛县属鲁国。这里从本传，公孙弘为菑川国人。

《西京杂记》卷五："公孙弘以元光五年为国士所推，上为贤良。国人邹长倩以其家贫，少自资致，乃解衣裳以衣之，释所着冠履以与之，又赠以刍一束、素丝一襚、扑满一枚，书题遗之曰"云云。邹长倩与公孙弘同国，也为菑川国人。

2. 千乘郡，高帝设置，《汉书·地理志》本注明言属青州。属县十五，治千乘县。出产《全汉文》作者2人。

《汉书·儿宽传》："儿宽，千乘人也。"

《汉书·儒林传》："欧阳生字和伯，千乘人也，事伏生。"曾孙高，"高孙地余长宾以太子中庶子授太子，后为博士，论石渠。"欧阳地余为欧阳生六世孙，当为千乘人。

3. 济南郡，原属齐国，文帝十六年别为济南国。《汉书·地理志》本注明言属青州。景帝二年（前155）为济南郡。属县十四，治东平陵。出产《全汉文》作者1人。

《汉书·终军传》："终军字子云，济南人也。"终军为济南人，属县不详。

4. 平原郡，高帝设置，《汉书·地理志》本注明言属青州。属县十九，治平原县。出产《全汉文》作者1人。

《汉书·东方朔传》："东方朔字曼倩，平原厌次人也。"

5. 高密国，故齐，文帝十六年别为胶西国。宣帝本始元年更为高密国。《汉书·地理志》本注未言属州。《后汉书·郡国志》青州北海国本注："景帝置。建武十三年省菑川、高密、胶东三国，以其县属。"据此，高密国在西汉应属青州。属县五，治高密县。出产《全汉文》作者1人。

《汉书·郑崇传》："郑崇字子游，本高密大族，世与王家相嫁娶。祖父以訾徙平陵。"

第六节　兖州作者考

兖州辖八个郡国，出产《全汉文》作者18人，分布在山阳、济阴、陈留、淮阳、泰山、东郡六郡国。

一　山阳郡作者考

山阳郡，旧属梁国，景帝中六年别为山阳国，武帝建元五年（前136）别为山阳郡。《汉书·地理志》本注明言属兖州。属县二十三，治昌邑。出产《全汉文》作者6人。

《汉书·外戚传》："高祖吕皇后，父吕公，单父人也。"据《汉书·地理志》，单父属山阳，故吕雉为山阳单父人。

据《汉书·武五子传》，武帝子刘髆为第一代昌邑王，其子刘贺为第二代昌邑王，山阳昌邑人。

《汉书·外戚传》："孝宣许皇后，元帝母也。父广汉，昌邑人。""广汉薨，谥曰戴侯，无子……元帝即位，复封（广汉弟）延寿中子嘉为平恩侯，奉戴侯后。"许嘉为广汉侄子，为山阳昌邑人。

《汉书·外戚传》："孝宣许皇后，元帝母也。父广汉，昌邑人。""孝成许皇后，大司马车骑将军平恩侯嘉女也。"成帝许皇后为许广汉侄孙女，山阳昌邑人。

《汉书·循吏传》："龚遂字少卿，山阳南平阳人也。"

《汉书·陈汤传》："陈汤字子公，山阳瑕丘人也。"

二　济阴郡作者考

济阴郡，旧属梁国，景帝中六年（前144）别为济阴国，宣帝甘露二年（前52）更名定陶。《汉书·地理志》本注明言属兖州。属县九，治定陶。出产《全汉文》作者3人。

《汉书·魏相传》："魏相字弱翁，济阴定陶人也，徙平陵。"

《汉书·哀帝纪》："孝哀皇帝，元帝庶孙，定陶恭王子也。"荀悦曰："讳欣之字曰喜。"刘欣为元帝子定陶王刘兴之子，籍贯从封国首都，为济阴定陶人。

《汉书·郊祀志》："亳人谬忌奏祠泰一方，曰"云云。如淳曰："亳亦薄也，下所谓薄忌也。"晋灼曰："济阴薄县人也。"谬忌为济阴薄县人。

三　陈留郡作者考

陈留郡，武帝元狩元年（前122）设置，《汉书·地理志》本注明言属兖州。属县十七，治陈留县。出产《全汉文》作者3人。

《史记·郦食其列传》："郦生食其者，陈留高阳人也。"《正义》引《陈留风俗传》云："高阳在雍丘西南。"据《汉书·地理志》，雍丘属陈留郡，故郦食其为陈留雍丘人。

《史记·张耳陈余列传》："陈余者，亦大梁人也。"《索隐》引臣瓒云："今陈留大梁城是也。"据《汉书·地理志》，陈留郡浚仪县，"故大梁。魏惠王自安邑徙此。"故陈余为陈留浚仪人。

《史记·韩长孺列传》："御史大夫韩安国者，梁成安人也，后徙睢阳。尝受《韩子》、杂家说于驺田生所。事梁孝王为中大夫。"据《汉书·地理志》，成安属兖州陈留郡，不属豫州梁国，与本传所载不同，当与梁国政区变革有关。此从《地理志》，故韩安国为陈留成安人。

四　淮阳国作者考

淮阳国，高帝十一年（前196）设置，《汉书·地理志》本注明言属兖州。属县九，治陈。出产《全汉文》作者3人。

《汉书·黄霸传》："黄霸字次公，淮阳阳夏人也，以豪杰役使徙云陵。"

《汉书·彭宣传》："彭宣字子佩，淮阳阳夏人也。"

《汉书·郑当时传》："郑当时字庄，陈人也。其先郑君尝事项籍，籍死而属汉。"郑当时为淮阳陈县人。

五 泰山等郡国作者考

泰山郡，高帝设置，《汉书·地理志》本注明言属兖州。属县二十四，治奉高。出产《全汉文》作者 2 人。

《汉书·郑弘传》："郑弘字樨卿，泰山刚人也。兄昌字次卿，亦好学，皆明经，通法律政事。"郑昌为郑弘之弟，为泰山刚人。

《汉书·王章传》："王章字仲卿，泰山巨平人也。"

东郡，秦时设置，《汉书·地理志》本注明言属兖州。属县二十二，治濮阳。出产《全汉文》作者 1 人。

《汉书·京房传》："京房字君明，东郡顿丘人也。"

第七节 益州作者考

益州辖八郡，出产《全汉文》作者 10 人，分布在蜀郡、犍为、巴郡、汉中和广汉五郡。

一 蜀郡作者考

蜀郡，秦时设置，《汉书·地理志》本注明言属益州。属县十五，治成都。出产《全汉文》作者 6 人。

《史记·司马相如列传》："司马相如者，蜀郡成都人也，字长卿。"

《汉书·扬雄传》："扬雄字子云，蜀郡成都人也……世世以农桑为业。"

《史记·司马相如列传》："临邛中多富人，而卓王孙家僮八百人……是时卓王孙有女文君新寡，好音。"《史记·货殖列传》："蜀卓氏之先，赵人也，用铁冶富。"据《汉书·地理志》，临邛属蜀郡，故卓文君为蜀郡临邛人。

《汉书·何武传》："何武字君公，蜀郡郫县人也。"

《汉书·王商传》："会日有蚀之，太中大夫蜀郡张匡，其人佞巧，上书愿对近臣陈日蚀咎。下朝者左将军丹等问匡，对曰"云云。张匡为蜀郡人，属县不详。

《汉书·王贡两龚鲍传》："其后谷口有郑子真，蜀有严君平……君平卜筮于成都市。"严遵为蜀郡成都人。

二　犍为等郡作者考

1. 犍为郡，武帝建元六年（前135）开设，《汉书·地理志》本注明言属益州。属县十二，治僰道。出产《全汉文》作者1人。

《汉书·王褒传》："王褒字子渊，蜀人也。"《华阳国志》卷十："王褒字子渊，资中人也。"据《汉书·地理志》，资中属犍为郡，不隶蜀郡。疑宣帝时资中归蜀郡，后归犍为。此从《地理志》，故王褒为犍为资中人。

2. 巴郡，秦时设置，《汉书·地理志》本注明言属益州。属县十一，治江州。出产《全汉文》作者1人。

《后汉书·独行列传》："谯玄字君黄，巴郡阆中人也。"

3. 汉中郡，秦时设置，《汉书·地理志》本注明言属益州。属县十二，治西城。出产《全汉文》作者1人。

《史记·大宛列传》："张骞，汉中人。"《索隐》引陈寿《益部耆旧传》云："骞，汉中成固人。"故张骞为汉中成固人。

4. 广汉郡，高帝设置，《汉书·地理志》本注明言属益州。属县十三，治梓潼。出产《全汉文》作者1人。

《汉书·王莽传》："梓潼人哀章学问长安，素无行，好为大言。"师古曰："梓潼，广汉之县也。"哀章为广汉梓潼人。

第八节　扬州作者考

扬州辖五郡，出产《全汉文》作者10人，分布在会稽、九江两郡。

一　会稽郡作者考

会稽郡，秦时设置，高帝六年（前201）为荆国，十二年更名吴。景帝四年（前153）属江都。《汉书·地理志》本注明言属扬州。属县二十六，治吴县。出产《全汉文》作者5人。

《汉书·外戚传》："高祖薄姬，文帝母也。父吴人。"文帝立，"尊太后为皇太后，封弟昭为轵侯。"薄昭为会稽吴人。

《史记·邹阳列传》："邹阳者，齐人也。游于梁，与故吴人庄忌夫子……之徒交。"《索隐》曰："忌，会稽人，姓庄氏，字夫子。后避汉明帝讳，改姓曰严。"严忌为会稽吴人。

《汉书·严助传》："严助，会稽吴人，严夫子子也，或言族家子也。"张晏曰："夫子，严忌也。"严助为会稽吴人。

《汉书·郑吉传》："郑吉，会稽人也。"郑吉为会稽人，属县不详。

《汉书·萧望之传》："会稽郑朋阴欲附望之，上疏言车骑将军高遣客为奸利郡国，及言许、史子弟罪过。"郑朋为会稽人，属县不详。

据《史记·东越列传》和《汉书·西南夷两粤朝鲜传》，闽越王无诸乃越王句践之后，姓驺氏。秦并天下，废为君长，以其地为闽中郡。汉五年，复立无诸为闽越王，都冶。建元六年，闽越王郢击南越，其弟余善杀之，因立无诸孙丑为越繇王，余善为东越王。冶后属会稽，故余善为会稽冶人。

二　九江郡作者考

九江郡，秦时设置，高帝四年（前203）更名为淮南国，武帝元狩元年（前122）复为九江郡。属县十五，治寿春。《汉书·地理志》本注明言属扬州。出产《全汉文》作者4人。

《史记·淮南王列传》，高祖少子刘长，汉十一年（前196）立为淮南王，后因谋反废，死于迁徙途中。"孝文八年，上怜淮南王，淮南王有子四人，皆七八岁，乃封子安为阜陵侯，子勃为安阳侯，子赐为阳周侯，子良为东成侯。"刘安排在最前，后来继号为淮南王，显然是刘长之长子，当为八岁。孝文八年（前172）刘安八岁，则生于文帝元年（前179），在其父刘长封淮南王之后十七年，故刘安为九江寿春人。

《史记·淮南列传》："建具知太子之谋欲杀汉中尉，即使所善寿春庄芷以元朔六年上书于天子。"庄芷为九江寿春人。

《汉书·梅福传》："梅福字子真，九江寿春人也。"

《汉书·百官公卿表》元朔五年（前124）："四月丁未，河东太守九江番系为御史大夫。"番系为九江人，属县不详。

第九节　其他州作者考

除以上八州《全汉文》作者207人之外，还有其他五州作者33人，一并考证于此。

一 荆州作者考

荆州辖七郡，出产《全汉文》作者9人，分布在南阳、南郡和零陵三郡。

1. 南阳郡，秦时设置，《汉书·地理志》本注明言属荆州。属县三十六，治宛。出产《全汉文》作者6人。

《汉书·杜周传》："杜周，南阳杜衍人也……唯少子延年行宽厚云。"杜延年为杜周子，南阳杜衍人。

《汉书·杜周传》：杜延年子杜钦，"钦字子夏，少好经书，家富而目偏盲，故不好为吏。"杜钦为杜延年子，南阳杜衍人。

《汉书·杜周传》："钦兄缓前免太常，以列侯奉朝请，成帝时乃薨，子业嗣。"杜业为杜延年孙，南阳杜衍人。

《汉书·元后传》："于是冠军张永献符命铜璧，文言'太皇太后当为新室文母太皇太后'。"据《汉书·地理志》，冠军属南阳郡，故张永为南阳冠军人。

《史记·平准书》："于是以东郭咸阳、孔仅为大农丞，领盐铁事；桑弘羊以计算用事，侍中。咸阳，齐之大煮盐，孔仅，南阳大冶。"孔仅为南阳人，属县不详。

《汉书·王莽传》："涿郡崔发、南阳陈崇皆以材能幸于莽。"陈崇为南阳人，属县不详。

2. 南郡，秦时设置，高帝元年（前206）更为临江郡，五年（前202）复为南郡。景帝二年（前155）复为临江国，中二年（前148）复为南郡。《汉书·地理志》本注明言属荆州。属县十八，治江陵。出产《全汉文》作者2人。

《史记·项羽本纪》：义帝熊心为"楚怀王孙心"，被项梁求得立以为王。据《汉书·地理志》，南郡江陵，"故楚郢都，楚文王自丹阳徙此。后九世平王城之，后十世秦拔我郢，徙陈。"秦拔郢在怀王子襄王时，故怀王孙熊心应为南郡江陵人。

《汉书·百官公卿表》初元三年（前46）："丞相司直南郡李延寿子惠为执金吾，九年迁。"李延寿为南郡人，属县不详。

3. 零陵郡，武帝元鼎六年（前111）设置，《汉书·地理志》本注明言属荆州。属县十，治零陵县。出产《全汉文》作者1人。

《汉书·王莽传》："泉陵侯刘庆上书言"云云。师古曰："《王子侯年表》'众陵节侯贤，长沙定王子，本始四年戴侯真定嗣，二十二年薨，黄龙元年顷侯庆嗣。'此则是也。此传及《翟义传》并云泉陵，《地理志》泉陵属零陵郡，而表作众陵，表为误也。"按长沙定王刘发为景帝子。刘庆为第三代泉陵侯，故为零陵泉陵人。

二　并州作者考

并州辖九郡，出产《全汉文》作者8人，分布在上党、太原、西河与雁门四郡。

1. 上党郡，秦时设置，《汉书·地理志》本注明言属并州。属县十四，治长子。出产《全汉文》作者3人。

《汉书·冯奉世传》："冯奉世字子明，上党潞人也，徙杜陵。""奉世长子谭……谭弟野王、逡、立、参至大官……逡字子产，通《易》。"冯逡为奉世第三子，上党潞人。

《飞燕外传自序》："伶玄字子于，潞水人，学无不通，知音善属文，简率尚真朴，无所矜式，扬雄独知之。"伶玄为上党潞人。

《汉书·武五子传》："太子兵败，亡，不得。上怒甚，群下忧惧，不知所出。壶关三老茂上书曰"云云，师古曰："壶关，上党之县也。荀悦《汉纪》云令狐茂。"令狐茂为上党壶关人。

2. 太原郡，秦时设置，《汉书·地理志》本注明言属并州。属县二十一，治晋阳。出产《全汉文》作者1人。

《汉书·常惠传》："常惠，太原人也。"常惠为太原人，属县不详。

3. 西河郡，武帝元朔四年（前125）设置，《汉书·地理志》本注明言属并州。属县三十六，治富昌。出产《全汉文》作者2人。

《汉书·卫青霍去病传》："路博德，西河平州人。"

《汉书·杨恽传》："岁余，其友人安定太守西河孙会宗，知略士也，与恽书谏戒之，为言大臣废退，当合门惶惧，为可怜之意，不当治产业，通宾客，有称誉。"孙会宗为西河人，属县不详。

4. 雁门郡，秦时设置，《汉书·地理志》本注明言属并州。属县十四，治善无。出产《全汉文》作者2人。

《汉书·叙传》："始皇之末，班壹避地楼烦。"壹生孺，孺生长，长生回，"回生况，举孝廉为郎，积功劳，至上河农都尉，大司农奏课连最，入为左曹越骑校尉。成帝之初，女为倢伃。"又："况生三子：伯、斿、稚。"据《汉书·地理志》，楼烦属雁门郡，班倢伃为班况之女，雁门楼烦人。

班嗣为班斿子，班况之孙，雁门楼烦人。

三　幽州作者考

幽州辖十一郡，出产《全汉文》作者7人，分布在涿郡、渤海、广阳、右北平四郡。

1. 涿郡，高帝设置，《汉书·地理志》本注明言属幽州。属县二十九，治涿县。出产《全汉文》作者3人。

《汉书·王商传》："王商字子威，涿郡蠡吾人也，徙杜陵。商父武，武兄无故，皆以宣帝舅封。"

《汉书·王尊传》："王尊字子赣，涿郡高阳人也。少孤，归诸父，使牧羊泽中。"

《后汉书·崔骃列传》："崔骃字亭伯，涿郡安平人也。高祖父朝，昭帝时为幽州从事，谏刺史无与燕刺王通。及刺王败，擢为侍御史。生子舒，历四郡太守，所在有能名。舒小子篆，王莽时为郡文学，以明经征诣公车。"崔篆为崔骃祖父，亦应为涿郡安平人。

2. 渤海郡，高帝设置，《汉书·地理志》本注明言属幽州。属县二十六，治浮阳。出产《全汉文》作者2人。

《汉书·鲍宣传》："鲍宣字子都，渤海高城人也。"官至司隶校尉，因事髡钳，徙上党。"宣既被刑，乃徙之上党，以为其地宜田牧，又少豪俊，易长雄，遂家于长子。"

《汉书·李寻传》："忠可以教重平夏贺良、容丘丁广世、东郡郭昌等。"据《汉书·地理志》，重平属渤海，故夏贺良为渤海重平人。

3. 右北平郡，秦时设置，《汉书·地理志》本注明言属幽州。属县十六，治平刚。出产《全汉文》作者1人。

《汉书·徐乐传》："徐乐，燕无终人也。"据《汉书·地理志》，无终属右北平，故徐乐为右北平无终人。

4. 广阳国，高帝时为燕国，昭帝元凤元年（前80）为广阳郡，宣帝本始元年（前73）更为广阳国。属县四，治蓟县。《汉书·地理志》本注未言属州。《汉书补注》先谦曰："《续志》：后汉为广阳郡，属幽州，志失书。"出产《全汉文》作者1人。

《史记·韩长孺列传》："大行王恢，燕人也，数为边吏，习知胡事。"王恢为燕人，属县不详。

四 凉州作者考

凉州辖十郡，出产《全汉文》作者6人，分布在陇西、北地两郡。

1. 陇西郡，秦时设置，《汉书·地理志》未言属州。《汉书补注》先谦曰："《续志》后汉因，属凉州，志失书。"属县十一，治狄道。出产《全汉文》作者5人。

《汉书·辛庆忌传》："辛庆忌字子真。""庆忌本狄道人，为将军，徙昌陵。昌陵罢，留长安。""狄道辛武贤、庆忌，皆以勇武显闻。"辛武贤为陇西狄道人。

辛庆忌，辛武贤子，陇西狄道人。

《汉书·赵充国传》："赵充国字翁孙，陇西上邽人也。"

《汉书·外戚传》："孝昭上官皇后，祖父桀，陇西上邽人也。"上官皇后为陇西上邽人。

《史记·李将军列传》："李将军广者，陇西成纪人也。"其孙李陵，"李陵既壮，选为建章监，监诸骑。"李陵为李广孙，亦为陇西成纪人。

2. 北地郡，秦时设置，《汉书·地理志》未言属州。《汉书补注》先谦曰："《续志》后汉因，属凉州，志失书。"属县十九，治马领。出产《全汉文》作者1人。

《汉书·甘延寿传》："甘延寿字君况，北地郁郅人也。"

五 交州作者考

交州辖七郡，出产《全汉文》作者3人，分布在南海、苍梧两郡。

南海郡，武帝元鼎六年（前111）开，《汉书·地理志》本注明言属交州。属县六，治番禺。据《史记·南越列传》和《汉书·南粤传》，南粤为秦时真定人赵佗所建，据有秦时南海、桂林、象郡。汉初称臣于汉，武帝时吕嘉反，被灭。出产《全汉文》作者 2 人。

赵胡为赵佗孙，第二代南越王。《史记·南越列传》："南越王尉佗者……与越杂处十三岁。佗，秦时用为南海龙川令。至二世时，南海尉任嚣病且死，召龙川令赵佗。"二世元年（前 209），赵佗处越十三岁，则徙越于秦始皇二十五年（前 222）。当时赵佗应到傅籍年龄二十三岁，约生于秦王政三年（前 244）。赵佗徙越时即使生子，也不超过十岁，因此其孙显然还没有出生。故赵胡生长于南越，为南越人，后属南海番禺。

吕嘉，元鼎五年（前 112）反时，已相四王而"年长矣"，应该也是南越人，后属南海番禺。

苍梧郡，武帝元鼎六年（前 111）开，《汉书·地理志》本注明言属交州。属县十，治广信。出产《全汉文》作者 1 人。

《汉书·儒林传》："（胡）常授黎阳贾护季君，哀帝时待诏为郎，授苍梧陈钦子佚，以《左氏》授王莽，至将军。"陈钦为苍梧人，属县不详。

第十节　匈奴和西域作者考

匈奴和西域与汉朝关系比较复杂，经历了相当长的一段时间才归顺于汉朝，但没有纳入十三州监察范围，也没有比照内地郡国进行管理，故附于此。据《全汉文》和《汉书》中的《匈奴传》和《西域传》，匈奴和西域出产《全汉文》作者 10 人，其中匈奴 7 人，西域 3 人。

一　匈奴作者考

匈奴居于北边，逐水草迁徙，以畜牧为主，无城郭常居耕田之业。各有分地，诸左王将居东方，直上谷以东；右王将居西方，直上郡以西；单于庭直代、云中。《全汉文》辑入 6 位单于之文：冒顿、军臣、狐鹿姑、郅支、呼韩邪、乌珠留若鞮。

冒顿为头曼单于之子，秦二世元至文帝前六年（前 209～前 174）在位。《史记·匈奴列传》："（头曼）单于有太子名冒顿。后有所爱阏氏，生少子，而单于欲废冒顿而立少子，乃使冒顿质于月氏。冒顿既质于月氏，而头曼急击月氏。月氏欲杀冒顿，冒顿盗其善马，骑之亡归。头曼以为壮，令将万骑……从其父单于头曼猎，以鸣镝射头曼，其左右亦皆随鸣镝而射杀单于头曼，遂尽诛其后母与弟及大臣不听从者。冒顿自立为单于。冒顿既立。"《集解》引徐广曰："秦二世元年壬辰岁立。"《汉书·匈奴传》："孝文前六年，遗匈奴书曰……后顷之，冒顿死，子稽粥立，号曰老上单于。"

军臣单于为老上单于之子，文帝后元六年至武帝元朔三年（前158~前126）在位。《汉书·匈奴传》："孝文后二年……后四年，老上单于死，子军臣单于立。""是岁，元朔二年也。其后冬，军臣单于死，其弟左谷蠡王伊稚斜自立为单于，攻败军臣单于太子於单。"元朔二年"其后冬"，即为元朔三年之冬。

狐鹿姑单于为且鞮侯单于之子，太始元年至始元二年（前96~前85）在位。《汉书·匈奴传》："且鞮侯单于死，立五年，长子左贤王立为狐鹿姑单于。是岁，太始元年也。"又武帝崩，"后三年，单于欲求和亲，会病死……及单于死，卫律等与颛渠阏氏谋，匿单于死，诈矫单于令，与贵人饮盟，更立子左谷蠡王为壶衍鞮单于。是岁，始元二年也。"

呼韩邪单于为虚闾权渠单于子，神爵四年至建始二年在位（前58~前31）。据《汉书·匈奴传》，"虚闾权渠单于立九年死……虚闾权渠单于子稽侯狦既不得立，亡归妻父乌禅幕。""姑夕王恐，即与乌禅幕及左地贵人共立稽侯狦为呼韩邪单于……是岁，神爵四年也。""呼韩邪立二十八年，建始二年死……呼韩邪死，雕陶莫皋立，为复株累若鞮单于。"

郅支单于为呼韩邪单于兄，建昭三年（前36）被汉军所斩。据《汉书·匈奴传》，匈奴内乱，"呼韩邪单于兄左贤王呼屠吾斯亦自立为郅支骨都侯单于"。《汉书·元帝纪》建昭三年："秋，使护西域骑都尉甘延寿、副校尉陈汤挢发戊己校尉屯田吏士及西域胡兵攻郅支单于。冬，斩其首，传诣京师，悬蛮夷邸门。"

乌珠留若鞮单于为车牙单于弟，绥和元年至始建国五年（前8~13）在位。《汉书·匈奴传》："车牙单于立四岁，绥和元年死。弟囊知牙斯立，为乌珠留若鞮单于。""乌珠留单于立二十一岁，建国五年死。"

以上6人皆匈奴人，此外还有1位汉人韩颓当。《汉书·韩王信传》：

"七年冬，上自往击破信军铜鞮，斩其将王喜。信亡走匈奴……信之入匈奴，与太子俱，及至颓当城，生子，因名曰颓当。韩太子亦生子婴。"汉七年（前200）韩颓当生于匈奴，长于匈奴，文帝十六年（前164）归汉。《汉书·韩王信传》："至孝文时，颓当及婴率其众降。汉封颓当为弓高侯，婴为襄城侯。"《汉书·高惠高后文功臣表》弓高壮侯韩颓当："（文帝）十六年六月丙子封。"韩颓当归汉时已三十七岁，故籍贯为匈奴。

二　西域作者考

西域在武帝时始开通，本三十六国，其后分至五十余国。皆在匈奴之西，乌孙之南。诸国定居，有城郭田畜，不同于匈奴、乌孙逐水草迁徙。宣帝时设都护于西域，治乌垒城，尽护南道与北道。《汉书·西域传》：宣帝神爵三年，日逐王畔单于，将众来降，护鄯善以西使者郑吉迎之。既至汉，封日逐王为归德侯，吉为安远侯。"乃因使吉并护北道，故号曰都护。都护之起，自吉置矣。僮仆都尉由此罢，匈奴益弱，不得近西域。于是徙屯田，田于北胥鞬，披莎车之地，屯田校尉始属都护。都护督察乌孙、康居诸外国动静，有变以闻。可安辑，安辑之；可击，击之。都护治乌垒城，去阳关二千七百三十八里，与渠犁田官相近，土地肥饶，于西域为中，故都护治焉。"《全汉文》辑入3位西域作者：鄯善王尉屠耆、龟兹王绛宾和乌孙昆弥翁归靡。

鄯善国，本名楼兰，王治扜泥城。去都护治所千七百余里，去阳关千六百里，在西域东垂，近汉。常主发导，负水担粮，送迎汉使。楼兰王不便与汉通，为匈奴反间，数遮杀汉使。其弟尉屠耆降汉，具言其状。元凤四年（前77），傅介子设计斩楼兰王，"乃立尉屠耆为王，更名其国为鄯善，为刻印章，赐以宫女为夫人，备车骑辎重，丞相将军率百官送至横门外，祖而遣之。"

乌孙治赤谷城，东至都护治所千七百余里，与匈奴同俗。东与匈奴、西北与康居、西与大宛、南与城郭诸国相接。国主昆莫死，孙岑陬立。岑陬死，堂弟翁归靡立为昆弥。《汉书·西域传》："元康二年，乌孙昆弥因惠上书：'愿以汉外孙元贵靡为嗣，得令复尚汉公主，结婚重亲，畔绝匈奴，愿聘马骡各千匹。'……使长罗侯光禄大夫惠为副，凡持节者四人，送少主至敦煌。未出塞，闻乌孙昆弥翁归靡死。"

　　龟兹国，治延城，东距都护治所三百余里。在乌孙与都护治所之间，故乌孙使汉要经过龟兹，两国关系甚好，龟兹王绛宾娶乌孙昆弥翁归靡长女弟史为妻。《汉书·西域传》："翁归靡既立，号肥王，复尚楚主解忧，生三男两女……长女弟史为龟兹王绛宾妻。""时乌孙公主遣女来至京师学鼓琴，汉遣侍郎奉送主女，过龟兹。龟兹前遣人至乌孙求公主女，未还。会女过龟兹，龟兹王留不遣，复使使报公主，主许之。后公主上书，愿令女比宗室入朝，而龟兹王绛宾亦爱其夫人，上书言得尚汉外孙为昆弟，愿与公主女俱入朝。元康元年，遂来朝贺。"

第六章 各州作者分布特点及其原因

《全汉文》作者 320 人（不含第二作者），无籍可考者 70 人，有籍可考者 250 人，占比 78.1%。内地十三州 240 人，州均 18.46 人（表 6-1）。

表 6-1 《全汉文》作者籍贯各州分布表

排名	州部	人数	与平均数之比	比重	前期	中期	后期
1	司隶	59	3.20	24.58	5	29	25
2	豫州	36	1.95	15.00	12	4	20
3	冀州	30	1.63	12.50	2	7	21
4	徐州	26	1.41	10.83	5	6	15
5	青州	18	0.98	7.50	7	8	3
5	兖州	18	0.98	7.50	3	8	7
6	益州	10	0.54	4.17		4	6
6	扬州	10	0.54	4.17	2	6	2
7	荆州	9	0.49	3.75	1	3	5
8	并州	8	0.43	3.33		4	4
9	幽州	7	0.38	2.92		2	5
10	凉州	6	0.33	2.50		4	2
11	交州	3	0.16	1.25		2	1
合计		240			37	87	116
	州数	13	分布郡国数	56			
	州均	18.46	郡国平均数	4.29			
	匈奴和西域	10			2	5	3
总计		250			39	92	119

从上表可知，西汉十三州都有《全汉文》作者分布，但分布很不平衡。从时态上看，前期 37 位，中期 87 位，后期 116 位，由少到多的发展

趋势非常明显。从地域上看，除去匈奴和西域作者 10 位，内地十三州出产作者 240 位，平均每州 18.46 位，但在此平均数以上的只有司隶、豫州、冀州、徐州四州；青州、兖州非常接近平均数。以上六州就是《全汉文》作者籍贯主要的分布地区，都集中在北方黄河流域。益州和扬州超过平均数一半，在南方各州中最多，也值得研究。下面重点分析这八州作者的分布情况。

第一节　司隶作者分布特点及其原因

司隶出产《全汉文》作者 59 人，是各州平均数的 3.2 倍，在各州作者人数中最多。司隶包括京兆、扶风、冯翊、河南、河东、河内、弘农七郡，除弘农外，其他六郡都有作者分布（表 6 - 2）。

表 6 - 2　司隶作者分布表

郡国	人数	前期	中期	后期
京兆	34	刘恒、刘启（长安）	刘彻、刘胜、刘彭祖、刘端、刘旦、刘弗陵、刘询、石庆、金安上、挚峻（长安）、张汤、苏武（杜陵）、杨敞、杨恽（华阴）、翟公（下邽）、杨王孙	刘奭、刘钦、刘向、刘歆、刘骜、敬武公主、谷吉、谷永、士伍尊、赵飞燕、赵昭仪、许商、张戎（长安）、朱博、庞真（杜陵）、公乘兴（湖县）
扶风	6		徐福（茂陵）	王嘉、李寻、关并（平陵）、张竦（茂陵）、郭钦（隃麋）
冯翊	6		司马谈、司马迁（夏阳）、田蚡、田千秋（长陵）、田延年（阳陵）	郑子真（谷口）
河南	6	贾谊（洛阳）、张苍、陈平（阳武）	桑弘羊（洛阳）、卜式	贾捐之（洛阳）
河东	4		霍去病、霍光、张敞（平阳）、胡建	
河内	3		蔡义（温）	傅太后（温）、息夫躬（河阳）
合计	59	5	29	25

　　从上表可见，司隶作者分布很不均衡。从分布地来看，京兆最多，达34人，比其他五郡总数还多。从分布区域来看，关中三辅最多，达46人，关外三河只有13人。从分布时期来看，前期很少，中期后期较多。

　　从作者出身背景来看，有商人、阴阳家、使者、水工、兵家、道家、法家、儒生、外戚、皇室等十类，多元化特点十分明显。

　　商人有桑弘羊，阴阳家有张苍。《史记·平准书》："桑弘羊以计算用事，侍中……弘羊，洛阳贾人子，以心计，年十三侍中。"《史记·张丞相列传》："故汉家言律历者，本之张苍。苍本好书，无所不观，无所不通，而尤善律历。"《汉书·艺文志》阴阳家："张苍十六篇。"

　　使者有苏武、谷吉，水工有关并、张戎。《汉书·苏武传》："武字子卿，少以父任，兄弟并为郎，稍迁至栘中厩监。"后出使匈奴，被扣十九年，全节而归。《汉书·谷永传》："父吉，为卫司马，使送郅支单于侍子，为郅支所杀。"《汉书·沟洫志》："王莽时，征能治河者以百数，其大略异者，长水校尉平陵关并言……大司马史长安张戎言"云云。

　　兵家有胡建、士伍尊2人。《汉书·胡建传》："孝武天汉中，守军正丞，贫亡车马，常步与走卒起居，所以尉荐走卒，甚得其心。"《汉书·丙吉传》："元帝时，长安士伍尊上书，言"云云。师古曰："先尝有爵，经夺免之，而与士卒为伍，故称士伍。其人名尊。"

　　道家有陈平、司马谈、杨王孙、挚峻、郑子真5人。《汉书·陈平传》："少时家贫，好读书，治黄帝、老子之术。"《史记·太史公自序》："太史公学天官于唐都，受《易》于杨何，习道论于黄子。"《汉书·杨胡朱梅云传》："杨王孙者，孝武时人也。学黄、老之术，家业千金，厚自奉养生，亡所不致。"《高士传》卷中："（挚峻）少治清节，与太史令司马迁交好。峻独退身修德，隐于岍山。"赵岐《三辅决录》卷一曰："郑朴，字子真，谷口人也。修道静默，世服其清高。成帝时，元舅大将军王凤以礼聘之，遂不屈。"

　　外戚有石庆、霍去病、霍光、赵飞燕、赵昭仪、傅昭仪等6人。《史记·万石张叔列传》："高祖东击项籍，过河内，时奋年十五，为小吏，侍高祖……于是高祖召其姊为美人，以奋为中涓，受书谒，徙其家长安戚里，以姊为美人故也。"石庆为石奋少子，当生于其父徙长安之后，为高祖美人侄子。《汉书·霍去病传》："霍去病，大将军青姊少儿子也。其父霍仲孺先与少儿通，生去病。"《汉书·霍光传》："霍光字子孟，票骑将军去病弟也。"据《汉书·外戚传》记载："孝成赵皇后，本长安宫人。初生时，父母不举，三日不死，乃收养之。及壮，属阳阿主家，学歌舞，号曰飞燕。成帝尝微行出，过阳阿主，作乐。上见飞燕而说之，召入宫，大幸。""皇后既立，后宠少衰，而弟绝幸，为昭仪。""孝元傅昭仪，哀帝祖母也。"

法家有张汤、翟公、庞真、郭钦、张敞、朱博等6人。张汤名列酷吏，法家倾向明显。《史记·酷吏列传》："其父为长安丞，出，汤为儿守舍。还而鼠盗肉，其父怒，笞汤。汤掘窟得盗鼠及余肉，劾鼠掠治，传爰书，讯鞫论报，并取鼠与肉，具狱磔堂下。其父见之，视其文辞如老狱吏，大惊，遂使书狱。"翟公、庞真为廷尉，明法无疑。《史记·汲郑列传》太史公曰："下邽翟公有言，始翟公为廷尉，宾客阗门；及废，门外可设雀罗。翟公复为廷尉，宾客欲往。"《汉书·百官公卿表》绥和元年："少府庞真为廷尉。"郭钦为丞相司直，助丞相举不法。《汉书·鲍宣传》："始隃麋郭钦，哀帝时为丞相司直，奏免豫州牧鲍宣、京兆尹薛修等。"张敞能吏，任治烦乱；朱博武吏，亭长出身，捕搏敢行。《汉书·张敞传》："自赵广汉诛后，比更守尹，如霸等数人，皆不称职。京师浸废，长安市偷盗尤多，百贾苦之。上以问敞，敞以为可禁。敞既视事……由是枹鼓稀鸣，市无偷盗，天子嘉之。"《汉书·朱博传》："家贫，少时给事县为亭长，好客少年，捕搏敢行。稍迁为功曹，伉侠好交，随从士大夫，不避风雨。"

皇室有文帝刘恒、景帝刘启、武帝刘彻、中山王刘胜、赵王刘彭祖、胶西王刘端、燕王刘旦、昭帝刘弗陵、宣帝刘询、刘向、刘歆、元帝刘奭、淮阳王刘钦、成帝刘骜、宣帝女敬武公主等15人。

儒家有贾谊、田蚡、司马迁、杨敞、杨恽、蔡义、贾捐之、公乘兴、谷永、许商、王嘉、李寻、张竦、息夫躬等15人。贾谊十八能诵《诗》，田蚡好儒。《史记·贾生列传》："年十八，以能诵《诗》属书闻于郡中。"《汉书·艺文志》儒家："贾谊五十八篇。"《史记·魏其武安侯列传》："魏其、武安俱好儒术。"司马迁以孔子《春秋》自励，作《史记》。《史记·太史公自序》："年十岁则诵古文。"《汉书·艺文志》春秋家："太史公百三十篇。十篇有录无书。"杨敞为司马迁女婿，应为儒者；其子恽治

《春秋》，交诸儒。《汉书·杨恽传》："（杨）恽，字子幼，以忠任为郎，补常侍骑。恽母，司马迁女也。恽始读外祖《太史公记》，颇为《春秋》。以材能称。好交英俊诸儒，名显朝廷，擢为左曹。"蔡义明经，通《韩诗》。《汉书·蔡义传》："以明经给事大将军莫府……久之，诏求能为《韩诗》者，征义待诏，久不进见。义上疏曰……上召见义，说《诗》，甚说之。"《汉书·贾捐之传》："元帝初元元年，珠崖又反，发兵击之。诸县更叛，连年不定。上与有司议大发军，捐之建议，以为不当击。上使侍中驸马都尉乐昌侯王商诘问捐之曰……捐之对曰"云云。据师古注，捐之文中引《论语》《尚书》《左传》《诗经》，则为儒者。《汉书·王尊传》："尊坐免，吏民多称惜之。湖三老公乘兴等上书讼尊治京兆功效日著……书奏，天子复以尊为徐州刺史。"据师古注，公乘兴文引《尚书》《周礼》《论语》，当为儒者。谷永博学经书，许商受《尚书》。《汉书·谷永传》："永少为长安小史，后博学经书。"《汉书·儒林传》：长安许商长伯为周堪弟子，受《尚书》。"商善为算，著《五行论历》，四至九卿。"王嘉明经，李寻治《尚书》。《汉书·王嘉传》："以明经射策甲科为郎。"《汉书·李寻传》："治《尚书》，与张孺、郑宽中同师。宽中等守师法教授，寻独好《洪范》灾异，又学天文月令阴阳。"张竦诵经书，息夫躬为博士弟子。《汉书·张敞传》："敞孙竦，王莽时至郡守，封侯，博学文雅过于敞，然政事不及也。"《汉书·游侠传》载陈遵谓张竦："足下讽诵经书，苦身自约。"《汉书·息夫躬传》："少为博士弟子，受《春秋》，通览记书。"

司隶作者出身多元而以皇室、外戚、儒生、法家为主，主要在于该地区独特的地理环境、多种列国文化交汇以及汉代的移民政策和文化政策。

司隶包括三辅和三河。三辅即故秦，山河四塞，物产丰富，号称天府和陆海。《战国策·秦策一》载苏秦始将连横，说秦惠王之辞曰："大王之国，西有巴蜀、汉中之利，北有胡貉、代马之用，南有巫山、黔中之限，东有殽函之固。田肥美，民殷富，战车万乘，奋击百万，沃野千里，蓄积饶多，地势形便，此所谓天府，天下之雄国也。"《汉书·地理志》："故秦地……有鄠、杜竹林，南山檀柘，号称陆海，为九州膏腴。始皇之初，郑国穿渠，引泾水溉田，沃野千里，民以富饶。"到汉代，天下一统，交通贸易更加便利，关中更加富饶。《史记·货殖列传》："汉兴，海内为一，开关梁，弛山泽之禁，是以富商大贾周流天下，交易之物莫不通，得其所欲，而徙豪杰诸侯强族于京师……因以汉都，长安诸陵，四方辐凑并至而会，地小人众，故其民益玩巧而事末也……故关中之地，于天下三分之一，而人众不过什三，然量其富，什居其六。"

关中四塞，相对封闭；而三河居天下之中，地狭民众，交通商业发达。《史记·货殖列传》："昔唐人都河东，殷人都河内，周人都河南。夫三河在天下之中，若鼎足，王者所更居也，建国各数百千岁，土地小狭，民人众，都国诸侯所聚会，故其俗纤俭习事。"《汉书·地理志》："周地，柳、七星、张之分野也。今之河南雒阳、谷城、平阴、偃师、巩、缑氏，是其分也。昔周公营雒邑，以为在于土中，诸侯蕃屏四方，故立京师……周人之失，巧伪趋利，贵财贱义，高富下贫，喜为商贾，不好仕宦。"《汉书·地理志》："河东土地平易，有盐铁之饶。"

司隶地理既封闭又开放，使得各种文化兼容并蓄而又保守滞后。多种列国文化的交汇叠加，进一步强化了这个特点。

三辅有周、秦文化遗存。周人始封于邰，积德累善数十代，直到武王伐纣而有天下。周人以农为本，民好稼穑本业。据《汉书·地理志》记载："故秦地于《禹贡》时跨雍、梁二州，《诗》风兼秦、豳两国。昔后稷封斄，公刘处豳，太王徙岐，文王作丰，武王治镐，其民有先王遗风，好稼穑，务本业，故《豳诗》言农桑衣食之本甚备。"西周灭亡，平王东迁，秦逐戎狄，得周之故地。后孝公用商鞅变法，日益强盛，至始皇而并天下。"幽王为犬戎所败，平王东迁雒邑。襄公将兵救周有功，赐受岐、丰之地，列为诸侯。后八世，穆公称伯，以河为竟。十余世，孝公用商君，制辕田，开仟佰，东雄诸侯。子惠公初称王，得上郡、西河。孙昭王开巴蜀，灭周，取九鼎。昭王曾孙政并六国，称皇帝。"秦虽日益强大，但商鞅变法禁止游学，燔烧《诗》《书》，推行愚民政策，使秦国文化日益保守落后。《商君书·垦令》："国之大臣诸大夫，博闻、辨慧、游居之事，皆无得为。无得居游于百县，则农民无所闻变见方。农民无所闻变见方，则知农无从离其故事，而愚农不知，不好学问。愚农不知，不好学问，则务疾农。"《韩非子·和氏》："商君教秦孝公以连什伍，设告坐之过，燔《诗》《书》而明法令，塞私门之请，而遂公家之劳，禁游宦之民，而显耕战之士，孝公行之，主以尊安，国以富强。"商鞅虽被车裂，然其法不废，秦国禁学愚民政策一直延续，受到东方鄙视。《史记·秦本纪》："秦僻在雍州，不与中国诸侯之会盟，夷翟遇之。"

三河有殷、卫、唐、晋、周文化遗存。据《汉书·地理志》记载，河内本殷之旧都，后属卫国。卫国迁于河南后，河内属晋，其俗刚强好生分。"河内本殷之旧都，周既灭殷，分其畿内为三国，《诗风》邶、庸、卫国是也。邶，以封纣子武庚；庸，管叔尹之；卫，蔡叔尹之：以监殷民，谓之三监。故《书序》曰：'武王崩，三监畔。'周公诛之，尽以其地封弟康叔，号曰孟侯，以夹辅周室……至十六世，懿公亡道，为狄所灭。齐桓公帅诸侯伐狄，而更封卫于河南曹、楚丘，是为文公。而河内殷虚，更属于晋。康叔之风既歇，而纣之化犹存，故俗刚强，多豪桀侵夺，薄恩礼，好生分。"河东本唐国，成王灭之封晋，其俗深思俭陋。"河东土地平易，有盐铁之饶，本唐尧所居，《诗风》唐、魏之国也。周武王子唐叔在母未生，武王梦帝谓己曰：'余名而子曰虞，将与之唐，属之参。'及生，名之曰虞。至成王灭唐，而封叔虞。唐有晋水，及叔虞子燮为晋侯云，故参为晋星。其民有先王遗教，君子深思，小人俭陋。"河南有东周文化遗存，周公营之，平王居之，其俗喜为商贾，不好仕宦。"周地，柳、七星、张之分野也。今之河南雒阳、谷城、平阴、偃师、巩、缑氏，是其分也。昔周公营雒邑，以为在于土中，诸侯蕃屏四方，故立京师。至幽王淫褒姒，以灭宗周，子平王东居雒邑。其后五伯更帅诸侯以尊周室，故周于三代最为长久。八百余年至于赧王，乃为秦所兼。初雒邑与宗周通封畿，东西长而南北短，短长相覆为千里。至襄王以河内赐晋文公，又为诸侯所侵，故其分地小。周人之失，巧伪趋利，贵财贱义，高富下贫，喜为商贾，不好仕宦。"

司隶封闭开放的地理形势与多种列国文化的交汇叠加，直接形成了汉初多元文化格局。而汉代的移民政策和文化政策，进一步促成了汉代多元文化格局，推动了皇室和外戚在关中的崛起，提升了法家和儒家的地位。

汉代移民，首先是大汉帝室从关东举家迁徙入关。大汉开国皇帝刘邦，本楚人。《史记·高祖本纪》："高祖，沛丰邑中阳里人，姓刘氏，字季。"高帝定天下之后，本欲长都洛阳。然而戍卒娄敬的建议，使他毅然决定移都关中。《史记·高祖本纪》五年："高祖欲长都洛阳。齐人刘敬说，及留侯劝上入都关中，高祖是日驾，入都关中。"《史记·刘敬列传》："刘敬者，齐人也。汉五年，戍陇西，过洛阳，高帝在焉……上召入见，赐食。已而问娄敬，娄敬说曰……高帝问群臣，群臣皆山东人，争言周王数百年，秦二世即亡，不如都周。上疑未能决。及留侯明言入关便，即日车驾西都关中。"群臣恋山东而不愿入关，其实也是高祖的内心想法。《史记·高祖本纪》十二年载，高帝过沛，置酒沛宫，"谓沛父兄曰：'游子悲故乡。吾虽都关中，万岁后吾魂魄犹乐思沛。且朕自沛公以诛暴逆，遂有天下，其以沛为朕汤沐邑。'"但是出于对江山社稷久固的考虑，高帝最终割舍私情，举家西迁。高帝大部分子孙因此著籍长安，如文帝刘恒、景帝刘启、武帝刘彻、中山王刘胜、赵王刘彭祖、胶西王刘端、燕王刘旦、昭帝刘弗陵、宣帝刘询、元帝刘奭、淮阳王刘钦、成帝刘骜、宣帝女敬武公主等 13 人。诸侯王子孙一般生于封国，或随父就封，不能留居京师，不过偶尔也有例外，如楚元王之后刘向、刘歆 2 人。据《汉书·楚元王传》，元王生刘富，刘富生辟彊，辟彊生德，德生向，向生歆。"初，休侯富既奔京师，而王戊反，富等皆坐免侯，削属籍。后闻其数谏戊，乃更封为红侯。太夫人与窦太后有亲，惩山东之寇，求留京师，诏许之。富子辟彊等四人供养，仕于朝。"刘富从父籍为豫州沛郡丰县人，但其子辟彊留居京师后，其孙刘德当著籍长安，故德子刘向、向子歆为京兆长安人。

帝室入关直接影响到外戚的兴起。如石奋以其姊迁，其子石庆入籍长安。《史记·万石张叔列传》："高祖东击项籍，过河内，时奋年十五，为小吏，侍高祖。高祖与语，爱其恭敬，问曰：'若何有？'对曰：'奋独有母，不幸失明。家贫。有姊，能鼓琴。'高祖曰：'若能从我乎？'曰：'愿尽力。'于是高祖召其姊为美人，以奋为中涓，受书谒，徙其家长安戚里，以姊为美人故也。"值得一提的是，不少外戚因公主而入幸，如卫子夫因平阳公主入幸。《史记·外戚世家》："卫皇后字子夫，生微矣。盖其家号曰卫氏，出平阳侯邑。子夫为平阳主讴者。武帝初即位，数岁无子。平阳主求诸良家子女十余人，饰置家。武帝祓霸上还，因过平阳主。主见所侍美人，上弗悦。既饮，讴者进，上望见，独悦卫子夫。是日，武帝起更衣，子夫侍尚衣轩中，得幸。上还坐，欢甚，赐平阳主金千斤。主因奏子夫奉送入宫。"卫子夫受宠之后，其弟卫青，其侄霍去病、霍光先后受到武帝重用。又如赵飞燕因阳阿公主得幸，其妹赵昭仪随后入宫。《汉书

·外戚传》："孝成赵皇后……及壮，属阳阿主家，学歌舞，号曰飞燕。成帝尝微行出，过阳阿主，作乐。上见飞燕而说之，召入宫，大幸。""皇后既立，后宠少衰，而弟绝幸，为昭仪。"

帝室移民之后，才有六国旧贵族和汉代高官富豪迁徙关中诸陵之事。西汉先后设置七个陵县，其中长陵、安陵、阳陵、茂陵、平陵在渭北，所谓五陵；另外杜陵、霸陵在城南。首先迁徙的是六国旧贵族，其议自刘敬（本名娄敬）发之。《史记·刘敬列传》："刘敬从匈奴来，因言：'匈奴河南白羊、楼烦王，去长安近者七百里，轻骑一日一夜可以至秦中。秦中新破，少民，地肥饶，可益实。夫诸侯初起时，非齐诸田，楚昭、屈、景莫能兴。今陛下虽都关中，实少人。北近胡寇，东有六国之族，宗强，一日有变，陛下亦未得高枕而卧也。臣愿陛下徙齐诸田，楚昭、屈、景，燕、赵、韩、魏后，及豪杰名家居关中。无事，可以备胡；诸侯有变，亦足率以东伐。此强本弱末之术也。'上曰：'善。'乃使刘敬徙所言关中十余万口。"《索隐》案："小颜云：今高陵、栎阳诸田，华阴、好畤诸景，及三辅诸屈、诸怀尚多，皆此时所徙也。"《汉书·高帝纪》九年："十一月，徙齐楚大族昭氏、屈氏、景氏、怀氏、田氏五姓关中，与利田宅。"迁入的六国旧贵族之中，"以齐国诸田数量最多，势力最大。"[1]《后汉书·第五伦列传》："第五伦字伯鱼，京兆长陵人也。其先齐诸田，诸田徙园陵者多，故以次第为氏。"诸田后人因此著籍关中，如田蚡、田千秋为长陵人，田延年为阳陵人。

六国旧贵族既迁，其后汉代世世徙高官富人豪强。如武帝时三次徙民茂陵，一次徙云陵。《史记·平津主父列传》："又说上曰：'茂陵初立，天下豪桀并兼之家，乱众之民，皆可徙茂陵，内实京师，外销奸猾，此所谓不诛而害除。'上又从其计。"《汉书·武帝纪》建元三年（前138）："赐徙茂陵者户钱二十万，田二顷。"元朔二年（前127）："又徙郡国豪桀及訾三百万以上于茂陵。"太始元年（前96）："徙郡国吏民豪桀于茂陵、云陵。"宣帝时徙民平陵和杜陵。《汉书·宣帝纪》本始元年（前73）："春正月，募郡国吏民訾百万以上徙平陵。"又元康元年（前65）："春，以杜东原上为初陵，更名杜县为杜陵。徙丞相、将军、列侯、吏二千石、

---

① 葛剑雄：《西汉人口地理》，商务印书馆，2014，第157页。

訾百万者杜陵。"故张良本韩人，其后张汤为杜陵人。《史记·酷吏列传》："张汤者，杜人也。"《汉书·张汤传》赞曰："冯商称张汤之先与留侯同祖，而司马迁不言，故阙焉。"张敞本河东平阳人，其孙张竦为茂陵人。《汉书·张敞传》："张敞字子高，本河东平阳人也。祖父孺为上谷太守，徙茂陵。""敞孙竦，王莽时至郡守。"

上述移民背景复杂，有的是六国旧贵族，有的是汉朝高官，有的是地方豪强，有的是百万商贾等，进一步促进了关中文化的多元性。对这种多元性，班固赞赏不已，他在《西都赋》中称之为"隆上都而观万国"。《后汉书·班固列传》载《西都赋》曰："若乃观其四郊，浮游近县，则南望杜、霸，北眺五陵，名都对郭，邑居相承。英俊之域，黻冕所兴，冠盖如云，七相五公，与乎州郡之豪桀，五都之货殖，三选七迁，充奉陵邑，盖以强干弱枝，隆上都而观万国。"另外，班固也看到了这种多元性背后的负面因素，那就是导致关中风俗不纯，多奸难治。《汉书·地理志》："汉兴，立都长安，徙齐诸田，楚昭、屈、景及诸功臣家于长陵。后世世徙吏二千石、高訾富人及豪桀并兼之家于诸陵。盖亦以强干弱支，非独为奉山园也。是故五方杂厝，风俗不纯。其世家则好礼文，富人则商贾为利，豪桀则游侠通奸。濒南山，近夏阳，多阻险轻薄，易为盗贼，常为天下剧。又郡国辐凑，浮食者多，民去本就末，列侯贵人车服僭上，众庶放效，羞不相及，嫁娶尤崇侈靡，送死过度。"

关中作为秦国故地，法家思想本来就很深厚。而汉代宗室、外戚、高官、富豪等各种势力移民关中，固然可以强干弱支，但也导致了比较严重的社会治安问题，客观上为法家提供了新的用武之地。汉朝一些皇帝对此看得很清楚，如文帝很重刑名之学。《汉书·儒林传》："孝文本好刑名之言。及至孝景，不任儒，窦太后又好黄老术，故诸博士具官待问，未有进者。"武帝表面上独尊儒术，实际上重用刑罚，任用以儒饰法的公孙弘等人。《汉书·公孙弘传》："每朝会议，开陈其端，使人主自择，不肯面折庭争。于是上察其行慎厚，辩论有余，习文法吏事，缘饰以儒术，上说之，一岁中至左内史。"武帝好大喜功，致使社会问题众多，于是任用酷吏，严刑峻法。《汉书·刑法志》："及至孝武即位，外事四夷之功，内盛耳目之好，征发烦数，百姓贫耗，穷民犯法，酷吏击断，奸轨不胜。于是招进张汤、赵禹之属，条定法令，作见知故纵、监临部主之法，缓深故之罪，急纵出之诛。其后奸猾巧法，转相比况，禁罔浸密。律令凡三百五十九章，大辟四百九条，千八百八十二事，死罪决事比万三千四百七十二事。文书盈于几阁，典者不能遍睹。是以郡国承用者驳，或罪同而论异。奸吏因缘为市，所欲活则傅生议，所欲陷则予死比，议者咸冤伤之。"而宣帝明确提出"以霸王道杂之"的治国思想，反对纯任德教。《汉书·元帝纪》记载，元帝为太子时，"柔仁好儒。见宣帝所用多文法吏，以刑名绳下，大臣杨恽、盖宽饶等坐刺讥辞语为罪而诛，尝侍燕从容言：'陛下持刑太深，宜用儒生。'宣帝作色曰：'汉家自有制度，本以霸王道杂之，奈何纯任德教，用周政乎！且俗儒不达时宜，好是古非今，使人眩于名实，不知所守，何足委任？'"师古曰："刘向《别录》云申子学号刑名。刑名者，以名责实，尊君卑臣，崇上抑下。宣帝好观其《君臣篇》。绳谓弹治之耳。"一批酷吏就是在这种背景之下得到重用，有效打击宗室外戚、高官富豪，从而尊君卑臣。据《史记·酷吏列传》记载，景帝时郅都为中尉，"独先严酷，致行法不避贵戚，列侯宗室见都，侧目而视，号曰'苍鹰'。"宁成为中尉，"宗室豪桀皆人人惴恐。"武帝时义纵为长安令，"直法行治，不避贵戚。以捕案太后外孙修成君子仲，上以为能。"杜周为执金吾，"逐盗，捕治桑弘羊、卫皇后昆弟子刻深，天子以为尽力无私，迁为御史大夫。"

法家承秦之后，在司隶特别是三辅有天然的优势。但通观整个西汉，又远不及儒家之盛。这主要在于汉初一改秦朝的禁书政策，实行开放包容的文化政策。《汉书·惠帝纪》四年（前191）："省法令妨吏民者；除挟书律。"应劭曰："挟，藏也。"张晏曰："秦律敢有挟书者族。"这标志着秦始皇三十三年（前214）以来实行了二十三年的禁书政策完全废除，开放包容的文化政策得以实施。众所周知，汉初尊尚黄老思想，但对其他思想也持开放宽容态度。正是在这种文化政策背景之下，儒家《五经》各派纷纷进入关中传播发展。据《汉书·儒林传》记载，《易经》大师田何徙杜陵，其再传弟子杨何征为太中大夫："汉兴，田何以齐田徙杜陵，号杜田生，授东武王同子中、雒阳周王孙、丁宽、齐服生，皆著《易传》数篇。同授淄川杨何，字叔元，元光中征为大中大夫。"《尚书》大师伏生在齐鲁教授，其弟子张生入为博士。"汉定，伏生求其《书》，亡数十篇，独得二十九篇，即以教于齐、鲁之间。齐学者由此颇能言《尚书》，山东大师亡不涉《尚书》以教。伏生教济南张生及欧阳生。张生为博士。"
《鲁诗》大师浮丘伯讲学长安，申公弟子入为太子少傅、御史大夫、博士、
大夫、郎、掌故等。"申公，鲁人也。少与楚元王交俱事齐人浮丘伯受
《诗》。汉兴，高祖过鲁，申公以弟子从师入见于鲁南宫。吕太后时，浮丘
伯在长安，楚元王遣子郢与申公俱卒学。""兰陵王臧既从受《诗》，已
通，事景帝为太子少傅，免去。武帝初即位，臧乃上书宿卫，累迁，一岁
至郎中令。及代赵绾亦尝受《诗》申公，为御史大夫。""弟子为博士十
余人。""其学官弟子行虽不备，而至于大夫、郎、掌故以百数。"《齐诗》
大师辕固、《韩诗》大师韩婴也入为博士。"辕固，齐人也。以治《诗》
孝景时为博士。""韩婴，燕人也。孝文时为博士，景帝时至常山太傅。"
《士礼》大师徐生入为礼官大夫，《公羊春秋》大师胡毋生入为博士。"汉
兴，鲁高堂生传《士礼》十七篇，而鲁徐生善为颂。孝文时，徐生以颂为
礼官大夫。""胡毋生字子都，齐人也。治《公羊春秋》，为景帝博士。"
《左传》大师张苍为丞相，贾谊为博士。"汉兴，北平侯张苍及梁太傅贾
谊、京兆尹张敞、太中大夫刘公子皆修《春秋左氏传》。"

值得注意的是，上述《五经》各家在关中的传播大多在武帝独尊儒术
之前，是在各学派自由竞争的背景之下进行的。儒家思想在和平时代所具
有的"守成"优势，关中作为京师所在地的巨大效应，使得关中很快成为
儒家思想新的传播中心。武帝之后，通过独尊《五经》，设立博士弟子和
举孝廉等措施，儒家优势更加突出，成为整个国家的指导思想。"自此以
来，公卿大夫士吏彬彬多文学之士矣。"（《汉书·儒林传》）这样，关中
事实上成为儒家学者出身而为中高级官员最集中的地区，为人们学习儒家
经典提供了源源不断的动力；而关中作为儒家学术中心，也为人们学习儒
家经典提供了最好的教育环境；关中作为贵族高官富豪最集中的地区，无
疑为人们学习儒家经典提供了可靠的物质生活基础。在这几个方面因素的
作用下，儒家影响很快超过法家，《全汉文》作者中儒家出身占了最大比
重，就是其表现之一。

第二节 豫州作者分布特点及其原因

豫州出产《全汉文》作者36人，是各州平均数的1.95倍，在各州作

者数中位居第二。豫州包括鲁国、沛郡、颍川、汝南和梁国，其中鲁国出产作者 11 人，沛郡出产作者 10 人，颍川出产作者 7 人，其他郡国 7 人（表 6－3）。

表 6－3　豫州作者分布表

郡国	总人数（人）	前期	中期	后期
鲁国	11	孔鲋（鲁县）、公孙臣	孔安国、孔臧（鲁县）、眭弘（蕃）、丙吉	孔光、孔衍（鲁县）、韦玄成（邹）、朱云、史丹
沛郡	10	刘邦、刘濞、刘盈、萧何（丰）、周勃（沛）		薛广德、陈咸（子康，相）、陈咸（浚）、弘恭（沛）、唐林
颍川	7	张良（城父）、韩王信（阳翟）、贾山、晁错		孙宝（鄢陵）、公孙禄、满昌
汝南	4			翟方进、翟义（上蔡）、范延寿（安成）、何并（平舆）、尹更始
梁国	3	申屠嘉		刘立（睢阳）、平当（下邑）
合计	36	12	4	20

从表中可见，豫州作者分布特点有三：其一，从分布地区来看，主要集中在鲁国、沛郡、颍川，达 28 人。其二，从分布时期来看，主要集中在前期和后期，达 32 人。其三，从作者出身来看，有赋家、方士、外戚、宦官、贵族、兵家、皇室、法家、儒家，多元化特点突出。

赋家有孔臧，方士有公孙臣。《汉书·艺文志》赋家："太常蓼侯孔臧赋二十篇。"《史记·张丞相列传》："苍为丞相十余年，鲁人公孙臣上书言汉土德时，其符有黄龙当见。"

外戚有史丹，宦官有弘恭。《汉书·史丹传》："（丹）祖父恭有女弟，武帝时为卫太子良娣，产悼皇考。皇考者，孝宣帝父也。"《汉书·佞幸传》："皆少坐法腐刑，为中黄门，以选为中尚书。宣帝时任中书官，（弘）恭明习法令故事，善为请奏，能称其职。恭为令，（石）显为仆射。"

先秦旧贵族有韩王信、张良。《汉书·韩王信传》："韩王信，故韩襄王孽孙也。"《史记·留侯世家》："留侯张良者，其先韩人也。大父开地，相韩昭侯、宣惠王、襄哀王。父平，相厘王、悼惠王。悼惠王二十三年，平卒。卒二十岁，秦灭韩。良年少，未宦事韩。韩破，良家僮三百人，弟死不葬，悉以家财求客刺秦王，为韩报仇，以大父、父五世相韩故。"

兵家有周勃、申屠嘉、公孙禄3人。《汉书·周勃传》："其先卷人也，徙沛。勃以织薄曲为生，常以吹箫给丧事，材官引强。"《汉书·申屠嘉传》："申徒嘉，梁人也。以材官蹶张从高帝击项籍，迁为队率。从击黥布，为都尉。""嘉为人廉直，门不受私谒。"《汉书·百官公卿表》建平二年："五官中郎将颍川公孙禄中子为执金吾。"《汉书·息夫躬传》："会单于当来朝，遣使言病，愿朝明年。躬因是而上奏，以为……书奏，上引见躬，召公卿将军大议。左将军公孙禄以为"云云。

皇室有刘邦、刘盈、刘濞、刘立4人。《史记·高祖本纪》："高祖，沛丰邑中阳里人，姓刘氏，字季。"《汉书·惠帝纪》："孝惠皇帝，高祖太子也，母曰吕皇后。"荀悦曰："讳盈之字曰满。"《史记·吴王濞列传》："吴王濞者，高帝兄刘仲之子也。"《汉书·文三王传》：梁孝王子共王买，买子平王襄，襄子顷王无伤，无伤子敬王定国，定国子夷王遂，遂子荒王嘉，嘉子立，数犯法。

法家有萧何、晁错、丙吉、陈咸（陈万年子）、范延寿、何并、陈咸（陈宠祖父）等7人。《史记·萧相国世家》："以文毋害为沛主吏掾。"《晋书·刑法志》："汉承秦制，萧何定律，除参夷连坐之罪，增部主见知之条，益事律《兴》《厩》《户》三篇，合为九篇。"《史记·晁错列传》："学申商刑名于轵张恢先所，与雒阳宋孟及刘礼同师。以文学为太常掌故。"《汉书·艺文志》法家："晁错三十一篇。"《汉书·丙吉传》："治律令，为鲁狱史。积功劳，稍迁至廷尉右监。坐法失官，归为州从事。武帝末，巫蛊事起，吉以故廷尉监征，诏治巫蛊郡邸狱。"《汉书·陈万年传》："（陈）万年死后，元帝擢咸为御史中丞，总领州郡奏事，课第诸刺史，内执法殿中，公卿以下皆敬惮之……所居以杀伐立威，豪猾吏及大姓犯法，辄论输府，以律程作司空，为地曰木杵，舂不中程，或私解脱钳钛，衣服不如法，辄加罪笞。督作剧，不胜痛，自绞死，岁数百千人，久者虫出腐烂，家不得收。其治放严延年，其廉不知。"《汉书·百官公卿表》河平二年："北海太守安成范延寿子路为廷尉，八年卒。"《汉书·何并传》："何并字子廉，祖父以吏二千石自平舆徙平陵。并为郡吏，至大司空掾，事何武。武高其志节，举能治剧，为长陵令，道不拾遗。"《后汉书·陈宠列传》："曾祖父咸，成哀间以律令为尚书。平帝时，王莽辅政，多改汉制，咸心非之。"

儒家多达18人，其中孔子后嗣有孔鲋、孔臧、孔安国、孔衍、孔光5人。《史记·儒林列传》："陈涉之王也，而鲁诸儒持孔氏之礼器往归陈王。于是孔甲为陈涉博士。"《集解》引徐广曰："孔子八世孙，名鲋字甲也。"《汉书补注》引《孔丛答问篇》："子鱼名鲋甲，陈人或谓之子鲋，或称孔甲，独乐先王之道，讲习不倦。"《孔丛子·连丛子》上："（臧）历位九卿，迁御史大夫，辞曰：'臣世以经学为业，家传相承，作为训法。然今俗儒繁说远本，杂以妖妄，难可以教。侍中安国受诏缀集古义，臣乞为太常，典臣家业，与安国纪纲古训，使永垂来嗣。'孝武皇帝重违其意，遂拜太常，其礼赐如三公。"《汉书·艺文志》儒家："太常蓼侯孔臧十篇。"《孔子家语》卷十《后序》附载孔安国生平："子国少学《诗》于申公，受《尚书》于伏生。长则博览经传，问无常师。年四十为谏议大夫，迁侍中博士。"《隋书·经籍志一》："《古文尚书》十三卷，汉临淮太守孔安国传。《今文尚书》十四卷，孔安国传。"《孔子家语》卷十《后序》："其后孝成皇帝诏光禄大夫刘向校定众书，都记录，名古今文《书》《论语》《别录》。子国孙衍为博士，上书辨之。"《汉书·孔光传》："安国、延年皆以治《尚书》为武帝博士。安国至临淮太守。""霸四子……光，最少子也，经学尤明，年未二十，举为议郎。光禄勋匡衡举光方正，为谏大夫。坐议有不合，左迁虹长，自免归教授。成帝初即位，举为博士。"

《诗》家有韦贤、韦玄成、薛广德、满昌4人。《汉书·韦贤传》："贤为人质朴少欲，笃志于学，兼通《礼》《尚书》，以《诗》教授，号称邹鲁大儒。征为博士，给事中，进授昭帝《诗》，稍迁光禄大夫詹事，至大鸿胪。"又："贤四子……玄成字少翁，以父任为郎，常侍骑。少好学，修父业。"《汉书·儒林传》："韦贤治《诗》，事大江公及许生，又治《礼》，至丞相。传子玄成，以淮阳中尉论石渠，后亦至丞相。"《汉书·薛广德传》："以《鲁诗》教授楚国，龚胜、舍师事焉。萧望之为御史大夫，除广德为属，数与论议，器之，荐广德经行宜充本朝。为博士。"《汉书·儒林传》载《诗》传授："（匡）衡授……颍川满昌君都。"

《春秋》家有眭弘、孙宝、尹更始、翟方进、翟义5人。《汉书·眭弘传》："少时好侠，斗鸡走马，长乃变节，从嬴公受《春秋》。以明经为议郎，至符节令。"《汉书·孙宝传》："以明经为郡吏。"《汉书·儒林传》载《公羊春秋》传授："（管）路授孙宝，为大司农，自有传。"又载《穀梁春秋》传授："乃召《五经》名儒太子太傅萧望之等大议殿中，平《公羊》《穀梁》同异，各以经处是非。时《公羊》博士严彭祖、侍郎申輓、伊推、宋显，《穀梁》议郎尹更始、待诏刘向、周庆、丁姓并论。""尹更始为谏大夫，长乐户将，又受《左氏传》，取其变理合者以为章句，传子咸及翟方进。"《汉书·翟方进传》："家世微贱，至方进父翟公，好学，为郡文学。方进年十二三，失父孤学，给事太守府为小史……因病归家，辞其后母，欲西至京师受经。母怜其幼，随之长安，织屦以给方进读，经博士受《春秋》。积十余年，经学明习，徒众日广，诸儒称之。以射策甲科为郎。二三岁，举明经，迁议郎。"又："少子曰义。义字文仲，少以父任为郎，稍迁诸曹，年二十出为南阳都尉。""所居著名，有父风烈。徙为东郡太守。"翟义为方进之子，应亦为《春秋》家。

《尚书》家有唐林、平当2人。《汉书·王贡两龚鲍传》："沛郡则唐林子高。"《汉书·儒林传》载《尚书》传承："（许）商善为算，著《五行论历》，四至九卿，号其门人沛唐林子高为德行。"《汉书·平当传》："平当字子思，祖父以訾百万，自下邑徙平陵。当少为大行治礼丞，功次补大鸿胪文学，察廉为顺阳长，栒邑令，以明经为博士，公卿荐当论议通明，给事中。每有灾异，当辄傅经术，言得失。"《汉书·儒林传》载《尚书》传授："（林尊）授平陵平当、梁陈翁生。当至丞相，自有传。"

《易》家有朱云。《汉书·朱云传》："少时通轻侠，借客报仇。长八尺余，容貌甚壮，以勇力闻。年四十，乃变节从博士白子友受《易》，又事前将军萧望之受《论语》。"

贾山家法不详。《汉书·贾山传》："贾山，颍川人也。祖父祛，故魏王时博士弟子也。山受学祛，所言涉猎书记，不能为醇儒。"《汉书·艺文志》儒家："贾山八篇。"

豫州《全汉文》作者出身多元，主要在于豫州是北方中原文化与南方楚国文化的交界地和众多列国文化的交汇地。豫州包括颍川、汝南、沛三郡和梁、鲁二国，每个郡国都不止一种列国文化。

颍川郡主要是夏、许、韩国故地，又有郑国之一部分。《汉书·地理志》颍川郡："阳翟，夏禹国。周末，韩景侯自新郑徙此。""许，故国，姜姓，四岳后，太叔所封，二十四世为楚所灭。"又："颍川、南阳，本夏禹之国。夏人上忠，其敝鄙朴。韩自武子后七世称侯，六世称王，五世而为秦所灭。""韩地，角、亢、氐之分野也。韩分晋得南阳郡及颍川之父城、定陵、襄城、颍阳、颍阴、长社、阳翟、郏，东接汝南，西接弘农得新安、宜阳，皆韩分也。及《诗风》陈、郑之国，与韩同星分焉。郑国，今河南之新郑，本高辛氏火正祝融之虚也。及成皋、荥阳，颍川之崇高、阳城，皆郑分也。本周宣王弟友为周司徒，食采于宗周畿内，是为郑……自武公后二十三世，为韩所灭。"

梁国、沛郡主要是宋国故地，而有楚、魏文化的叠加。《汉书·地理志》梁国："睢阳。故宋国，微子所封。"又："宋地，房、心之分野也。今之沛、梁、楚、山阳、济阴、东平及东郡之须昌、寿张，皆宋分也。周封微子于宋，今之睢阳是也，本陶唐氏火正阏伯之虚也……昔尧作游成阳，舜渔雷泽，汤止于亳，故其民犹有先王遗风，重厚多君子，好稼穑，恶衣食，以致畜藏。"宋国后来被楚、魏等国灭亡瓜分，而有其俗。"宋自微子二十余世，至景公灭曹，灭曹后五世亦为齐、楚、魏所灭，参分其地。魏得其梁、陈留，齐得其济阴、东平，楚得其沛。故今之楚彭城，本宋也。"

鲁国主要是少昊、鲁、邾故地，而有楚文化叠加。《汉书·地理志》鲁国："鲁，伯禽所封。""驺，故邾国。曹姓，二十九世为楚所灭。"又："鲁地，奎、娄之分野也。东至东海，南有泗水，至淮，得临淮之下相、睢陵、僮、取虑，皆鲁分也。周兴，以少昊之虚曲阜封周公子伯禽为鲁侯，以为周公主……鲁自文公以后，禄去公室，政在大夫，季氏逐昭公，陵夷微弱，三十四世而为楚所灭。然本大国，故自为分野。"

汝南和沛郡在历史上还是蔡国、滕国故地，而有楚、齐文化叠加。《汉书·地理志》汝南郡："上蔡，故蔡国，周武王弟叔度所封。度放，成王封其子胡。十八世徙新蔡。""新蔡，蔡平侯自蔡徙此，后二世徙下蔡。"又沛郡："下蔡，故州来国，为楚所灭，后吴取之，至夫差迁昭侯于此。后四世侯齐竟为楚所灭。""公丘，侯国。故滕国，周懿王子错叔绣所封，三十一世为齐所灭。"

豫州《全汉文》作者虽然出身多元，但贵族占有明显优势。这主要在于颍川是战国时韩国旧都，沛郡是大汉的龙兴之地。作为韩国旧都，颍川有一批旧贵族和旧官员势力，如韩王信出身王族，张良为韩相之后。作为大汉的龙兴之地，高祖生于此，其子刘盈、兄子刘濞皆在起兵前出生。而萧何、周勃等人攀龙附骥，同兴于沛。《汉书·萧何曹参传》赞曰："萧何、曹参皆起秦刀笔吏，当时碌碌未有奇节。汉兴，依日月之末光，何以信谨守管钥，参与韩信俱征伐。天下既定，因民之疾秦法，顺流与之更始，二人同心，遂安海内。"《汉书·樊郦滕灌傅靳周传》赞曰："樊哙、夏侯婴、灌婴之徒，方其鼓刀仆御贩缯之时，岂自知附骥之尾，勒功帝籍，庆流子孙哉？"

与前述贵族相比，法家多达7人，优势更加突出。这与该州作为南北文化和多种列国文化的交汇地导致的风俗不纯有关，也与秦迁"不轨之民"有关。《史记·货殖列传》："越、楚则有三俗。夫自淮北沛、陈、汝南、南郡，此西楚也。其俗剽轻，易发怒，地薄，寡于积聚。""颍川、南阳，夏人之居也。夏人政尚忠朴，犹有先王之遗风。颍川敦愿。秦末世，迁不轨之民于南阳。南阳西通武关、郧关，东南受汉、江、淮。宛亦一都会也。俗杂好事，业多贾。其任侠，交通颍川，故至今谓之'夏人'。"《汉书·地理志》："秦既灭韩，徙天下不轨之民于南阳，故其俗夸奢，上气力，好商贾渔猎，藏匿难制御也。宛，西通武关，东受江、淮，一都之会也。""南阳好商贾……颍川好争讼分异。""楚地，翼、轸之分野也。今之南郡、江夏、零陵、桂阳、武陵、长沙及汉中、汝南郡，尽楚分也。""汝南之别，皆急疾有气势。"

法家占有优势的另一个原因是韩国历史上的法家思想传统，申不害和韩非尤为著名。《汉书·地理志》："颍川，韩都。士有申子、韩非，刻害余烈，高仕宦，好文法，民以贪遴争讼生分为失。"《汉书·艺文志》："《申子》六篇。名不害，京人，相韩昭侯，终其身诸侯不敢侵韩。""《韩子》五十五篇。名非，韩诸公子，使秦，李斯害而杀之。"《史记·老子韩非列传》："申不害者，京人也，故郑之贱臣。学术以干韩昭侯，昭侯用为相。内修政教，外应诸侯，十五年。终申子之身，国治兵强，无侵韩者。申子之学本于黄老而主刑名。著书二篇，号曰《申子》。""韩非者，韩之诸公子也。喜刑名法术之学，而其归本于黄老。非为人口吃，不能道说，而善著书。与李斯俱事荀卿，斯自以为不如非。非见韩之削弱，数以书谏韩王，韩王不能用。于是韩非疾治国不务修明其法制，执势以御其臣下，富国强兵而以求人任贤，反举浮淫之蠹而加之于功实之上。以为儒者用文乱法，而侠者以武犯禁。宽则宠名誉之人，急则用介胄之士。今者所养非所用，所用非所养。悲廉直不容于邪枉之臣，观往者得失之变，故作《孤愤》《五蠹》《内外储》《说林》《说难》十余万言。"

　　法家占有优势的第三个原因是豫州地方豪强势力太盛，以颍川为甚。武帝时有灌夫宗族，宣帝时有原、褚宗族，哀帝时有赵季、李款，皆横于当地，为害一方，非刑罚不足以治之。《史记·魏其武安侯列传》："灌将军夫者，颍阴人也。""夫不喜文学，好任侠，已然诺。诸所与交通，无非豪桀大猾。家累数千万，食客日数十百人。陂池田园，宗族宾客为权利，横于颍川。颍川儿乃歌之曰：'颍水清，灌氏宁；颍水浊，灌氏族。'"《汉书·赵尹韩张两王传》："（赵广汉）迁颍川太守。郡大姓原、褚宗族横恣，宾客犯为盗贼，前二千石莫能禽制。广汉既至数月，诛原、褚首恶，郡中震栗。先是，颍川豪桀大姓相与为婚姻，吏俗朋党。"又："（韩延寿）徙颍川。颍川多豪强，难治，国家常为选良二千石。"《汉书·何并传》："徙颍川太守……阳翟轻侠赵季、李款多畜宾客，以气力渔食闾里，至奸人妇女，持吏长短，从横郡中。"

　　法家占有优势的第四个原因是地方诸侯王骄纵不法，以梁王为甚。据《汉书·文三王传》记载，梁孝王得赐天子旌旗，从千乘万骑，出称警，入言跸，拟于天子。欲为汉嗣，怨爰盎及议臣，乃与羊胜、公孙诡之属谋，阴使人刺杀爰盎及他议臣十余人。汉遣使冠盖相望于道，复案梁事，捕公孙诡、羊胜，皆匿王后宫。使者责二千石急，梁相轩丘豹及内史安国皆泣谏王，王乃令胜、诡皆自杀。孝王之后，平王襄、共王立也多犯法，以至一日十一犯法："鸿嘉中，太傅辅奏：'立一日至十一犯法，臣下愁苦，莫敢亲近，不可谏止。愿令王，非耕、祠，法驾毋得出宫，尽出马置外苑，收兵杖藏私府，毋得以金钱财物假赐人。'事下丞相、御史，请许。奏可。"梁王如此骄纵，以刑法治梁在所难免，这就是梁相张武所说的"以柱后惠文弹治之"。《汉书·张敞传》："初，敞为京兆尹，而敞弟武拜为梁相。是时，梁王骄贵，民多豪强，号为难治。敞问武：'欲何以治梁？'武敬惮兄，谦不肯言。敞使吏送至关，戒吏自问武。武应曰：'驭黜马者利其衔策，梁国大都，吏民凋敝，且当以柱后惠文弹治之耳。'秦时狱法吏冠柱后惠文，武意欲以刑法治梁。吏还道之，敞笑曰：'审如掾言，武必辨治梁矣。'武既到官，其治有迹，亦能吏也。"

法家在豫州虽然有优势，但又远不及儒家之盛，这是因为该州具有深厚的儒学历史传统，是汉代儒学复兴的主要策源地。

早在西周初年，鲁国就已成为东方周文化的中心。《汉书·地理志》："鲁地，奎、娄之分野也。东至东海，南有泗水，至淮，得临淮之下相、睢陵、僮、取虑，皆鲁分也。周兴，以少昊之虚曲阜封周公子伯禽为鲁侯，以为周公主。其民有圣人之教化，故孔子曰'齐一变至于鲁，鲁一变至于道'，言近正也。"鲁国初建，伯禽"变其俗，革其礼"（《史记·鲁周公世家》）。由于周公辅佐成王，厥功至伟，因此"成王乃命鲁得郊祭文王，鲁有天子礼乐"。由于保存有天子礼乐和典籍，鲁国因此成为东方周文化的中心。西周灭亡，周室东迁，鲁国的这种地位更加突出。《左传》昭公二年（前540）记载，韩宣子来聘，"观《书》于太史氏，见《易象》与《鲁春秋》，曰：'周礼尽在鲁矣。吾今乃知周公之德与周之所以王也。'"

孔子首开私学，传授六经，鲁国作为儒学中心的地位更加坚实。孔子崇尚周礼，敬仰周公，甚至为不梦见周公而感到遗憾。《论语·八佾》子曰："周监于二代，郁郁乎文哉，吾从周。"《论语·述而》子曰："甚矣吾衰也久矣，吾不复梦见周公。"为了复兴周公之业，孔子整理六经，教授弟子，使鲁国成为先秦儒学传播的中心。《汉书·地理志》："孔子闵王道将废，乃修六经，以述唐虞三代之道，弟子受业而通者七十有七人。是以其民好学，上礼义，重廉耻。"《史记·儒林列传》："夫周室衰而《关雎》作，幽厉微而礼乐坏，诸侯恣行，政由强国。故孔子闵王路废而邪道兴，于是论次《诗》《书》，修起礼乐。适齐闻韶，三月不知肉味。自卫返鲁，然后乐正，雅颂各得其所。世以混浊莫能用，是以仲尼干七十余君无所遇，曰'苟有用我者，期月而已矣'。西狩获麟，曰'吾道穷矣'。故因史记作《春秋》，以当王法，其辞微而指博，后世学者多录焉。"鲁地民众好学，学者存录六经，使得鲁国作为儒学中心的地位更加坚实深厚。故《庄子·天下》云："其在于《诗》《书》《礼》《乐》者，邹鲁之士、缙绅先生多能明之。"

　　秦朝焚书，固然是中国学术史上的一大浩劫，但从某种程度上又强化了鲁国作为儒学中心的地位。由于鲁国是儒学中心，孔子的弟子们大多来自这个中心及其附近地区，因此儒学首先在这个中心及其附近地区传播，然后逐渐向周边其他地区扩散，如卫、陈、楚、西河、齐、魏等地。《史记·儒林列传》："自孔子卒后，七十子之徒散游诸侯，大者为师傅卿相，小者友教士大夫，或隐而不见。故子路居卫，子张居陈，澹台子羽居楚，子夏居西河，子贡终于齐。如田子方、段干木、吴起、禽滑釐之属，皆受业于子夏之伦，为王者师。是时独魏文侯好学。后陵迟以至于始皇，天下并争于战国，儒术既绌焉，然齐鲁之间，学者独不废也。于威、宣之际，孟子、荀卿之列，咸遵夫子之业而润色之，以学显于当世。及至秦之季世，焚《诗》《书》，阬术士，六艺从此缺焉。"秦朝焚书以咸阳为中心，使得此中心及其附近地区儒学受到毁灭性的打击，所谓"六艺从此缺焉"。这种影响击虽然也向全国其他地区扩展，但逐渐减弱。鲁国与咸阳距离较远，正处在这种影响减弱的范围之内，儒家典籍和儒家学者得以保存：这无形之中巩固了鲁国作为儒学中心的地位。

　　先秦鲁国作为儒家中心地位的保留和强化，使之成为汉代儒学复兴的主要策源地。《史记·儒林列传》："及高皇帝诛项籍，举兵围鲁，鲁中诸儒尚讲诵习礼乐，弦歌之音不绝，岂非圣人之遗化，好礼乐之国哉？……夫齐鲁之间于文学，自古以来，其天性也。故汉兴，然后诸儒始得修其经艺，讲习大射乡饮之礼。叔孙通作汉礼仪，因为太常，诸生弟子共定者，咸为选首，于是喟然叹兴于学。"历经战国、秦火以及楚汉战争，在大兵围城的危险处境之中，"鲁中诸儒尚讲诵习礼乐"，充分说明鲁国儒学根深柢固，干强枝劲。鲁儒为汉制定朝仪，使高祖知为皇帝之贵，儒学与大一统王朝首次合作成功，为其日后枝繁叶茂、遍地开花的大发展奠定了稳固基础。"自是之后，言《诗》于鲁则申培公，于齐则辕固生，于燕则韩太傅。言《尚书》自济南伏生。言《礼》自鲁高堂生。言《易》自菑川田生。言《春秋》于齐鲁自胡毋生，于赵自董仲舒。"除了燕地《韩诗》，赵地董仲舒《春秋》两派之外，其他《五经》流派都出自齐鲁。齐地儒学是鲁地儒学的自然延伸，因此齐鲁儒学本质上就是鲁地儒学。《五经》主要流派纷纷复出鲁地的事实，说明汉代儒学复兴的主要策源地非鲁莫属。

　　齐鲁儒学的复兴和繁荣，直接导致众多经学者在鲁国出现，如孔鲋、孔臧、孔安国、孔衍、孔光、韦贤、韦玄成、眭弘、朱云等。随着《五经》立于学官，众多齐鲁大师被征召到首都长安为博士，来自全国各地的学生从他们那里接受儒学教育，其中包括来自豫州其他郡国的学生，如沛郡薛广德、唐林，汝南尹更始、翟方进、翟义，颍川孙宝、满昌，梁国平当等。鲁国学者努力明经，不仅实现了自身的社会价值，而且成功将儒学推向全国，从而激发了更多士人的奋斗热情。《汉书·夏侯胜传》："士病不明经术；经术苟明，其取青紫如俯拾地芥耳。"《汉书·韦贤传》："故邹鲁谚曰：'遗子黄金满籝，不如一经。'"正是在这种背景之下，豫州学者和文人纷纷涌现。韦玄成、薛广德、孔光、平当等位至三公，孔鲋、孔臧、孔安国、眭弘、朱云、尹更始、孔衍、孙宝、满昌等位至九卿、守相、博士或其他官职，"天下学士靡然乡风矣"。

第三节 冀州作者分布特点及其原因

冀州出产《全汉文》作者 30 人，是各州平均数的 1.63 倍，在各州作者人数中位居第三。冀州所属郡国中，魏郡出产作者 16 人，巨鹿 4 人，中山 3 人，其他郡国 7 人（表 6-4）：

表 6-4 冀州作者分布表

郡国	人数	前期	中期	后期
魏郡	16		盖宽饶	王禁、王政君、王凤、王音、王立、王仁、王邑、王闳、王谏、王莽、王舜、王临、王宗（元城）、杜邺（繁阳）、尹忠
巨鹿	4		路温舒（东里）	尹赏（杨氏）、张忠、阎崇
中山	3		田仁（苦陉）、刘长（卢奴）、李广利	
赵国	2	新垣平	吾丘寿王	
清河	2			刘佟（信乡）、胡常
信都	1		董仲舒（广川）	
河间	1			刘辅
真定	1	赵佗		
合计	30	2	7	21

　　从表中可见，冀州作者分布特点有三：其一，从分布地区来看，主要集中在魏郡，达16人，超过整个州部一半，比其他7个郡国的总数还多。其二，从分布时期来看，主要集中在后期，达21人，超过前期与中期之和。其三，从作者出身来看，方士、兵家、宗室、外戚、法家、儒家皆有，多元化特点十分明显。

　　方士有新垣平。《汉书·郊祀志》："赵人新垣平以望气见上，言……平又言：'臣候日再中。'居顷之，日却复中。于是始更以十七年为元年，令天下大酺。平言曰：'周鼎亡在泗水中……'"于是文帝使使治庙汾阴南，临河，欲祠出周鼎。"人有上书告平所言皆诈也。下吏治，诛夷平。"

　　兵家有赵佗，秦时谪徙扬越。《史记·南越列传》："南越王尉佗者，真定人也，姓赵氏。秦时已并天下，略定扬越，置桂林、南海、象郡，以谪徙民，与越杂处十三岁。佗，秦时用为南海龙川令。至二世时，南海尉任嚣病且死，召龙川令赵佗。"

　　宗室有刘长、刘辅、刘佟。刘长为哀王刘昌之子、刘胜之孙，刘辅为河间宗室，刘佟为清河纲王之孙。《汉书·武五子传》："时大将军霍光秉政，襃赐燕王钱三千万，益封万三千户。旦怒曰：'我当为帝，何赐也！'遂与宗室中山哀王子刘长、齐孝王孙刘泽等结谋，诈言以武帝时受诏，得职吏事，修武备，备非常。"《汉书·刘辅传》："刘辅，河间宗室人也。举孝廉，为襄贲令。上书言得失，召见，上美其材，擢为谏大夫。"《汉书·王子侯表》新乡侯豹："清河纲王子。（本始四年）四月己丑封，四年薨……侯佟嗣，元始元年上书言王莽宜居摄。莽篡位，赐姓王。"

　　法家有田仁、路温舒、王禁、尹赏等4人。田仁"刺举三河"，官至丞相司直，"掌佐丞相举不法"（《汉书·百官公卿表》）。《史记·田叔列传》记载，田仁为田叔少子，"仁为郎中。数岁，为二千石丞相长史，失官。其后使刺举三河。上东巡，仁奏事有辞，上说，拜为京辅都尉。月余，上迁拜为司直。数岁，坐太子事。时左丞相自将兵，令司直田仁主闭守城门，坐纵太子，下吏诛死。"路温舒少学律令，为狱史，也通《春秋》。《汉书·贾邹枚路传》："父为里监门。使温舒牧羊，温舒取泽中蒲，截以为牒，编用写书。稍习善，求为狱小吏，因学律令，转为狱史，县中疑事皆问焉。太守行县，见而异之，署决曹史。"元后之父王禁少学法律于长安，做过廷尉史。《汉书·元后传》："（王）禁，字稚君，少学法律长安，为廷尉史。"尹赏为酷吏，曾坐残贼免，但并不悔改，反而戒子以勿"软弱"。《汉书·酷吏传》："以郡吏察廉为楼烦长。举茂材，粟邑令。左冯翊薛宣奏赏能治剧，徙为频阳令，坐残贼免……南山群盗起，以赏为右辅都尉，迁执金吾，督大奸猾。三辅吏民甚畏之。数年卒官。疾病且死，戒其诸子曰：'丈夫为吏，正坐残贼免，追思其功效，则复进用矣。一坐软弱不胜任免，终身废弃无有赦时，其羞辱甚于贪污坐臧。慎毋然！'"

儒家有董仲舒、吾丘寿王、盖宽饶、胡常、杜邺、阎崇、张忠、尹忠等8人。董仲舒为《春秋》公羊大师，景帝时已为博士。《汉书·董仲舒传》："少治《春秋》，孝景时为博士。下帷讲诵，弟子传以久次相授业，或莫见其面。盖三年不窥园，其精如此。进退容止，非礼不行，学士皆师尊之。"吾丘寿王从董仲舒受《春秋》，高材通明。《汉书·吾丘寿王传》："年少，以善格五召待诏。诏使从中大夫董仲舒受《春秋》，高材通明。"《汉书·艺文志》儒家："吾丘寿王六篇。"盖宽饶明经为郡文学，后为谏大夫。《汉书·盖宽饶传》："明经为郡文学，以孝廉为郎。举方正，对策高第，迁谏大夫。"胡常明《穀梁春秋》，为博士。《汉书·儒林传》："庸生授清河胡常少子，以明《穀梁春秋》为博士、部刺史，又传《左氏》。"杜邺从张敞子吉学问，应通《左传》。《汉书·杜邺传》："邺少孤，其母张敞女。邺壮，从敞子吉学问，得其家书。以孝廉为郎。"《汉书·儒林传》："汉兴，北平侯张苍及梁太傅贾谊、京兆尹张敞、太中大夫刘公子皆修《春秋左氏传》。"阎崇为定陶王少傅，通《春秋》。《汉书·外戚传》："遂征定陶王立为太子，语在《哀纪》。月余，天子立楚孝王孙景为定陶王，奉恭王后。太子议欲谢，少傅阎崇以为：'《春秋》不以父命废王父命，为人后之礼不得顾私亲，不当谢。'"尹忠、张忠在成帝时皆官至御史大夫，应为儒家。《汉书·成帝纪》建始四年（前29）："冬十月，御史大夫尹忠以河决不忧职，自杀。"《汉书·百官公卿表》建始四年（前29）："十一月壬戌，少府张忠为御史大夫，六年卒。"

外戚人数最多，除元城王禁、王政君、王凤、王音、王立、王仁、王邑、王闳、王谏、王莽、王舜、王临、王宗等13人外，还有李广利。《汉书·李广利传》："李广利，女弟李夫人有宠于上。"《史记·外戚世家》：

"而中山李夫人有宠，有男一人，为昌邑王。李夫人早卒，其兄李延年以音幸，号协律。协律者，故倡也。兄弟皆坐奸，族。是时其长兄广利为贰师将军，伐大宛，不及诛，还，而上既夷李氏，后怜其家，乃封为海西侯。"

冀州作者出身多元，而以外戚、儒家、法家为主的特点，与冀州多种列国文化的积淀交汇、四面受敌的地理位置、注重法治的历史传统、河间经学的繁荣以及元城外戚王氏的勃兴有关。

冀州以赵国文化为主，而有秦、晋、代、中山等国文化遗存。赵国与秦同祖，可以说有与秦文化相似的因素。《史记·赵世家》："赵氏之先，与秦共祖。至中衍，为帝大戊御。其后世蜚廉有子二人，而命其一子曰恶来，事纣，为周所杀，其后为秦。恶来弟曰季胜，其后为赵。"赵国自晋分出，有晋文化遗存，其俗以诈力相倾，矜夸功名。《汉书·地理志》："赵地，昴、毕之分野。赵分晋，得赵国。""太原、上党又多晋公族子孙，以诈力相倾，矜夸功名，报仇过直，嫁取送死奢靡。"赵从晋分出后，不断扩张，至赵襄子元年（前475）而灭代国，其俗好气任侠。《史记·赵世家》："赵襄子元年……襄子姊前为代王夫人。简子既葬，未除服，北登夏屋，请代王。使厨人操铜枓以食代王及从者，行斟，阴令宰人各以枓击杀代王及从官，遂兴兵平代地。"《史记·货殖列传》："种、代，石北也，地边胡，数被寇。人民矜懻忮，好气，任侠为奸，不事农商。然迫近北夷，师旅亟往，中国委输时有奇羡，其民羯羠不均，自全晋之时固已患其僄悍，而武灵王益厉之，其谣俗犹有赵之风也。"惠文王三年（前296），主父（武灵王）灭中山而有之，其俗懁急仰利，男子悲歌忼慨，女子游媚贵富。《史记·赵世家》："（惠文王）二年，主父行新地，遂出代，西遇楼烦王于西河而致其兵。三年，灭中山，迁其王于肤施。"《史记·货殖列传》："中山地薄人众，犹有沙丘纣淫地余民，民俗懁急，仰机利而食。丈夫相聚游戏，悲歌忼慨，起则相随椎剽，休则掘冢作巧奸冶，多美物，为倡优。女子则鼓鸣瑟，跕屣，游媚贵富，入后宫，遍诸侯。"

冀州历史上多种列国文化的积淀交汇，形成了冀州汇聚名、阴阳、儒、法等学派的多元性。名家有公孙龙、毛公，阴阳家有邹衍，皆客于平原君。《史记·平原君列传》："平原君赵胜者，赵之诸公子也。诸子中胜最贤，喜宾客，宾客盖至者数千人。""平原君厚待公孙龙。公孙龙善为坚白之辩，及邹衍过赵言至道，乃绌公孙龙。"《汉书·艺文志》名家："《公孙龙子》十四篇。赵人。""《毛公》九篇。赵人，与公孙龙等并游平原君赵胜家。"又阴阳家："《邹子》四十九篇。名衍，齐人。"儒家有荀子、虞卿。《史记·孟子荀卿列传》："荀卿，赵人。年五十始来游学于齐。"《史记·虞卿列传》："虞卿者，游说之士也。"《汉书·艺文志》春秋家："《虞氏微传》二篇。赵相虞卿。"儒家："《孙卿子》三十三篇。名况，赵人，为齐稷下祭酒。""《虞氏春秋》十五篇。虞卿也。"法家有处子、慎到。《史记·孟子荀卿列传》："自驺衍与齐之稷下先生，如淳于髡、慎到、环渊、接子、田骈、驺奭之徒，各著书言治乱之事，以干世主，岂可胜道哉！""慎到，赵人……故慎到著十二论。"《汉书·艺文志》法家："《处子》九篇。《慎子》四十二篇。名到，先申韩，申韩称之。"

冀州在历史上主要是赵国，南临河、漳，西边秦、韩，东有中山、齐国，北面燕、三胡，所谓四战之地。《战国策·赵策二》载苏秦游说赵王时，言及赵国地理位置曰："当今之时，山东之建国，莫如赵强。赵地方二千里，带甲数十万，车千乘，骑万匹，粟支十年。西有常山，南有河、漳，东有清河，北有燕国。燕固弱国，不足畏也。且秦之所畏害于天下者，莫如赵。然而秦不敢举兵甲而伐赵者，何也？畏韩、魏之议其后也。然则韩、魏，赵之南蔽也。"《史记·赵世家》载赵武灵王自述本国形势时言之甚明："我先王因世之变，以长南藩之地，属阻漳、滏之险，立长城，又取蔺、郭狼，败林人于荏，而功未遂。今中山在我腹心，北有燕，东有胡，西有林胡、楼烦、秦、韩之边，而无强兵之救，是亡社稷，奈何？"又曰："吾国东有河、薄洛之水，与齐、中山同之，无舟楫之用。自常山以至代、上党，东有燕、东胡之境，而西有楼烦、秦、韩之边，今无骑射之备。故寡人无舟楫之用，夹水居之民，将何以守河、薄洛之水；变服骑射，以备燕、三胡、秦、韩之边。"《索隐》："林胡、楼烦、东胡是三胡也。"

由于四面受敌，民风剽悍，因此冀州历来注重变法图强，法治意识突出。早在强晋之时，晋文公就定民作法，随时求功。《汉书·刑法志》："齐桓既没，晋文接之，亦先定其民，作被庐之法，总帅诸侯，迭为盟主。

然其礼已颇僭差，又随时苟合以求欲速之功，故不能充王制。"赵国先祖辅佐晋君，也很注意法治，如赵盾制定常法，赵鞅铸刑鼎著刑书。《左传》文公六年（前621）载赵盾制定常法："宣子于是乎始为国政，制事典，正法罪，辟刑狱，董逋逃，由质要，治旧洿，本秩礼，续常职，出滞淹。既成，以授大傅阳子与大师贾佗，使行诸晋国，以为常法。"《左传》昭公二十九年（前513）："冬，晋赵鞅、荀寅帅师城汝滨，遂赋晋国一鼓铁以铸刑鼎，著范宣子所为刑书焉。"三家分晋之后，赵国君臣秉承晋国和赵氏祖先传统，多能主动变法。据《史记·赵世家》记载，赵烈侯重用牛畜、荀欣、徐越，实施"举贤使能""节财俭用"的革新。"牛畜侍烈侯以仁义，约以王道，烈侯遄然。明日，荀欣侍以选练举贤，任官使能。明日，徐越侍以节财俭用，察度功德。所与无不充，君说……官牛畜为师，荀欣为中尉，徐越为内史。"特别是赵武灵王，主动说服臣下，推行胡服骑射的改革。武灵王思想十分开明，他认为不仅要"随时制法"，而且要"令行为上"："及至三王，随时制法，因事制礼。法度制令各顺其宜，衣服器械各便其用。故礼也不必一道，而便国不必古。""制国有常，利民为本，从政有经，令行为上。"到汉代，冀州盗贼难治，地方官多以杀伐为威。《汉书·地理志》："汉兴，号为难治，常择严猛之将，或任杀伐为威。父兄被诛，子弟怨愤，至告讦刺史二千石，或报杀其亲属。钟、代、石、北，迫近胡寇，民俗懁忮，好气为奸，不事农商，自全晋时，已患其剽悍，而武灵王又益厉之。故冀州之部，盗贼常为它州剧。"

历史上冀州法治传统突出，而汉代初期河间经学却异军突起，这与河间献王刘德有莫大的关系。刘德修学好古，广泛收集先秦旧书，服膺儒术，天下雄俊众儒多从而游。《汉书·景十三王传》："河间献王德以孝景前二年立，修学好古，实事求是。从民得善书，必为好写与之，留其真，加金帛赐以招之。由是四方道术之人不远千里，或有先祖旧书，多奉以奏献王者，故得书多，与汉朝等。……献王所得书皆古文先秦旧书，《周官》《尚书》《礼》《礼记》《孟子》《老子》之属，皆经传说记，七十子之徒所论。其学举六艺，立《毛氏诗》《左氏春秋》博士。修礼乐，被服儒术，造次必于儒者。山东诸儒多从而游。"《西京杂记》卷四："河间王德筑日华宫，置客馆二十余区，以待学士。自奉养不逾宾客。"由于献王的重视，《毛诗》首先在河间立于博士官，毛公成为首位《毛诗》博士。

《汉书·儒林传》："毛公，赵人也。治《诗》，为河间献王博士，授同国贯长卿。"《汉书·艺文志》："又有毛公之学，自谓子夏所传，而河间献王好之，未得立。"河间不仅《诗》学发达，礼乐也很发达。《汉书·艺文志》："武帝时，河间献王好儒，与毛生等共采《周官》及诸子言乐事者，以作《乐记》，献八佾之舞，与制氏不相远。其内史丞王定传之，以授常山王禹。"《汉书·礼乐志》："是时，河间献王有雅材，亦以为治道非礼乐不成，因献所集雅乐。天子下大乐官，常存肄之，岁时以备数，然不常御，常御及郊庙皆非雅声。"《隋书·经籍志》礼家："而汉时有李氏得《周官》。《周官》盖周公所制官政之法，上于河间献王，独阙《冬官》一篇，献王购以千金不得，遂取《考工记》以补其处，合成六篇奏之。"

汉初河间经学异军突起，是冀州学术史上的一件大事。西汉后期魏郡元城外戚王氏勃兴，成为冀州学术史上的另一件大事。据《汉书·元后传》记载："孝元皇后，王莽之姑也。"曾祖王遂，"生贺，字翁孺……翁孺既免，而与东平陵终氏为怨，乃徙魏郡元城委粟里，为三老，魏郡人德之……翁孺生禁，字稚君，少学法律长安，为廷尉史。本始三年，生女政君，即元后也。"元后为元帝生成帝。成帝重用外戚，先后以王凤、王音、王商、王根、王莽辅政，封王谭、王商、王立、王根、王逢时为五侯，加上其他所封，侯者一共十人。哀帝立，王莽避位。平帝立，"太后临朝，委政于莽，莽专威福。"王莽被尊为宰衡。孺子婴立，王莽为摄皇帝，后遂即真。故班彪评曰："及王莽之兴，由孝元后历汉四世为天下母，飨国六十余载，群弟世权，更持国柄，五将十侯，卒成新都。"由于长期把持国柄，王氏势力遍布朝廷和地方。"王氏子弟皆卿大夫侍中诸曹，分据势官满朝廷。""郡国守相刺史皆出其门。"《汉书·楚元王传》所载刘向上书言之最详："今王氏一姓乘朱轮华毂者二十三人，青紫貂蝉充盈幄内，鱼鳞左右。大将军秉事用权，五侯骄奢僭盛，并作威福，击断自恣，行污而寄治，身私而托公。依东宫之尊，假甥舅之亲，以为威重。尚书九卿州牧郡守皆出其门，管执枢机，朋党比周。称誉者登进，忤恨者诛伤，游谈者助之说，执政者为之言。排摈宗室，孤弱公族，其有智能者，尤非毁而不进。远绝宗室之任，不令得给事朝省，恐其与已分权。数称燕王、盖主以疑上心，避讳吕、霍而弗肯称。内有管、蔡之萌，外假周公之论，兄弟据重，宗族盘互。历上古至秦汉，外戚僭贵未有如王氏者也。"由于王氏长期贵盛，分据势官，从而享有发号施令、与政议事的种种权力，多达 13 人因此跻身于《全汉文》作者行列。

第四节　徐州作者分布特点及其原因

徐州出产《全汉文》作者 26 人，是各州平均数的 1.41 倍，在各州作者人数中位居第四。徐州所属郡国中，东海出产作者 11 人，琅邪 6 人，临淮 5 人，楚国 4 人（表 6 - 5）。

表 6 - 5　徐州作者分布表

郡国	人数	前期	中期	后期
东海	11		萧望之（兰陵）、于定国（郯）、严延年（下邳）	萧育、毋将隆（兰陵）、薛宣（郯）、翼奉（下邳）、匡衡（承）、马宫（戚）、申咸、方赏
琅邪	6		王吉（皋虞）	王骏（皋虞）、师丹（东武）、贡禹、诸葛丰、王璜
临淮	5	项羽、刘舍（下相）、韩信、枚乘（淮阴）		韩牧
楚国	4	季布	刘解忧、刘延寿（彭城）	龚胜
合计	26	5	6	15

从表中可见，徐州作者分布特点有三：其一，从分布地区来看，主要集中在东海、琅邪这两个北部郡，达 17 人，相当于整个州的三分之二。其二，从分布时期来看，主要集中在后期，达 15 人，超过前期与中期之和。其三，从作者出身来看，有赋家、水工、宗室、兵家、法家、儒家，多元化特点十分明显。

赋家有枚乘，水工有韩牧。《汉书·枚乘传》："复游梁，梁客皆善属辞赋，乘尤高。"《汉书·艺文志》："枚乘赋九篇。"《汉书·沟洫志》："王莽时，征能治河者以百数，其大略异者……御史临淮韩牧以为"云云。

宗室有刘解忧、刘延寿。《汉书·西域传》下："汉复以楚王戊之孙解忧为公主，妻岑陬。"《汉书·楚元王传》："宣帝即位，延寿以为广陵王胥武帝子，天下有变必得立，阴欲附倚辅助之，故为其后母弟赵何齐取广陵王女为妻。"按刘延寿为楚元王刘交六世孙。

兵家有项羽、刘舍、韩信和季布。《史记·项羽本纪》："初起时，年二十四。其季父项梁，梁父即楚将项燕。"又："诸项氏枝属，汉王皆不诛。乃封项伯为射阳侯。桃侯、平皋侯、玄武侯皆项氏，赐姓刘。"关于桃侯，《集解》引徐广曰："名襄。其子舍为丞相。"《汉书·艺文志》兵家："韩信三篇。"师古曰："淮阴侯。""汉兴，张良、韩信序次兵法，凡百八十二家，删取要用，定著三十五家。"《汉书·季布传》："季布，楚人也，为任侠有名。项籍使将兵，数窘汉王。"

法家有于定国、严延年、方赏、萧育。《汉书·于定国传》："数年，迁水衡都尉，超为廷尉。定国乃迎师学《春秋》，身执经，北面备弟子礼。为人谦恭，尤重经术士，虽卑贱徒步往过，定国皆与钧礼，恩敬甚备，学士咸称焉。其决疑平法，务在哀鳏寡，罪疑从轻，加审慎之心。"《汉书·酷吏传》："其父为丞相掾，延年少学法律丞相府，归为郡史。"《汉书·百官公卿表》建平元年："司隶校尉东海方赏君宾为左冯翊，二年迁。"又建平三年："左冯翊方赏为廷尉，四年徙。"《汉书·萧望之传》："育为人严猛尚威，居官数免，稀迁。少与陈咸、朱博为友，著闻当世。"

儒家最多，达14人，其中匡衡、萧望之、翼奉、师丹善《齐诗》。《汉书·匡衡传》："父世农夫，至衡好学，家贫，庸作以供资用，尤精力过绝人。诸儒为之语曰：'无说《诗》，匡鼎来；匡说《诗》，解人颐。'衡射策甲科，以不应令除为太常掌故，调补平原文学。学者多上书荐衡经明，当世少双。"《汉书·萧望之传》："家世以田为业，至望之，好学。治《齐诗》，事同县后仓且十年。以令诣太常受业，复事同学博士白奇，又从夏侯胜问《论语》《礼服》。京师诸儒称述焉。"《汉书·翼奉传》："治《齐诗》，与萧望之、匡衡同师。三人经术皆明，衡为后进，望之施之政事，而奉惇学不仕，好律历阴阳之占。"《汉书·师丹传》："治《诗》，事匡衡。举孝廉为郎。元帝末，为博士，免。建始中，州举茂材，复补博士。"

贡禹、王吉、龚胜、诸葛丰好学明经。《汉书·贡禹传》："以明经洁行者著闻，征为博士，凉州刺史，病去官。复举贤良为河南令。"《汉书·王吉传》："少好学明经，以郡吏举孝廉为郎，补若庐右丞，迁云阳令。"《汉书·龚胜传》："两龚皆楚人也，胜字君宾，舍字君倩。二人相友，并著名节，故世谓之楚两龚。少皆好学明经，胜为郡吏，舍不仕。"《汉书·诸葛丰传》："以明经为郡文学，名特立刚直。"

此外，王骏、王璜通《易》，马宫治《春秋》，薛宣经术文雅，申咸为博士，毋将隆熟悉儒经。《汉书·王吉传》："初，吉兼通《五经》，能为驺氏《春秋》，以《诗》《论语》教授，好梁丘贺说《易》，令子骏受焉。骏以孝廉为郎。"《汉书·儒林传》："琅邪王璜平中能传之（按指费氏《易》）。璜又传古文《尚书》。"《汉书·马宫传》："治《春秋》严氏，以射策甲科为郎。"《汉书·薛宣传》："其法律任廷尉有余，经术文雅足以谋王体，断国论；身兼数器，有'退食自公'之节。""数月，代张禹为丞相……然官属讥其烦碎无大体，不称贤也。时天子好儒雅，宣经术又浅，上亦轻焉。"又："久之，哀帝初即位，博士申咸给事中，亦东海人也。"《汉书·毋将隆传》："时侍中董贤方贵，上使中黄门发武库兵，前后十辈，送董贤及上乳母王阿舍。隆奏言"云云，是为《奏请收还武库兵器》，其中引《春秋》之义和《论语》之言，应为儒者。

徐州《全汉文》作者出身多元，主要在于该州是南北文化和众多列国文化的交汇地。徐州包括六个郡国，北部琅邪、楚、东海、泗水主要是先秦齐、鲁、宋国故地，南部临淮、广陵主要是先秦吴、楚国故地。

琅邪郡为先秦姜齐、田齐等国故地，其俗多好经术，舒缓阔达。《汉书·地理志》："齐地，虚、危之分野也。东有甾川、东莱、琅邪、高密、胶东，南有泰山、城阳，北有千乘，清河以南，勃海之高乐、高城、重合、阳信，西有济南、平原，皆齐分也。""昔太公始封，周公问：'何以治齐？'太公曰：'举贤而上功。'周公曰：'后世必有篡杀之臣。'其后二十九世为强臣田和所灭，而和自立为齐侯。初，和之先陈公子完有罪来奔齐，齐桓公以为大夫，更称田氏。九世至和而篡齐，至孙威王称王，五世为秦所灭。""初，太公治齐，修道术，尊贤智，赏有功，故至今其土多好经术，矜功名，舒缓阔达而足智。其失夸奢朋党，言与行缪，虚诈不情，急之则离散，缓之则放纵。"二齐文化之外，琅邪还有越、介、莒文化遗存。《汉书·地理志》琅邪郡："琅邪，越王句践尝治此，起馆台。有四时祠。”“黔陬，故介国也。”“计斤，莒子始起此，后徙莒。”

东海郡和泗水国为先秦鲁国故地，而有郯、郳文化遗存，其俗好学上礼义。《汉书·地理志》：“鲁地，奎、娄之分野也。东至东海，南有泗水，至淮，得临淮之下相、睢陵、僮、取虑，皆鲁分也。周兴，以少昊之虚曲阜封周公子伯禽为鲁侯，以为周公主。其民有圣人之教化，故孔子曰‘齐一变至于鲁，鲁一变至于道’，言近正也……孔子闵王道将废，乃修六经，以述唐虞三代之道，弟子受业而通者七十有七人。是以其民好学，上礼义，重廉耻。”又东海郡：“郯，故国，少昊后，盈姓。”“开阳，故鄅国。”“费，故鲁季氏邑。”“缯，故国。禹后。”泗水国本属东海郡，与之同俗。《汉书·地理志》：“泗水国，故东海郡，武帝元鼎四年别为泗水国。”

西汉楚国为先秦宋国故地之一部分，而有古彭祖国、偪阳国文化遗存，其俗重厚勤俭。《汉书·地理志》：“宋地，房、心之分野也。今之沛、梁、楚、山阳、济阴、东平及东郡之须昌、寿张，皆宋分也。周封微子于宋，今之睢阳是也，本陶唐氏火正阏伯之虚也……昔尧作游成阳，舜渔雷泽，汤止于亳，故其民犹有先王遗风，重厚多君子，好稼穑，恶衣食，以致畜藏。”宋国后来被楚、魏等国灭亡瓜分，而有其俗。“宋自微子二十余世，至景公灭曹，灭曹后五世亦为齐、楚、魏所灭，参分其地。魏得其梁、陈留，齐得其济阴、东平，楚得其沛。故今之楚彭城，本宋也。”又楚国：“彭城，古彭祖国。”“傅阳，故偪阳国。”

临淮郡和广陵国为先秦吴国故地，而有徐文化遗存，其俗轻死好勇。《汉书·地理志》：“吴地，斗分野也。今之会稽、九江、丹阳、豫章、庐江、广陵、六安、临淮郡，尽吴分也。”又：“殷道既衰，周太王亶父兴岐梁之地，长子太伯，次曰仲雍，少曰公季。公季有圣子昌，太王欲传国焉。太伯、仲雍辞行采药，遂奔荆蛮……太伯初奔荆蛮，荆蛮归之，号曰句吴。太伯卒，仲雍立，至曾孙周章，而武王克殷，因而封之……夫差诛子胥，用宰嚭，为粤王句践所灭。吴、粤之君皆好勇，故其民至今好用剑，轻死易发。粤既并吴，后六世为楚所灭。”又临淮郡：“徐，故国，盈姓。至春秋时徐子章禹为楚所灭。”

除齐国之外，徐州上述古国在先秦多为楚国所灭或所分，如鲁国、吴国被楚灭，宋国被楚分，因此又有楚文化叠加的影响，被称为东楚，其俗清刻矜诺。《史记·货殖列传》："徐、僮、取虑，则清刻，矜已诺。彭城以东，东海、吴、广陵，此东楚也。其俗类徐、僮。朐、缯以北，俗则齐。"

徐州《全汉文》作者虽然出身多元，但以经学为主，这与该州经学的发达密不可分。而徐州经学的发达，既有历史的渊源，又有汉初特殊的文化际遇。

徐州北部与齐鲁相邻或曾为齐鲁之一部分，具有接受儒学影响的地理优势。儒学大师荀子最后为官、家居、授业、著书于兰陵，使之成为先秦儒学发展的一大中心。《史记·孟子荀卿列传》："荀卿，赵人。年五十始来游学于齐。驺衍之术迂大而闳辩；奭也文具难施；淳于髡久与处；时有得善言。故齐人颂曰：'谈天衍，雕龙奭，炙毂过髡。'田骈之属皆已死齐襄王时，而荀卿最为老师。齐尚修列大夫之缺，而荀卿三为祭酒焉。齐人或谗荀卿，荀卿乃适楚，而春申君以为兰陵令。春申君死而荀卿废，因家兰陵。李斯尝为弟子，已而相秦。荀卿嫉浊世之政，亡国乱君相属，不遂大道而营于巫祝，信機祥，鄙儒小拘，如庄周等又滑稽乱俗，于是推儒、墨、道德之行事兴坏，序列著数万言而卒。因葬兰陵。"荀子虽终于闾巷，然其弟子李斯位极丞相，韩非文动秦王，兰陵荀卿的美名从此传遍天下。《全汉文》卷三十七载刘向《孙卿书录》："春申君死而孙卿废，因家兰陵。李斯尝为弟子，已而相秦，及韩非号韩子，又浮丘伯，皆受业为名儒。""而赵亦有公孙龙，为坚白异同之辨，处子之言；魏有李悝，尽地力之教；楚有尸子、长庐子、芋子：皆著书，然非先王之法也。皆不循孔氏之术，唯孟轲、孙卿为能尊仲尼。兰陵多善为学，盖以孙卿也。长老至今称之曰'兰陵人喜字为卿'，盖以法孙卿也。"兰陵人敬慕荀子而好学，甚至"喜字为卿"，可见荀子影响之大。在汉代，兰陵为东海郡属县，因此荀子在整个东海和徐州的影响是不可估量的。

除兰陵荀卿儒学传统之外，徐州经学发展的另一个因素是汉初楚元王父子好《诗》。元王刘交为高帝少弟，是荀子的二传弟子，与申公等同学。《汉书·儒林传》："申公，鲁人也。少与楚元王交俱事齐人浮丘伯受《诗》。"据《汉书·楚元王传》记载："楚元王交字游，高祖同父少弟也。好书，多材艺。少时尝与鲁穆生、白生、申公俱受《诗》于浮丘伯。伯者，孙卿门人也。及秦焚书，各别去。"刘交好《诗》，且有《诗》传。

"元王好《诗》，诸子皆读《诗》，申公始为《诗》传，号《鲁诗》。元王亦次之《诗》传，号曰《元王诗》，世或有之。"刘交封为楚王后，重用礼敬其同学申公等。"汉六年，既废楚王信，分其地为二国，立（刘）贾为荆王，交为楚王，王薛郡、东海、彭城三十六县，先有功也……元王既至楚，以穆生、白生、申公为中大夫。""初，元王敬礼申公等，穆生不耆酒，元王每置酒，常为穆生设醴。"刘交不仅自己好《诗》，而且重视儿子的《诗》教。《汉书·儒林传》："吕太后时，浮丘伯在长安，楚元王遣子郢与申公俱卒学。"刘郢为楚王后，也尊用申公，令太子学《诗》。"申公为博士，失官，随郢客归，复以为中大夫。"《史记·儒林列传》："已而郢为楚王，令申公傅其太子戊。"其后王戊"不好学"，不久即以叛诛，因此楚国尊儒好《诗》的传统得以一直传承下去。故《黄氏日钞·汉书》曰："交以好学礼贤开国，故戊虽以叛诛，而辟彊、德、向皆世济其美，汉之宗英，于斯为盛。"

在上述因素的作用下，西汉徐州经学十分发达，人才辈出。于定国、匡衡、薛宣、马宫官至丞相，萧望之、王骏、贡禹、师丹至御史大夫。其他如萧育至大鸿胪、执金吾，毋将隆至执金吾，方赏为廷尉，王吉至昌邑中尉，诸葛丰至司隶校尉，龚胜至光禄大夫，翼奉至博士、谏大夫，申咸至博士给事中，王横至大司空掾，韩牧至御史。以上18人，其中8人位至三公。这正如《汉书·地理志》所言："汉兴以来，鲁、东海多至卿相。"

值得一提的是法律出身的于定国，官至廷尉后，也不忘补习经学，北面备弟子礼。《汉书·于定国传》："定国少学法于父，父死，后定国亦为狱史，郡决曹，补廷尉史。以选与御史中丞从事治反者狱，以材高举侍御史，迁御史中丞……定国由是为光禄大夫，平尚书事，甚见任用。数年，迁水衡都尉，超为廷尉。定国乃迎师学《春秋》，身执经，北面备弟子礼。为人谦恭，尤重经术士，虽卑贱徒步往过，定国皆与钧礼，恩敬甚备，学士咸称焉。其决疑平法，务在哀鳏寡，罪疑从轻，加审慎之心。"于定国补习经学，遂为一代名臣，受人称赞。与此形成对比的是严延年，同样学法律，但一味用刑，被称为"屠伯"，不得善终。《汉书·酷吏传》记载：严延年少学法律丞相府，归为郡吏。以选除补御史掾，举侍御史。迁涿郡太守、河南太守。"然疾恶泰甚，中伤者多，尤巧为狱文，善史书，所欲诛杀，奏成于手，中主簿亲近史不得闻知。奏可论死，奄忽如神。冬月，传属县囚，会论府上，流血数里，河南号曰'屠伯'。"严延年用刑刻急，不仅受到友人张敞批评，也受到其母谴责："幸得备郡守，专治千里，不闻仁爱教化，有以全安愚民，顾乘刑罚多刑杀人，欲以立威，岂为民父母意哉!"延年后"坐怨望非谤政治不道弃市"。严延年不得善终，从反面说明了徐州经学发达的必要性，而其母深明大义，也说明了徐州经学发达的广泛性。

第五节　青州作者分布特点及其原因

青州在西汉出产《全汉文》作者18人，大致与各州平均数相当，在各州作者人数中位居第五。所属郡国中，齐郡出产作者11人，其他郡国7人（表6-6）。

表6-6　青州作者分布表

郡国	人数	前期	中期	后期
齐郡	11	淳于意、淳于缇萦、刘襄（临淄）、娄敬、羊胜、公孙诡、邹阳	主父偃、严安（临淄）、齐人延年	刘京（广饶）
千乘	2		兒宽	欧阳地余
菑川	2		公孙弘、邹长倩	
济南	1		终军	
平原	1		东方朔（厌次）	
高密	1			郑崇
合计	18	7	8	3

从表中可见，青州作者分布很不均衡。从分布地区来看，主要集中在齐郡，达11人，超过其他五郡总数。从分布时期来看，主要集中在前期和中期，后期明显下降，与整个西汉文章时态分布前少中多后盛的特点相背。从作者出身来看，有宗室、戍卒、医者、列女、水工、杂家、纵横家、儒家，多元化特征十分明显。

宗室有齐哀王刘襄、广饶侯刘京。刘襄为悼惠王刘肥子，第二代齐王。刘京为第三代广饶侯，其祖刘国为菑川靖王子。

其他如娄敬为戍卒，淳于意为医者，淳于缇萦为列女，齐人延年为水工，东方朔为杂家。《史记·刘敬列传》："刘敬者，齐人也。汉五年，戍陇西，过洛阳，高帝在焉。娄敬脱挽辂，衣其羊裘，见齐人虞将军。"《史记·仓公列传》："自意少时，喜医药，医药方试之多不验者。至高后八年，得见师临菑元里公乘阳庆。""文帝四年中，人上书言意，以刑罪当传西之长安。意有五女，随而泣。意怒，骂曰：'生子不生男，缓急无可使者！'于是少女缇萦伤父之言，乃随父西。上书曰……书闻，上悲其意，此岁中亦除肉刑法。"《汉书·沟洫志》："是时方事匈奴，兴功利，言便宜者甚众。齐人延年上书言"云云。《汉书·东方朔传》赞曰："然朔名过实者，以其诙达多端，不名一行，应谐似优，不穷似智，正谏似直，秽德似隐……其滑稽之雄乎！朔之诙谐，逢占射覆，其事浮浅，行于众庶，童儿牧竖莫不眩耀。而后世好事者，因取奇言怪语附着之朔，故详录焉。"《汉书·艺文志》杂家："东方朔二十篇。"

以上六类出身较少，除宗室 2 人外，其他都只有 1 人。出身较多的是纵横家，有主父偃、严安、邹阳 3 人。《史记·主父偃列传》："学长短纵横之术，晚乃学《易》《春秋》百家言。游齐诸生间，莫能厚遇也。齐诸儒生相与排摈，不容于齐。家贫，假贷无所得，乃北游燕、赵、中山，皆莫能厚遇，为客甚困。孝武元光元年中，以为诸侯莫足游者，乃西入关见卫将军。"《汉书·艺文志》纵横家："主父偃二十八篇。"《汉书·严安传》："以故丞相史上书，曰"云云。《汉书·艺文志》纵横家："庄安一篇。"《汉书·邹阳传》："邹阳，齐人也。汉兴，诸侯王皆自治民聘贤。吴王濞招致四方游士，阳与吴严忌、枚乘等俱仕吴，皆以文辩著名。"《汉书·艺文志》纵横家："邹阳七篇。"以上 3 人之外，羊胜、公孙诡可能也是纵横者。《史记·梁孝王世家》："齐人羊胜、公孙诡、邹阳之属。公孙诡多奇邪计，初见王，赐千金，官至中尉，梁号之曰公孙将军。"《汉书·艺文志》未言羊胜、公孙诡何家，但既与邹阳并列，同为齐人，可能也是纵横者。

不过出身最多的还是儒家，有公孙弘、儿宽、邹长倩、欧阳地余、终军、郑崇 6 人。《史记·平津侯列传》："（公孙弘）少时为薛狱吏，有罪，免。家贫，牧豕海上。年四十余，乃学《春秋》杂说。"《史记·儒林列传》："胡毋生，齐人也。孝景时为博士，以老归教授。齐之言《春秋》

者多受胡毋生，公孙弘亦颇受焉。"《汉书·儿宽传》："治《尚书》，事欧阳生。以郡国选诣博士，受业孔安国。贫无资用，尝为弟子都养。时行赁作，带经而锄，休息辄读诵，其精如此。"公孙弘、儿宽皆位至三公，其他三人，邹长倩官职不详，终军为谏大夫，欧阳地余为博士。《西京杂记》卷五："公孙弘以元光五年为国士所推，上为贤良。国人邹长倩以其家贫，少自资致，乃解衣裳以衣之，释所著冠履以与之，又赠以刍一束、素丝一襚、扑满一枚，书题遗之曰"云云，可能也是儒者。《汉书·终军传》："（终军）少好学，以辩博能属文闻于郡中。年十八，选为博士弟子。至府受遣。"《汉书·艺文志》儒家："终军八篇。"《汉书·儒林传》："欧阳生字和伯，千乘人也，事伏生。"曾孙高，"高孙地余长宾以太子中庶子授太子，后为博士，论石渠。"《汉书·郑崇传》："崇少为郡文学史，至丞相大车属。"

青州作者出身多元而以儒家、纵横家为主的特点，主要在于其独特的地理位置和齐国悠久的历史文化传统。

青州为古齐地，地理位置极其优越，西阻黄河，南有泰山，东北负海，所谓四塞之国。《汉书·地理志》："齐地，虚、危之分野也。东有淄川、东莱、琅邪、高密、胶东，南有泰山、城阳，北有千乘、清河以南，勃海之高乐、高城、重合、阳信，西有济南、平原，皆齐分也。"《战国策·齐策一》载苏秦说齐宣王语曰："齐南有太山，东有琅邪，西有清河，北有渤海，此所谓四塞之国也……即有军役，未尝倍太山、绝清河、涉渤海也。"这种优越的地理位置，到了汉代依然如故，与关中"西秦"并列而称为"东秦"。《汉书·高帝纪》载高帝擒韩信之后，田肯贺上语："夫齐，东有琅邪、即墨之饶，南有泰山之固，西有浊河之限，北有勃海之利，地方二千里，持戟百万，县隔千里之外，齐得十二焉。此东西秦也。非亲子弟，莫可使王齐者。"

齐国始封君太公推行"因俗富民"之国策，一改齐地国贫民少之旧局。《史记·齐太公世家》："太公至国，修政，因其俗，简其礼，通商工之业，便鱼盐之利，而人民多归齐，齐为大国。"《汉书·地理志》："至周成王时，薄姑氏与四国共作乱，成王灭之，以封师尚父，是为太公。《诗风》齐国是也。临淄名营丘……太公以齐地负海舄卤，少五谷而人民寡，乃劝以女工之业，通鱼盐之利，而人物辐凑。"其后桓公重用管仲，继续推行富国强兵、与俗同好恶之政策。《汉书·地理志》："后十四世，桓公用管仲，设轻重以富国，合诸侯成伯功，身在陪臣而取三归。故其俗弥侈，织作冰纨绮绣纯丽之物，号为冠带衣履天下。"《史记·管晏列传》："管仲既任政相齐，以区区之齐在海滨，通货积财，富国强兵，与俗同好恶。故其书称曰：'仓廪实而知礼节，衣食足而知荣辱。上服度则六亲固，四维不张，国乃灭亡。下令犹流水之原，令顺人心。'故论卑而易行。俗之所欲，因而予之；俗之所否，因而去之。'其为政也，善因祸而为福，转败而为功。贵轻重，慎权衡……管仲卒，齐国遵其政，常强于诸侯。"其后的田氏，也靠施惠于民而得众心。《史记·田敬仲完世家》："田釐子乞事齐景公为大夫，其收赋税于民，以小斗受之，其禀予民以大斗，行阴德于民，而景公弗禁。由此田氏得齐众心，宗族益强，民思田氏。"田氏代齐之后，实际上继承了姜氏之政，因此齐国继续富强，人民安乐。《战国策·齐策一》："齐地方二千里，带甲数十万，粟如丘山。齐车之良，五家之兵，疾如锥矢，战如雷电，解如风雨。即有军役，未尝倍太山、绝清河、涉渤海也。临淄之中七万户，臣窃度之，户三男子，三七二十一万，不待发于远县，而临淄之卒，固以二十一万矣。临淄甚富而实，其民无不吹竽鼓瑟、击筑弹琴、斗鸡走犬、六博蹹踘者。临淄之途，车毂击，人肩摩，连衽成帷，举袂成幕，挥汗成雨。家敦而富，志高而扬。"

　　齐地长期"因其俗，简其礼"的国策，体现在人才选用方面，就是不拘一格，举贤上功。《汉书·地理志》："昔太公始封，周公问'何以治齐？'太公曰：'举贤而上功。'"这种人才政策重结果成效，轻过程方式，对人才约束性较小，有利于各种人才、各种思想竞相涌现，稷下之学因此盛极一时。《史记·田敬仲完世家》："宣王喜文学游说之士，自如驺衍、淳于髡、田骈、接予、慎到、环渊之徒七十六人，皆赐列第，为上大夫，不治而议论。是以齐稷下学士复盛，且数百千人。"据《史记·孟子荀卿列传》记载："自驺衍与齐之稷下先生，如淳于髡、慎到、环渊、接子、田骈、驺奭之徒，各著书言治乱之事，以干世主，岂可胜道哉！""淳于髡，齐人也。博闻强记，学无所主。""慎到，赵人。田骈、接子，齐人。环渊，楚人。皆学黄老道德之术，因发明序其指意。故慎到著十二论，环渊著上下篇，而田骈、接子皆有所论焉。驺奭者，齐诸驺子，亦颇采驺衍之术以纪文。于是齐王嘉之，自如淳于髡以下，皆命曰列大夫，为开第康庄之衢，高门大屋，尊宠之。览天下诸侯宾客，言齐能致天下贤士也。"《正义》曰："《慎子》十卷，在法家，则战国时处士。《接子》二篇。《田子》二十五篇，齐人，游稷下，号'天口'。接、田二人，道家。《驺奭》十二篇，阴阳家。"加上同传前后的孟子和荀子，可知稷下学术流派至少有五家：儒家有孟子、荀子，道家有田骈、接子、环渊，法家有慎到，杂家有淳于髡，阴阳家有驺衍、驺奭。

这种学派纷呈的情形，正体现了齐地足智好议、宽缓包容的学风。《史记·货殖列传》："故泰山之阳则鲁，其阴则齐。齐带山海，膏壤千里，宜桑麻，人民多文彩布帛鱼盐。临菑亦海岱之间一都会也。其俗宽缓阔达，而足智，好议论。地重，难动摇，怯于众斗，勇于持刺，故多劫人者，大国之风也。其中具五民。"这种风气一直延续到汉代，《汉书·地理志》评之为"足智虚诈"："初太公治齐，修道术，尊贤智，赏有功，故至今其土多好经术，矜功名，舒缓阔达而足智。其失夸奢朋党，言与行缪，虚诈不情，急之则离散，缓之则放纵。"作为齐人，邹阳也承认齐人"多辩知"。《汉书·贾邹枚路传》邹阳曰："邹鲁守经学，齐楚多辩知，韩魏时有奇节。"褚少孙也认为"齐地多变诈"。《史记·三王世家》褚补："齐地多变诈，不习于礼义。"

由于相对封闭的地理位置和长期"因俗简礼"的历史文化传统，青州作者雍容大度，自信多智，从而形成《全汉文》青州作者出身多元而以儒家、纵横家为主的特征。

第六节　兖州作者分布特点及其原因

兖州出产《全汉文》作者18人，大致与各州平均数相当，在各州作者人数中位居第五，与青州并列。兖州所属郡国中，山阳出产作者6人，济阴3人，陈留3人，淮阳3人，其他郡3人（表6-7）。

从表中可见，兖州作者分布比较均衡。其一，从分布地区来看相对均衡，主要集中在山阳、济阴这两个中部郡，但陈留、淮阳、泰山、东郡也有分布，只有城阳、东平没有出产作者。其二，从分布时期来看也相对均衡，三个时期都有分布，只是中期和后期多一些，而这也是整个西汉时态分布的特点。其三，从作者出身来看，有宗室、外戚、说客、方士、道家、兵家、法家、儒家，多样化特征十分明显。

表6-7　兖州作者分布表

郡国	人数（人）	前期	中期	后期
山阳	6	吕雉（单父）	刘贺（昌邑）、龚遂（南平阳）	许嘉、许皇后（昌邑）、陈汤（瑕丘）
济阴	3		魏相（定陶）、谬忌（薄县）	刘欣（定陶）
陈留	3	郦食其（雍丘）、陈余（浚仪）	韩安国（成安）	
淮阳	3		黄霸（阳夏）、郑当时（陈县）	彭宣（阳夏）
泰山	2		郑昌（刚）	王章（巨平）
东郡	1			京房（顿丘）
合计	18	3	8	7

宗室有昌邑王刘贺和定陶王刘欣，外戚有吕雉、成帝许皇后及其父许嘉，自不待言。说客有郦食其，方士有谬忌。《史记·郦食其列传》："好读书，家贫落魄，无以为衣食业，为里监门吏。"《汉书·郊祀志》："亳人谬忌奏祠泰一方，曰……于是，天子令太祝立其祠长安城东南郊，常奉祠如忌方。"如淳曰："亳亦薄也，下所谓薄忌也。"道家有郑当时，兵家有陈汤。《汉书·郑当时传》："当时以任侠自喜，脱张羽于厄，声闻梁楚间。孝景时，为太子舍人。每五日洗沐，常置驿马长安诸郊，请谢宾客，夜以继日，至明旦，常恐不遍。当时好黄老言，其慕长者，如恐不称。"《汉书·陈汤传》："少好书，博达善属文。家贫丐贷无节，不为州里所称。西至长安求官，得太官献食丞。"后出西域，诛郅支单于，威震天下。法家出身有韩安国和黄霸。《史记·韩长孺列传》："（韩安国）尝受《韩子》、杂家说于驺田生所。事梁孝王为中大夫。"吴楚反时，"张羽力战，安国持重，以故吴不能过梁。"《汉书·循吏传》："以豪杰役使徙云陵。（黄）霸少学律令，喜为吏。"

当然最多的还是儒生，有陈余、魏相、龚遂、京房、郑昌、王章、彭宣7人。《史记·张耳陈余列传》："（陈余）好儒术。"《汉书·魏相传》："少学《易》，为郡卒吏。"《汉书·循吏传》："（龚遂）以明经为官。"《汉书·京房传》:"治《易》,事梁人焦延寿。"《汉书·郑弘传》:"(郑弘)兄昌字次卿,亦好学,皆明经,通法律政事。"《汉书·王章传》:"少以文学为官,稍迁至谏大夫。""初,章为诸生学长安。"《汉书·彭宣传》:"治《易》,事张禹,举为博士。"

兖州作者分布均衡、出身多元的特点,主要在于其四通八达的地理位置和多种列国文化的积淀交汇。

在西汉,兖州主要指黄河与济水之间的广阔地区。《汉书·地理志》:"济、河惟兖州。"师古曰:"言此州东南据济水,西北距河。"它是中原与齐鲁、燕赵与吴越的交汇地,交通四通八达,位置极为重要。如济阴郡定陶,被范蠡认为是"天下之中"。《史记·越王勾践世家》:"(范蠡)止于陶,以为此天下之中,交易有无之路通,为生可以致富矣。于是自谓陶朱公。复约要父子耕畜,废居,候时转物,逐什一之利。居无何,则致赀累巨万。天下称陶朱公。"《集解》引徐广曰:"今之济阴定陶。"陈留为"天下之冲",兵家必争之地。《史记·郦生列传》:"夫陈留,天下之冲,四通五达之郊也。""陈留者,天下之据冲也,兵之会地也。"陈留所辖浚仪县,"故大梁",战国时魏都,被张仪认为是"四分五裂之道"。《史记·张仪列传》载张仪复说魏王曰:"魏地方不至千里,卒不过三十万。地四平,诸侯四通辐凑,无名山大川之限。从郑至梁二百余里,车驰人走,不待力而至。梁南与楚境,西与韩境,北与赵境,东与齐境,卒戍四方,守亭鄣者不下十万。梁之地势,固战场也。梁南与楚而不与齐,则齐攻其东;东与齐而不与赵,则赵攻其北;不合于韩,则韩攻其西;不亲于楚,则楚攻其南:此所谓四分五裂之道也。"淮阳治陈,地处"楚夏之交",也很重要。《史记·货殖列传》:"陈在楚夏之交,通鱼盐之货,其民多贾。"《史记·魏其武安列传》:"今上初即位,以为淮阳天下交,劲兵处。"《史记·汲郑列传》:"上以为淮阳,楚地之郊。"

兖州不仅地理四通八达,还具有悠久的列国文化汇聚。在历史上,兖州主要是宋国故地,而宋为商后,因此宋地兼有商周文化特征。《汉书·地理志》记载:"宋地,房、心之分野也。今之沛、梁、楚、山阳、济阴、东平及东郡之须昌、寿张,皆宋分也。周封微子于宋,今之睢阳是也,本陶唐氏火正阏伯之虚也……昔尧作游成阳,舜渔雷泽,汤止于亳,故其民犹有先王遗风,重厚多君子,好稼穑,恶衣食,以致畜藏。"后来宋被魏、齐、楚灭亡瓜分，又染其俗。"宋自微子二十余世，至景公灭曹，灭曹后五世亦为齐、楚、魏所灭，参分其地。魏得其梁、陈留，齐得其济阴、东平，楚得其沛。故今之楚彭城，本宋也。《春秋》经曰'围宋彭城'。宋虽灭，本大国，故自为分野。"

兖州不仅是宋、魏、齐、楚文化的交汇地，还有卫文化的遗存。《汉书·地理志》："卫地，营室、东壁之分野也。今之东郡及魏郡黎阳，河内之野王、朝歌，皆卫分也……成公后十余世，为韩、魏所侵，尽亡其旁邑，独有濮阳。后秦灭濮阳，置东郡，徙之于野王。始皇既并天下，犹独置卫君，二世时乃废为庶人。凡四十世，九百年，最后绝，故独为分野。卫地有桑间濮上之阻，男女亦亟聚会，声色生焉，故俗称郑卫之音。周末有子路、夏育，民人慕之，故其俗刚武，上气力。汉兴，二千石治者亦以杀戮为威。宣帝时韩延寿为东郡太守，承圣恩，崇礼义，尊谏争，至今东郡号善为吏，延寿之化也。其失颇奢靡，嫁取送死过度，而野王好气任侠，有濮上风。"

此外，兖州还有曹、杞、陈的文化遗存。曹为周武王弟叔振铎封国。《汉书·地理志》济阴郡："定陶，故曹国，周武王弟叔振铎所封。《禹贡》陶丘在西南。"又："济阴定陶，《诗风》曹国也。武王封弟叔振铎于曹，其后稍大，得山阳、陈留，二十余世为宋所灭。"杞为禹后东楼公封国。《汉书·地理志》陈留郡："雍丘，故杞国也，周武王封禹后东楼公。先春秋时徙鲁东北，二十一世简公为楚所灭。"陈为舜后胡公封国。《汉书·地理志》淮阳国："陈，故国，舜后胡公所封，为楚所灭。楚顷襄王自郢徙此。"又："陈国，今淮阳之地。陈本太昊之虚，周武王封舜后妫满于陈，是为胡公，妻以元女大姬。妇人尊贵，好祭祀，用史巫，故其俗巫鬼……吴札闻陈之歌，曰：'国亡主，其能久乎！'自胡公后二十三世为楚所灭。陈虽属楚，于天文自若其故。"

由于四通八达的地理位置和多种列国文化的积淀交汇，兖州作者开放包容，接触各种文化和信息的途径都非常方便快捷，从而形成该州《全汉文》作者分布均衡、出身多元的特点。

第七节　益州作者分布特点及其原因

益州出产《全汉文》作者10人，虽然低于各州平均数，但在南方各州作者人数中最多。且蜀郡出产作者 6 人，大大高于全国郡国 4.36 人的平均数，故须略加分析。总的说来，益州作者分布很不均衡。从分布地区来看，主要集中在蜀郡，达 6 人，超过其他 4 郡总数。从分布时期来看，主要集中在中期和后期（表 6 - 8）。

表 6 - 8　益州作者分布表

郡国	人数	前期	中期	后期
蜀郡	6		司马相如（成都）、卓文君（临邛）	严遵、扬雄（成都）、何武（郫县）、张匡
犍为	1		王褒（资中）	
巴郡	1			谯玄（阆中）
汉中	1		张骞（成固）	
广汉	1			哀章（梓潼）
合计	10	0	4	6

从作者出身来看，有列女、使者、方士、道家、小学、杂家、赋家、儒家，多元化特征十分明显。

列女有卓文君，使者有张骞。《史记·司马相如列传》："临邛中多富人，而卓王孙家僮八百人……是时卓王孙有女文君新寡，好音。"《史记·货殖列传》："蜀卓氏之先，赵人也，用铁冶富。"《史记·大宛列传》："张骞，汉中人。建元中为郎。是时天子问匈奴降者，皆言匈奴破月氏王，以其头为饮器，月氏遁逃而常怨仇匈奴，无与共击之。汉方欲事灭胡，闻此言，因欲通使。道必更匈奴中，乃募能使者。骞以郎应募，使月氏，与堂邑氏胡奴甘父俱出陇西。"

方士有哀章，道家有严遵。《汉书·王莽传》："梓潼人哀章学问长安，素无行，好为大言。见莽居摄，即作铜匮，为两检，署其一曰'天帝行玺金匮图'，其一署曰'赤帝行玺某传予黄帝金策书'。某者，高皇帝名也。书言王莽为真天子，皇太后如天命。图书皆书莽大臣八人，又取令名王兴、王盛，章因自窜姓名，凡为十一人，皆署官爵，为辅佐。章闻齐井、石牛事下，即日昏时，衣黄衣，持匮至高庙，以付仆射。"《汉书·王贡两龚鲍传》："其后谷口有郑子真，蜀有严君平……君平卜筮于成都市，以为：'卜筮者贱业，而可以惠众人。有邪恶非正之问，则依蓍龟为言利害。与人子言依于孝，与人弟言依于顺，与人臣言依于忠。各因势导之以善，从吾言者，已过半矣。'裁日阅数人，得百钱足自养，则闭肆下帘而授《老子》。博览亡不通，依老子、严周之指，著书十万余言。"

小学有司马相如、扬雄，杂家有司马相如。《汉书·艺文志》小学家："《凡将》一篇。"本注："司马相如作。"又："扬雄《苍颉训纂》一篇。"《汉书·艺文志》杂家："《荆轲论》五篇。"本注："轲为燕刺秦王，不成而死，司马相如等论之。"

赋家有司马相如、扬雄、王褒。《史记·司马相如列传》："相如既学，慕蔺相如之为人，更名相如。以赀为郎，事孝景帝，为武骑常侍，非其好也。会景帝不好辞赋，是时梁孝王来朝，从游说之士齐人邹阳、淮阴枚乘、吴庄忌夫子之徒，相如见而悦之，因病免，客游梁。梁孝王令与诸生同舍。"《汉书·艺文志》赋家："司马相如赋二十九篇。"《汉书·扬雄传》："雄少而好学，不为章句，训诂通而已，博览无所不见……顾尝好辞赋。先是时，蜀有司马相如，作赋甚弘丽温雅，雄心壮之，每作赋，常拟之以为式。"《汉书·艺文志》赋家："扬雄赋十二篇。"《汉书·王褒传》："褒既为刺史作颂，又作其传。益州刺史因奏褒有轶材。上乃征褒。既至，诏褒为圣主得贤臣颂其意。褒对曰"云云。"是时，上颇好神仙，故褒对及之。上令褒与张子侨等并待诏，数从褒等放猎，所幸宫馆，辄为歌颂，第其高下，以差赐帛。议者多以为淫靡不急，上曰：'不有博弈乎，为之犹贤乎已！辞赋大者与古诗同义，小者辩丽可喜。辟如女工有绮縠，音乐有郑卫，今世俗犹皆以此为虞说耳目，辞赋比之，尚有仁义风谕，鸟兽草木多闻之观，贤于倡优博弈远矣。'"《汉书·艺文志》赋家："王褒赋十六篇。"

儒家有扬雄、何武、张匡、谯玄。扬雄为大儒，多著述。《汉书·艺文志》儒家："扬雄所序三十八篇。"本注："《太玄》十九，《法言》十三，《乐》四，《箴》二。"何武学于太学，后举四行。《汉书·王褒传》："时氾乡侯何武为僮子，选在歌中。久之，武等学长安，歌太学下，转而上闻。宣帝召见武等观之，皆赐帛，谓曰：'此盛德之事，吾何足以当之！'""光禄勋举四行，迁为鄂令，坐法免归。"《汉书·王商传》记载：丞相王商与王凤不和，"会日有蚀之，太中大夫蜀郡张匡，其人佞巧，上书愿对近臣陈日蚀咎。下朝者左将军丹等问匡，对曰"云云。据师古注，张匡对文中两引《易经》，一引逸《书》，应为儒者。谯玄能说《易》《春秋》。《后汉书·独行列传》："谯玄字君黄，巴郡阆中人也。少好学，能说《易》《春秋》。仕于州郡。成帝永始二年，有日食之灾，乃诏举敦朴逊让有行义者各一人。州举玄，诣公车，对策高第，拜议郎。"

益州作者分布不均、出身多元的特点，主要在于巴蜀四塞的地理特点和悠久的历史传统，使巴蜀文化具有开放包容和独立滞后的双重特质。

益州的主体是巴蜀，南滇西邛，东楚北秦，封闭四塞。《史记·货殖列传》："巴蜀亦沃野，地饶卮、姜、丹沙、石、铜、铁、竹、木之器。南御滇僰，僰僮；西近邛笮，笮马、旄牛。然四塞，栈道千里，无所不通，唯褒斜绾毂其口，以所多易所鲜。"尽管地理封闭，但巴蜀物产丰富，自古号称天府。《华阳国志·蜀志》："其地东接于巴，南接于越，北与秦分，西奄峨嶓。地称天府，原曰华阳。"《汉书·地理志》："巴、蜀、广汉本南夷，秦并以为郡，土地肥美，有江水沃野，山林竹木疏食果实之饶。南贾滇、僰僮，西近邛、莋马旄牛。民食稻鱼，亡凶年忧，俗不愁苦，而轻易淫泆，柔弱褊院。"李冰治水之后，成都平原沃野千里，不知饥馑。《华阳国志·蜀志》："冰乃壅江作堋。穿郫江、检江，别支流，双过郡下，以行舟船。岷山多梓、柏、大竹，颓随水流，坐致材木，功省用饶。又溉灌三郡，开稻田。于是蜀沃野千里，号为陆海。旱则引水浸润，雨则杜塞水门，故记曰：'水旱从人，不知饥馑。'时无荒年，天下谓之天府也。"

巴蜀虽然四塞，但自上古以来就与外界有交流，并不保守封闭。黄帝之子昌意自北而来，娶蜀女，生帝喾，其后裔封于蜀。《华阳国志·蜀志》："蜀之为国，肇于人皇，与巴同囿。至黄帝，为其子昌意娶蜀山氏之女，生子高阳，是为帝喾。封其支庶于蜀，世为侯伯。历夏、商、周，武王伐纣，蜀与焉。"《史记·五帝本纪》："嫘祖为黄帝正妃，生二子，其二曰昌意，降居若水。昌意娶蜀山氏女，曰昌仆，生高阳，高阳有圣德焉。"蚕丛、鱼凫之后，望帝杜宇自南方朱提（今云南昭通）来王。《太平御览》卷八八八引《蜀王本纪》："蜀王之先名蚕丛，后代名曰柏濩，后者名鱼凫。此三代各数百岁，皆神化不死，其民亦颇随王化去。王猎至湔山，便仙去，今庙祀之于湔。时蜀民稀少。后有一男子名曰杜宇，从天堕止朱提；有一女子名利，从江源地井中出，为杜宇妻。宇自立为蜀王，号曰望帝。治汶山下，邑郫，化民往往复出。"而鳖灵开明从东方楚地来，治水受禅。《太平御览》卷八八八引《蜀王本纪》："望帝积百余岁，荆有一人名鳖灵，其尸亡去，荆人求之不得。鳖灵尸至蜀，复生，蜀王以为相。时玉山出水，若尧之洪水，望帝不能治水，使鳖灵决玉山，民得陆处。鳖灵治水去后，望帝与其妻通。帝自以薄德不如鳖灵，委国授鳖灵而去，如尧之禅舜。鳖灵即位，号曰开明。"

来自外地的王侯，为巴蜀历史披上了一层神秘的面纱。而来自外地的迁客，则为巴蜀经济增加了浓厚的工商和娱乐色彩。周慎王五年（前316），秦灭巴蜀，之后长期向该地移民。《史记·项羽本纪》："巴蜀道险，秦之迁人皆居蜀。"《华阳国志·蜀志》："周赧王元年，秦惠王封子通国为蜀侯，以陈壮为相。置巴、蜀郡，以张若为蜀守。戎伯尚强，乃移秦民万家实之。"《史记·吕不韦列传》："秦王恐其为变，乃赐文信侯书曰：'君何功于秦？秦封君河南，食十万户。君何亲于秦？号称仲父。其与家属徙处蜀！'"如果说秦国迁人促进了巴蜀政治和社会的稳定，那么灭六国之后迁徙卓氏、程郑等东方豪富则促进了巴蜀工商的发展，特别是冶铁业的发展。《华阳国志·蜀志》："然秦惠文、始皇，克定六国，辄徙其豪侠于蜀。"《史记·货殖列传》："蜀卓氏之先，赵人也，用铁冶富。秦破赵，迁卓氏。卓氏见虏略，独夫妻推辇，行诣迁处。诸迁虏少有余财，争与吏，求近处，处葭萌。唯卓氏曰：'此地狭薄。吾闻汶山之下，沃野，下有蹲鸱，至死不饥。民工于市，易贾。'乃求远迁。致之临邛，大喜，即铁山鼓铸，运筹策，倾滇蜀之民，富至僮千人。田池射猎之乐，拟于人君。程郑，山东迁虏也，亦冶铸，贾椎髻之民，富埒卓氏，俱居临邛。"工商的发展，极大地繁荣了巴蜀的经济，也促进了娱乐生活的丰富和奢侈。《华阳国志·蜀志》："资我丰土，家有盐铜之利，户专山川之材，居给人足，以富相尚。故工商致结驷连骑，豪族服王侯美衣，娶嫁设太牢之厨膳，归女有百两之徒车，送葬必高坟瓦椁，祭奠而羊豕夕牲，赠襚兼加，赠赙过礼，此其所失。原其由来，染秦化故也。若卓王孙家僮千数，程、郑各八百人，而郄公从禽，巷无行人。箫鼓歌吹，击钟肆悬，富侔公室，豪过田文。汉家食货，以为称首。盖亦地沃土丰，奢侈不期而至也。"

对于外来的王侯和迁客，巴蜀都敞开怀抱，坦然接受；对于外来的先进文化，巴蜀更是笃信慕循。《汉书·地理志》："景、武间文翁为蜀守，教民读书法令，未能笃信道德，反以好文刺讥，贵慕权势。及司马相如游宦京师诸侯，以文辞显于世，乡党慕循其迹。后有王褒、严遵、扬雄之徒，文章冠天下。由文翁倡其教，相如为之师，故孔子曰'有教亡类'。"文翁来自南楚庐江，而他向巴蜀传播的经学来自东方鲁国。经学出身的他，本可以亲自授学。然而授人以鱼，不如授人以渔。因此他选派学员到京师学习，学成归来后委以重任，兴办学校，从而为经学在蜀地生生不息的发展奠定了坚实的基础。据《汉书·循吏传》记载："文翁，庐江舒人也。少好学，通《春秋》，以郡县吏察举。景帝末，为蜀郡守，仁爱好教化。见蜀地辟陋有蛮夷风，文翁欲诱进之，乃选郡县小吏开敏有材者张叔等十余人，亲自饬厉，遣诣京师，受业博士，或学律令。减省少府用度，买刀布蜀物，赍计吏以遗博士。数岁，蜀生皆成就还归，文翁以为右职，用次察举，官有至郡守刺史者。又修起学官于成都市中，招下县子弟以为学官弟子，为除更繇，高者以补郡县吏，次为孝弟力田。常选学官僮子，使在便坐受事。每出行县，益从学官诸生明经饬行者与俱，使传教令，出入闺阁。县邑吏民见而荣之，数年，争欲为学官弟子，富人至出钱以求之。由是大化，蜀地学于京师者比齐鲁焉。至武帝时，乃令天下郡国皆立学校官，自文翁为之始云。"《华阳国志·蜀志》也有类似记载："孝文帝末年，以庐江文翁为蜀守。穿湔江口，溉灌郫繁田千七百顷。是时世平道治，民物阜康，承秦之后，学校陵夷，俗好文刻。翁乃立学，选吏子弟就学。遣隽士张叔等十八人东诣博士，受七经，还以教授。学徒鳞萃，蜀学比于齐鲁。巴、汉亦立文学。孝景帝嘉之，令天下郡国皆立文学。因翁倡其教，蜀为之始也。"对于文翁的贡献，蜀人感恩不已，"岁时祭祀不绝"。《汉书·循吏传》："文翁终于蜀，吏民为立祠堂，岁时祭祀不绝。至今巴蜀好文雅，文翁之化也。"

综上所述，益州巴蜀四塞的地理特点和悠久的历史传统，使得巴蜀文化具有开放包容和独立滞后的双重特质。一方面，由于封闭落后，因此益州人对外来事物好奇欢迎，虚心学习。于是张骞勇闯西域；司马相如入梁游学；何武学长安，歌太学；扬雄博览无所不见，至京为郎，自奏少不得学，愿三年观书于石渠，不受俸禄（《答刘歆书》）。这种开放包容的学习态度，也使他们学习广泛，不拘一家。因此司马相如是赋家而兼小学家、杂家；扬雄赋家兼儒家、小学家。而严遵别学老庄，哀章别学图谶。另一方面，由于封闭四塞，不易受外界干扰，因此益州人独立自主性较强，不从流俗。相如以景帝不好辞赋，去而游梁；卓文君夜奔相如，惊世骇俗；扬雄恬于势利，三世不徙官。由于独立自主性较强，有时也不免守旧滞后，这集中体现在扬雄的拟古。《汉书·扬雄传》："实好古而乐道，其意欲求文章成名于后世。以为经莫大于《易》，故作《太玄》；传莫大于《论语》，作《法言》；史篇莫善于《仓颉》，作《训纂》；箴莫善于《虞箴》，作《州箴》；赋莫深于《离骚》，反而广之；辞莫丽于相如，作四赋：皆斟酌其本，相与放依而驰骋云。"

第八节 扬州作者分布特点及其原因

扬州出产作者10人，低于各州平均数，但在南方各州作者人数中与益州并列第一。且会稽出产作者6人，高于全国郡国4.36人的平均数，故须略加分析。总的说来，扬州作者分布也不均衡。从分布地区来看，主要集中在会稽郡，达6人。从分布时期来看，主要集中在中期（表6-9）。

表6-9 扬州作者分布表

郡国	人数	前期	中期	后期
会稽	6	薄昭、严忌（吴）	严助（吴）、郑吉、余善（冶）	郑朋
九江	4		刘安、庄芷（寿春）、番系	梅福（寿春）
合计	10	2	6	2

从作者出身来看，有赋家、儒家、杂家、兵家、外戚等，而以赋家为多，最有特色。

外戚有薄昭，兵家有郑吉，杂家有刘安。《汉书·外戚传》："高祖薄姬，文帝母也。父吴人。"文帝立，"尊太后为皇太后，封弟昭为轵侯。"《汉书·郑吉传》："以卒伍从军，数出西域，由是为郎。吉为人强执，习外国事。自张骞通西域，李广利征伐之后，初置校尉，屯田渠犁。至宣帝时，吉以侍郎田渠犁，积谷，因发诸国兵攻破车师，迁卫司马，使护鄯善以西南道。""吉既破车师，降日逐，威震西域，遂并护车师以西北道，故号都护。都护之置自吉始焉。"后封安远侯。"吉于是中西域而立莫府，治乌垒城，镇抚诸国，诛伐怀集之。汉之号令班西域矣，始自张骞而成于郑吉。"《汉书·淮南王传》："招致宾客方术之士数千人，作为《内书》二十一篇，《外书》甚众，又有《中篇》八卷，言神仙黄白之术，亦二十余万言。"《汉书·艺文志》杂家："《淮南内》二十一篇。"本注："王安。" "《淮南外》三十三篇。"

儒家有严助、梅福、郑朋。严助有儒家论著，梅福有长安太学经历。《汉书·艺文志》儒家："庄助四篇。"《汉书·梅福传》："少学长安，明《尚书》《穀梁春秋》，为郡文学，补南昌尉。后去官归寿春，数因县道上言变事，求假轺传，诣行在所条对急政，辄报罢……福居家，常以读书养性为事。"《汉书·萧望之传》："望之、堪数荐名儒茂材以备谏官。会稽郑朋阴欲附望之，上疏言车骑将军高遣客为奸利郡国，及言许、史子弟罪过。章视周堪，堪白令朋待诏金马门。朋奏记望之曰……望之见纳朋，接待以意。朋数称述望之，短车骑将军，言许、史过失。"既然萧望之、周堪所荐为"名儒茂材"，郑朋亦当为儒者。

赋家有严忌、严助、刘安。《楚辞》卷十四："《哀时命》者，严夫子之所作也。夫子名忌，与司马相如俱好辞赋，客游于梁，梁孝王甚奇重之。忌哀屈原受性忠贞，不遭明君而遇暗世，斐然作辞，叹而述之，故曰《哀时命》也。"《汉书·艺文志》赋家："庄夫子赋二十四篇。名忌，吴人。"《汉书·严助传》："郡举贤良，对策百余人，武帝善助对，由是独擢助为中大夫。"《汉书·艺文志》赋家："严助赋三十五篇。"以上二人为东楚吴人，刘安则为南楚人。《史记·淮南列传》："淮南王安为人好读书鼓琴，不喜弋猎狗马驰骋，亦欲以行阴德拊循百姓，流誉天下。"《汉书·艺文志》歌诗家："淮南歌诗四篇。"赋家："淮南王赋八十二篇。"

扬州作者出身多元而以赋家为主的特点，主要在于扬州水路四达的地理特点和历史上多重文化叠加的结果，使得扬州文化具有开放包容和辞风先盛的特点。

扬州位于中国东南，地理位置特殊，北界淮河，东南临海，西通荆楚。《尚书·禹贡》："淮海惟扬州。"在西汉，扬州包括会稽、九江、丹阳、豫章、庐江、六安六郡。《汉书·地理志》："吴地，斗分野也。今之会稽、九江、丹阳、豫章、庐江、广陵、六安、临淮郡，尽吴分也。"扬州尽擅江海湖泊之利，物产丰富。《史记·货殖列传》："楚越之地，地广人希，饭稻羹鱼，或火耕而水耨。果隋嬴蛤，不待贾而足。地势饶食，无饥馑之患，以故呰窳偷生，无积聚而多贫。是故江淮以南，无冻饿之人，亦无千金之家。"《汉书·地理志》："吴东有海盐章山之铜，三江五湖之利，亦江东之一都会也。"由于物产丰富，吴王刘濞时竟然免除了老百姓的赋税。《史记·吴王濞列传》："会孝惠、高后时，天下初定，郡国诸侯各务自拊循其民。吴有豫章郡铜山，濞则招致天下亡命者盗铸钱，煮海水为盐，以故无赋，国用富饶。"

在先秦，扬州先后为吴国、越国、楚国，都是外来者所建立的政权。吴国之先，是来自西北的周人。《汉书·地理志》："殷道既衰，周太王亶父兴岐梁之地，长子太伯，次曰仲雍，少曰公季。公季有圣子昌，太王欲传国焉。太伯、仲雍辞行采药，遂奔荆蛮。公季嗣位，至昌为西伯，受命而王……太伯初奔荆蛮，荆蛮归之，号曰句吴。太伯卒，仲雍立，至曾孙周章，而武王克殷，因而封之。"吴国后来被越国所灭，而越人之先，为夏人之后。《史记·越王句践世家》："越王句践，其先禹之苗裔，而夏后帝少康之庶子也。封于会稽，以奉守禹之祀。文身断发，披草莱而邑焉。"越国灭吴，后被西方的楚国所灭，而楚国又被西北的秦国所灭。《汉书·地理志》："粤既并吴，后六世为楚所灭。后秦又击楚，徙寿春，至子为秦所灭。"

扬州这些政权本自外来，因此多能主动接纳外来人才。《史记·货殖列传》："夫吴自阖庐、春申、王濞三人招致天下之喜游子弟，东有海盐之饶，章山之铜，三江五湖之利，亦江东一都会也。"吴王阖庐重用孙武、伍子胥等人，称霸中原。楚国春申君招致宾客，名列战国四大公子。《史记·春申君列传》："春申君因城故吴墟，以自为都邑。春申君既相楚，是时齐有孟尝君，赵有平原君，魏有信陵君，方争下士，招致宾客，以相倾夺，辅国持权。"到汉代，吴王刘濞广招游士，淮南王刘安阴结宾客。《汉书·邹阳传》："邹阳，齐人也。汉兴，诸侯王皆自治民聘贤。吴王濞招致四方游士，阳与吴严忌、枚乘等俱仕吴，皆以文辩著名。"《史记·淮南列传》："（刘安）阴结宾客，拊循百姓，为畔逆事。"《索隐》："《淮南要略》云安养士数千，高材者八人，苏非、李尚、左吴、陈由、伍被、毛周、雷被、晋昌，号曰八公也。"为了留住外地人才，淮南王刘安甚至采取了"异国中民女"的措施。《汉书·地理志》:"初淮南王异国中民家有女者,以待游士而妻之,故至今多女而少男。"

扬州对外来人才的接受,必然导致对外来文化的接受。尽管吴政权、越政权和楚政权本质上是外来的,但长期的发展,又使它们本土化了。而政权的更替,必然导致文化的叠加,使后来者居上。因此到汉初,影响最大者无疑是楚文化,特别是其中的《楚辞》。《楚辞》创自屈原,产生于楚国。随着楚灭吴越和楚国迁都寿春,《楚辞》也流传到寿春、吴县一带,并发展为汉赋。《史记·屈原列传》:"屈原既死之后,楚有宋玉、唐勒、景差之徒者,皆好辞而以赋见称。然皆祖屈原之从容辞令,终莫敢直谏。"《汉书·地理志》:"始楚贤臣屈原被谗放流,作《离骚》诸赋以自伤悼。后有宋玉、唐勒之属慕而述之,皆以显名。汉兴,高祖王兄子濞于吴,招致天下之娱游子弟,枚乘、邹阳、严夫子之徒兴于文景之际。而淮南王安亦都寿春,招宾客著书。而吴有严助、朱买臣,贵显汉朝,文辞并发,故世传《楚辞》。"上述文人之中,严忌、严助是吴人,刘安是寿春人,都是本地成长起来的辞赋人才,说明《楚辞》文化已实现在扬州的本土化。到宣帝时,还有九江被公能诵读《楚辞》。《汉书·王褒传》:"宣帝时修武帝故事,讲论六艺群书,博尽奇异之好,征能为《楚辞》九江被公,召见诵读,益召高材刘向、张子侨、华龙、柳褒等待诏金马门。"

第七章 《全汉文》作品创作地分布

《全汉文》辑录文章 1445 篇，应考篇目为 1432 篇。前述第一章编年统计表中列入 1383 篇，已系地 1376 篇，占应考篇数的 96.1%；另外张博《报谢淮阳王》《复遗淮阳王书》《报淮阳王》，孙禁《治河方略》，许商《驳孙禁开笃马河方略》，平当《奏求治河策》，刘立《闻翟义举兵上书》7 篇未系地。加上编年统计表未统计的 49 篇，未系地者一共 56 篇，占 3.9%。除匈奴和西域作者 29 篇之外，西汉十三州出产作品 1347 篇，平均每州 103.62 篇（表 7－1）。

表 7－1　各州作品分布表

排名	州部	篇数（篇）	占比（%）	与外州平均数之比	与全国平均数之比
1	司隶	1168	86.71	78.28	11.27
2	豫州	34	2.52	2.28	0.33
3	兖州	28	2.08	1.88	0.27
4	凉州	19	1.41	1.27	0.18
5	青州	17	1.26	1.14	0.16
6	益州	15	1.11	1.01	0.14
7	徐州	13	0.97	0.87	0.13
8	扬州	11	0.82	0.74	0.11
9	荆州	10	0.74	0.67	0.10
9	幽州	10	0.74	0.67	0.10
10	并州	9	0.67	0.60	0.09
11	冀州	8	0.59	0.54	0.08
12	交州	5	0.37	0.34	0.05
外州	小计	179	平均	14.92	
全国	合计	1347	平均	103.62	
	匈奴和西域	29			
总计		1376			

尽管每州都有作品分布，但分布极不平衡。表现之一，各州与全国平均数之比差距巨大，司隶最高超过 11 倍，交州只有 1/20，最高值 1168 篇与最低值 5 篇之间相差 233 倍。前述作者籍贯统计表中（详表 6－1），各州与平均数之比相差也较大，但司隶部最高为 3.2 倍，交州最低为 0.16 倍，最高值 59 人与最低值 3 人之间相差 19.7 倍。表现之二，在全国平均数以上的只有司隶一部，达到 1168 篇，在全国比重超过八成。其他十二州 179 篇，在全国比重不到二成。前述作者籍贯统计表中，接近或达到全国平均数的有司隶、豫州、冀州、徐州、青州、兖州等六州。其中司隶作者 59 人，占全国比重不到三成。这两组数据都说明，《全汉文》创作地高度集中于京师所在的司隶部。

由于《全汉文》创作地高度集中，因此另外十二州有必要相对独立考察。这十二州出产作品 179 篇，平均各州 14.92 篇。在此平均数以上的有豫州、兖州、凉州、青州、益州五州。下面重点分析司隶和这五州作品的分布情况。

第一节　司隶作品分布

司隶出产《全汉文》作品 1168 篇，是全国平均数的 11.27 倍。在全国各州中出产作品最多，比其他十二州总数 179 篇还多 989 篇。司隶包括京兆、扶风、冯翊、河南、河东、河内、弘农七郡，统计表明（表 7－2），京兆出产作品 1095 篇，其他郡通常 2～25 篇，河内没有作品出产，因此郡间差距悬殊。

表 7－2　司隶作品分布表

排名	郡	篇数（篇）	全国比重（%）	大县	篇数（篇）	全国比重（%）
1	京兆	1095	81.29	长安	1085	80.50
2	冯翊	25	1.86	云阳	21	1.56
3	河南	20	1.48	洛阳	18	1.34
4	扶风	19	1.41	茂陵	10	0.74
5	河东	7	0.52	汾阴	4	0.30

排名	郡	篇数（篇）	全国比重（%）	大县	篇数（篇）	全国比重（%）
6	弘农	2	0.15			
7	河内	0	0			
	合计	1168				
备注	非长安作品 83 篇					

京兆辖十二县，其中长安出产作品 1085 篇，其他县只有 12 篇，差距同样悬殊。西汉全国县邑 1587 个，其他 1586 个县邑出产作品只有 264 篇。而长安一县出产 1085 篇，占了全国总数 1347 篇中的 80.5%，是所有其他县邑的 4.1 倍。因此司隶和京兆出产作品最多，主要归功于长安。《全汉文》创作地的高度集中，实际上是长安作为创作地的高度集中。之所以如此，主要在于长安是西汉的首都，以及由此产生的首都效应：文化优势和作者身份优势。

一 长安的文化优势

首先需要指出的是，长安并不是西汉的第一个首都，其前有南郑、栎阳、洛阳三个临时首都。西汉之初，本都汉中南郑。《史记·项羽本纪》汉元年（前 206）："立沛公为汉王，王巴、蜀、汉中，都南郑。"高祖还定三秦，移都栎阳，后属左冯翊。《汉书·高帝纪》二年（前 205）："汉王还归，都栎阳……六月，汉王还栎阳。"汉五年（前 202）灭楚，天下大定，都洛阳。《汉书·高帝纪》五年："帝乃西都洛阳。夏五月，兵皆罢归家。"同年因娄敬建策，移都关中。《史记·高祖本纪》五年："高祖欲长都洛阳。齐人刘敬说，及留侯劝上入都关中，高祖是日驾，入都关中。"《史记·刘敬列传》："刘敬者，齐人也。汉五年，戍陇西，过洛阳，高帝在焉。娄敬脱挽辂，衣其羊裘，见齐人虞将军曰：'臣愿见上言便事。'……于是虞将军入言上。上召入见，赐食。已而问娄敬，娄敬说曰……上疑未能决。及留侯明言入关便，即日车驾西都关中。"由于关中残破，高祖入都关中只能暂居原来的栎阳，直到七年。《汉书·高帝纪》七年："二月，至长安……自栎阳徙都长安。"因此长安是西汉的第四个首都，也是最后一个首都。由于历时最久，实际成为西汉的正式首都；其他三个则属于临时首都。

　　长安始建于高帝五年（前202），完成于惠帝五年（前190），历经十三年。《汉书·地理志》："长安，高帝五年置。惠帝元年初城，六年成。"长安作为首都，由丞相萧何主持修建，但具体工作由少府阳城延负责。《汉书·高惠高后文功臣表》："梧齐侯阳城延，以军匠从起郑，入汉，后为少府，作长乐、未央宫，筑长安城先就，侯。（高后元年）四月乙酉封，六年薨。"《汉书·百官公卿表》高帝五年："军正阳咸延为少府，二十一年卒。"可见从高帝五年到高后六年（前202～前182）期间，阳城延一直担任少府，主持修建皇宫及长安城。据《汉书·惠帝纪》，元年、三年和五年有过三次大规模的修建，周回六十五里的长安城终于完工。《三辅黄图》卷一记载汉长安城："汉之故都，高祖七年方修长安宫城，自栎阳徙居此城，本秦离宫也。初置长安城，本狭小，至惠帝更筑之。按惠帝元年正月，初城长安。三年春，发长安六百里内男女十四万六千人，三十日罢。城高三丈五尺，下阔一丈五尺，六月发徒隶二万人常役。至五年，复发十四万五千人，三十日乃罢。九月城成，高三丈五尺，下阔一丈五尺，上阔九尺，雉高三坂，周回六十五里。城南为南斗形，北为北斗形，至今人呼汉京城为斗城是也。"

　　巨大的长安城，不仅为《全汉文》众多作者提供了广阔的创作场所，还为之提供了丰富的藏书场所，如天禄、石渠阁等。《三辅黄图》卷六："石渠阁，萧何造。其下砻石为渠以导水，若今御沟，因为阁名。所藏入关所得秦之图籍，至于成帝，又于此藏秘书焉。天禄阁，藏典籍之所。《汉宫殿疏》云：'天禄、麒麟阁，萧何造，以藏秘书、处贤才也。'"《三辅故事》曰："石渠阁在未央宫殿北，藏秘书之所。"天禄阁是著名的藏书地，刘歆、扬雄等先后于此校书。《隋书·经籍志》载："向卒后，哀帝使其子歆嗣父之业。乃徙温室中书于天禄阁上。歆遂总括群篇，撮其指要，著为《七略》。"《汉书·扬雄传》："时雄校书天禄阁上。"石渠阁不仅是藏书处，也是讲学处。《汉书·宣帝纪》甘露三年："诏诸儒讲《五经》同异，太子太傅萧望之等平奏其议，上亲称制临决焉。乃立梁丘《易》、大小夏侯《尚书》《穀梁春秋》博士。"《汉书·艺文志》书家："《议奏》四十二篇，宣帝时石渠论。"韦昭曰："阁名也，于此论书。"天禄、石渠的盛事，令东汉班固赞叹不已。《后汉书·班固列传》载《西都赋》曰:"又有天禄石渠,典籍之府,命夫谆诲故老,名儒师傅,讲论乎六艺,稽合乎同异。"其实西汉藏书设施不止天禄、石渠两处,还有不少其他场所。《汉书·艺文志》:"于是建藏书之策,置写书之官,下及诸子传说,皆充秘府。"如淳曰:"刘歆《七略》曰:'外则有太常、太史、博士之藏,内则有延阁、广内、秘室之府。'"

巨大的长安城还建有承明庐、金马门等专门的著作场所。《后汉书·班固列传》载《西都赋》曰:"又有承明金马,著作之庭,大雅宏达,于兹为群,元元本本,周见洽闻,启发篇章,校理秘文。"李贤注:"承明,殿前之庐也。金马,署名也。门有铜马,故名金马门,待诏者皆居之。"按承明庐在未央宫中,石渠阁外,是皇帝侍从值宿处。《汉书·严助传》:"君厌承明之庐,劳侍从之事。"张晏曰:"承明庐在石渠阁外。直宿所止曰庐。"承明庐是侍从值宿所,金马门则是待诏之所。《汉书·东方朔传》:"上大笑,因使待诏金马门,稍得亲近。"《史记·滑稽列传》褚补:"金马门者,宦者署门也,门傍有铜马,故谓之曰金马门。"按《三辅黄图》卷三:"金马门,宦者署。武帝得大宛马,以铜铸像,立于署门,因以为名。东方朔、主父偃、严安、徐乐,皆待诏金马门,即此。"《汉书·王褒传》:"益召高材刘向、张子侨、华龙、柳褒等待诏金马门。"《汉书·刘向传》:"是时,宣帝循武帝故事,招选名儒俊材置左右。更生以通达能属文辞,与王褒、张子侨等并进对,献赋颂凡数十篇。"不论侍从还是待诏,都为皇帝顾问咨询服务。这种服务当然包括言对,但更多的还是文对,因此承明庐、金马门自然就成了侍从、待诏者的著作之所。

长安还设有博士官和全国最高学府太学,几乎集中了当时全国最优秀的学者,于是长安很快成为全国新的教育和学术中心。博士本秦官,掌通古今,原来并不限于《五经》。赵岐《孟子题辞》:"孝文皇帝欲广游学之路,《论语》《孝经》《孟子》《尔雅》,皆置博士。后罢传记博士,独立《五经》而已。"从武帝建元五年(前136)开始,博士官设置始限《五经》。《汉书·武帝纪》:"(建元)五年春……置《五经》博士。"《汉书·儒林传》赞曰:"初,《书》唯有欧阳,《礼》后,《易》杨,《春秋》公羊而已。至孝宣世,复立大小夏侯《尚书》,大小戴《礼》,施、孟、梁丘《易》,《穀梁春秋》。至元帝世,复立《京氏易》。

平帝时,又立《左氏春秋》《毛诗》、逸《礼》、古文《尚书》,所以网罗遗失,兼而存之,是在其中矣。"武帝之前《诗》鲁、齐、韩三家已立为博士,故武帝新立唯四家。宣、元增立之后,《五经》博士增至十四家:《易》施、孟、梁丘、京四家,《书》欧阳、大小夏侯三家,《诗》鲁、齐、韩三家,《礼》大小戴二家,《春秋》严、颜二家①。上述十四家成为官方认可的经学派别之后,博士官通常从各学派最优秀的学者中选拔产生。"如贡禹以明经洁行著闻,征为博士。韦贤号邹鲁大儒,征为博士。夏侯胜为学精熟,善为礼服,征为博士。高诩世传《鲁诗》,以信行清操知名,征为博士。总之,都是以学术著称,而被征召。"② 各学派最优秀的学者汇聚京师,使长安很快成为继齐鲁之后新的教育和学术中心。

由此长安成为全国最佳的求学胜地。一方面,按照国家的规定,正式的太学生即博士弟子应选来此求学。《汉书·武帝纪》元朔五年(前124):"丞相弘请为博士置弟子员,学者益广。"博士弟子的设立,是汉代太学的开端。《后汉书·徐防列传》:"博征儒术,开置太学。"李贤注:"武帝时开学官,置博士弟子员也。"据《汉书·儒林传》,博士弟子员额不断增多,武帝时博士弟子五十人,昭帝时百人,宣帝末两百人,元帝时一千人。众多博士弟子齐聚长安,学成为官,进一步提高了长安在学子们心中作为学而优则仕的理想圣地。另一方面,众多非正式的博士弟子和其他学生也齐聚长安。有的出于地方长官自觉,如吕后时楚元王和景帝时蜀守文翁。《汉书·儒林传》:"吕太后时,浮丘伯在长安,楚元王遣子郢与申公俱卒学。"《汉书·循吏传》记载:"文翁,庐江舒人也。少好学,通《春秋》,以郡县吏察举。景帝末,为蜀郡守,仁爱好教化。见蜀地辟陋有蛮夷风,文翁欲诱进之,乃选郡县小吏开敏有材者张叔等十余人,亲自饬厉,遣诣京师,受业博士,或学律令。减省少府用度,买刀布蜀物,赍计吏以遗博士。"有的出于个人自觉,如于定国和翟方进。《汉书·于定国传》:"定国少学法于父……超为廷尉。定国乃迎师学《春秋》,身执经,北面备弟子礼。"《汉书·翟方进传》:"(方进)因病归家,辞其后母,欲

---

①　(清)皮锡瑞著,周予同注释《经学历史》,中华书局,2004,第45页。
②　俞启定主编《中国教育通史》(秦汉卷),北京师范大学出版社,2013,第147页。

西至京师受经。母怜其幼，随之长安，织屦以给方进读，经博士受《春秋》。积十余年，经学明习，徒众日广，诸儒称之。"值得注意的是，翟方进在求学期间就已招徒众，可见长安求学者之多和由此导致的师资短缺程度。

二 长安作者的身份优势

不过，长安之所以成为《全汉文》最集中的创作地，最重要的原因在于它是全国中央政府所在地，是全国高级官员最多和最集中的地方。皇帝和高级官员在这里日常办公，商讨决策国家大事，形诸文件，上传下达，推动大汉国家机器有效运转。这些文件，成为国家档案，有些后来被记入史书或其他典籍，成为《全汉文》最主要的来源。统计《全汉文》长安部分作品的作者身份（表7-3），可以直观地看到这一点。

表7-3 长安作品作者身份统计表

门类	篇数（篇）	比重（%）	类型	篇数（篇）	部门系统	篇数（篇）	比重（%）
帝后	493	45.44	皇帝	360		360	33.18
			皇太子	1		1	0.09
			太后	53		53	4.88
			新莽	79		79	7.28
中央官员	563	51.89	三公	178	丞相	84	7.74
					太尉	58	5.35
					御史	36	3.32
			九卿	233	太常	23	2.12
					郎中令	156	14.38
					卫尉	1	0.09
					太仆	3	0.28
					廷尉	11	1.01
					大鸿胪	11	1.01
					大司农	11	1.01
					少府	15	1.38
					执金吾	2	0.18

续表

门类	篇数（篇）	比重（%）	类型	篇数（篇）	部门系统	篇数（篇）	比重（%）
中央官员			其他朝官	152	上公上卿	13	1.20
					太子傅	7	0.65
					詹事	7	0.65
					典属国	2	0.18
					三辅	19	1.75
					司隶校尉	9	0.83
					中垒校尉	7	0.65
					长水校尉	1	0.09
					后妃	9	0.83
					宗室	4	0.37
					朝臣	41	3.78
					故官	5	0.46
					待诏贤良	21	1.94
					不详	7	0.65
地方官员	13	1.20			诸侯王	3	0.28
					刺史	1	0.09
					郡国吏	5	0.46
					县吏	2	0.18
					都护	2	0.18
庶人	10	0.92				10	0.92
其他	4	0.37				4	0.37
匈奴和西域	2	0.18				2	0.18
合计	1085					1085	

说明：表中各系统包括属官。

从上表可知，帝后文章493篇，中央官员文章563篇，两者合计1056篇，占《全汉文》长安部分作品总数1085篇的97.3%，占司隶部分作品总数1168篇的90.4%，占全国总数1347篇的78.4%。而地方官员和庶人作品合计23篇，占《全汉文》长安部分作品比重仅为2.1%，在司隶和全国的比重更低。因此可以说，《全汉文》作者文章的多少，基本上与其身份地位的高低成正比，是他们官职身份显赫程度的某种体现。

在各种身份之中，皇帝的身份无疑是最显赫最尊贵的。皇帝之名，源于秦始皇自尊。《史记·秦始皇本纪》二十六年诏曰："去泰，著皇，采上古帝位号，号曰皇帝。"《汉书·百官公卿表》："秦兼天下，建皇帝之号。"张晏曰："五帝自以德不及三皇，故自去其皇号。三王又以德不及五帝，自损称王。秦自以德褒二行，故兼称之。"皇帝之名集上古三皇与五帝之尊之美，成为最尊贵的名号。蔡邕《独断》："皇帝，至尊之称。皇者，煌也，盛德煌煌，无所不照。帝者，谛也，能行天道，事天审谛，故称皇帝。"《春秋繁露·三代改制质文》："德侔天地者称皇帝，天佑而子之，号称天子。"由于皇帝最尊贵，因此又享有各种专称。《独断》："汉天子正号曰皇帝，自称曰朕，臣民称之曰陛下。其言曰制诏，史官记事曰上，车马衣服器械百物曰乘舆，所在曰行在所，所居曰禁中，后曰省中。印曰玺，所至曰幸，所进曰御。"

皇帝尽管享有各种美名专称，但最终还是要做实事，为民父母，治理国家。《汉书·鲍宣传》："上为皇天子，下为黎庶父母，为天牧养元元。"治国理政，制定发布诏令是一种有效的方式。《独断》："其命令，一曰策书，二曰制书，三曰诏书，四曰戒书。"《文心雕龙·诏策》："皇帝御宇，其言也神，渊嘿黼扆，而响盈四表，唯诏策乎……汉初定仪则，则命有四品：一曰策书，二曰制书，三曰诏书，四曰戒敕。敕戒州部，诏诰百官，制施赦命，策封王侯。"州郡百官、庶民王侯，都是诏令颁发的对象，因此皇帝的作品最多，达到360篇。皇帝年幼时，太后称制，实际上代行皇帝权力，其文章与皇帝文章同称诏令，有53篇。新莽虽短祚不义，然宰制天下十多年，其文亦为诏令，有79篇。三者合计493篇（含哀帝为太子时1篇），比中央任何一个部门系统的文章都多。如三公系统178篇，九卿系统233篇，都不到帝后文章的一半。

丞相、太尉、御史大夫，号称三公，是仅次于皇帝的尊贵身份。《汉书·百官公卿表》："相国、丞相，皆秦官，金印紫绶，掌丞天子助理万机。""太尉，秦官，金印紫绶，掌武事。""御史大夫，秦官，位上卿，银印青绶，掌副丞相。"三公地位尊贵，很受皇帝礼遇。《汉书·翟方进传》："《春秋》之义，尊上公谓之宰，海内无不统焉。丞相进见圣主，御坐为起，在舆为下。"师古注曰："《汉旧仪》云皇帝见丞相起，谒者赞称曰'皇帝为丞相起'。起立乃坐。皇帝在道，丞相迎谒，谒者赞称曰'皇帝为丞相下舆'。立乃升车。"《后汉书·陈忠列传》："故三公称曰冢宰，王者待以殊敬，在舆为下，御坐为起。入则参对而议政事，出则监察而董是非。汉典旧事，丞相所请，靡有不听。"《汉官旧仪》卷上："丞相有病，皇帝法驾亲至问病。"

三公上承皇帝，下总百官，因此要及时向皇帝汇报请示。《史记·曹相国世家》记载，曹参为相，举事无所变更，一遵萧何约束，日夜饮醇酒，不事事。惠帝怪相国不治事，乃命曹参子问之："君为相，日饮，无所请事，何以忧天下乎？"仁弱如惠帝，也希望丞相经常"请事"汇报，以显示其皇帝权威，其他皇帝可想而知。"请事"是三公主要的职责之一，包括口头请事，也包括书面请事。书面请事，就是各种奏议。《独断》："凡群臣上书于天子者有四名：一曰章，二曰奏，三曰表，四曰驳议。"《文心雕龙·章表》："降及七国，未变古式，言事于主，皆称上书。秦初定制，改书曰奏。汉定礼仪，则有四品：一曰章，二曰奏，三曰表，四曰议。章以谢恩，奏以按劾，表以陈请，议以执异。"《全汉文》三公之文178篇，只有御史大夫公孙弘《答东方朔书》一文属于私人信件，太尉周勃《入北军行令军中》、大司徒孔光《丞相遣郡国计吏敕》和御史大夫彭宣《御史大夫敕上计丞吏》三文属于下行文，丞相匡衡《祷高祖孝文孝武庙》《告谢毁庙》二文是告神文，其他172篇都是奏议文。这充分说明，向皇帝请事汇报确为三公之主要职责。

三公系统之中，丞相文章71篇，太尉37篇，御史大夫28篇。三公文章数量的多少，与三公排名一致，再次说明作者文章多少与其身份地位高低之间存在某种对应关系。但三公属吏之中，丞相属吏文13篇，太尉属吏21篇，御史大夫8篇，太尉属吏文升至第一。之所以如此，在于西汉后期，主管武事的太尉转化为内朝官首辅，权力上升，附从文人增多。《汉书·百官公卿表》太尉："武帝建元二年省。元狩四年初置大司马，以冠将军之号。"省太尉而置大司马，说明冠将军之号的大司马实际上是由太尉转化而来的。《汉书·哀帝纪》元寿二年："正三公官分职。大司马卫将军董贤为大司马，丞相孔光为大司徒，御史大夫彭宣为大司空。"大司马卫将军省卫将军而为三公，同样说明大司马就是过去的太尉。成帝、哀帝、平帝之时，王凤任大将军，王音任大司马车骑将军，王商任大司马卫将军，王根任大司马票骑将军，王莽任大司马或安汉公太师大司马，皆领尚书事，为内朝官首辅，实际上都可以归入新的大将军系列。王氏辅政，权势熏天，依附者皆得高位。《汉书·楚元王传》："大将军秉事用权，五侯骄奢僭盛，并作威福，击断自恣，行污而寄治，身私而托公。依东宫之尊，假甥舅之亲，以为威重。尚书九卿州牧郡守皆出其门，管执枢机，朋党比周。称誉者登进，忤恨者诛伤，游谈者助之说，执政者为之言。"而王氏也很注重招贤养士，《汉书·元后传》言王氏五侯："然皆通敏人事，好士养贤，倾财施予，以相高尚。"《汉书·游侠传》："是时王氏方盛，宾客满门，五侯兄弟争名，其客各有所厚，不得左右，唯（楼）护尽入其门，咸得其欢心。结士大夫，无所不倾，其交长者，尤见亲而敬，众以是服。为人短小精辩，论议常依名节，听之者皆竦。与谷永俱为五侯上客。"

因此有不少贤能之士投靠依附王氏，为其游说，出谋划策，有时也直接上书皇帝。这方面的文章共有 21 篇，作者包括谷永、杜钦、杜邺、陈汤、陈崇、大司马护军褒、张戎、费兴等，其中谷永、杜钦最为典型。《汉书·谷永传》记载："是时，上初即位，谦让委政元舅大将军王凤，议者多归咎焉。永知凤方见柄用，阴欲自托，乃复曰……永既阴为大将军凤说矣，能实最高，由是擢为光禄大夫。"王凤去世后，谷永又依附王音、王商。有了王氏内应，谷永对皇帝和皇后"展意无所依违"。"成帝性宽而好文辞，又久无继嗣，数为微行，多近幸小臣，赵、李从微贱专宠，皆皇太后与诸舅夙夜所常忧。至亲难数言，故推永等使因天变而切谏，劝上纳用之。永自知有内应，展意无所依违，每言事辄见答礼。"《汉书·外戚传》："是时大将军凤用事，威权尤盛。其后，比三年日蚀，言事者颇归咎于凤矣。而谷永等遂著之许氏。"谷永党王氏，咎许氏，杜钦也党王氏，并使王凤度过了一次权力危机。《汉书·杜钦传》记载："（钦）见凤专政泰重，戒之曰"云云，建议王凤"由周公之谦惧，损穰侯之威，放武安之欲，毋使范睢之徒得间其说"。"顷之，复日蚀，京兆尹王章上封事求见，果言凤专权蔽主之过，宜废勿用，以应天变。于是天子感悟，召见章，与议，欲退凤。凤甚忧惧，钦令凤上疏谢罪，乞骸骨，文指甚哀。太后涕泣为不食。上少而亲倚凤，亦不忍废，复起凤就位。凤心惭，称病笃，欲遂退。钦复说之曰"云云。"凤复起视事。上令尚书劾奏京兆尹章，章死诏狱。"当然杜钦也有国家观念，所谓"当世善政，多出于钦者"。"征诣大将军莫府，国家政谋，凤常与钦虑之。数称达名士王骏、韦安世、王延世等，救解冯野王、王尊、胡常之罪过，及继功臣绝世，镇抚四夷，当世善政，多出于钦者。"

三公之后是太师、太保和将军，但是不常设，因此三公之后常设的权力机构实际上是九卿。《汉书·百官公卿表》列了十卿：太常、光禄勋、卫尉、太仆、廷尉、大鸿胪、宗正、大司农、少府、执金吾，秩皆中二千石。《太平御览》卷二二八引韦昭《辨释名》曰："汉正卿九：一曰太常，二曰光禄勋，三曰卫尉，四曰太仆，五曰廷尉，六曰鸿胪，七曰宗正，八曰司农，九曰少府，是为九卿。"韦昭认为九卿不包括执金吾，但执金吾和前九卿一样秩中二千石，将之排除在外令人难以信服。"西汉时九卿也和三公一样，为习惯上的称呼，并非固定官制。"① 因此九卿为习惯上的泛称，应当包括执金吾。九卿系统作品一共233篇，其中郎中令系统156篇，太常23篇，少府15篇，廷尉、大鸿胪、大司农各11篇，太仆3篇，执金吾2篇，卫尉1篇。可见主要集中在郎中令、太常和少府这三个系统，下面略加分析。

少府掌管皇帝日常生活供给和相关收支。该系统文章15篇，其中中书和尚书文章最多（表7-4）。《汉书·百官公卿表》："成帝建始四年，更名中书谒者令为中谒者令，初置尚书，员五人，有四丞。"《宋书·百官志》："秦世少府遣吏四人在殿中主发书，故谓之尚书。尚，犹主也……秦时有尚书令、尚书仆射、尚书丞。至汉初并隶少府，汉东京犹文属焉。"尚书职责本为皇帝"发书"，即查找启封文件，供皇帝批阅，之后妥善收藏归档。由于接近皇帝，经常接触这些关乎军国大政的文件，尚书渐渐参与国政。《通典》卷二十二《职官四》尚书省："秦少府遣吏四人在殿中主发书，谓之尚书。尚，主也。汉承秦置。武帝游宴后庭，始用宦者主中书，以司马迁为之，中间罢其官，以为中书之职。成帝建始四年，罢中书宦者，置尚书五人，一人为仆射，四人分为四曹，通掌图书、秘记、章奏及封奏，宣示内外而已，其任犹轻。""汉武帝时，左右曹诸吏分平尚书奏事，知枢要者始领尚书事。"

---

① 安作璋、熊铁基：《秦汉官制史稿》（上册），齐鲁书社，1984，第84页。

表7-4 少府系统作者作品表

序号	作者	篇名	作时	作地	身份/篇数	备注
1	司马迁	《悲士不遇赋》	前97	长安	中书令/5	辞赋
2	司马迁	《报任少卿书》	前93	长安	中书令	书信
3	弘恭	《奏收萧望之等》《建白下萧望之狱》	前47	长安	中书令	奏议
4	司马迁	《素王妙论》	前93	长安	中书令	序论
5	萧望之	《冯奉世封爵议》	前65	长安	少府/2	奏议
6	欧阳地余	《戒子》	前38	长安	少府	书信
7	郑崇	《谏封傅商》	前3	长安	尚书仆射/1	奏议
8	唐林	《奏事》	17	长安	尚书令/2	奏议
9	唐林	《上哀帝疏请复师丹邑爵》	前6	长安	尚书令	奏议
10	阙名	《劾奏王章》	前24	长安	尚书/4	奏议
11	阙名	《劾奏申咸炔钦》	前6	长安	尚书	奏议
12	阙名	《劾奏王嘉》	前2	长安	尚书	奏议
13	阙名	《劾奏孔仁》	18	长安	尚书	奏议
14	眭弘	《上书预推昌邑王宣帝事》	前78	长安	符节令/1	奏议
	合计	15				

武帝时中书令有司马迁，文章有《悲士不遇赋》《报任少卿书》《素王妙论》3篇，或赋己志，或述己遇，或发议论，皆非奏议，不关时政。元帝时弘恭干政，其《奏收萧望之等》《建白下萧望之狱》2文，嫉贤妒能，专权用事，均为奏议。其后尚书令唐林、尚书仆射郑崇、尚书阙名文章7篇，皆为奏议，说明尚书确实越来越关乎"枢要"，不仅仅是服务于皇帝个人的日常工作了。其他有少府萧望之《冯奉世封爵议》、欧阳地余《戒子》、符节令眭弘《上书预推昌邑王宣帝事》3文，除欧文外，也是关乎时政之作。

太常掌管宗庙礼仪，该系统文章23篇，其中太常、太常丞属、庙寝园郎、太史令和博士文化程度较高，文章较多（表7-5）。

表7-5 太常系统作者作品表

序号	作者	篇名	作时	作地	身份/篇数	备注
1	平当	《乐议》	前26	长安	博士/13	奏议
2	孔安国	《家语序》	前110	长安	博士	序论

续表

序号	作者	篇名	作时	作地	身份/篇数	备注
3	王吉	《上宣帝疏言得失》	前49	长安	博士	奏议
4	平当	《上书请复太上皇寝庙园》	前34	长安	博士	奏议
5	申咸	《上书理师丹》	前6	长安	博士	奏议
6	公孙弘	《上疏言治道》《对册书问治道》	前130	长安	博士	奏议
7	贾谊	《过秦论》	前178	长安	博士	序论
8	晁错	《上书言皇太子宜知术数》	前170	长安	博士	奏议
9	孔安国	《尚书序》《古文孝经训传序》	前91	长安	博士	序论
10	孔衍	《上成帝书辩家语宜记录》	前8	长安	博士	奏议
11	孔安国	《秘记》	前110	长安	博士	序论
12	司马谈	《论六家要指》	前135	长安	太史令/3	序论
13	司马迁	《与挚伯陵书》	前106	长安	太史令	书信
14	张寿王	《上书言不宜更历》	前78	长安	太史令	奏议
15	谷永	《三月雨雪对》	前35	长安	太常丞属/2	奏议
16	谷永	《请赐谥郑宽中疏》	前30	长安	太常丞属	奏议
17	田千秋	《上急变讼太子冤》	前90	长安	庙寝园郎/1	奏议
18	孔臧	《与侍中从弟安国书》《与子琳书》	前124	长安	太常/4	书信
19	杜业	《说成帝绍封功臣》	前16	长安	太常	奏议
20	阙名	《初置五经博士举状》	前136	长安	太常	奏议
	合计	23				

　　博士是典型的掌通古今、多艺能文的知识分子。《汉书·百官公卿表》:"博士,秦官,掌通古今,秩比六百石,员多至数十人。武帝建元五年初置《五经》博士,宣帝黄龙元年稍增员十二人。"《汉官旧仪》补遗:"武帝初置博士,取学通行修,博识多艺,晓古文《尔雅》,能属文章,为高第。朝贺位次中都官史。称先生,不得言君。其真弟子称门人。"①博士掌通古今,备皇帝顾问,因此任职条件较高。《汉官仪》卷上:"博士,秦官也。博者,通博古今;士者,辨于然否。孝武建元五年,初置《五经》博士,秩六百石。后增至十四人。太常差次有聪明威重者一人为

_____

① (清)孙星衍等辑,周天游点校《汉官六种》,中华书局,1990,第57页。

祭酒，总领纲纪。其举状曰：'生事爱敬，丧殁如礼。通《易》《尚书》《孝经》《论语》，兼综载籍，穷微阐奥。隐居乐道，不求闻达。身无金痍痼疾，世六属不与妖恶交通、王侯赏赐。行应四科，经任博士。'下言某官某甲保举。"① 《全汉文》中以博士身份为文的作者有 8 人 13 篇，其中晁错、公孙弘、王吉、平当、申咸、孔衍等 6 人 9 篇文章是写给皇帝的奏议。公孙弘《对册书问治道》是典型的皇帝顾问之作，其他则是博士们关心时政的主动上书，显示了这些博通古今的知识分子深切的忧国济世情怀。另外孔安国《尚书序》《家语序》《秘记》和贾谊《过秦论》等 4 篇为序论文，说明他们具有独立自主的人格精神和驰骋时空的思辨能力，不再拘束于毕恭毕敬的上疏文体。这是先秦诸子风气的遗绪。

太史令也是典型的知识分子，主要管理当世文件档案，也通历史。《太平御览》卷二三五《职官部》引《汉旧仪》曰："承周史官，至武帝置，太史公司马迁父谈世为太史，迁年十三，使乘传行天下，求古诸侯之史记。"《通典》卷二十六《职官八》："秦为太史令，汉武置太史公，以司马谈为之，位在丞相上。天下计书先上太史，副上丞相。谈卒，其子迁嗣之。迁死后，宣帝以其官为令，行太史公文书而已。"司马谈父子先后为官，谈作《论六家要指》，迁作《史记》，皆成一家之言，有先秦诸子遗风。司马迁《与挚伯陵书》劝友出仕，为汉立功，为己立名，同样具有史官精神。昭帝时张寿王《上书言不宜更历》，则表明史官的另一种职责：掌管天文星历。

其他太常属官也是有文化之辈。如太常丞属谷永少为长安小史，"博学经书"；高寝郎田千秋，本齐诸田之后，亦必受学。《汉书·田千秋传》："车千秋，本姓田氏，其先齐诸田徙长陵。"太常孔臧，"世以经学为业，家传相承"；太常杜业为列侯子，父本太常，其学其贵其富可知。他们的文章，大多关乎时政，如谷永《三月雨雪对》《请赐谥郑宽中疏》，田千秋《上急变讼太子冤》，杜业《说成帝绍封功臣》。孔臧《与侍中从弟安国书》劝孔安国留意古文《尚书》，《与子琳书》诫子学习孔安国，尽管是书信，其实也是关乎经学方面的时政。

郎中令掌管宫殿掖门户。《汉书·百官公卿表》："郎中令，秦官，掌

<hr />

① （清）孙星衍等辑，周天游点校《汉官六种》，中华书局，1990，第 128 页。

宫殿掖门户，有丞。武帝太初元年更名光禄勋。属官有大夫、郎、谒者，皆秦官。"《初学记》卷十二光禄卿引《齐职仪》云："初，秦置郎中令，掌宫殿门户，及主诸郎之在殿中侍卫，故曰郎中令。"可见郎中令主要负责宫殿之内宿卫事宜，非常接近皇帝，实际上是大内总管，地位十分重要。九卿部门出产《全汉文》作品233篇，其中郎中令系统出产作品156篇，占66.95%，超过2/3。郎中令系统之所以出产作品最多，是因为其属官中有一个数量庞大的大夫、郎和谒者群体。

郎有议郎、中郎、侍郎、郎中之分，秩三百石到六百石，多至千人。《汉书·百官公卿表》："郎掌守门户，出充车骑，有议郎、中郎、侍郎、郎中，皆无员，多至千人。议郎、中郎秩比六百石，侍郎比四百石，郎中比三百石。中郎有五官、左、右三将，秩皆比二千石。郎中有车、户、骑三将，秩皆比千石。谒者掌宾赞受事，员七十人。"《初学记》卷十二职官部："《汉官》云：郎中令属官，有五官中郎将，左、右中郎将，曰三署。署中各有中郎、议郎、侍郎、郎中，皆无员，外多至千人。主执戟，卫宫陛。及诸虎贲郎羽林皆属焉。谓之郎中令者，言领诸郎而为之令长。"郎主要负责宿卫更直，是皇帝的侍从，地位较高，甚至可以不敬公卿。《后汉书·百官表》："凡郎官皆主更直执戟，宿卫诸殿门，出充车骑。唯议郎不在直中。"李贤注引蔡质《汉仪》曰："三署郎见光禄勋，执板拜；见五官左右将，执板不拜。于三公诸卿无敬。"

郎的来源，汉初主要是任子和富訾。《汉书·董仲舒传》："夫长吏多出于郎中、中郎，吏二千石子弟选郎吏，又以富訾，未必贤也。"《汉书·哀帝纪》绥和二年诏曰："除任子令及诽谤诋欺法。"应劭曰："任子令者，《汉仪注》吏二千石以上视事满三年，得任同产若子一人为郎。不以德选，故除之。"不过从西汉中期开始，郎的来源有了很大的变化。其一，博士弟子高第者可以入为郎中。《汉书·儒林传》："为博士官置弟子五十人，复其身……一岁皆辄课，能通一艺以上，补文学掌故缺；其高第可以为郎中。"其二，地方推荐的孝廉，一半以上先为郎、议郎、谒者和光禄主事，都为光禄勋属官。据黄留珠先生的研究，"孝廉所拜授的官职，既有中央属官（约占69.8%），也有地方官吏（约占30.2%）。中央官分别属于光禄勋、少府、太仆、将作大匠和城门都尉，而又以光禄勋属官最为集中（约占53.5%），其次是少府属官（约占13.1%）。地方官主要是郡国长官的高级助手（约占 5%），以及县级长官（约占 20.8%）。""郎官在孝廉拜授的诸官职之中，所占比例最大，约近 50%。实际上，上表所统计的数字反映的情况还不尽十分确切。因为史书记载每每有省文现象，所以许多地方把孝廉任用的第一步'除郎中'便省略掉，而直接记载了由郎迁任的职务。"① 由此可见，博士弟子和孝廉中的大部分优秀分子，都要进入光禄勋系统为官，充当皇帝的侍从，耳濡目染地授受天子的熏陶、教化和培养。他们中的优秀分子，不仅参与中朝决策，监督外朝执行，而且经常被委以重任，出任各级长吏。《后汉书·明帝纪》："郎官上应列宿，出宰百里。"因此可以说，光禄勋实际上充当了国家中高级官吏培训学校的功能。培训中有一项重要内容，就是笺奏写作。《汉官仪》卷上："郎以孝廉，年未五十，先试笺奏。初上称郎中，满岁为侍郎。"②

由于郎吏素质较高，数量众多，因此其中不乏能文之士。事实上，《全汉文》作者为郎官系统者就有 20 人，其中郎中令有萧望之、泠褒、彭宣、龚遂 4 人；诸郎有王闳、司马相如、京房、杜邺、杜钦、谯玄、耿育、议郎龚、刘向、翼奉、区博、侍郎章、刘歆、李寻、扬雄、夏贺良 16 人。另有谒者终军 1 人。以上 21 人文章 82 篇（表 7 - 6），已经和丞相系统文章持平。需要说明的是，这 82 篇文章之中，扬雄《州箴》被《全汉文》计作 12 篇，《官箴》计为 21 篇。如果将之各计为一篇，则郎官、谒者文为 51 篇。这样计算的话，其中奏议文 32 篇（含建议 2 篇），占大多数，说明郎吏确实是未来的中高级官吏人选，因此写好奏议是他们的一项基本功。但是作为宫廷侍从，皇帝的爱好也影响到他们的写作，因此一些郎官也创作了一些辞赋，如司马相如《长门赋》、刘向《九叹》、扬雄《太玄赋》《逐贫赋》《校猎赋》。另一方面，郎官除了直宿之外，是比较自由的，因此他们还创作了不少其他形式的作品：书信如司马相如《答盛览问作赋》《报卓文君书》，扬雄《答桓谭书》，刘歆《答父书》，刘向《诫子歆书》；论难如司马相如《难蜀父老》，扬雄《解嘲》《解难》；序论如扬雄《琴清英》；箴颂如扬雄《赵充国颂》《州箴》《官箴》《酒箴》（《酒赋》）。

① 黄留珠：《秦汉仕进制度》，西北大学出版社，1985，第 143～145 页。
② （清）孙星衍等辑，周天游点校《汉官六种》，中华书局，1990，第 142 页。

表 7-6　郎官谒者作品表

序号	作者	篇名	作时	作地	身份/篇数	备注
1	司马相如	《难蜀父老》	前 129	长安	中郎将/1	论难
2	刘向	《对成帝甘泉泰畤问》	前 32	长安	中郎/12	奏议
3	刘向	《诫子歆书》	前 29	长安	中郎	书信
4	刘向	《日食对》	前 28	长安	中郎	奏议
5	翼奉	《日辰时对》	前 48	长安	中郎	奏议
6	刘向	《使外亲上变事》	前 47	长安	中郎	奏议
7	翼奉	《因灾异应诏上封事》	前 47	长安	中郎	奏议
8	翼奉	《因灾异上疏》《上疏请徙都洛阳》《庙祀对》	前 46	长安	中郎	奏议
9	刘向	《条灾异封事》	前 43	长安	中郎	奏议
10	刘向	《九叹》	前 40	长安	中郎	辞赋
11	区博	《谏限田》	12	长安	中郎	奏议
12	杜钦	《说王凤处置夜郎等国》	前 27	长安	议郎/6	建议
13	杜钦	《说王凤治河》	前 26	长安	议郎	建议
14	谯玄	《上书谏成帝》	前 12	长安	议郎	奏议
15	耿育	《上书言便宜因冤讼陈汤》	前 7	长安	议郎	奏议
16	耿育	《上疏请宽赵氏》	前 6	长安	议郎	奏议
17	议郎龚	《王嘉罪议》	前 2	长安	议郎	奏议
18	侍郎章	《上疏言宜听韦玄成让袭爵》	前 61	长安	侍郎/51	奏议
19	刘歆	《答父书》	前 29	长安	侍郎	书信
20	李寻	《又对问灾异》	前 5	长安	侍郎	奏议
21	扬雄	《对诏问灾异》	前 5	长安	侍郎	奏议
22	扬雄	《解嘲》《解难》	前 1	长安	侍郎	论难
23	扬雄	《太玄赋》	前 1	长安	侍郎	辞赋
24	扬雄	《逐贫赋》	1	长安	侍郎	辞赋
25	扬雄	《琴清英》	4	长安	侍郎	序论
26	扬雄	《州箴》12 篇、《官箴》21 篇	8	长安	侍郎	箴颂
27	扬雄	《与桓谭书》《答桓谭书》	9	长安	侍郎	书信
28	扬雄	《酒箴》(《酒赋》)	前 15	长安	侍郎	箴颂
29	扬雄	《赵充国颂》	前 12	长安	侍郎	箴颂
30	扬雄	《校猎赋》	前 12	长安	侍郎	辞赋
31	扬雄	《上书谏勿许单于朝》	前 3	长安	侍郎	奏议

序号	作者	篇名	作时	作地	身份/篇数	备注
32	夏贺良	《改元易号议》	前 5	长安	侍郎	奏议
33	司马相如	《报卓文君书》	前 140	长安	郎中/2	书信
34	侯应	《对问罢边备事状》	前 33	长安	郎中	奏议
35	王闳	《上书谏尊宠董贤》	前 2	长安	郎/7	奏议
36	司马相如	《答盛览问作赋》	前 140	长安	郎	书信
37	司马相如	《长门赋》	前 129	长安	郎	辞赋
38	阙名	《上书言宜立昌邑王》	前 74	长安	郎	奏议
39	京房	《律术对》	前 45	长安	郎	奏议
40	京房	《奏考功课吏法》	前 40	长安	郎	奏议
41	杜邺	《说王音》	前 17	长安	郎	书信
42	萧望之	《建白宜罢中书宦官》	前 48	长安	郎中令/4	奏议
43	泠褒	《奏尊傅太后丁后》	前 7	长安	郎中令	奏议
44	彭宣	《毁庙议》	前 7	长安	郎中令	奏议
45	龚遂	《蝇矢对》	前 74	长安	郎中令	奏议
46	终军	《自请使匈奴》	前 118	长安	谒者/1	奏议
	合计	82				

　　大夫有光禄大夫、太中大夫、谏大夫之分，专掌议论，多达数十人。《汉书·百官公卿表》："大夫掌论议，有太中大夫、中大夫、谏大夫，皆无员，多至数十人。武帝元狩五年初置谏大夫，秩比八百石。太初元年更名中大夫为光禄大夫，秩比二千石，太中大夫秩比千石如故。"《后汉书·百官志》："光禄大夫，比二千石。本注曰：无员。凡大夫、议郎皆掌顾问应对，无常事，唯诏令所使。"《后汉书·和帝纪》永元三年（91）李贤注引《十三州志》曰："大夫皆掌顾问、应对、言议。夫之言扶也，言能扶持君父也。"议郎、博士秩比六百石，大夫与其职责类似，但位尊秩高，低者八百石，高者千石、二千石。大夫人数可达数十人，而博士最多十二人。《汉书·百官公卿表》："武帝建元五年初置《五经》博士，宣帝黄龙元年稍增员十二人。"前述《全汉文》作者为博士者 8 人，而大夫则多达 30 人，包括扬雄、刘向、终军、郑昌、王褒、贡禹、尹更始、杨兴、王仁、刘辅、毋将隆、龚胜、鲍宣、杨宣、王褒、谷永、张骞、陆贾、东方朔、张匡、平当、董仲舒、主父偃、刘歆、甄邯、匡衡、吾丘寿王、丙

吉、息夫躬、孔光（表7–7）。诸郎多至千人，而有文入辑《全汉文》者仅16人，由此可见大夫群体素质远高于诸郎。

大夫和博士一样职掌议论，是皇帝的顾问，但大夫出入皇宫，比博士更能接近皇帝。他们中有的人还可以获得侍中、诸吏或给事中一类的加官，更加亲幸。《汉书·百官公卿表》："侍中、左右曹诸吏、散骑、中常侍，皆加官。所加或列侯、将军、卿大夫、将、都尉、尚书、太医、太官令至郎中，亡员，多至数十人。侍中、中常侍得入禁中，诸曹受尚书事，诸吏得举法，散骑并乘舆车。给事中亦加官，所加或大夫、博士、议郎，掌顾问应对，位次中常侍。"应劭曰："入侍天子，故曰侍中。"晋灼曰："《汉仪注》诸吏、给事中日上朝谒，平尚书奏事，分为左右曹。"上述大夫有加官者，如甄邯为侍中奉车都尉，扬雄为诸吏，吾丘寿王为侍中，刘歆为侍中奉车都尉，丙吉为给事中。由于大夫地位尊近，素质很高，因此他们履职能力也很强，一个重要表现就是他们积极为文，为国家出谋划策，献替可否。他们文章入辑《全汉文》者74篇，比博士多61篇，比诸郎多23篇（《州箴》《官箴》各计一篇），比丞相也多3篇。

这些文章大部分是奏议，多达43篇（含奉诏、建议2篇），体现了他们"掌顾问、应对、言议"和"扶持君父"之本职。但是作为宫廷侍从，皇帝的爱好也影响到他们的写作，因此个别大夫也创作了一批辞赋，如王褒《甘泉宫颂》《洞箫赋》《九怀》。由于不用宿卫，大夫比郎官更自由，因此他们还创作了不少思辨性较强的论著，单篇的有东方朔《答骠骑难》《答客难》《非有先生论》、扬雄《难盖天八事》和刘歆《移书让太常博士》，专书有刘向《新序》和陆贾《新语》。刘向父子长期整理典籍，撰写了很有价值的11篇书录，包括刘向《关尹子书录》和刘歆《上山海经表》等。大夫还有书信6篇：东方朔《与公孙弘借车书》《诫子》，丙吉《与魏相书》，谷永《谢王凤书》《戒段会宗书》，扬雄《答刘歆书》。这些书信之中，值得注意的是谷永《谢王凤书》。《汉书·谷永传》："建始三年冬，日食地震同日俱发，诏举方正直言极谏之士，太常阳城侯刘庆忌举永待诏公车。对曰……对奏，天子异焉，特召见永。其夏，皆令诸方正对策，语在《杜钦传》。永对毕，因曰……是时，上初即位，谦让委政元舅大将军王凤，议者多归咎焉。永知凤方见柄用，阴欲自托，乃复曰……时对者数十人，永与杜钦为上第焉。上皆以其书示后宫。后上尝赐许皇后书，采永言以责之，语在《外戚传》。永既阴为大将军凤说矣，能实最高，由是擢为光禄大夫。永奏书谢凤曰"云云，是为《谢王凤书》。谷永受太常阳城侯刘庆忌推举对策，成帝异之，擢为光禄大夫，成为天子近臣，然而他所谢的却是大将军王凤。皇帝大权旁落，中朝官之首大将军权力上升，以致天子近臣心怀贰心，由此可见。

表 7-7　大夫作品表

序号	作者	篇名	作时	作地	身份/篇数	备注
1	扬雄	《答刘歆书》	13	长安	中散大夫/4	书信
2	扬雄	《元后诔》	13	长安	中散大夫	诔文
3	扬雄	《剧秦美新》	9	长安	中散大夫	颂新
4	扬雄	《难盖天八事》	9	长安	中散大夫	子书
5	刘向	《新序》	前25	长安	谏议大夫/19	子书
6	刘向	《极谏用外戚封事》	前23	长安	谏议大夫	奏议
7	终军	《奉诏诘徐偃矫制状》	前116	长安	谏议大夫	奉诏
8	终军	《自请使南越》	前113	长安	谏议大夫	奏议
9	郑昌	《上书理盖宽饶》	前60	长安	谏议大夫	奏议
10	王褒	《甘泉宫颂》《洞箫赋》	前53	长安	谏议大夫	辞赋
11	贡禹	《奏宜放古自节》	前48	长安	谏议大夫	奏议
12	尹更始	《毁庙议》	前40	长安	谏议大夫	奏议
13	杨兴	《黄雾对》	前32	长安	谏议大夫	奏议
14	王仁	《谏立赵皇后疏》	前16	长安	谏议大夫	奏议
15	刘辅	《上疏谏立赵后》	前16	长安	谏议大夫	奏议
16	毋将隆	《奏征定陶王封事》	前9	长安	谏议大夫	奏议
17	龚胜	《朱博傅晏赵玄罪议》	前5	长安	谏议大夫	奏议
18	鲍宣	《上书谏哀帝》	前3	长安	谏议大夫	奏议
19	杨宣	《上封事理王氏》《灾异对》	前3	长安	谏议大夫	奏议
20	鲍宣	《复上书》	前2	长安	谏议大夫	奏议
21	王褒	《九怀》	前60	长安	谏议大夫	辞赋
22	谷永	《说成帝距绝祭祀方术》《上疏理梁王立》	前14	长安	太中大夫/16	奏议
23	张骞	《言通大夏宜从蜀》	前122	长安	太中大夫	奏议
24	陆贾	《新语》	前196	长安	太中大夫	子书
25	张骞	《具言西域地形》	前126	长安	太中大夫	奏议

序号	作者	篇名	作时	作地	身份/篇数	备注
26	东方朔	《与公孙弘借车书》	前 125	长安	太中大夫	书信
27	东方朔	《答骠骑难》	前 119	长安	太中大夫	论难
28	东方朔	《化民有道对》	前 104	长安	太中大夫	奏议
29	东方朔	《答客难》《非有先生论》	前 101	长安	太中大夫	子书
30	东方朔	《临终谏天子》	前 92	长安	太中大夫	奏议
31	东方朔	《诫子》	前 92	长安	太中大夫	诫子
32	谷永	《上疏讼陈汤》	前 29	长安	太中大夫	奏议
33	张匡	《日蚀对》	前 25	长安	太中大夫	奏议
34	平当	《奏劾翟方进》	前 20	长安	太中大夫	奏议
35	东方朔	《七谏》	前 139	长安	太中大夫	辞赋
36	董仲舒	《雨雹对》《庙殿火灾对》	前 134	长安	光禄大夫/34	奏议
37	主父偃	《说武帝令诸侯得分封子弟》《说武帝徙豪杰茂陵》	前 127	长安	光禄大夫	奏议
38	刘歆	《移书让太常博士》	前 6	长安	光禄大夫	移书
39	刘歆	《上山海经表》	前 6	长安	光禄大夫	书录
40	甄邯	《劾奏金钦》	1	长安	光禄大夫	奏议
41	刘向	《关尹子书录》	前 15	长安	光禄大夫	书录
42	刘向	《列子书录》	前 14	长安	光禄大夫	书录
43	刘向	《复上奏灾异》	前 10	长安	光禄大夫	奏议
44	刘向	《战国策书录》《管子书录》《晏子叙录》《孙卿书录》《韩非子书录》《邓析书录》《子华子书录》《别录》	前 14	长安	光禄大夫	书录
45	匡衡	《上疏言治性正家》	前 39	长安	光禄大夫	奏议
46	吾丘寿王	《骠骑论功论》	前 119	长安	光禄大夫	论难
47	吾丘寿王	《议禁民不得挟弓弩对》	前 124	长安	光禄大夫	奏议
48	丙吉	《奏记霍光议立皇曾孙》	前 74	长安	光禄大夫	建议
49	丙吉	《与魏相书》	前 75	长安	光禄大夫	书信
50	贡禹	《上书言得失》	前 46	长安	光禄大夫	奏议
51	贡禹	《上书乞骸骨》	前 44	长安	光禄大夫	奏议
52	谷永	《谢王凤书》	前 29	长安	光禄大夫	书信
53	谷永	《受降议》	前 27	长安	光禄大夫	奏议

续表

序号	作者	篇名	作时	作地	身份/篇数	备注
54	谷永	《戒段会宗书》	前 25	长安	光禄大夫	书信
55	息夫躬	《上疏诋公卿大臣》《上言开渠》《奏间匈奴乌孙》《建言厌应变异》	前 3	长安	光禄大夫	奏议
56	孔光	《奏劾王嘉》《举成公敞封事》	前 2	长安	光禄大夫	奏议
57	龚胜	《王嘉罪议》	前 2	长安	光禄大夫	奏议
	合计	74				

同为九卿,但郎中令、太常和少府这三个部门出产文章最多。这说明《全汉文》作者文章的多少,一方面与作者地位的高低成正比,是他们官职身份显赫程度的某种体现;另一方面也与各部门的职责要求、人数的多少、人员素质的高低,以及与皇帝的接近程度相关。

第二节 豫州作品分布

豫州出产《全汉文》作品 34 篇,在司隶以外各州中出产作品最多。豫州包括梁国、沛郡、颍川、鲁国、汝南。其中梁国出产作品 21 篇,沛郡出产作品 6 篇,颍川出产作品 6 篇,鲁国出产作品 1 篇(表 7 - 8)。

表 7 - 8 豫州作品分布统计表

序号	作者	篇名	时间	地点	郡国	身份	备注
1	项羽	《斩宋义出令军中》	前 207	己氏安阳	梁国	次将	战争
2	宋义	《下令军中》	前 207	己氏安阳	梁国	上将军	战争
3	贾谊	《上疏谏王淮南诸子》	前 172	睢阳	梁国	梁王太傅	怀王傅
4	贾谊	《旱云赋》	前 171	睢阳	梁国	梁王太傅	怀王傅
5	贾谊	《上疏请封建子弟》	前 169	睢阳	梁国	梁王太傅	怀王傅
6	贾谊	《无蓄》(《说积贮》)	前 168	睢阳	梁国	梁王太傅	怀王傅
7	枚乘	《上书重谏吴王》	前 154	睢阳	梁国	梁王宾客	战争
8	羊胜	《屏风赋》	前 153	睢阳	梁国	梁王宾客	孝王客
9	公孙诡	《文鹿赋》	前 153	睢阳	梁国	梁王宾客	孝王客
10	邹阳	《酒赋》《几赋》	前 153	睢阳	梁国	梁王宾客	孝王客
11	枚乘	《柳赋》《梁王菟园赋》	前 153	睢阳	梁国	梁王宾客	孝王客

续表

序号	作者	篇名	时间	地点	郡国	身份	备注
12	路乔如	《鹤赋》	前 153	睢阳	梁国	梁王宾客	孝王客
13	公孙乘	《月赋》	前 153	睢阳	梁国	梁王宾客	孝王客
14	邹阳	《狱中上书自明》	前 149	睢阳	梁国	梁王宾客	孝王客
15	枚乘	《七发》	前 149	睢阳	梁国	梁王宾客	孝王客
16	严忌	《哀时命》	前 149	睢阳	梁国	梁王宾客	孝王客
17	司马相如	《子虚赋》	前 145	睢阳	梁国	梁王宾客	孝王客
18	梁太傅辅	《奏约束梁王立》	前 20	睢阳	梁国	梁太傅	诸侯王
19	刘立	《对讯》	前 3	睢阳	梁国	梁王	诸侯王
20	高帝	《书帛射城上与沛父老》	前 209	沛县	沛郡	故亭长	战争
21	高帝	《择立吴王诏》	前 195	沛县	沛郡	皇帝	战争
22	杜业	《上书追劾翟方进》《上书言王氏世权》	前 7	建平	沛郡	列侯就国	列侯
23	杜业	《奏事》	前 4	建平	沛郡	列侯居国	列侯
24	陈咸	《戒子孙》	11	浚县	沛郡	故尚书	戒子孙
25	张良	《遗项王书》《又以齐反书遗项王》	前 206		颍川	韩司徒	战争
26	阙名	《上书言樊他广不当代后》	前 144	舞阳	颍川	侯家舍人	列侯
27	何并	《临颍川敕吏捕钟威赵季李款》	3	阳翟	颍川	颍川太守	太守
28	何并	《先令书》	8	阳翟	颍川	颍川太守	太守
29	武帝	《增太室祠诏》	前 110	崇高	颍川	皇帝	巡狩
30	程姬	《遗孙女征臣书》	前 127	鲁县	鲁国	鲁王太后	戒子孙
	合计	34					

从上表可知，豫州作品分布主要集中在梁国。从作品的写作背景来看，多与战争、诸侯王事务和列侯事务有关。这里的战争包括秦末反秦之战、楚汉战争、汉初平叛之战和景帝时七国之乱。

高祖反秦起沛，有《书帛射城上与沛父老》文。《高祖本纪》："秦二世元年……于是樊哙从刘季来。沛令后悔，恐其有变，乃闭城城守，欲诛萧、曹。萧、曹恐，逾城保刘季。刘季乃书帛射城上，谓沛父老曰"云云。据《汉书·地理志》，沛县在沛郡，属豫州。

宋义和项羽率军北上击秦救赵，途经己氏安阳，有《下令军中》和《斩宋义出令军中》2文。《史记·项羽本纪》：项梁死后，宋义为上将军，项羽为鲁公，为次将，救赵。行至安阳，留四十六日不进。项羽提出异议，宋义不听，"因下令军中曰"云云，是为《下令军中》。宋义送其子相齐，身送之无盐，饮酒高会。天寒大雨，士卒冻饥。于是"项羽晨朝上将军宋义，即其帐中斩宋义头，出令军中曰"云云，是为《斩宋义出令军中》。"当是时，诸将皆慑服，莫敢枝梧。"《汉书》师古注曰："今相州安阳县。"《汉书补注》先谦曰："《通鉴》胡注、《索隐》云：'《傅宽传》从攻安阳、杠里，则当俱在河南。'案此时兵未渡河，不应即至相州。《后魏·地形志》'己氏有安阳城'是也，在今宋州楚邱西北。沈钦韩云：以下文宋义送子至无盐证之，谓在己氏者是也。"据《汉书·地理志》，己氏在梁国，属豫州。

楚汉之初，汉王还定三秦，田荣反齐，项羽面临两难选择。于是韩地张良作《遗项王书》《又以齐反书遗项王》2文，使项羽决定先击齐。《汉书·张良传》："良归至韩，闻项羽以良从汉王故，不遣韩王成之国，与俱东，至彭城杀之。时汉王还定三秦，良乃遗项羽书曰"云云，是为《遗项王书》。"又以齐反书遗羽，曰"云云，是为《又以齐反书遗项王》。"项羽以故北击齐。良乃间行归汉。汉王以良为成信侯。"《汉书·高帝纪》元年（前206）："时张良徇韩地，遗羽书曰：'汉欲得关中，如约即止，不敢复东。'羽以故无西意，而北击齐。"韩地即颍川，治阳翟。

楚汉战争结束，天下定于汉，其后诸侯王叛乱时起。汉十一年，黥布反，杀荆王，走楚王。高祖平定之，还归过沛，作《择立吴王诏》。《史记·高祖本纪》十二年："高祖还归，过沛，留……周勃定代，斩陈豨于当城。诏曰"云云。

文景之时，吴王有不臣之心。枚乘初事吴王，知其谋逆，谏而不听，去吴之梁。后吴反，枚乘乃作《上书重谏吴王》。《汉书·枚乘传》："景帝即位，御史大夫晁错为汉定制度，损削诸侯，吴王遂与六国谋反，举兵西向，以诛错为名。汉闻之，斩错以谢诸侯。枚乘复说吴王曰"云云。"吴王不用乘策，卒见禽灭。汉既平七国，乘由是知名。"此文在枚乘之梁后作，当作于梁国首都睢阳。

诸侯王包括梁怀王刘揖、梁孝王刘武和梁王刘立，以及江都王刘建。

文帝时，为了拱卫汉朝，防范诸侯王，封子刘揖（胜）为梁王。由于怀王刘揖尚幼，文王特命贾谊为傅。贾谊身在梁国，心怀天下，写下《上疏谏王淮南诸子》《旱云赋》《上疏请封建子弟》《无蓄》《说积贮》4 文。《汉书·贾谊传》："时又封淮南厉王四子皆为列侯。谊知上必将复王之也，上疏谏曰"云云，是为《上疏谏王淮南诸子》。《古文苑》卷三载贾谊《旱云赋》，章樵注："贾谊负超世之才，文帝将大用之，乃为大臣绛、灌等所阻，卒弃不用，而世不被其泽，故托旱云以寓其意焉。"《汉书·文帝纪》："九年春，大旱。"贾谊《旱云赋》当作于此时。《汉书·贾谊传》："居数年，梁王胜死，亡子。谊复上疏曰"云云，是为《上疏请封建子弟》。疏中建议文帝扩大亲子刘武、刘参封国，以藩屏汉朝。又作《无蓄》（《说积贮》），见《汉书·食货志》。以上诸文当作于梁国睢阳。

刘揖去世后，文帝子刘武为梁孝王。吴楚之乱，孝王立下大功，又为窦太后爱子，赏赐无数。于是孝王大筑宫苑，广招宾客，于是有忘忧馆 8 赋之作。《西京杂记》卷二："梁孝王好营宫室苑囿之乐，作曜华之宫，筑兔园。园中有百灵山，山有肤寸石、落猿岩、栖龙岫。又有雁池，池间有鹤洲凫渚。其诸宫观相连，延亘数十里，奇果异树，瑰禽怪兽毕备。王日与宫人宾客弋钓其中。"又卷四："梁孝王游于忘忧之馆，集诸游士，各使为赋。枚乘为《柳赋》，其辞曰……路乔如为《鹤赋》，其辞曰……公孙诡为《文鹿赋》，其词曰……邹阳为《酒赋》，其词曰……公孙乘为《月赋》，其词曰……羊胜为《屏风赋》，其辞曰……韩安国作《几赋》，不成，邹阳代作，其辞曰……邹阳、安国罚酒三升，赐枚乘、路乔如绢，人五匹。"以上诸文当作于梁国睢阳。

然孝王有求为汉嗣之心，被拒后，竟然派刺客加害汉臣。其宾客中有识者无不反对谏阻，于是有邹阳《狱中上书自明》、枚乘《七发》、严忌《哀时命》3 文，作于梁国睢阳。

《史记·邹阳列传》："上书而介于羊胜、公孙诡之间。胜等嫉邹阳，恶之梁孝王。孝王怒，下之吏，将欲杀之。邹阳客游，以谗见禽，恐死而负累，乃从狱中上书曰"云云。"书奏孝王，孝王立出之，卒为上客。初，胜、诡欲使王求为汉嗣，王又尝上书，愿赐容车之地径至长乐宫，自使梁国士众筑作甬道朝太后。爰盎等皆建以为不可。天子不许。梁王怒，令人刺杀盎。上疑梁杀之，使者冠盖相望责梁王。梁王始与胜、诡有谋，阳争以为不可，故见谗。枚先生、严夫子皆不敢谏。"

《文选六臣注》卷三十四载枚乘《七发》，李善注："孝王时，恐孝王反，故作《七发》以谏之。"按梁孝王之反其最著者，盖为景帝中元二年（前148）之刺袁盎。《七发》之作，当在其密谋未发之时。

《楚辞》卷十四："《哀时命》者，严夫子之所作也。夫子名忌，与司马相如俱好辞赋，客游于梁，梁孝王甚奇重之。忌哀屈原受性忠贞，不遭明君而遇暗世，斐然作辞，叹而述之，故曰《哀时命》也。"按文中言："夜炯炯而不寐兮，怀隐忧而历兹。""释管晏而任臧获兮，何权衡之能称？""宁幽隐以远祸兮，孰侵辱之可为？""聊窜端而匿迹兮，嗼寂默而无声。"所谓"隐忧"，盖指孝王与胜、诡等谋刺袁盎之事。面对孝王"任臧获"而"不悟"的狂妄行径，严忌采取了全身远祸的"寂默"，这也与《邹阳传》中说他"不敢谏"相符。

孝王之后，梁国日益衰微。其八世孙刘立，竟然两次被告，一次在成帝时，另一次在哀帝时。《汉书·文三王传》："（梁夷王遂）六年薨，子荒王嘉嗣。十五年薨，子立嗣。鸿嘉中，太傅辅奏"云云，是为《奏约束梁王立》。"事下丞相、御史，请许。奏可。""哀帝建平中，立复杀人。天子遣廷尉赏、大鸿胪由持节即讯。至，移书傅、相、中尉曰"云云。"立惶恐，免冠对曰"云云，是为《对讯》。"时冬月尽，其春大赦，不治。"《汉书·诸侯王表》梁孝王武："阳朔元年，王立嗣。"以上2文当作于梁国睢阳。

《汉书·景十三王传》：江都易王非去世未葬，"建居服舍……建女弟征臣为盖侯子妇，以易王丧来归，建复与奸……后数使使至长安迎征臣，鲁恭王太后闻之，遗征臣书曰：'国中口语籍籍，慎无复至江都。'后建使谒者吉请问共太后，太后泣谓吉：'归以吾言谓而王，王前事漫漫，今当自谨，独不闻燕齐事乎？言吾为而王泣也。'"《汉书·诸侯王表》江都易王非："元朔二年，王建嗣。"按景帝程姬生鲁共王余、江都易王非，故建及征臣为程姬之孙。程姬为鲁恭王太后，则当作于鲁国鲁县。

列侯包括建平侯杜业和舞阳侯樊他广。杜业以列侯就国，作《上书追劾翟方进》《上书言王氏世权》《奏事》，侯家舍人怨而作《上书言樊他广不当代后》。

《汉书·杜周传》："（杜业）数言得失，不事权贵，与丞相翟方进、卫尉定陵侯淳于长不平。后业坐法免官，复为函谷关都尉。会定陵侯长有罪，当就国，长舅红阳侯立与业书曰：'诚哀老姊垂白，随无状子出关，愿勿复用前事相侵。'定陵侯既出关，伏罪复发，下洛阳狱。丞相史搜得红阳侯书，奏业听请，不敬，坐免就国。其春，丞相翟方进薨，业上书言"云云，是为《上书追劾翟方进》。"会成帝崩，哀帝即位，业复上书言"云云，是为《上书言王氏世权》。"业又言宜为恭王立庙京师，以章孝道。时高昌侯董宏亦言宜尊帝母定陶王丁后为帝太后。大司空师丹等劾宏误朝不道，坐免为庶人。"按绥和二年（前7）成帝崩，哀帝即位，杜业二文当作于其时。《北堂书钞》卷一百六十引《汉名臣奏》杜业《奏事》云："伏闻东平国无盐县山中，有大石无故一夕自起立……"所奏事与息夫躬所告事同时，故系于此。按杜业为建平侯，据《汉书·地理志》，建平在沛郡，则杜业三文作于沛郡建平。

《史记·樊哙列传》："孝文帝既立，乃复封哙他庶子市人为舞阳侯，复故爵邑。市人立二十九岁卒，谥为荒侯。子他广代侯。六岁，侯家舍人得罪他广，怨之，乃上书曰：'荒侯市人病不能为人，令其夫人与其弟乱而生他广，他广实非荒侯子，不当代后。'诏下吏。孝景中六年，他广夺侯为庶人，国除。"《史记·高祖功臣侯者年表》舞阳侯："（景帝）七年，侯它广元年。中六年，侯它广非市人子，国除。"据《汉书·地理志》，舞阳在颍川。

其他方面的文章，有司马相如《子虚赋》，武帝巡狩所作的《增太室祠诏》，陈咸《戒子孙》，何并《临颍川敕吏捕钟威赵季李款》《先令书》等。

《史记·司马相如列传》："相如得与诸生游士居数岁，乃著《子虚之赋》。"其后即言"会梁孝王卒"之事。

《汉书·武帝纪》元封元年（前110）："春正月，行幸缑氏。诏曰"云云，是为《增太室祠诏》，作于颍川郡崇高县。《汉书·地理志》颍川郡："崇高，武帝置，以奉太室山，是为中岳。有太室、少室山庙。"

《汉书·何并传》：何并字子廉，为长陵令，徙颍川太守。是时颍川钟元为尚书令，领廷尉，用事有权。弟威为郡掾，臧千金。又有阳翟轻侠赵季、李款亦纵横郡中。何并至官，"下车求勇猛晓文法吏且十人，使文吏治三人狱，武吏往捕之，各有所部。敕曰"云云，是为《临颍川敕吏捕钟威赵季李款》。"数年卒。疾病，召丞掾作先令书，曰：'告子恢，吾生素餐日久，死虽当得法赙，勿受。葬为小椁，毋容下棺。'"是为《先令书》。"恢如父言。王莽擢恢为关都尉。"按《汉书·百官公卿表》元始三年（3）："尚书令颍川钟元宁君为大理。"大理即廷尉。何并治钟威时钟元为廷尉，则元始三年可为他治钟威的上限年。何并为颍川太守，当作于颍川阳翟。

《后汉书·陈宠列传》：陈宠字昭公，沛国洨人也。曾祖父咸，成哀间以律令为尚书。平帝时，王莽辅政，多改汉制，咸心非之。及莽篡位，解官归乡里。"其后莽复征咸，遂称病笃。于是乃收敛其家律令书文，皆壁藏之。咸性仁恕，常戒子孙曰：'为人议法，当依于轻，虽有百金之利，慎无与人重比。'"当作于沛郡洨县。

第三节　兖州作品分布

兖州出产《全汉文》作品 28 篇，在司隶之外各州中位居第二。郡国之中，泰山 8 篇，济阴 6 篇，山阳 6 篇，淮阳 5 篇，东平、陈留、东郡各1 篇（表 7–9）。

表 7–9　兖州作品分布统计表

序号	作者	篇名	时间	地点	郡国	身份	备注
1	武帝	《改元大赦诏》《令诸侯治邸泰山下诏》《泰山刻石文》《与奉车子侯家诏》	前 110	奉高	泰山	皇帝	封禅
2	兒宽	《封泰山还登明堂上寿》	前 110	奉高	泰山	御史大夫	封禅
3	武帝	《增封泰山诏》	前 106	奉高	泰山	皇帝	封禅
4	阙名	《祠上帝明堂赞飨文》	前 104	奉高	泰山	有司	封禅
5	武帝	《泰山鼎文》	前 93	奉高	泰山	皇帝	封禅
6	王吉	《上疏谏昌邑王》	前 82	昌邑	山阳	昌邑中尉	诸侯王
7	刘贺	《下令赐王吉》	前 82	昌邑	山阳	昌邑王	诸侯王
8	王吉	《奏书戒昌邑王》	前 74	昌邑	山阳	昌邑中尉	诸侯王
9	张敞	《为霍氏上封事》	前 66	昌邑	山阳	山阳太守	奏议
10	张敞	《条奏故昌邑王居处状》	前 64	昌邑	山阳	山阳太守	诸侯王
11	张敞	《上书自请治胶东勃海盗贼》	前 62	昌邑	山阳	山阳太守	奏议

序号	作者	篇名	时间	地点	郡国	身份	备注
12	高帝	《下令立韩信为楚王彭越为梁王》《下令赦天下》	前202	定陶	济阴	汉王	战争
13	高帝	《答诸侯王韩信等上尊号》《立吴芮为长沙王诏》《以亡诸为闽粤王诏》	前202	定陶	济阴	皇帝	战争
14	韩信	《上尊号疏》	前202	定陶	济阴	楚王	战争
15	孔鲋	《将没戒弟子》	前208	陈县	淮阳	陈涉博士	战争
16	高帝	《敕诏》	前201	陈县	淮阳	皇帝	战争
17	刘钦	《报舅张博书》	前38	陈县	淮阳	淮阳王	诸侯王
18	王骏	《谕指淮阳王钦》	前37	陈县	淮阳	谏大夫	诸侯王
19	郦食其	《踵军门上谒》	前207	雍丘	陈留	监门	战争
20	陈崇	《上书言破翟义》	7	圉县	淮阳	司威	战争
21	公孙俊仔	《奏免东平相王尊》	前35	无盐	东平	王太后	诸侯王
22	翟义	《移檄郡国》	7	濮阳	东郡	东郡太守	战争
	合计	28					

从上表可知，兖州作品分布主要集中在泰山、济阴、山阳和淮阳。从作品的写作背景来看，多与战争、封禅和诸侯王事务有关。这里的战争包括秦末反秦之战、楚汉战争和汉末翟义起兵讨莽。

秦末陈胜首义，孔鲋往从，六旬卒于陈，乃作《将没戒弟子》。《汉书·孔光传》："（孔）顺生鲋，鲋为陈涉博士，死陈下。"《孔丛子·答问》："博士凡仕六旬，老于陈。将没，戒其弟子曰：'鲁，天下有仁义之国也。战国之世，讲颂不衰。且先君之庙在焉。吾谓叔孙通处浊世而清其身，学儒术而知权变，是今师也。宗于有道，必有令图，归必事焉。'"据《汉书·地理志》，陈县属淮阳，孔鲋《将没戒弟子》作于淮阳陈县。

陈涉失利，英雄蜂起，郦食其仍安其高阳监门之位，直到沛公经过。据《史记·郦食其列传》记载：郦生见沛公骑士，请其引见沛公曰："臣里中有郦生，年六十余，长八尺，人皆谓之狂生，生自谓我非狂生。"遂见沛公，献计下陈留，号为"广野君"。"初，沛公引兵过陈留，郦生踵军门上谒曰"云云，是为《踵军门上谒》。《史记·高祖本纪》二世三年

（前207），"（沛公）西过高阳，郦食其为监门，曰：'诸将过此者多，吾视沛公大人长者。'乃求见说沛公。"《集解》引瓒曰："《陈留传》曰在雍丘西南。"据《汉书·地理志》，雍丘在陈留郡，则郦食其《踵军门上谒》作于陈留雍丘高阳。

楚汉战争结束，天下定于汉，然汉王与诸侯王仍然同号。大军行至定陶，汉王夺齐王军，诸王乃上皇帝尊号于汉王，天下真正定于汉。《汉书·高帝纪》五年（前202）："十二月，围羽垓下……汉王还至定陶，驰入齐王信壁，夺其军……春正月，追尊兄伯号曰武哀侯，下令曰"云云，是为《下令立韩信为楚王彭越为梁王》。"又曰"云云，是为《下令赦天下》。"于是诸侯上疏曰：'楚王韩信、韩王信、淮南王英布、梁王彭越、故衡山王吴芮、赵王张敖、燕王臧荼昧死再拜言……'"是为韩信《上尊号疏》。"汉王曰"云云，是为《答诸侯王韩信等上尊号》。"于是诸侯王及太尉长安侯臣绾等三百人，与博士稷嗣君叔孙通谨择良日二月甲午，上尊号。汉王即皇帝位于氾水之阳。"师古曰："据《叔孙通传》曰'为皇帝于定陶'，则此水在济阴是也。"《汉书·高帝纪》五年："诏曰：'故衡山王吴芮……'又曰：'故粤王亡诸……'"是为《立吴芮为长沙王诏》《以亡诸为闽粤王诏》。据《汉书·地理志》，定陶属济阴郡，以上6文作于济阴定陶。

天下虽定于汉，然诸侯王势力太盛。高帝下令缉拿钟离昧，楚王韩信匿之，乃用陈平计，于陈擒韩信。《汉书·高帝纪》六年（前201）："十二月，会诸侯于陈，楚王信迎谒，因执之。诏曰"云云，是为《赦诏》，作于陈，后属兖州淮阳国。

西汉末年，王莽居摄，有篡汉之心。东郡太守翟义首先起兵讨莽，兖州沦为战场，出产文章2篇。《汉书·翟方进传》载，翟义为方进少子，官至东郡太守，恶王莽居摄，起兵。"立信为天子。义自号大司马柱天大将军，以东平王傅苏隆为丞相，中尉皋丹为御史大夫，移檄郡国，言"云云，是为《移檄郡国》。据《汉书·地理志》，濮阳为东郡治所，则翟义《移檄郡国》作于东郡濮阳。

按《汉书·王莽传》居摄二年（7）："九月，东郡太守翟义都试，勒车骑，因发奔命，立严乡侯刘信为天子，移檄郡国，言莽'毒杀平帝，摄天子位，欲绝汉室，今共行天罚诛莽'……十二月，王邑等破翟义于圉。"

"十二月，王邑等破翟义于圉。陈崇使监军上书言"云云，是为《上书言破翟义》。据《汉书·地理志》，圉县属淮阳，则陈崇《上书言破翟义》作于淮阳圉县。

西汉首尾战乱不断，不过中间却总体安定。特别是经过文景之治，到武帝初，天下皆望上封禅。武帝外征四夷，内兴制度，多次登封泰山，告其成功于上天，君臣为文 8 篇。

第一次是元封元年（前 110），君臣为文 5 篇。《汉书·武帝纪》元封元年："行，遂东巡海上。夏四月癸卯，上还，登封泰山，降坐明堂。诏曰"云云，是为《改元大赦诏》。《汉书·郊祀志》："天子从禅还，坐明堂，群臣更上寿。下诏改元为元封。语在《武纪》。又曰"云云，是为《令诸侯治邸泰山下诏》。《后汉书志·祭祀》上："元封元年，上以方士言作封禅器，以示群儒，多言不合古，于是罢诸儒不用。三月，上东上泰山，乃上石立之泰山巅。"刘昭注引《风俗通》曰："石高二丈一尺，刻之曰"云云，是为《泰山刻石文》。《史记·封禅书》："天子既已封泰山……奉车子侯暴病，一日死。"《索隐》："《新论》云：'武帝出玺印石，财有朕兆，子侯则没印，帝畏恶，故杀之。'《风俗通》亦云然。顾胤按：《武帝集》帝与子侯家语云：'道士皆言子侯得仙，不足悲。'此说是也。"是为《与奉车子侯家诏》。御史大夫兒宽从行，作《封泰山还登明堂上寿》。《汉书·兒宽传》："（上）乃自制仪，采儒术以文焉。既成，将用事，拜宽为御史大夫，从东封泰山，还登明堂。宽上寿曰……制曰：'敬举君之觞。'"《汉书·百官公卿表》元封元年（前 110）："左内史兒宽为御史大夫。"据《汉书·地理志》泰山郡："奉高，有明堂，在西南四里。武帝元封二年造。"则以上 5 文作于泰山郡奉高县。

其后元封五年（前 106）、太初元年（前 104）、太始四年（前 93）武帝三次登封泰山，君臣为文 3 篇。《武帝纪》元封五年："春三月，还至泰山，增封。甲子，祠高祖于明堂，以配上帝。因朝诸侯王列侯，受郡国计。夏四月，诏曰"云云，是为《增封泰山诏》。《史记·封禅书》："其后二岁，十一月甲子朔旦冬至，推历者以本统。天子亲至泰山，以十一月甲子朔旦冬至日祠上帝明堂，毋修封禅。其赞飨曰：'天增授皇帝太元神策，周而复始。皇帝敬拜太一。'"是为阙名《祠上帝明堂赞飨文》。《汉书·武帝纪》太始四年："春三月，行幸泰山……夏四月，幸不其，祠神人于交门宫，若有向坐拜者。"《鼎录》卷二："武帝登泰山，铸一鼎，高四尺，铜银为之。其形如瓮，有三足。太始四年造。其文曰：'登于泰山，万寿无疆，四海宁谧，神鼎传芳。'大篆书。"是为《泰山鼎文》。以上3文也当作于泰山奉高。

兖州还有三位诸侯王与《全汉文》相关：昌邑王刘贺、淮阳王刘钦和东平王刘宇，出产相关文章8篇。

昌邑王刘贺是其中影响最大的一位，因为他是武帝之孙，曾做过27天皇帝，后以行淫乱而被废。和他相关的文章有4篇。刘贺为诸侯王时，因动作无节，受到中尉王吉的批评；后来他受召入京，再次受到王吉告诫。据《汉书·王吉传》记载："（王吉）少好学明经，以郡吏举孝廉为郎，补若庐右丞，迁云阳令。举贤良为昌邑中尉，而王好游猎，驱驰国中，动作亡节，吉上疏谏曰"云云，是为《上疏谏昌邑王》。"王贺虽不遵道，然犹知敬礼吉，乃下令曰"云云，是为《下令赐王吉》。"久之，昭帝崩，亡嗣，大将军霍光秉政，遣大鸿胪宗正迎昌邑王。吉即奏书戒王曰"云云，是为《奏书戒昌邑王》。"王既到，即位二十余日以行淫乱废。昌邑群臣坐在国时不举奏王罪过，令汉朝不闻知，又不能辅道，陷王大恶，皆下狱诛。唯吉与郎中令龚遂以忠直数谏正得减死，髡为城旦。"刘贺被废之后，退居山阳，太守张敞受命对他进行监视。《汉书·武五子传》："（宣帝）即位，心内忌贺，元康二年遣使者赐山阳太守张敞玺书曰"云云。"敞于是条奏贺居处，著其废亡之效，曰"云云，是为《条奏故昌邑王居处状》。据《汉书·地理志》，山阳郡即原来的昌邑国，皆治昌邑，故以上4文作于山阳昌邑。

淮阳王刘钦是宣帝子，其舅张博游说他求朝，相关文章有3篇。《汉书·宣元六王传》："（博）使弟光数说王宜听博计，令于京师说用事贵人为王求朝。王不纳其言。后光欲至长安，辞王，复言'愿尽力与博共为王求朝。王即日至长安，可因平阳侯。'光得王欲求朝语，驰使人语博。博知王意动，复遗王书曰"云云。"王得书喜说，报博书曰"云云，是为《报舅张博书》（其一）。"是时，博女婿京房以明《易》阴阳得幸于上，数召见言事。自谓为石显、五鹿充宗所排，谋不得用，数为博道之。博常欲诳耀淮阳王，即具记房诸所说灾异及召见密语，持予淮阳王以为信验，诈言"云云。"王喜说，报博书曰"云云，是为《报舅张博书》（其二）。张博乃以京房所说灾异及召见密语诈王，言已交欢石显，可以成事，王乃动心喜悦，与博金，令求入朝。"会房出为郡守，离左右，显具得此事告之。房漏泄省中语，博兄弟讠圭误诸侯王，诽谤政治，狡猾不道，皆下狱。有司奏请逮捕钦，上不忍致法，遣谏大夫王骏赐钦玺书曰"云云，"骏谕指曰"云云，是为《谕指淮阳王钦》。"于是淮阳王钦免冠稽首谢曰：'奉藩无状，过恶暴列，陛下不忍致法，加大恩，遣使者申谕道术守藩之义。伏念博罪恶尤深，当伏重诛。臣钦愿悉心自新，奉承诏策。顿首死罪。'"据《汉书·地理志》，淮阳国都陈县，以上 3 文当作于淮阳国都陈县。

东平王刘宇亦宣帝子，以至亲骄奢不奉法，相关文章有 1 篇。据《汉书·王尊传》记载，王尊为益州刺史，"居部二岁，怀来徼外，蛮夷归附其威信。博士郑宽中使行风俗，举奏尊治状，迁为东平相。是时，东平王以至亲骄奢不奉法度，傅相连坐……王情得，又雅闻尊高名，大为尊屈，酌酒具食，相对极欢。太后微史奏尊"云云，是为《奏免东平相王尊》。"尊竟坐免为庶人。"按东平王刘宇之母微史即公孙健仔。据《汉书·地理志》，东平治无盐，故公孙健仔《奏免东平相王尊》作于东平无盐。

其他方面作品还有山阳太守张敞《为霍氏上封事》《上书自请治胶东勃海盗贼》。《汉书·张敞传》："徙敞为山阳太守。久之，大将军霍光薨，宣帝始亲政事，封光兄孙山、云皆为列侯，以光子禹为大司马。顷之，山、云以过归第，霍氏诸婿亲属颇出补吏。敞闻之，上封事曰"云云。"宣帝善其计，然不征也。"《汉书·张敞传》："久之，勃海、胶东盗贼并起，敞上书自请治之，曰"云云，是为《上书自请治胶东勃海盗贼》。张敞为山阳太守，2 文当作于山阳昌邑。

第四节　凉州作品分布

凉州出产《全汉文》作品 19 篇，在司隶之外各州中位居第三。各郡之中，金城 7 篇，安定 4 篇，敦煌 3 篇，酒泉 1 篇，张掖 1 篇，郡县不详者 3 篇（表 7-10）。

表 7 - 10 凉州作品分布统计表

序号	作者	篇名	时间	地点	郡国	身份	备注
1	赵充国	《击罕开议》《上书谢罪因陈兵利害》《上屯田奏》《条上屯田便宜十二事状》《复奏屯田便宜》	前61		金城	后将军	涉外
2	赵充国	《奏罢屯田》	前60		金城	后将军	涉外
3	平宪	《奏羌豪内属》	5		金城	中郎将	涉外
4	孙会宗	《与杨恽书》	前54	高平	安定	安定太守	涉内地
5	王尊	《安定太守告属县教》《又敕掾功曹教》	前44	高平	安定	安定太守	郡内
6	谷永	《与王谭书》	前22	高平	安定	安定太守	涉内地
7	李广利	《初征大宛还至敦煌上书》	前103		敦煌	贰师将军	涉外
8	常惠	《从塞下上书言乌孙事》	前60		敦煌	长罗侯	涉外
9	阙名	《奏改徙陈汤》	前7	敦煌	敦煌	敦煌太守	涉外
10	路博德	《奏留李陵》	前99	居延	张掖	强弩将军	涉外
11	辛武贤	《奏击罕开》	前61	禄福	酒泉	酒泉太守	涉外
12	谷永	《又日食对》《日食上书》《星陨对》	前15			凉州刺史	涉内地
	合计	19					

从上表可知，凉州作品分布主要集中在金城、安定和敦煌。从作品写作背景来看，多与外国外族或内地交往有关。涉及与外国外族交往的有12篇，包括汉与羌、汉与西域、汉与匈奴之间的战争或外交。

涉及汉、羌之间战争的文章有8篇，其中7篇作于宣帝时，包括辛武贤1篇，赵充国6篇。据《汉书·赵充国传》记载，元康三年，先零与诸羌种豪二百余人解仇交质盟诅。汉遣义渠安国行视诸羌，分别善恶。为虏所击，失亡车重兵器甚众。"时充国年七十余，上老之，使御史大夫丙吉问谁可将者，充国对曰：'亡逾于老臣者矣。'上遣问焉，曰：'将军度羌虏何如，当用几人？'充国曰：'百闻不如一见。兵难隃度。臣愿驰至金城，图上方略。然羌戎小夷，逆天背畔，灭亡不久，愿陛下以属老臣，勿以为忧。'上笑曰：'诺。'"充国既进兵，"酒泉太守辛武贤奏言"云云，请七月出击，是为《奏击罕开》。据《汉书·地理志》，酒泉治禄福，故辛武贤《奏击罕开》作于酒泉禄福。

又："天子下其书充国，令与校尉以下吏士知羌事者博议。充国及长史董通年以为"云云，是为《击罕开议》，第一次上书。宣帝可辛武贤，以书敕让充国，"充国既得让，以为将任兵在外，便宜有守，以安国家。乃上书谢罪，因陈兵利害，曰"云云，是为《上书谢罪因陈兵利害》，第二次上书。"六月戊申奏，七月甲寅玺书报从充国计焉。"乃击先零，驱之渡湟水，罕羌不烦兵而下。"其秋，充国病，上赐书曰"云云，令击先零。"时羌降者万余人矣。充国度其必坏，欲罢骑兵屯田，以待其弊……遂上屯田奏曰"云云，是为《上屯田奏》，第三次上书。"上报曰：'皇帝问后将军，言欲罢骑兵万人留田，即如将军之计，虏当何时伏诛，兵当何时得决？孰计其便，复奏。'充国上状曰"云云，是为《条上屯田便宜十二事状》，第四次上书。"上复赐报曰"云云，令充国孰计复奏。"充国奏曰"云云，是为《复奏屯田便宜》，第五次上书。"诏罢兵，独充国留屯田。明年五月，充国奏言"云云，是为《奏罢屯田》。"奏可，充国振旅而还……上然其计，罢遣辛武贤归酒泉太守官，充国复为后将军卫尉。"结合前文，充国5文为他"驰至金城"后所作，当作于金城郡。

平帝时王莽遣平宪诱羌，奏言1篇。《汉书·王莽传》元始五年（5）："莽既致太平，北化匈奴，东致海外，南怀黄支，唯西方未有加。乃遣中郎将平宪等多持金币诱塞外羌，使献地，愿内属。宪等奏言"云云，是为《奏羌豪内属》。中言羌愿献鲜水海、允谷，在金城郡附近，当作于金城郡。

涉及汉、西域之间战争或外交的文章有3篇，其作者为李广利、常惠、阙名。《史记·大宛列传》：太初元年李广利远征大宛，"往来二岁。还至敦煌，士不过什一二。使使上书言：'道远多乏食；且士卒不患战，患饥。人少，不足以拔宛。愿且罢兵，益发而复往。'"是为《初征大宛还至敦煌上书》。"天子闻之，大怒，而使使遮玉门，曰：'军有敢入者辄斩之！'贰师恐，因留敦煌。"《汉书·萧望之传》："神爵二年，遣长罗侯惠使送公主配元贵靡。未出塞，翁归靡死，其兄子狂王背约自立。惠从塞下上书，愿留少主敦煌郡。惠至乌孙，责以负约，因立元贵靡，还迎少主。"是为《从塞下上书言乌孙事》。"诏下公卿议，望之复以为"云云。"天子从其议，征少主还。后乌孙虽分国两立，以元贵靡为大昆弥，汉遂不复与结婚。"《汉书·陈汤传》："久之，敦煌太守奏'汤前亲诛郅支单于，威行外国，不宜近边塞。'诏徙安定。"是为《奏改徙陈汤》。以上 3 文当作于敦煌郡。

涉及汉、匈奴之间关系的文章有路博德 1 篇。《汉书·李陵传》："天汉二年，贰师将三万骑出酒泉，击右贤王于天山。召陵，欲使为贰师将辎重。陵召见武台，叩头自请曰……上壮而许之，因诏强弩都尉路博德将兵半道迎陵军。博德故伏波将军，亦羞为陵后距，奏言：'方秋匈奴马肥，未可与战，臣愿留陵至春，俱将酒泉、张掖骑各五千人并击东西浚稽，可必禽也。'"是为《奏留李陵》。《汉书·武帝纪》太初三年（前 101）："强弩将军路博德筑居延。"据《汉书·地理志》，居延属张掖郡，故路博德《奏留李陵》作于张掖居延。

以上 12 篇涉及凉州与外国或外族的交往，另外 5 篇作品涉及凉州与内地交往。其中 2 篇是与内地友人的通信，孙会宗、谷永各 1 篇。《汉书·杨恽传》："恽既失爵位，家居治产业，起室宅，以财自娱。岁余，其友人安定太守西河孙会宗，知略士也，与恽书谏戒之，为言大臣废退，当合门惶惧，为可怜之意，不当治产业，通宾客，有称誉。"是为《与杨恽书》。《汉书·谷永传》载永出为安定太守，"时上诸舅皆修经书，任政事。平阿侯谭年次当继大将军凤辅政，尤与永善。阳朔中，凤薨。凤病困，荐从弟御史大夫音以自代。上从之，以音为大司马车骑将军，领尚书事，而平阿侯谭位特进，领城门兵。永闻之，与谭书曰"云云，是为《与王谭书》。据《汉书·地理志》，安定治高平，孙会宗、谷永先后为安定太守，2 文当作于安定高平。

另外 3 篇是谷永对朝廷顾问的应答。《汉书·五行志》："永始二年二月乙酉晦，日有食之。谷永以京房《易占》对曰"云云，是为《又日食对》。《后汉书·五行志》刘昭注："谷永上书：'赋敛滋重，不顾黎民，百姓虚竭，则日蚀，将有溃叛之变。'"是为《日食上书》。又："成帝永始二年二月癸未，夜过中，星陨如雨，长一二丈，绎绎未至地灭，至鸡鸣止。谷永对曰"云云，是为《星陨对》。谷永时为凉州刺史，作于凉州，治所不详。后汉凉州治天水陇县，也有可能是前汉凉州治所，则谷永 3 文也可能作于天水陇县。

以上 17 篇都涉及与外部的交往。此外还有安定太守王尊《安定太守告属县教》《又敕掾功曹教》2 文是对郡内下属的敕告。《汉书·王尊传》："后上行幸雍，过虢，尊供张如法而办。以高弟擢为安定太守。到官，出教告属县曰"云云，是为《安定太守告属县教》。"又出教敕掾功曹"云云，是为《又敕掾功曹教》。王尊2文也当作于安定高平。

第五节　青州作品分布

青州出产《全汉文》作品17篇，在司隶以外各州中位居第四。郡国之中，齐郡7篇，胶东2篇，平原、东莱、菑川、高密各1篇，郡县不详者3篇（表7-11）。

表7-11　青州作品分布统计表

序号	作者	篇名	时间	地点	郡国	身份	备注
1	郦食其	《请说齐王》	前204	临淄	齐郡	广野君	战争
2	刘襄	《遗诸侯王书》	前180	临菑	齐国	齐王	诸侯王
3	淳于意	《对诏问所为治病死生验者几何人主名为谁》	前164	临菑	齐郡	故太仓长	对诏
4	阙名	《与路中大夫盟》	前154	临菑	齐郡	三国将	战争
5	卜式	《上书请死节南越》	前112	临菑	齐郡	齐相	涉外
6	齐人延年	《上书请开大河上领出之胡中》	前95		齐地	庶民	上书
7	刘京	《上书言齐郡新井》	8	广饶	齐郡	广饶侯	诸侯王
8	阙名	《奏菑川王终古淫乱事》	前56			青州刺史	诸侯王
9	胡常	《与翟方进书》	前18			青州刺史	书信
10	田况	《上言平盗贼方略》	21			领青徐二州牧事	战争
11	张敞	《奏书谏胶东王太后数出游猎》	前62	即墨	胶东	胶东相	诸侯王
12	张敞	《为胶东相与朱邑书》《书》	前62	即墨	胶东	胶东相	书信
13	韩颓当	《遗胶西王书》	前154	高密	胶西（高密）	将军	战争
14	邹长倩	《遗公孙弘书》	前130		菑川	国人	书信
15	萧望之	《上疏请选谏官》	前65	平原	平原	平原太守	奏议
16	韩博	《上言荐巨毋霸》	19	不夜	东莱	凤夜连率	上书
	合计	17					

从上表可知，青州作品分布主要集中在齐郡、胶东。从作品写作背景来看，多与战争、诸侯王事务、官民上书言事和人际交往相关。

涉及战争的文章有 4 篇。1 篇是郦食其《请说齐王》，与楚汉之争相关。《史记·郦生列传》："（汉王）乃从其画，复守敖仓，而使郦生说齐王曰"云云。"广以为然，乃听郦生，罢历下兵守战备，与郦生日纵酒。"据《史记·田儋列传》，项羽封田市为胶东王，都即墨；田都为齐王，都临淄；田安为济北王，都博阳。田荣不服，尽并三齐之地，为羽所败。其弟田横复立田广为齐王，都临淄。"（田）横定齐三年，汉王使郦生往说下齐王广及其相国横……（韩信）袭破齐历下军，因入临淄。齐王广、相横怒，以郦生卖己，而烹郦生。"郦生时为汉广野君、说客，当作于齐国（后为齐郡）临淄。

另外 2 篇是阙名《与路中大夫盟》和韩颓当《遗胶西王书》，作于七国之乱时。《史记·齐悼惠王世家》：吴楚反，齐不听，三国共围齐，"齐王使路中大夫告于天子。天子复令路中大夫还告齐王：'善坚守，吾兵今破吴楚矣。'路中大夫至，三国兵围临菑数重，无从入。三国将劫与路中大夫盟，曰：'若反言汉已破矣，齐趣下三国，不且见屠。'路中大夫既许之，至城下，望见齐王，曰：'汉已发兵百万，使太尉周亚夫击破吴楚，方引兵救齐，齐必坚守无下！'三国将诛路中大夫。"关于三国，《史记集解》引张晏曰："胶西、菑川、济南也。"既言"兵围临菑数重"，则阙名《与路中大夫盟》作于齐国临菑。

《汉书·荆燕吴传》："三王之围齐临菑也，三月不能下。汉兵至，胶西、胶东、菑川王各引兵归国。胶西王徒跣，席稿，饮水，谢太后……汉将弓高侯颓当遗王书曰……（胶西王）遂自杀。"据《汉书·地理志》，胶西国即后来的高密国，治高密县，故韩颓当文作于胶西高密。

第 4 篇是田况《上言平盗贼方略》，作于新莽末。《汉书·王莽传》地皇二年（21）：王莽下书责七公，"于是群下愈恐，莫敢言贼情者，亦不得擅发兵，贼由是遂不制。唯翼平连率田况素果敢，发民年十八以上四万余人，授以库兵，与刻石为约。赤眉闻之，不敢入界……莽以玺书令况领青、徐二州牧事。况上言"云云。"莽畏恶况，阴为发代，遣使者赐况玺书。使者至，见况，因令代监其兵。况随使者西，到，拜为师尉大夫。况去，齐地遂败。"据《汉书·地理志》北海郡："寿光，有盐官。莽曰翼平亭。"时况领青徐二州牧事，当作于青州，治所不详。

涉及诸侯王事务的文章有 4 篇。1 篇是齐王刘襄《遗诸侯王书》，作于诸吕为乱时。《史记·吕太后本纪》八年（前 180）："当是时，诸吕用事擅权，欲为乱，畏高帝故大臣绛、灌等，未敢发。朱虚侯妇，吕禄女，阴知其谋。恐见诛，乃阴令人告其兄齐王，欲令发兵西，诛诸吕而立。朱虚侯欲从中与大臣为应。齐王欲发兵，其相弗听。八月丙午，齐王欲使人诛相，相召平乃反，举兵欲围王，王因杀其相，遂发兵东，诈夺琅邪王兵，并将之而西……齐王乃遗诸侯王书曰"云云。《史记·汉兴以来诸侯王年表》："齐，都临菑。"按刘襄即齐哀王，其《遗诸侯王书》作于齐国临菑。

第 2 篇是张敞《奏书谏胶东王太后数出游猎》，作于宣帝时。《汉书·张敞传》："敞到胶东，明设购赏，开群盗令相捕斩除罪。吏追捕有功，上名尚书调补县令者数十。由是盗贼解散，传相捕斩。吏民翕然，国中遂平。居顷之，王太后数出游猎，敞奏书谏曰"云云。据《汉书·地理志》，即墨为胶东国都，张敞为胶东相，其《奏书谏胶东王太后数出游猎》作于胶东即墨。

第 3 篇是阙名《奏菑川王终古淫乱事》，作于宣帝时。《汉书·高五王传》：齐悼惠王子志为济北王，徙王菑川，"志立三十五年薨，是为懿王。子靖王建嗣，二十年薨。子顷王遗嗣，三十五年薨。子思王终古嗣。五凤中，青州刺史奏"云云。既为青州刺史，则作于青州，属县不详。

第 4 篇是刘京《上书言齐郡新井》，作于王莽居摄时。《汉书·王莽传》居摄三年（8）："是岁广饶侯刘京、车骑将军千人扈云、大保属臧鸿奏符命。京言齐郡新井，云言巴郡石牛，鸿言扶风雍石，莽皆迎受。十一月甲子，莽上奏太后曰"云云，其中言："宗室广饶侯刘京上书言"云云。据《汉书·地理志》，广饶属齐郡，刘京时为广饶侯，当作于齐郡广饶。

涉及人际交往的有 4 封书信，1 篇是邹长倩《遗公孙弘书》。《西京杂记》卷五："公孙弘以元光五年为国士所推，上为贤良。国人邹长倩以其家贫，少自资致，乃解衣裳以衣之，释所著冠履以与之，又赠以刍一束、素丝一襚、扑满一枚，书题遗之曰"云云。"弘答烂败不存。"既为国人，则作于菑川国。

另 2 篇为张敞《为胶东相与朱邑书》《书》。《汉书·循吏传》："朱邑字仲卿，庐江舒人也……是时张敞为胶东相，与邑书曰：'……韩信虽奇，赖萧公而后信……'"是为《为胶东相与朱邑书》。"邑感敞言，贡荐贤士大夫，多得其助者。"《后汉书·隗嚣列传》："而苍蝇之飞，不过数步。即托骥尾，得以绝群。"李贤注引张敞《书》曰："'苍蝇之飞，不过十步。自托骐骥之尾，乃腾千里之路。然无损于骐骥，得使苍蝇绝群也。'见敞传。"张敞时为胶东相，2 文当作于胶东即墨。

第 4 篇为胡常《与翟方进书》。《汉书·翟方进传》："上以为任公卿，欲试以治民，徙方进为京兆尹，搏击豪强，京师畏之。时胡常为青州刺史，闻之，与方进书曰：'窃闻政令甚明，为京兆能，则恐有所不宜。'方进心知所谓，其后少弛威严。"既为青州刺史，则作于青州，属县不详。

官民上书言事方面的文章有 5 篇，淳于意、卜式、齐人延年、萧望之、韩博各 1 篇。《史记·仓公列传》："意家居，诏召问所为治病死生验者几何人也，主名为谁。诏问故太仓长臣意：'方伎所长，及所能治病者？有其书无有？皆安受学？受学几何岁？尝有所验，何县里人也？何病？医药已，其病之状皆何如？具悉而对。'臣意对曰"云云，是为《对诏问所为治病死生验者几何人主名为谁》。按文中言："齐王故为阳虚侯时，病甚。"《集解》引徐广曰："齐悼惠王子也，名将庐，以文帝十六年为齐王，即位十一年卒，谥孝王。"文中对文帝问齐文王"得病不起之状"，则此文最早当作于齐文王去世后孝王即位的文帝十六年。淳于意为临菑人，家居而作，当作于齐国（后为齐郡）临菑。

《汉书·卜式传》："卜式，河南人也……拜为齐王太傅，转为相。会吕嘉反，式上书曰"云云，是为《上书请死节南越》。卜式既为齐相，其文当作于齐国首都临菑。

《汉书·沟洫志》："太始二年，赵中大夫白公复奏穿渠……是时方事匈奴，兴功利，言便宜者甚众。齐人延年上书言"云云，是为《上书请开大河上领出之胡中》。"书奏，上壮之，报曰"云云。既言齐人，可能作于青州。

《汉书·萧望之传》载，望之出为平原太守，"望之雅意在本朝，远为郡守，内不自得，乃上疏曰"云云，是为《上疏请选谏官》。"书闻，征入守少府。"据《汉书·地理志》，平原郡治平原县，望之为平原太守，其文当作于平原郡平原县。

《汉书·王莽传》天凤六年（19）："夙夜连率韩博上言：'有奇士，长丈……'"是为《上言荐巨毋霸》。"博意欲以风莽。莽闻恶之，留霸在所新丰，更其姓曰巨母氏，谓因文母太后而霸王符也。征博下狱，以非所宜言，弃市。"《汉书·地理志》东莱郡："不夜，有成山日祠，莽曰夙夜。"则韩博文作于东莱不夜。

第六节　益州作品分布

益州出产《全汉文》作品 15 篇，在司隶之外各州中位居第五。郡国之中，蜀郡 11 篇，广汉 2 篇，越寓 1 篇，郡县不详者 1 篇（表 7－12）。

表 7－12　益州作品分布统计表

序号	作者	篇名	时间	地点	郡国	身份	备注
1	司马相如	《美人赋》	前 144	成都	蜀郡	庶民	个人
2	司马相如	《题市门》	前 140	成都	蜀郡	庶民	个人
3	司马相如	《喻巴蜀檄》	前 130	僰道	犍为	郎中将	天下
4	王褒	《僮约》	前 59	成都	蜀郡	庶人	个人
5	扬雄	《反离骚》《广骚》《畔牢愁》	前 24	成都	蜀郡	庶人	个人
6	扬雄	《蜀都赋》《蜀王本纪》	前 17	成都	蜀郡	庶人	乡国
7	严遵	《道德指归说目》《座右铭》	前 8	成都	蜀郡	隐士	天下
8	刘咸	《令李业诣狱养病教》	6	梓潼	广汉	太守	郡务
9	冯英	《上言廉丹史熊调发状》	16	梓潼	广汉	大尹	郡务
10	王褒	《碧鸡颂》	前 51	青蛉	越寓	谏大夫	天下
11	王褒	《四子讲德论》	前 60			庶人	天下
	合计	15					

从上表可知，益州作品分布主要集中在蜀郡。从作者身份来看，大多为庶人。从作品写作动机来看，多关乎个人、乡国或天下。

关乎个人的作品有 7 篇。司马相如悦文君之色，遂以发痼疾，乃作《美人赋》以自刺；离成都入京，《题市门》以自励。《西京杂记》卷二："文君姣好，眉色如望远山，脸际常若芙蓉，肌肤柔滑如脂，十七而寡，为人放诞风流，故悦长卿之才而越礼焉。长卿素有消渴疾，及还成都，悦文君之色，遂以发痼疾。乃作《美人赋》，欲以自刺。"《华阳国志》卷三蜀郡："城北十里有升仙桥，有送客观。司马相如初入长安，题市门曰"云云。据《汉书·地理志》，成都属于蜀郡，故司马相如 2 文作于蜀郡成都。

悍奴不为主人酤酒，王褒大怒，乃作《僮约》。《古文苑》卷十七载王褒《僮约》曰："蜀郡王子渊，以事到煎上。寡妇杨惠舍有一奴名便了，倩行酤酒，便了捍大杖上冢巅曰：'大夫买便了时，只约守冢，不约为他家男子酤酒。'子渊大怒曰：'奴宁欲卖耶？'惠曰：'奴父许人，人无欲者。''子即决卖，券之。'奴复曰：'欲使，皆上券，不上券，便了不能为也。'子渊曰：'诺。'券文曰：'神爵三年正月十五日，资中男子王子渊从成都安志里女子杨惠买夫时户下髯奴便了，决卖万五千。奴从百役使，不得有二……'"王褒文作于蜀郡成都。

扬雄自爱，不赞成屈原投江，乃作《反离骚》《广骚》《畔牢愁》。《汉书·扬雄传》："雄少而好学，不为章句，训诂通而已，博览无所不见……顾尝好辞赋。先是时，蜀有司马相如，作赋甚弘丽温雅，雄心壮之，每作赋，常拟之以为式。又怪屈原文过相如，至不容，作《离骚》，自投江而死。悲其文，读之未尝不流涕也。以为君子得时则大行，不得时则龙蛇，遇不遇命也，何必湛身哉！乃作书，往往摭《离骚》文而反之，自岷山投诸江流以吊屈原，名曰《反离骚》，又旁《离骚》作重一篇，名曰《广骚》；又旁《惜诵》以下至《怀沙》一卷，名曰《畔牢愁》。"扬雄 3 文也作于蜀郡成都。

严遵隐于市井，以老庄自守，作《道德指归》和《座右铭》。《道德指归·说目》："庄子曰：昔者《老子》之作也，变化所由，道德为母，效经列首，天地为象。上经配天，下经配地。阴道八，阳道九，以阴行阳，故七十有二首。以阳行阴，故分为上下。以五行八，故上经四十而更始，以四行八，故下经三十有二而终矣。"《全蜀艺文志》卷四四载其《座右铭》曰："夫疾行不能遁影，大音不能掩响，默然托荫，则影响无因。常体卑弱，则祸患无萌。口舌者，祸患之门，灭身之斧。言语者，天命之属，形骸之部。出失则患入，言失则亡身……"《汉书·王贡两龚鲍传》："其后谷口有郑子真，蜀有严君平……君平卜筮于成都市。"严遵 2 文作于蜀郡成都。

自爱而爱人，爱人而爱乡国爱天下，这方面的作品有 5 篇。唐蒙用军兴法发巴蜀吏卒，巴蜀民大惊恐。相如出使责唐蒙，但也喻巴蜀民要理解天子之心，故作《喻巴蜀檄》。《史记·司马相如列传》："相如为郎数岁，会唐蒙使略通夜郎西僰中，发巴蜀吏卒千人，郡又多为发转漕万余人，用兴法诛其渠帅，巴蜀民大惊恐。上闻之，乃使相如责唐蒙，因喻告巴蜀民以非上意。檄曰"云云。《史记·西南夷列传》："发巴蜀卒治道，自僰道指牂柯江。蜀人司马相如亦言西南夷邛、筰可置郡。使相如以郎中将往喻，皆如南夷，为置一都尉，十余县，属蜀。"据《汉书·地理志》，僰道（今宜宾）为犍为郡治，在蜀郡南，此文当作于犍为僰道。

宣帝中兴，四夷来服，祥瑞多见，王褒作《四子讲德论》以宣汉德；越嶲青蛉有碧鸡金马之瑞，王褒请之，作《碧鸡颂》。《汉书·王褒传》："褒既为刺史作颂，又作其传。"《文选》卷五十一《四子讲德论》序："褒既为益州刺史王襄作《中和》《乐职》《宣布》之诗，又作传，名曰《四子讲德》，以明其意焉。"又："后方士言益州有金马碧鸡之宝，可祭祀致也，宣帝使褒往祠焉。褒于道病死，上闵惜之。"《后汉书·南蛮西南夷列传》："邛都夷者……青蛉县禺同山有碧鸡金马，光景时时出见。"李贤注："王褒《碧鸡颂》曰：'持节使王褒谨拜南崖，敬移金精神马缥碧之鸡，处南之荒。深溪回谷，非土之乡。归来归来，汉德无疆。兼乎唐虞，泽配三皇。'"《汉书·地理志》越嶲郡："青蛉……有禺同山，有金马、碧鸡。"王褒《碧鸡颂》当作于越嶲青蛉县。

成帝时扬雄兴于蜀，敬慕先贤，乐此乡国，乃作《蜀都赋》《蜀王本纪》。《艺文类聚》卷六十一"居处部"载汉扬雄《蜀都赋》曰："蜀都之地，古曰梁州。禹治其江，淳皋弥望……"《古文苑》卷四《蜀都赋》章樵注："按蜀即汉之蜀郡也，成都又为三蜀之都会，故称蜀都。"又有《蜀王本纪》，残佚，严可均辑入二十六则。《隋书·经籍志》二："《蜀王本纪》一卷，扬雄撰。"当作于蜀郡成都。

此外，还有两位太守以郡内事务作文 2 篇：刘咸《令李业诣狱养病教》、冯英《上言廉丹史熊调发状》。《后汉书·独行列传》："李业字巨游，广汉梓潼人也，少有志操，介特。习《鲁诗》，师博士许晃。元始中，举明经，除为郎。会王莽居摄，业以病去官，杜门不应州郡之命。太守刘咸强召之，业乃载病诣门。咸怒，出教曰……令诣狱养病，欲杀之。客有说咸曰：'赵杀鸣犊，孔子临河而逝。未闻求贤而胁以牢狱者也。'咸乃出之，因举方正。"据《汉书·地理志》，梓潼为广汉郡治，刘咸为广汉太守，其文当作于广汉梓潼。

《汉书·王莽传》天凤三年（16）："平蛮将军冯茂击句町，士卒疾疫，死者什六七，赋敛民财什取五。益州虚耗而不克，征还下狱死。更遣宁始将军廉丹与庸部牧史熊击句町，颇斩首，有胜。莽征丹、熊，丹、熊愿益调度，必克乃还。复大赋敛，就都大尹冯英不肯给，上言"云云。"莽怒，免英官。"据《汉书·地理志》，广汉郡治梓潼，"高帝置，莽曰就都。"冯英为就都大尹，其文作于广汉梓潼。

第七节　其他州作品分布

西汉全国出产《全汉文》作品地点可考者 1347 篇，其中司隶出产作品 1168 篇，其他十二州出产作品 179 篇。这十二州之中，豫州 34 篇，兖州 28 篇，凉州 19 篇，青州 17 篇，益州 15 篇，合计 113 篇，已如前述。此外还有扬州、徐州、荆州、幽州、并州、冀州、交州等七州 66 篇，略考于此。

一　徐州作品分布考

徐州出产《全汉文》作品 13 篇，其中广陵 7 篇，琅邪 4 篇，楚国 2 篇。

（一）广陵作品考

1. 刘濞作《下令国中》《发使遗诸侯王书》（前 154）。《史记·吴王濞列传》："及削吴会稽、豫章郡书至，则吴王先起兵……七国之发也，吴王悉其士卒，下令国中曰"云云，是为《下令国中》。"孝景帝三年正月甲子，初起兵于广陵。西涉淮，因并楚兵。发使遗诸侯书曰"云云，是为《发使遗诸侯王书》。徐广曰："荆王刘贾都吴，吴王移广陵也。"刘濞为吴王，2 文作于吴国首都广陵，后属徐州广陵。

2. 枚乘作《上书谏吴王》（前 160）。《汉书·枚乘传》："为吴王濞郎中。吴王之初怨望谋为逆也，乘奏书谏曰……吴王不纳，乘等去而之梁，从孝王游。"枚乘为吴王郎中，作于吴国广陵，后属徐州广陵。

3. 邹阳作《上书吴王》（前 156）。《汉书·邹阳传》："邹阳，齐人也。汉兴，诸侯王皆自治民聘贤。吴王濞招致四方游士，阳与吴严忌、枚乘等俱仕吴，皆以文辩著名。久之，吴王以太子事怨望，称疾不朝，阴有邪谋，阳奏书谏。为其事尚隐，恶指斥言，故先引秦为谕，因道胡、越、齐、赵、淮南之难，然后乃致其意。其辞曰……吴王不内其言。是时，景帝少弟梁孝王贵盛，亦待士。于是邹阳、枚乘、严忌知吴不可说，皆去之梁，从孝王游。"枚乘为吴王宾客，其文作于吴国广陵，后属徐州广陵。

4. 董仲舒作《粤有三仁对》《奏江都王求雨》（前 140）。《董仲舒传》："易王，帝兄，素骄，好勇。仲舒以礼谊匡正，王敬重焉。久之，王问仲舒曰……仲舒对曰"云云，是为《殷有三仁对》。《奏江都王求雨》见《后汉书·礼仪志》注："又仲舒奏江都王云：'求雨之方……'"《汉书·地理志》广陵国："广陵，江都易王非、广陵厉王胥皆都此。"董仲舒为江都相，2 文当作于江都国广陵县，后属徐州广陵。

5. 董仲舒作《止雨祝》（前 133）。《春秋繁露·止雨》："二十一年八月甲申，朔。丙午，江都相仲舒告内史中尉"云云。董仲舒为江都相，其文作于江都国广陵县，后属徐州广陵。

（二）琅邪作品考

1. 朱博作《出教主簿》《敕功曹》《口占檄文》《移游徼王卿书》（前 16）。《汉书·朱博传》："徙为并州刺史、护漕都尉，迁琅邪太守……顷之，门下掾赣遂耆老大儒，教授数百人，拜起舒迟。博出教主簿：'赣老生不习吏礼，主簿且教拜起，闲习乃止。'"是为《出教主簿》。"又敕功曹：'官属多褒衣大袑，不中节度，自今掾史衣皆令去地三寸。'"是为《敕功曹》。"姑幕县有群辈八人报仇廷中，皆不得。长吏自系书言府，贼曹掾史自白请至姑幕。事留不出。功曹诸掾即皆自白，复不出。于是府丞诣阁，博乃见丞掾曰：'以为县自有长吏，府未尝与也，丞掾谓府当与之邪？'阁下书佐入，博口占檄文曰"云云，是为《口占檄文》。"王卿得敕惶怖，亲属失色，昼夜驰骛，十余日间捕得五人。博复移书曰"云云，是为《移游徼王卿书》。"其操持下，皆此类也。"据《汉书·地理志》，姑幕属琅邪，东武为琅邪郡治。朱博为琅邪太守，当作于琅邪东武。

（三） 楚国作品考

1. 义帝作《与诸将约》（前207）。《史记·高祖本纪》二世三年："赵数请救，怀王乃以宋义为上将军，项羽为次将，范增为末将，北救赵。令沛公西略地入关。与诸将约：'先入定关中者王之。'"据《史记·项羽本纪》，怀王系"楚怀王孙心"，在民间，于二世二年被项梁求得立以为王，后被项羽尊为义帝。怀王本"都盱台"，项梁军破后，"怀王恐，从盱台之彭城，并项羽、吕臣军自将之。"据《汉书·地理志》，彭城属楚国。义帝为怀王，作于楚国彭城。

2. 刘延寿作《遗广陵王胥书》（前69）。《汉书·楚元王传》："宣帝即位，延寿以为广陵王胥武帝子，天下有变必得立，阴欲附倚辅助之，故为其后母弟赵何齐取广陵王女为妻……因使何齐奉书遗广陵王曰：'愿长耳目，毋后人有天下。'何齐父长年上书告之。事下有司，考验辞服，延寿自杀。"《汉书·宣帝纪》地节元年："冬十一月，楚王延寿谋反，自杀。"刘延寿为楚王，当作于楚国首都彭城，属徐州。

二 扬州作品分布考

扬州出产《全汉文》作品11篇，其中九江6篇，会稽2篇，其他郡3篇。

（一） 九江作品考

1. 刘安作《上疏谏伐南越》（前135）。《汉书·严助传》："建元三年……后三岁，闽越复兴兵击南越。南越守天子约，不敢擅发兵，而上书以闻。上多其义，大为发兴，遣两将军将兵诛闽越。淮南王安上书谏"云云，是为《上疏谏伐南越》。"是时，汉兵遂出，未逾领，适会闽越王弟余善杀王以降。汉兵罢。上嘉淮南之意，美将卒之功，乃令严助谕意风指于南越。南越王顿首曰：'天子乃幸兴兵诛闽越，死无以报！'即遣太子随助入侍。助还，又谕淮南曰"云云，是为《答淮南王安谏伐越诏》。"助谕意曰"云云，是为《谕意淮南王》。"助由是与淮南王相结而还。"建元三年"后三岁"，则是建元六年（前135）。据《汉书·地理志》，淮南国即后来的九江郡，治寿春。刘安为淮南王，其文作于淮南寿春，后属扬州九江。

2. 严助作《谕意淮南王》（前135），见上。严助为中大夫出使，作于淮南寿春，后属扬州九江。

3. 庄芷作《上书发淮南王阴事》（前123）。《史记·淮南列传》："王子孽子不害，最长，王弗爱，王、王后、太子皆不以为子兄数。不害有子建，材高有气，常怨望太子不省其父；又怨时诸侯皆得分子弟为侯，而淮南独二子，一为太子，建父独不得为侯。建阴结交，欲告败太子，以其父代之。太子知之，数捕系而榜笞建。建具知太子之谋欲杀汉中尉，即使所善寿春庄芷以元朔六年上书于天子曰……书闻，上以其事下廷尉，廷尉下河南治。"《汉书·淮南王传》："王有孽子不害……上以其事下廷尉、河南治。是岁元朔六年也。"庄芷身份不详，作于淮南寿春，后属扬州九江。

4. 淮南小山作《淮南王篇》（前122）。《乐府古题要解》卷下："右《招隐》，本楚词，汉淮南王安小山所作也，言山中不可以久留，后人改以为五言。""右古词'淮南王自言尊'，淮南小山所作也。旧说汉淮南王安服食求仙，遍礼方士，遂与八公相携俱去，莫知所适。小山之徒，思恋不已，乃作《淮南王歌》，其词实言安仙去。"《古今注》卷中所载略同。淮南小山为淮南王宾客，作于淮南寿春，后属扬州九江。

5. 梅福作《上书言王凤专擅》（前14）、《上书请封孔子子孙为殷后》（前8）。《汉书·梅福传》："为郡文学，补南昌尉。后去官归寿春，数因县道上言变事，求假轺传，诣行在所条对急政，辄报罢。是时成帝委任大将军王凤，凤专势擅朝，而京兆尹王章素忠直，讥刺凤，为凤所诛。王氏浸盛，灾异数见，群下莫敢正言。福复上书曰"云云，是为《上书言王凤专擅》。又："成帝久亡继嗣，福以为宜建三统，封孔子之世以为殷后，复上书曰"云云，是为《上书请封孔子子孙为殷后》。"是时，福居家，常以读书养性为事。"梅福文作于寿春，后属扬州九江。

（二）会稽作品考

1. 严助作《上书谢罪》（前133）。《汉书·严助传》载严助为会稽太守："数年，不闻问。赐书曰"云云，是为《赐严助书》。"助恐，上书谢称：'《春秋》天王出居于郑，不能事母，故绝之。臣事君，犹子事父母也，臣助当伏诛。陛下不忍加诛，愿奉三年计最。'"据《汉书·地理志》，吴县为会稽治所，严助为会稽太守，其文作于会稽吴县。

2. 余善作《上书击南越》（前112）。《史记·东越列传》："至元鼎五年，南越反，东越王余善上书，请以卒八千人从楼船将军击吕嘉等。"按同传，闽越王无诸乃越王句践之后，姓驺氏，秦并天下废。汉五年，复立无诸为闽越王，都东冶。建元六年，闽越王郢击南越，其弟余善杀之，因立无诸孙丑为越繇王，余善为东越王，并处。据《汉书·地理志》，冶属会稽。余善时为东越王，其文作于东越东冶，后为会稽冶县。

（三）其他郡作品考

1. 阙名作《溢城井铭》（前201）。《太平御览》卷一百八十九引《浔阳记》："盆城，汉灌婴所筑。孙权经此城，自立标井上，令人掘得井，铭曰：'颍阴侯所开，三百年当塞，不满百年为当运者所开。'权忻以为瑞井。江中风浪，井水辄动。"按《元和郡县志》卷二九："州理城，古之溢口城也。汉高帝六年，灌婴所筑。汉建安中，孙权经此城，权自标地，令人掘之，正得古井，铭云：'汉六年颍阴侯开，三百年当塞，后不满百年，当为应运者所开。'权以为己瑞。井极深大，江中风浪，井水辄动。"据《汉书·地理志》，寻阳属庐江郡，此文当作于庐江浔阳。后隋改浔阳为溢城。

2. 扬州刺史柯作《奏海昏侯贺罪》（《奏昌邑王贺罪》）（前60）。汉书·武五子传》："数年，扬州刺史柯奏贺与故太守卒史孙万世交通……有司案验，请逮捕。制曰：'削户三千。'"柯为扬州刺史，作于扬州，郡县不详。

3. 豫章太守廖作《奏绝海昏侯后》（《奏绝昌邑王后》）（前59）。《汉书·武五子传》载昌邑王贺："后薨。豫章太守廖奏言：'舜封象于有鼻，死不为置后，以为暴乱之人不宜为太祖。海昏侯贺死，上当为后者子充国；充国死，复上弟奉亲；奉亲复死，是天绝之也。陛下圣仁，于贺甚厚，虽舜于象无以加也。宜以礼绝贺，以奉天意。愿下有司议。'议皆以为不宜为立嗣，国除。"《汉书·王子侯表》海昏侯贺："（元康）三年四月壬子，以昌邑王封，四年，神爵三年薨。"据《汉书·地理志》，海昏属豫章郡，南昌为豫章郡治，廖为豫章太守，其文当作于豫章南昌。

三 荆州作品分布考

荆州出产《全汉文》作品10篇，其中长沙5篇，南阳4篇，零陵1篇。

（一）长沙作品考

1. 贾谊作《吊屈原赋》（《吊屈原文》）、《惜誓》（前 177）。《汉书·贾谊传》："于是天子后亦疏之，不用其议，以谊为长沙王太傅。谊既以适去，意不自得。及度湘水，为赋以吊屈原……其辞曰"云云，是为《吊屈原赋》。《惜誓》见《楚辞》卷十一，王逸解题曰："《惜誓》者，不知谁所作也。或曰贾谊，疑不能明也。惜者，哀也。誓者，信也，约也。言哀惜怀王，与己信约，而复背之也。古者君臣将共为治，必以信誓相约，然后言乃从而身以亲也。盖刺怀王有始而无终也。"据《汉书·地理志》，临湘为长沙国治所，贾谊为长沙王太傅，2 文当作于长沙国临湘。

2. 贾谊作《上疏陈政事》（前 176）。《汉书·贾谊传》："天下初定，制度疏阔。诸侯王僭拟，地过古制，淮南、济北王皆为逆诛。谊数上疏陈政事，多所欲匡建，其大略曰"云云，是为《上疏陈政事》。"是时丞相绛侯周勃免就国，人有告勃谋反，逮系长安狱治，卒亡事，复爵邑，故贾谊以此讥上。上深纳其言，养臣下有节。"《汉书·文帝纪》四年："绛侯周勃有罪，逮诣廷尉诏狱。"贾谊为长沙王太傅，当作于长沙国临湘。

3. 贾谊作《谏除盗铸钱令使民放铸》（前 175）。《汉书·食货志》："孝文五年，为钱益多而轻，乃更铸四铢钱，其文为'半两'，除盗铸钱令，使民放铸。贾谊谏曰"云云，是为《谏除盗铸钱令使民放铸》。贾谊为长沙王太傅，文当作于长沙国临湘。

4. 贾谊作《鵩鸟赋》（前 174）。《史记·贾生列传》："贾生为长沙王太傅三年，有鸮飞入贾生舍，止于坐隅。楚人命鸮曰'服'。贾生既以谪居长沙，长沙卑湿，自以为寿不得长，伤悼之，乃为赋以自广。其辞曰"云云。贾谊为长沙王太傅，文当作于长沙国临湘。

（二）南阳、零陵等郡作品考

1. 陈咸作《移敕郡长吏书》《与陈汤书》（前 17）。《汉书·陈万年传》："（咸）起家复为南阳太守。所居以杀伐立威……郡中长吏皆令闭门自敛，不得逾法。公移敕书曰：'即各欲求索自快，是一郡百太守也，何得然哉！'下吏畏之，豪强执服，令行禁止，然亦以此见废……时车骑将军王音辅政，信用陈汤。咸数赂遗汤，予书曰：'即蒙子公力，得入帝城，死不恨。'后竟征入为少府。"据《汉书·地理志》，宛县为南阳郡治，陈咸为南阳太守，其文当作于南阳宛县。

2. 张永作《献符命铜璧文》(9)。《汉书·元后传》："及莽即位，请玺……莽又欲改太后汉家旧号，易其玺绶，恐不见听，而莽疏属王谏欲谄莽，上书言"云云，是为《上书请废太皇太后》。"莽乃车驾至东宫，亲以其书白太后。太后曰：'此言是也！'莽因曰：'此悖德之臣也，罪当诛！'于是冠军张永献符命铜璧，文言：'太皇太后当为新室文母太皇太后。'"莽下诏更太后为新室文母，鸩杀王谏，而封张永为贡符子。据《汉书·地理志》，冠军属南阳，张永文当作于南阳冠军。

3. 甄阜作《移书刘良》(22)。《后汉书·光武帝纪》："地皇三年，南阳荒饥……十月，与李通从弟轶等起于宛，时年二十八……进拔棘阳，与王莽前队大夫甄阜、属正梁丘赐战于小长安，汉军大败，还保棘阳。"《后汉书·宗室四王三侯列传》："赵孝王良字次伯，光武之叔父也。平帝时举孝廉，为萧令。光武兄弟少孤，良抚循甚笃。及光武起兵，以事告，良大怒，曰：'汝与伯升志操不同，今家欲危亡，而反共谋如是！'既而不得已，从军至小长安，汉兵大败，良妻及二子皆被害。"李贤注引《续汉书》曰："阜、赐移书于良曰：'老子不率宗族，单绔骑牛，哭且行，何足赖哉！'"《后汉书·郡国志》南阳郡："育阳邑有小长安，有东阳聚。"据《汉书·地理志》，南阳郡，莽称前队。甄阜时为前队大夫，其文当作于南阳郡育阳县小长安。

4. 刘庆作《上书言莽宜居摄》(5)。《汉书·王莽传》元始五年(5)："泉陵侯刘庆上书言：'周成王幼少，称孺子，周公居摄。今帝富于春秋，宜令安汉公行天子事，如周公。'群臣皆曰：'宜如庆言。'"师古曰："《王子侯年表》'众陵节侯贤，长沙定王子，本始四年戴侯真定嗣，二十二年薨，黄龙元年顷侯庆嗣。'此则是也。此传及《翟义传》并云泉陵，《地理志》泉陵属零陵郡，而表作众陵，表为误也。"刘庆为泉陵侯，其文作于零陵郡泉陵。

四 幽州作品分布考

幽州出产《全汉文》作品10篇，其中广阳4篇，渔阳3篇，其他郡3篇。

（一）广阳作品考

1. 刘旦作《上书请立武帝庙》(前87)。《汉书·武五子传》："帝崩，太子立，是为孝昭帝，赐诸侯王玺书。旦得书，不肯哭，曰：'玺书封小，京师疑有变。'遣幸臣寿西长、孙纵之、王孺等之长安，以问礼仪为名。王孺见执金吾广意，问帝崩所病，立者谁子，年几岁。广意言待诏五莋宫，宫中谨言帝崩，诸将军共立太子为帝，年八九岁，葬时不出临。归以报王。王曰：'上弃群臣，无语言，盖主又不得见，甚可怪也。'复遣中大夫至京师上书言"云云。据《汉书·地理志》，蓟县为燕国首都，刘旦为燕王，其文当作于燕国蓟县，后属幽州广阳。

2. 刘长作《为燕王旦命令群臣》（前86）。《汉书·武五子传》："时大将军霍光秉政，襃赐燕王钱三千万，益封万三千户。旦怒曰：'我当为帝，何赐也！'遂与宗室中山哀王子刘长、齐孝王孙刘泽等结谋，诈言以武帝时受诏，得职吏事，修武备，备非常。长于是为旦命令群臣曰"云云，是为《为燕王旦命令群臣》。刘长为中山哀王子，时在燕国，当作于燕国蓟县，后属幽州广阳。

3. 刘旦作《上书为丁外人求侯》《上疏请入宿卫》（前81）。《汉书·外戚传》上："于是桀、安父子深怨光而重德盖主。知燕王旦帝兄，不得立，亦怨望，桀、安即记光过失予燕王，令上书告之，又为丁外人求侯。燕王大喜，上书称"云云，是为《上书为丁外人求侯》。"书奏，上以问光，光执不许。及告光罪过，上又疑之，愈亲光而疏桀、安。"《汉书·武五子传》："久之，旦姊鄂邑盖长公主、左将军上官桀父子与霍光争权有隙，皆知旦怨光，即私与燕交通。旦遣孙纵之等前后十余辈，多赍金宝走马，赂遗盖主。上官桀及御史大夫桑弘羊等皆与交通，数记疏光过失与旦，令上书告之。桀欲从中下其章。旦闻之，喜，上疏曰"云云，是为《上疏请入宿卫》。刘旦为燕王，作于燕国蓟县，后属幽州广阳。

（二）渔阳作品考

1. 韩安国作《上书言罢屯》（前128）。《史记·韩长孺列传》："明年，匈奴大入边，杀辽西太守，及入雁门，所杀略数千人。车骑将军卫青击之，出雁门。卫尉安国为材官将军，屯于渔阳。安国捕生虏，言匈奴远去。即上书言"云云。韩安国为材官将军，作于渔阳郡，后属幽州。

2. 严尤作《谏伐匈奴》（11）。《汉书·匈奴传》：始建国三年匈奴入寇，王莽"乃拜十二部将率，发郡国勇士，武库精兵，各有所屯守，转委输于边。议满三十万众，赍三百日粮，同时十道并出，穷追匈奴，内之于丁令，因分其地，立呼韩邪十五子。莽将严尤谏曰"云云。其中云："今既发兵，宜纵先至者，令臣尤等深入霆击，且以创艾胡虏。"《汉书·王莽传》始建国二年（10）诏云："虏知罪当夷灭，故遣猛将分十二部，将同时出，一举而决绝之矣。内置司命军正，外设军监十有二人。""诛貉将军阳俊、讨秽将军严尤出渔阳。"严尤时为讨秽将军，作于渔阳，属幽州。

3. 严尤作《奏高句骊事》（12）。《汉书·王莽传》始建国四年（12）："先是，莽发高句骊兵，当伐胡，不欲行，郡强迫之，皆亡出塞，因犯法为寇。辽西大尹田谭追击之，为所杀。州郡归咎于高句骊侯驺。严尤奏言"云云。"莽不尉安，秽貉遂反，诏尤击之。尤诱高句骊侯驺至而斩焉，传首长安。"《汉书·王莽传》始建国二年："诛貉将军阳俊、讨秽将军严尤出渔阳。"严尤时为讨秽将军，作于渔阳，属幽州。

（三）其他郡作品考

1. 陈武作《遗韩王信书》（前196）。《史记·韩信卢绾列传》："十一年春，故韩王信复与胡骑入居参合，距汉。汉使柴将军击之，遗信书曰"云云，是为《遗韩王信书》。"韩王信报曰"云云，是为《报柴武书》。"遂战。柴将军屠参合，斩韩王信。"《汉书·高帝纪》高帝十一年（前196）："春正月……将军柴武斩韩王信于参合。"据《汉书·地理志》，参合属代郡。柴武即陈武，时为将军，作于代郡参合，后属幽州。

2. 韩王信作《报柴武书》（前196），见上。韩王信降匈奴，作于代郡参合，后属幽州。

3. 郑昌作《请删定律令疏》（前67）。《汉书·刑法志》："于是选于定国为廷尉，求明察宽恕黄霸等以为廷平，季秋后请谳。时上常幸宣室，斋居而决事，狱刑号为平矣。时涿郡太守郑昌上疏言"云云，是为《请删定律令疏》。据《汉书·地理志》，涿县为涿郡治所，郑昌为涿郡太守，其文当作于涿郡涿县。

五　并州作品分布考

并州出产《全汉文》作品9篇，其中太原3篇，朔方2篇，其他郡4篇。

（一）太原作品考

1. 韩王信作《上书高帝》（前201）。《汉书·韩王信传》："六年春，上以为信壮武，北近巩、洛，南迫宛、叶，东有淮阳，皆天下劲兵处也，乃更以太原郡为韩国，徙信以备胡，都晋阳。信上书曰：'国被边，匈奴数入，晋阳去塞远，请治马邑。'"据《汉书·地理志》，晋阳为太原治所，太原时为韩国，韩王信文当作于太原晋阳。

2. 宋昌作《劝进代王议》（前180）。《汉书·文帝纪》："高祖十一年，诛陈豨，定代地，立为代王，都中都。十七年秋，高后崩，诸吕谋为乱，欲危刘氏。丞相陈平、太尉周勃、朱虚侯刘章等共诛之，谋立代王……大臣遂使人迎代王。郎中令张武等议，皆曰"云云，是为张武《议止代王入嗣》。"中尉宋昌进曰：'群臣之议皆非也……'"据《汉书·地理志》，中都属太原郡，当时为代国，宋昌为代国中尉，其文当作于代国中都，后属并州太原。

3. 张武作《议止代王入嗣》（前180），见上。张武时为代国郎中令，作于代国中都，后属并州太原。

（二）朔方作品考

1. 武帝作《临北河遣使者告单于》（前110）。《汉书·武帝纪》元封元年："行自云阳，北历上郡、西河、五原，出长城，北登单于台，至朔方，临北河。勒兵十八万骑，旌旗径千余里，威震匈奴，遣使者告单于曰"云云，是为《临北河遣使者告单于》。据《汉书·地理志》，朔方属并州，武帝文当作于并州朔方。

2. 萧育作《奏封事荐冯野王》（前31）。《汉书·冯奉世传》：冯野王为冯奉世之子，迁大鸿胪。"成帝立，有司奏野王王舅，不宜备九卿。以秩出为上党太守，加赐黄金百斤。朔方刺史萧育奏封事，荐言"云云，"上自为太子时闻知野王。会其病免，复以故二千石使行河隄。"萧育为朔方刺史，作于并州朔方。

（三）其他郡作品考

1. 令狐茂作《上书理太子》（前91）。《汉书·武五子传》：武帝末，卫后宠衰，江充用事。充与太子及卫氏有隙，恐上晏驾后为太子所诛，会巫蛊事起，充因此为奸。太子斩充，与丞相刘屈氂等战。"太子兵败，亡，不得。上怒甚，群下忧惧，不知所出。壶关三老茂上书曰"云云，是为

《上书理太子》。师古曰："壶关，上党之县也。荀悦《汉纪》云令狐茂。"令狐茂为县三老，作于上党壶关。

2. 伶玄作《飞燕外传自序》（前 1）。《飞燕外传自序》："伶玄字子于，潞水人。学无不通，知音善属文，简率尚真朴，无所矜式……哀帝时，子于老休，买妾樊通德……颇能言赵飞燕姊弟故事。子于闲居命言，厌厌不倦……于是撰《赵后别传》。"据《汉书·地理志》，潞县属上党，伶玄时老休于家，其文当作于上党潞县。

3. 刘歆作《遂初赋》（前 6）。《古文苑》卷五《遂初赋》序曰："《遂初赋》者，刘歆所作也……歆好《左氏春秋》，欲立于学官，时诸儒不听。歆乃移书太常博士，责让深切，为朝廷大臣非疾。求出补吏，为河内太守，又以宗室不宜典三河，徙五原太守。是时朝政已多失矣，歆以论议见排摈，志意不得。之官，经历故晋之域，感今思古，遂作斯赋，以叹往事而寄己意。"据《汉书·地理志》，九原为五原郡治，刘歆为五原太守，其赋当作于五原九原。

4. 陈钦作《上言虏犯边》（12）。《汉书·王莽传》始建国四年（12）："厌难将军陈钦言捕虏生口，虏犯边者皆孝单于咸子角所为。莽怒，斩其子登于长安，以视诸蛮夷。"《汉书·王莽传》始建国二年（10）："厌难将军陈钦、震狄将军王巡出云中。"陈钦时为厌难将军，作于并州云中。

六 冀州作品分布考

冀州出产《全汉文》作品 8 篇，其中赵国 3 篇，清河 2 篇，其他郡 3 篇。

（一）赵国作品考

1. 高帝作《疑狱诏》（前 200）。《汉书·刑法志》："高皇帝七年，制诏御史"云云。《汉书·高帝纪》七年："十二月，上还过赵，不礼赵王……春，令郎中有罪耐以上，请之。""令郎中有罪耐以上，请之"，正是《疑狱诏》中的内容。据《汉书·地理志》，邯郸为赵国首都，高帝时在赵国，《疑狱诏》当作于赵国邯郸。

2. 刘彭祖作《上书告张汤奸状》（前 115）。《汉书·张汤传》：张汤有所爱史鲁谒居，"谒居病卧闾里主人，汤自往视病，为谒居摩足。赵国以冶铸为业，王数讼铁官事，汤常排赵王。赵王求汤阴事。谒居尝案赵王，赵王怨之，并上书告：'汤大臣也，史谒居有病，汤至为摩足，疑与为大奸。'"刘彭祖为赵王，其文当作于赵国邯郸。

3. 刘彭祖作《讼太子丹》（前96）。《汉书·江充传》：江充女弟嫁赵王彭祖太子丹，太子疑江充以己阴私告王，乃杀江充父兄。江充西入关，诣阙告太子丹。"书奏，天子怒，遣使者诏郡发吏卒围赵王宫，收捕太子丹，移系魏郡诏狱，与廷尉杂治，法至死。赵王彭祖，帝异母兄也，上书讼太子罪，言……上不许，竟败赵太子。"刘彭祖为赵王，当作于赵国邯郸。

（二）清河作品考

1. 冯逡作《奏请浚屯氏河》（前32）。《汉书·沟洫志》："成帝初，清河都尉冯逡奏言……事下丞相、御史，白博士许商治《尚书》，善为算，能度功用。遣行视，以为屯氏河盈溢所为，方用度不足，可且勿浚。后三岁，河果决于馆陶及东郡金隄。"《汉书·地理志》清河郡："贝丘，都尉治。"冯逡为清河都尉，当作于清河贝丘。

2. 刘佟作《上言宜益安汉公国邑》（3）。《汉书·王莽传》：太后不得已，听公卿采莽女。"太后遣长乐少府、宗正、尚书令纳采见女，还奏言"云云。太后使有司策告宗庙，卜筮皆吉。"信乡侯佟上言"云云，是为《上言宜益安汉公国邑》。据《汉书·地理志》，信乡属清河郡。刘佟为信乡侯，当作于清河信乡。

（三）其他郡作品考

1. 陈余作《遗章邯书》（前207）。《史记·项羽本纪》：钜鹿战后，秦军数却，章邯受到二世责让和赵高怀疑。长史欣为其言进退两难之境，"陈余亦遗章邯书曰"云云。按《史记·张耳陈余列传》："张耳与赵王歇走入巨鹿城，王离围之。陈余北收常山兵，得数万人，军巨鹿北。"据《汉书·地理志》，巨鹿县为巨鹿郡治所，陈余为赵国大将军，其文当作于巨鹿郡巨鹿县。

2. 冀州刺史林作《奏劾代王年》（前66）。《汉书·文三王传》："地节中，冀州刺史林奏……有司奏年淫乱，年坐废为庶人，徙房陵，与汤沐邑百户。立三年，国除。"《汉书·诸侯王表》代孝王参："地节元年，王年嗣，四年，坐与同产妹奸，废迁房陵，与邑百家。"林为冀州刺史，作于冀州，郡县不详。

3. 王况作《为魏成大尹李焉作谶书》（21）。《汉书·王莽传》地皇二年（21）："魏成大尹李焉与卜者王况谋，况谓焉曰：'新室即位以来，民田奴婢不得卖买，数改钱货，征发烦数，军旅骚动，四夷并侵，百姓怨恨，盗贼并起，汉家当复兴。君姓李，李音徵，徵火也，当为汉辅。'因为焉作谶书，言"云云，"焉令吏写其书，吏亡告之。莽遣使者即捕焉，狱治皆死。"魏成，当即魏城。据《汉书·地理志》，魏城本名魏郡，王莽改为魏城，邺县为魏郡治所。王况为魏成大尹作书，当作于魏郡邺县。

七 交州作品分布考

交州出产《全汉文》作品5篇，都在南海郡。

1. 赵佗作《移檄告横浦阳山湟溪关》（前209）。《汉书·南粤传》：陈胜起兵后，佗受任嚣之命，行南海尉事，"嚣死，佗即移檄告横浦、阳山、湟溪关曰"云云。按任嚣语赵佗曰："且番禺负山险阻，南北东西数千里，颇有中国人相辅，此亦一州之主，可为国。"据《汉书·地理志》，番禺为南海郡治所，赵佗行南海尉事，其文当作于南海番禺。

2. 赵佗作《下令国中》《上文帝书》（前179）。《汉书·南粤传》："陆贾至，南粤王恐，乃顿首谢，愿奉明诏，长为藩臣，奉贡职。于是下令国中曰"云云，是为《下令国中》。"因为书称：'蛮夷大长老夫臣佗昧死再拜上书皇帝陛下……'"是为《上文帝书》。赵佗为南越王，作于南越番禺，后属交州南海郡。

3. 赵胡作《上武帝书》（前135）。《汉书·两粤传》："至武帝建元四年，佗孙胡为南粤王。立三年，闽粤王郢兴兵南击边邑。粤使人上书曰：'两粤俱为藩臣，毋擅兴兵相攻击。今东粤擅兴兵侵臣，臣不敢兴兵，唯天子诏之。'于是天子多南粤义，守职约，为兴师，遣两将军往讨闽粤。"赵胡为南越王，作于首都番禺，后属交州南海。

4. 吕嘉作《下令国中》（前112）。《史记·南越列传》："于是天子遣千秋与王太后弟樛乐将二千人往。入越境。吕嘉等乃遂反，下令国中曰"云云。"乃与其弟将卒攻杀王、太后及汉使者。"吕嘉为南越相，作于番禺，后属交州南海。

第八节　匈奴和西域作品分布

匈奴和西域出产《全汉文》作品 29 篇，其中匈奴 14 篇，西域 15 篇。

一　匈奴作品考

匈奴出产《全汉文》作品 14 篇，其中 8 篇为单于所作，或令其臣下，或通使上书于汉；另外 6 篇为汉朝使者或降将所作。

1. 冒顿作《习射令》（前 209）。《史记·匈奴列传》："（头曼）单于有太子名冒顿。后有所爱阏氏，生少子，而单于欲废冒顿而立少子，乃使冒顿质于月氏。冒顿既质于月氏，而头曼急击月氏。月氏欲杀冒顿，冒顿盗其善马，骑之亡归。头曼以为壮，令将万骑。冒顿乃作为鸣镝，习勒其骑射，令曰"云云。"从其父单于头曼猎，以鸣镝射头曼，其左右亦皆随鸣镝而射杀单于头曼，遂尽诛其后母与弟及大臣不听从者。冒顿自立为单于。"《集解》引徐广曰："秦二世元年壬辰岁立。"冒顿为单于子，作于匈奴。

2. 娄敬作《作丹书铁券与匈奴分土界》（前 198）。《史记·刘敬列传》：高帝患匈奴，娄敬乃建和亲之策，"上竟不能遣长公主，而取家人子名为长公主，妻单于。使刘敬往结和亲约。"《北堂书钞》卷一百四引《三辅故事》云："娄敬为高车使者，持节至匈奴，与其分地界，作丹书铁券曰：'自海以南，冠盖之士处焉；自海以北，刚强之士处焉。'"娄敬为高车使者，作于匈奴。

3. 冒顿作《遗高后谩书》（前 192）。《汉书·匈奴传》："孝惠、高后时，冒顿浸骄，乃为书，使使遗高后曰"云云，是为《遗高后谩书》。"因献马，遂和亲。"《汉书·惠帝纪》三年："以宗室女为公主，嫁匈奴单于。"冒顿为单于，其文作于匈奴。

4. 冒顿作《遗文帝书》（前 176）。《史记·匈奴列传》："其三年五月……其明年，单于遗汉书曰：'天所立匈奴大单于敬问皇帝无恙……'以六月中来至薪望之地。"文帝三年之明年，即是四年。冒顿为单于，其文作于匈奴。

5. 军臣单于作《令军中》（前 129）。《史记·李将军列传》记载，马邑之谋，"汉军皆无功。其后四岁，广以卫尉为将军，出雁门击匈奴。匈奴兵多，破败广军，生得广。单于素闻广贤，令曰：'得李广必生致之。'"《汉书·武帝纪》元光六年（前129）："匈奴入上谷，杀略吏民。遣车骑将军卫青出上谷，骑将军公孙敖出代，轻车将军公孙贺出云中，骁骑将军李广出雁门。青至龙城，获首虏七百级。广、敖失师而还。"据《史记·匈奴列传》，军臣单于立于文帝后元三年（前161），武帝元朔三年（前126）去世，故《令军中》为军臣单于作，作于匈奴。

6. 李陵作《令》（前99）。据《汉书·李陵传》，李陵将步卒五千人出居延，"陵至浚稽山，与单于相直，骑可三万围陵军。军居两山间，以大车为营。陵引士出营外为阵，前行持戟盾，后行持弓弩，令曰：'闻鼓声而纵，闻金声而止。'"是为《令》。《汉书·匈奴传》："使骑都尉李陵将步兵五千人出居延北千余里，与单于会，合战，陵所杀伤万余人，兵食尽，欲归，单于围陵，陵降匈奴，其兵得脱归汉者四百人。"李陵为骑都尉，作于匈奴浚稽山。

7. 狐鹿姑单于作《遗武帝书》（前89）。《汉书·匈奴传》载征和三年，贰师将军李广利降匈奴，"其明年，单于遣使遗汉书云……汉遣使者报送其使。"据同传，狐鹿姑单于为且鞮侯单于长子，从太始元年至始元二年（前96～前85）在位。故此文为狐鹿姑单于作，作于匈奴。

8. 李陵作《与苏武书》、《答苏武书》（《重报苏武书》）、《表》（前81）。

《艺文类聚》卷三十载李陵《与苏武书》曰："子卿名声冠于图籍，分义光于二国……"按文中言："行矣子卿，恩若一体，分为二朝，悠悠永绝。"则作于苏武返汉之际。《答苏武书》载《文选》卷四十一："子卿足下……"《艺文类聚》卷三十题作《重报书》。信中言："与子别后，益复无聊……子归受荣，我留受辱，命也如何？""闻子之归，赐不过二百万，位不过典属国，无尺土之封，加子之勤……子尚如此，陵复何望哉！""愿足下勿复望陵。"看来是对苏武返汉后来信劝归的回绝，作于匈奴。

又《文选》卷四一李陵《答苏武书》："昔先帝授陵步卒五千，出征绝域，五将失道，陵独遇战。"李善注："《汉书武纪》曰：'天汉二年，将军李广利出酒泉，公孙敖出西河，骑都尉李陵将步卒五千出居延。'时无五将，未审陵书之误而武纪略之。集表云：'臣以天汉二年到塞外，寻被诏书，责臣不进。臣辄引师到浚稽山，五将失道。'"李陵为故汉骑都尉，降匈奴，作于匈奴。

9. 韩昌作《与呼韩邪单于盟约》（前43）。《汉书·匈奴传》下："郅支单于自以道远，又怨汉拥护呼韩邪，遣使上书求侍子。汉遣谷吉送之，郅支杀吉。汉不知吉音问，而匈奴降者言闻瓯脱皆杀之。呼韩邪单于使来，汉辄簿责之甚急。明年，汉遣车骑都尉韩昌、光禄大夫张猛送呼韩邪单于侍子，求问吉等，因赦其罪，勿令自疑。昌、猛见单于民众益盛，塞下禽兽尽，单于足以自卫，不畏郅支。闻其大臣多劝单于北归者，恐北去后难约束，昌、猛即与为盟约曰"云云，是为《与呼韩邪单于盟约》。"昌、猛与单于及大臣俱登匈奴诺水东山，刑白马……共饮血盟。"韩昌为车骑都尉，作于匈奴诺水东山。

10. 呼韩邪单于作《上元帝书请入朝》（前34）。《汉书·匈奴传》："郅支既诛，呼韩邪单于且喜且惧，上书言曰：'常愿谒见天子，诚以郅支在西方，恐其与乌孙俱来击臣，以故未得至汉。今郅支已伏诛，愿入朝见。'竟宁元年，单于复入朝。"竟宁元年（前33）入朝，则上书于建昭五年（前34）。呼韩邪为单于，作于匈奴。

11. 乌珠留单于作《上哀帝书请入朝》（前3）。《汉书·匈奴传》：建平四年（前3），单于上书愿朝五年。时哀帝被疾，或言匈奴从上游来厌人，自黄龙、竟宁时，单于朝中国辄有大故。上由是难之。黄门郎扬雄上书谏，天子悟焉。召还匈奴使者，更报单于书而许之。"单于未发，会病，复遣使愿朝明年。故事，单于朝，从名王以下及从者二百余人。单于又上书言：'蒙天子神灵，人民盛壮，愿从五百人入朝，以明天子盛德。'上皆许之。"按乌珠留若鞮单于立于绥和元年（前8），卒于王莽始建国五年（13）。建平五年时他为单于，作于匈奴。

12. 乌珠留单于作《上书改名》（2）。《汉书·王莽传上》元始二年（2）："莽念中国已平，唯四夷未有异，乃遣使者赍黄金币帛，重赂匈奴单于，使上书言：'闻中国讥二名，故名囊知牙斯，今更名知，慕从圣制。'"按乌珠留单于立于绥和元年，卒于始建国五年（13）。元始二年时在单于任上，作于匈奴。

二　西域作品考

西域出产《全汉文》作品15篇，其中3篇为乌孙昆弥和龟兹王绛宾所作，1篇为流亡西域的郅支单于所作，另外11篇为汉人所作。汉人作者中，有的为使者，如张骞；有的为西域官员，如郑吉、韩宣、甘延寿、郭舜、但钦；有的为公主或其侍者，如刘解忧、冯嫽。

1. 张骞作《谕指乌孙》（前115）。《史记·大宛列传》："是后天子数问骞大夏之属。骞既失侯，因言曰……天子以为然，拜骞为中郎将，将三百人，马各二匹，牛羊以万数，赍金币帛直数千巨万，多持节副使，道可使，使遗之他旁国。骞既至乌孙，乌孙王昆莫见汉使如单于礼，骞大惭，知蛮夷贪，乃曰：'天子致赐，王不拜则还赐。'昆莫起拜赐，其他如故。骞谕使指曰"云云，是为《谕指乌孙》。张骞为中郎将出使，作于西域乌孙。

2. 刘解忧作《上昭帝书》（前74）。《汉书·西域传》：楚王戊之孙刘解忧为汉公主，入嫁乌孙，先后为岑陬、肥王翁归靡、狂王泥靡之妻。"昭帝时，公主上书，言'匈奴发骑田车师，车师与匈奴为一，共侵乌孙，唯天子幸救之！'汉养士马，议欲击匈奴。会昭帝崩。"刘解忧为乌孙昆弥妻，作于西域乌孙。

3. 刘解忧作《上宣帝书》（前72）。《汉书·西域传》："宣帝初即位，公主及昆弥皆遣使上书，言"云云。"汉兵大发十五万骑，五将军分道并出。"刘解忧为乌孙昆弥妻，作于西域乌孙。

4. 昆弥作《上宣帝书》（前72）。《汉书·匈奴传》上："宣帝即位，乌孙昆弥复上书，言'连为匈奴所侵削，昆弥愿发国半精兵人马五万匹，尽力击匈奴，唯天子出兵，哀救公主！'本始二年，汉大发关东轻锐士……凡五将军，兵十余万骑，出塞各二千余里。"昆弥为乌孙王，作于西域乌孙。

5. 绛宾作《上书求与乌孙女入朝》（前66）。《汉书·西域传》下："时乌孙公主遣女来至京师学鼓琴，汉遣侍郎奉送主女，过龟兹。龟兹前遣人至乌孙求公主女，未还。会女过龟兹，龟兹王留不遣，复使使报公主，主许之。后公主上书，愿令女比宗室入朝，而龟兹王绛宾亦爱其夫人，上书言得尚汉外孙为昆弟，愿与公主女俱入朝。元康元年，遂来朝贺。"元康元年（前65）入朝，则上书当在地节四年。绛宾为龟兹王，作于西域龟兹。

6. 昆弥作《又上宣帝书》（前64）。《汉书·西域传》："元康二年，乌孙昆弥因惠上书：'愿以汉外孙元贵靡为嗣，得令复尚汉公主，结婚重亲，畔绝匈奴，愿聘马骡各千匹。'诏下公卿议，大鸿胪萧望之以为'乌孙绝域，变故难保，不可许。'"昆弥为乌孙王，作于西域乌孙。

7. 郑吉作《上书请益车师田卒》（前62）。《汉书·西域传》：车师降汉，郑吉田车师，匈奴来击，"围城数日乃解。后常数千骑往来守车师，吉上书言：'车师去渠犁千余里，间以河山，北近匈奴，汉兵在渠犁者势不能相救，愿益田卒。'公卿议以为道远烦费，可且罢车师田者。"《汉书·郑吉传》："至宣帝时，吉以侍郎田渠犁，积谷，因发诸国兵攻破车师，迁卫司马，使护鄯善以西南道。"郑吉时为卫司马，作于西域车师。

8. 刘解忧作《又上宣帝书》（前51）。《汉书·西域传》：乌孙公主刘解忧夫"元贵靡、鸱靡皆病死，公主上书言'年老土思，愿得归骸骨，葬汉地。'天子闵而迎之，公主与乌孙男女三人俱来至京师。是岁，甘露三年也。时年且七十，赐以公主田宅奴婢，奉养甚厚，朝见仪比公主。"《汉书·宣帝纪》甘露三年（前51）："冬，乌孙公主来归。"刘解忧为乌孙王夫人，作于西域乌孙。

9. 冯嫽作《上元帝书》（前49）。《汉书·西域传》下："初，楚主侍者冯嫽能史书，习事，尝持汉书为公主使，行赏赐于城郭诸国，敬信之，号曰冯夫人。为乌孙右大将妻，右大将与乌就屠相爱……（公主）后二岁卒，三孙因留守坟墓云。元贵靡子星靡代为大昆弥，弱，冯夫人上书"云云。冯嫽为乌孙右大将妻，作于西域乌孙。

10. 韩宣作《奏镇抚星靡》《奏更立乌孙昆弥》（前49）。《汉书·西域传》下："元贵靡子星靡代为大昆弥，弱，冯夫人上书"云云，"都护韩宣奏"云云，是为《奏镇抚星靡》。"汉许之。后都护韩宣复奏"云云，是为《奏更立乌孙昆弥》。韩宣为都护，当作于西域都护治所乌垒城。

11. 郅支单于作《因都护上元帝嫚书》（前37）。《汉书·陈汤传》：郅支杀汉使谷吉后，西奔康居。"汉遣使三辈至康居求谷吉等死，郅支困辱使者，不肯奉诏，而因都护上书言：'居困厄，愿归计强汉，遣子入侍。'其骄嫚如此。"其后即言建昭三年陈汤出西域事。据《汉书·匈奴传》，匈奴内乱，"呼韩邪单于兄左贤王呼屠吾斯亦自立为郅支骨都侯单于"。郅支为单于，作于西域康居。

12. 甘延寿作《上疏斩送郅支首》（前36）。《汉书·陈汤传》：陈汤迁西域副校尉，建昭三年与甘延寿出西域。二人谋伐郅支单于，延寿欲奏请之，汤则矫制发城郭诸国兵、车师戊己校尉屯田吏士。遂进兵，入康居，围单于城。"汉兵四面推卤楯，并入土城中。单于男女百余人走入大内。汉兵纵火，吏士争入，单于被创死……于是延寿、汤上疏曰"云云。甘延寿为护西域骑都尉，作于西域康居。

13. 郭舜作《上言宜绝康居》（前 29）。《汉书·西域传》："至成帝时，康居遣子侍汉，贡献，然自以绝远，独骄嫚，不肯与诸国相望。都护郭舜数上言……汉为其新通，重致远人，终羁縻而未绝。"郭舜为都护，当作于西域都护治所乌垒城。

14. 但钦作《上书言匈奴状》（10）。《汉书·王莽传》始建国二年（10）："十一月，立国将军建奏：'……诸刘为诸侯者，以户多少就五等之差；其为吏者皆罢……'"是为《奏废刘氏》。中言"西域将钦上言：九月辛巳，戊己校尉史陈良、终带共贼杀校尉刀护，劫略吏士，自称废汉大将军，亡入匈奴……"师古曰："但钦也。"但钦为西域都护，当作于西域都护治所乌垒城。

第八章 《全汉文》作者人生地理流动

籍贯不是作者本人能够控制的，是一种与生俱来的属性，因此其分布是静态的。统计《全汉文》作者在西汉十三州的籍贯分布，相对还算均衡。尽管司隶部出产作者最多，达到 59 人，占全国比重约 24.6%，但也没有超过三分之一。然而统计《全汉文》作品在全国十三州的创作地分布，就会发现其分布呈现高度集中化态势：86.71% 的作品集中在京兆一郡，其中 80.4% 竟然集中在长安一县。长安成为《全汉文》最集中的创作地的过程，就是《全汉文》作者从全国四面八方向长安集中的过程。由于这种集中，使得各州作品产出数与其作者产出数之间的排名大多不能对应（表 8 - 1）。如冀州籍作者排名第 3，但作品出产第 11；徐州籍作者排名第 4，但作品出产第 7；兖州籍作者排名第 5，但作品出产升至第 3；凉州籍作者排名第 10，但作品出产升至第 4。

表 8 - 1　各州作者与作品产出统计

州部	籍贯			作品		
	数量（人）	比重（%）	排名	数量（篇）	比重（%）	排名
司隶	59	24.58	1	1168	86.71	1
豫州	36	15.00	2	34	2.52	2
冀州	30	12.50	3	8	0.59	11
徐州	26	10.83	4	13	0.97	7
青州	18	7.50	5	17	1.26	5
兖州	18	7.50	5	28	2.08	3
益州	10	4.17	6	15	1.11	6
扬州	10	4.17	6	11	0.82	8
荆州	9	3.75	7	10	0.74	9
并州	8	3.33	8	9	0.67	10

续表

州部	籍贯			作品		
	数量（人）	比重（%）	排名	数量（篇）	比重（%）	排名
幽州	7	2.92	9	10	0.74	9
凉州	6	2.50	10	19	1.41	4
交州	3	1.25	11	5	0.37	12
合计	240			1347		
长安	25	10.42		1083	80.40	
非长安	215	89.58		264	19.60	
分布州数	13			13		
州平均数	18.46			103.62		
匈奴和西域	10			29		
总计	250			1376		

如前所述，长安之所以成为《全汉文》最集中的创作地，最主要的原因在于它是全国中央政府所在地，是全国高级官员最多最集中的地方。从人生地理的角度来看，全国各地作者从各自籍贯地向长安这一最大创作地汇聚的过程，就是《全汉文》作者从相对均衡的静态地理分布向高度集中的动态地理分布转化的过程。因为，"文学家的地理分布，表现为两种状态。一种是静态分布，一种是动态分布。文学家的籍贯（出生地）分布，属于静态分布；文学家的迁徙、流动的分布，则属于动态分布"。①

因此，《全汉文》作者从静态地理分布向动态地理分布转化的过程，实际上是他们人生地理流动的集中体现。这种人生地理流动的出发点各不相同，其目的地也不尽相同。不过其中最多的目的地无疑是首都长安，这种流动是一种向心型流动。与此相应，向其他目的地流动则属于离心型流动。这两种流动结合形成交互型流动。

第一节　《全汉文》作者人生地理向心型流动

《全汉文》作者人生地理以向心型流动为主的特征，既是中央政府一

① 曾大兴：《文学地理学研究》，商务印书馆，2012，第57页。

系列人才政策的效应，也是这些作者本人主观追求的结果。

一　中央政府的人才政策

西汉一贯重用人才，因为汉朝得天下，一个主要原因就是善于发现和重用人才。《史记·高祖本纪》五年："高祖置酒雒阳南宫。高祖曰：'列侯诸将无敢隐朕，皆言其情。吾所以有天下者何？项氏之所以失天下者何？'高起、王陵对曰：'陛下慢而侮人，项羽仁而爱人。然陛下使人攻城略地，所降下者因以予之，与天下同利也。项羽妒贤嫉能，有功者害之，贤者疑之，战胜而不予人功，得地而不予人利，此所以失天下也。'高祖曰：'公知其一，未知其二。夫运筹策帷帐之中，决胜于千里之外，吾不如子房。镇国家，抚百姓，给馈饷，不绝粮道，吾不如萧何。连百万之军，战必胜，攻必取，吾不如韩信。此三者，皆人杰也，吾能用之，此吾所以取天下也。项羽有一范增而不能用，此其所以为我擒也。'"高祖和臣下的对话，说明了汉朝人才政策的两个特点：知人善用，人尽其才；与之同利，尊官厚禄。来自敌方阵营的韩信对此也看得很清楚。《史记·淮阴侯列传》载韩信语："项王喑恶叱咤，千人皆废，然不能任属贤将，此特匹夫之勇耳。项王见人恭敬慈爱，言语呕呕，人有疾病，涕泣分食饮，至使人有功当封爵者，印刓敝，忍不能予，此所谓妇人之仁也……今大王诚能反其道：任天下武勇，何所不诛！以天下城邑封功臣，何所不服！"

汉得天下之后，继续重视选拔人才。《汉书·高帝纪》十一年载《求贤诏》："盖闻王者莫高于周文，伯者莫高于齐桓，皆待贤人而成名。今天下贤者智能岂特古之人乎？患在人主不交故也，士奚由进！今吾以天之灵，贤士大夫定有天下，以为一家，欲其长久，世世奉宗庙亡绝也。贤人已与我共平之矣，而不与吾共安利之，可乎？贤士大夫有肯从我游者，吾能尊显之。布告天下，使明知朕意。"在这里，高帝坦诚地表明了他招揽人才的态度，但招揽人才的具体措施、途径和标准还不甚明了。

经过西汉历代帝王的探索实践，主要形成了四种人才选用方式：下诏征召贤良文学、察举孝廉、考课官吏、兴学官立太学。

第一种人才选用方式是下诏征召贤良文学。这是汉初比较常用的选拔人才方式，不过并不是年年进行，因此称为特科。"察举常科以外的各种科目，皆属特科。特科又可分作两类，即常见特科与一般特科。常见特科通常情况下是指贤良之选。"① 一般特科有明经、明法、至孝、有道、敦厚、尤异、治剧、勇猛知兵法、明阴阳灾异等②。不过在特科之中，规模和影响都比较大的还是贤良文学。高帝《求贤诏》可以说是这方面较早的尝试，不过还比较笼统，不太明确。比较正式地征召贤良，是从文帝时开始的。《汉书·文帝纪》载二年（前178）《除诽谤讹言诏》曰："今法有诽谤讹言之罪，是使众臣不敢尽情，而上无由闻过失也。将何以来远方之贤良？其除之。"这一诏书为众臣畅所欲言、献替可否扫清了障碍。同年《日食求言诏》曰："朕闻之，天生民，为之置君以养治之。人主不德，布政不均，则天示之灾以戒不治。乃十一月晦，日有食之，适见于天，灾孰大焉……令至，其悉思朕之过失，及知见之所不及，丐以启告朕。及举贤良方正能直言极谏者，以匡朕之不逮。"规模较大、成效较著的当推文帝十五年那次，对策者达百余人。《汉书·文帝纪》十五年（前165）："九月，诏诸侯王公卿郡守举贤良能直言极谏者，上亲策之，傅纳以言。"《汉书·晁错传》："后诏有司举贤良文学士，错在选中。上亲策诏之……错对曰：'平阳侯臣窋、汝阴侯臣灶、颍阴侯臣何、廷尉臣宜昌、陇西太守臣昆邪所选贤良太子家令臣错昧死再拜言……'时贾谊已死，对策者百余人，唯错为高第，由是迁中大夫。"

武帝即位征召贤良，可能是西汉历史上规模最大的一次。《汉书·武帝纪》建元元年（前140）："冬十月，诏丞相、御史、列侯、中二千石、二千石、诸侯相举贤良方正直言极谏之士。"这次举贤良，上书者以千数，对策者百余人。《汉书·东方朔传》："武帝初即位，征天下举方正贤良文学材力之士，待以不次之位，四方士多上书言得失，自衒鬻者以千数，其不足采者辄报闻罢。"《汉书·严助传》："严助，会稽吴人，严夫子子也，或言族家子也。郡举贤良，对策百余人。"其后元光五年（前130）复征贤良，至者百余人。《汉书·公孙弘传》："元光五年，复征贤良文学，菑川国复推上弘……时对者百余人，太常奏弘第居下。策奏，天子擢弘对为第一。召入见，容貌甚丽，拜为博士，待诏金马门。"武帝时号称得人为

① 黄留珠：《秦汉仕进制度》，西北大学出版社，1985，第176页。
② 黄留珠：《秦汉仕进制度》，西北大学出版社，1985，第187~193页。

盛，但到元封五年也出现人才匮乏的情形。《汉书·武帝纪》元封五年（前106）："名臣文武欲尽。诏曰：'盖有非常之功，必待非常之人，故马或奔踶而致千里，士或有负俗之累而立功名。夫泛驾之马，跅弛之士，亦在御之而已。其令州郡察吏民有茂材异等可为将相及使绝国者。'"

昭帝、宣帝继续征召贤良。《汉书·昭帝纪》始元五年（前82）诏曰："朕以眇身获保宗庙，战战栗栗，夙兴夜寐，修古帝王之事，通保傅，传《孝经》《论语》《尚书》，未云有明。其令三辅、太常举贤良各二人，郡国文学高第各一人。"又始元六年（前81）："二月，诏有司问郡国所举贤良文学民所疾苦。议罢盐铁榷酤。"《汉书·宣帝纪》本始四年（前70）载《地震诏》曰："盖灾异者，天地之戒也。朕承洪业，奉宗庙，托于士民之上，未能和群生。乃者地震北海、琅邪，坏祖宗庙，朕甚惧焉。丞相、御史其与列侯、中二千石博问经学之士，有以应变，辅朕之不逮，毋有所讳。令三辅、太常、内郡国举贤良方正各一人。律令有可蠲除以安百姓，条奏。"《汉书·萧望之传》："时上初即位，思进贤良，多上书言便宜，辄下望之问状，高者请丞相御史，次者中二千石试事，满岁以状闻，下者报闻，或罢归田里，所白处奏皆可。"《汉书·食货志》："宣帝即位，用吏多选贤良，百姓安土，岁数丰穰，谷至石五钱。"

成帝、哀帝、平帝也举贤良。《汉书·谷永传》："建始三年冬，日食地震同日俱发，诏举方正直言极谏之士，太常阳城侯刘庆忌举永待诏公车……其夏，皆令诸方正对策，语在《杜钦传》。永对毕，因曰……时对者数十人，永与杜钦为上第焉。"《汉书·哀帝纪》元寿元年（前2）："元寿元年春正月辛丑朔，日有蚀之。诏曰：'……举贤良方正能直言者各一人。大赦天下。'"《后汉书·申屠刚列传》："平帝时，王莽专政，朝多猜忌，遂隔绝帝外家冯卫二族，不得交宦，刚常疾之。及举贤良方正，因对策曰……书奏，莽令元后下诏曰：'刚所言僻经妄说，违背大义。其罢归田里。'"

第二种人才选用方式是察举孝廉。从西汉中期以后，察举孝廉逐渐成为人才选拔的主要种类，每年一次，称为常科。《汉书·武帝纪》元光元年（前134）："冬十一月，初令郡国举孝廉各一人。"不过这项制度起初进行得并不顺利，有的郡国好几年不荐一人。同纪元朔元年（前128）载武帝《议不举孝廉者罪诏》，要求有司"议不举者罪"。"有司奏议：

'……不举孝，不奉诏，当以不敬论。不察廉，不胜任也，当免。'奏可。"从此以后，这项制度才算真正运行起来。据《通典》卷十三"历代制"条言武帝定制："郡国口二十万以上岁察一人，四十万以上二人，六十万三人，八十万四人，百万五人，百二十万六人，不满二十万，二岁一人，不满十万，三岁一人。"汉时郡国数按盛时 103 个计算，每个郡国不妨按平均数每年 2 人计算，那么每年察举孝廉总数约为 206 人，大大超过一般特科每次征召贤良的人数。

孝廉所举为中低级属吏性质的官员，一般限六百石以下。《汉书·宣帝纪》黄龙元年（前 49）："夏四月，诏曰：'举廉吏，诚欲得其真也。吏六百石位大夫，有罪先请，秩禄上通，足以效其贤材，自今以来毋得举。'"韦昭注曰："吏六百石者，不得复举为廉吏也。"如张敞以太守卒史举为甘泉仓长，平当以大鸿胪文学举为顺阳长，薛宣以大司农斗食属举不其丞，王嘉以光禄勋掾举南陵丞。《汉书·张敞传》："敞本以乡有秩补太守卒史，察廉为甘泉仓长，稍迁太仆丞，杜延年甚奇之。"《汉书·平当传》："当少为大行治礼丞，功次补大鸿胪文学，察廉为顺阳长，枸邑令。"《汉书·薛宣传》："少为廷尉书佐、都船狱史。后以大司农斗食属察廉，补不其丞。"《汉书·王嘉传》："以明经射策甲科为郎，坐户殿门失阑免。光禄勋于永除为掾，察廉为南陵丞，复察廉为长陵尉。"

孝廉实际上是一种人才储备和培养制度，其中半数以上先为郎、议郎、谒者和光禄主事，都为光禄勋属官。据黄留珠先生的研究，"孝廉所拜授的官职，既有中央属官（约占 69.8%），也有地方官吏（约占 30.2%）。中央官分别属于光禄勋、少府、太仆、将作大匠和城门都尉，而又以光禄勋属官最为集中（约占 53.5%），其次是少府属官（约占 13.1%）。地方官主要是郡国长官的高级助手（约占 5%），以及县级长官（约占 20.8%）。""郎官在孝廉拜授的诸官职之中，所占比例最大，约近 50%。实际上，上表所统计的数字反映的情况还不尽十分确切。因为史书记载每每有省文现象，所以许多地方把孝廉任用的第一步'除郎中'便省略掉，而直接记载了由郎迁任的职务。"[1] 作为光禄勋系统的郎官，他们实际充当皇帝的侍从，耳濡目染地接受天子的熏陶、教化和培养。他们中的优秀分子，不仅

---

[1]　黄留珠：《秦汉仕进制度》，西北大学出版社，1985，第 143～145 页。

参与中朝决策，监督外朝执行，而且经常被委以重任，出任各级长吏。《汉书·董仲舒传》："夫长吏多出于郎中、中郎，吏二千石子弟选郎吏。"因此可以说，光禄勋实际上充当了国家中高级官吏见习基地和培养学校功能。

第三种人才选用方式是考课官吏。孝廉察举把许多地方优秀人才吸纳到长安进行见习培养，而考课制则对各级长吏政绩进行相对公平公正的考核，将其中的优秀分子提拔到中央更高级更重要的官职岗位上。这是维持一个政权稳定性和权威性的重要条件，《汉书·薛宣传》言之甚精："帝王之德莫大于知人，知人则百僚任职，天工不旷。故皋陶曰：'知人则哲，能官人。'御史大夫内承本朝之风化，外佐丞相统理天下，任重职大，非庸材所能堪。今当选于群卿，以充其缺。得其人则万姓欣喜，百僚说服；不得其人则大职堕敚，王功不兴。虞帝之明，在兹一举，可不致详！"这里主要针对御史大夫之职而言，其实也适用于朝廷所有三公九卿。《汉书·朱博传》："故事，选郡国守相高第为中二千石，选中二千石为御史大夫，任职者为丞相，位次有序，所以尊圣德，重国相也。"从地方郡国守相到朝廷九卿，从九卿到御史大夫，从御史大夫到丞相，这就是一条对于优秀地方官员充满希望的升迁之路，这在世卿世禄的先秦时代是不可想象的。

公孙弘、魏相、萧望之、匡衡、薛宣就是其中的成功者，他们皆从地方低级官员做起，历迁至公卿。据《史记·平津侯列传》，公孙弘少时为薛狱吏，有罪，免。建元元年，以贤良征为博士。使匈奴，不合上意，病免归。元光五年，复征贤良文学，策奏第一。拜为博士，待诏金马门。为左内史，四年迁御史大夫。元朔中，代薛泽为丞相。据《汉书·魏相传》，魏相少学《易》，为郡卒吏，举贤良为茂陵令。后迁河南太守，用武库令事下廷尉狱。赦出守茂陵令，迁扬州刺史。征为谏大夫，复为河南太守。征入为大司农，迁御史大夫，后代韦贤为丞相。据《汉书·萧望之传》，萧望之以射策甲科为郎，坐弟犯法，免归为郡吏。御史大夫魏相除望之为属，察廉为大行治礼丞。累迁谏大夫，丞相司直，平原太守。征入守少府，复以为左冯翊。为大鸿胪，二年迁御史大夫。据《汉书·匡衡传》，匡衡射策甲科，除为太常掌故，调补平原文学。史高辟为议曹史，上以为郎中，迁博士，给事中。迁为光禄大夫，太子少傅。由是为光禄勋、御史大夫。建昭三年，代书玄成为丞相，封乐安侯。《汉书·薛宣传》载谷永推荐薛宣为御史大夫，对其升迁之路言之尤详："窃见少府宣，材茂行洁，达于从政，前为御史中丞，执宪毂下，不吐刚茹柔，举错时当；出守临淮、陈留，二郡称治；为左冯翊，崇教养善，威德并行，众职修理，奸轨绝息，辞讼者历年不至丞相府，赦后余盗贼什分三辅之一。功效卓尔，自左内史初置以来未尝有也。孔子曰：'如有所誉，其有所试。'宣考绩功课，简在两府，不敢过称以奸欺诬之罪。臣闻贤材莫大于治人，宣已有效。"谷永之荐被成帝采纳，历任御史中丞、三任郡守（含左冯翊）、一任九卿（少府）的薛宣迁御史大夫，后升丞相。

第四种人才选用方式是兴学官立太学。自武帝尊《五经》而长安有太学，吸引众多优秀学者汇聚长安执教、学生求学。对此本书第七章第一节中的"一　长安的文化优势"部分已有论述，兹不复论。

二　作者本人的主观追求

朝廷方面的政策措施之外，作者本人心向长安的意愿同样强烈，行为同样果敢。他们有的直接上书皇帝，如东方朔、主父偃、终军、刘辅。《史记·滑稽列传》褚补："武帝时，齐人有东方生名朔，以好古传书，爱经术，多所博观外家之语。朔初入长安，至公车上书，凡用三千奏牍。公车令两人共持举其书，仅然能胜之。人主从上方读之，止，辄乙其处，读之二月乃尽。诏拜以为郎。"《史记·主父偃列传》："孝武元光元年中，以为诸侯莫足游者，乃西入关见卫将军。卫将军数言上，上不召。资用乏，留久，诸公宾客多厌之，乃上书阙下。朝奏，暮召入见。所言九事，其八事为律令，一事谏伐匈奴。"《汉书·终军传》："军揖太守而去，至长安上书言事。武帝异其文，拜军为谒者给事中。"《汉书·刘辅传》："刘辅，河间宗室人也。举孝廉，为襄贲令。上书言得失，召见，上美其材，擢为谏大夫。"

当然也有找人推荐的，如张汤事外戚周阳侯田胜，朱买臣因严助，陈汤交张勃。《汉书·张汤传》："汤为长安吏。周阳侯为诸卿时，尝系长安，汤倾身事之。及出为侯，大与汤交，遍见贵人。"《汉书·朱买臣传》："后数岁，买臣随上计吏为卒，将重车至长安，诣阙上书，书久不报。待诏公车，粮用乏，上计吏卒更乞匃之。会邑子严助贵幸，荐买臣。

召见，说《春秋》，言《楚词》，帝甚说之，拜买臣为中大夫，与严助俱侍中。是时方筑朔方，公孙弘谏，以为罢敝中国。上使买臣难诎弘，语在《弘传》。"《汉书·陈汤传》："少好书，博达善属文。家贫丐贷无节，不为州里所称。西至长安求官，得太官献食丞。数岁，富平侯张勃与汤交，高其能。初元二年，元帝诏列侯举茂材，勃举汤。"

他们之所以意愿如此强烈，行为如此果敢，就在于浓厚的长安情结。这种情结，使得列侯不愿就国。《汉书·窦田灌韩传》："诸外家为列侯，列侯多尚公主，皆不欲就国。以故毁日至窦太后。"这种情结，也使得陈咸发出"得入帝城，死不恨"的心声。《汉书·陈万年传》："（咸）起家复为南阳太守。所居以杀伐立威……下吏畏之，豪强执服，令行禁止，然亦以此见废……时车骑将军王音辅政，信用陈汤。咸数赂遗汤，予书曰：'即蒙子公力，得入帝城，死不恨。'后竟征入为少府。"这种情结，也使得陈汤产生了"不乐东方"的共鸣。《汉书·陈汤传》载将作大匠解万年与陈汤相善，"万年与汤议，以为'……子公妻家在长安，儿子生长长安，不乐东方。'汤心利之。"《太平御览》卷四百九十六引用《桓子新论》中的谚语更形象地描绘出了人们对长安的钦羡："关东谚语曰：'人闻长安乐，则出门而西向笑。知肉味美，则对屠门而大嚼。'"

当然这种浓厚的长安情结，也是大一统王朝对地方势力打压的结果。如淮南王刘安本为武帝所忌，一朝案发，死者数万人。《史记·淮南列传》：刘安谋反案发，上下公卿治，"所连引与淮南王谋反列侯二千石豪杰数千人，皆以罪轻重受诛"。《汉书·武帝纪》元狩元年（前122）："十一月，淮南王安、衡山王赐谋反，诛。党与死者数万人。"有鉴于此，朝廷公卿也不敢轻易招士。如丞相公孙弘尚起客馆，延贤人，其后则化为丘虚，无人敢继了。《汉书·公孙弘传》："弘自见为举首，起徒步，数年至宰相封侯，于是起客馆，开东阁以延贤人，与参谋议。弘身食一肉，脱粟饭，故人宾客仰衣食，奉禄皆以给之，家无所余……凡为丞相御史六岁，年八十，终丞相位。其后李蔡、严青翟、赵周、石庆、公孙贺、刘屈氂继踵为丞相。自蔡至庆，丞相府客馆丘虚而已，至贺、屈氂时坏以为马厩车库奴婢室矣。"其中原因，卫青说得很清楚：人臣招士，是让"天子常切齿"的事情。《汉书·卫青霍去病传》："苏建尝说责'大将军至尊重，而天下之贤士大夫无称焉，愿将军观古名将所招选者，勉之哉！'青谢曰：

'自魏其、武安之厚宾客，天子常切齿。彼亲待士大夫，招贤黜不肖者，人主之柄也。人臣奉法遵职而已，何与招士！'票骑亦方此意，为将如此。"公卿、诸侯王视招宾客为畏途，天下人才出仕之路，只能葵藿向日，投身长安，心系阙下，《全汉文》作者人生地理的向心型流动由此形成和强化。

第二节 《全汉文》作者人生地理离心型流动

《全汉文》作者人生向心型流动目的地都是长安，其离心型流动则与此相反，目的地各有不同。当然这种流动不占主流，如前所述，《全汉文》只有 19.60% 的作品作于长安以外，就说明了这一点。离心型流动可以分成为两种情况：短期离心型流动和长期离心型流动。

一 短期离心型流动

短期离心型流动指离开长安到国外或国内其他地方举行特殊活动或执行特殊任务，时间较短，事后一般要回到长安，包括巡游、出征、出使等。

帝王巡狩一般从首都出发，完成既定路线后回到首都。皇帝出行，随从极多，君臣皆有作文，有效促进了《全汉文》作者及其作品在长安以外地区的分布。西汉首尾战乱不断，不过中间却总体安定。特别是经过文景之治，到武帝初，天下皆望上封禅。武帝外征四夷，内兴制度，元封元年（前110）首次登封位于兖州的泰山。其后元封五年（前106）、太初元年（前104）、太始四年（前93）都有续封。这四次封禅，君臣一共为文8篇。对此本书第七章中"第三节 兖州作品分布"已有论述，兹不复论。

兖州泰山是皇帝封禅的必到之地，不过较远。云阳甘泉位于司隶左冯翊，离长安较近，成为天子经常的祭天处。《汉书·武帝纪》元鼎五年（前112）："十一月辛巳朔旦，冬至。立泰畤于甘泉。天子亲郊见，朝日夕月。诏曰"云云，是为《郊祀泰畤诏》。司马谈等随从，作《议立泰畤坛》。《史记·封禅书》："十一月辛巳朔旦冬至，昧爽，天子始郊拜泰一。朝朝日，夕夕月，则揖；而见泰一如雍礼。其赞飨曰：'天始以宝鼎神策授皇帝，朔而又朔，终而复始，皇帝敬拜见焉。'……太史公、祠官宽舒等曰”云云。《汉书·郊祀志》则以“太史令谈”代“太史公”。甘泉也是武帝避暑之处。《汉书·刘屈氂传》：“其秋，戾太子为江充所谮，杀充，发兵入丞相府，屈氂挺身逃，亡其印绶。是时上避暑在甘泉宫，丞相长史乘疾置以闻。上问‘丞相何为？’对曰：‘丞相秘之，未敢发兵。’上怒曰：‘事籍籍如此，何谓秘也？丞相无周公之风矣。周公不诛管蔡乎？’乃赐丞相玺书曰”云云，是为《赐丞相刘屈氂玺书》。

其后元帝、成帝也时幸甘泉。《汉书·薛广德传》：“及为三公，直言谏争。始拜旬日间，上幸甘泉，郊泰畤，礼毕，因留射猎。广德上书曰”云云，是为《上元帝书谏射猎》。“上即日还。”《汉书·元帝纪》永光元年（前43）：“春正月，行幸甘泉，郊泰畤。”《汉书·翟方进传》：“迁为丞相司直。从上甘泉，行驰道中，司隶校尉陈庆劾奏方进，没入车马。既至甘泉宫，会殿中，庆与廷尉范延寿语，时庆有章劾……方进于是举劾庆曰”云云，是为《劾陈庆》。《汉书·扬雄传》：“孝成帝时，客有荐雄文似相如者，上方郊祠甘泉泰畤、汾阴后土，以求继嗣，召雄待诏承明之庭。正月，从上甘泉，还奏《甘泉赋》以风。其辞曰”云云，是为《甘泉赋》。

司隶境内另一个重要的祭神之处是河东汾阴。《汉书·武帝纪》元封四年（前107）：“冬十月，行幸雍，祠五畤。通回中道，遂北出萧关，历独鹿、鸣泽，自代而还，幸河东。春三月，祠后土。诏曰”云云，是为《祠后土诏》。按《汉书·武帝纪》元鼎四年（前113）：“十一月甲子，立后土祠于汾阴脽上。”《汉书·武帝纪》元封六年（前105）：“三月，行幸河东，祠后土。诏曰”云云，是为《礼首山祠后土诏》。《汉书·武帝纪》太初二年（前103）：“二年春正月戊申，丞相庆薨。三月，行幸河东，祠后土。令天下大酺五日，膢五日，祠门户，比腊。夏四月，诏曰”云云，是为《幸河东诏》。《汉书·宣帝纪》神爵元年（前61）：“春正月，行幸甘泉，郊泰畤。三月，行幸河东，祠后土。诏曰”云云，是为《改元神爵诏》。

从首都长安出征，平定战乱，是军人义不容辞的责任和使命。有时是皇帝亲征，如汉初天下虽定于汉，然诸侯王势力太盛。高帝下令缉拿钟离眛，楚王韩信匿之，乃用陈平计出巡，于陈擒韩信。《汉书·高帝纪》六年（前201）：“十二月，会诸侯于陈，楚王信迎谒，因执之。诏曰”云云，是为《赦诏》。汉十一年，黥布反，杀荆王，走楚王。高祖平定之，还归过沛，作《择立吴王诏》。《史记·高祖本纪》十二年："高祖还归，过沛，留……周勃定代，斩陈豨于当城。诏曰"云云。

有时是将军出征，如韩王信降匈奴，将军陈武击之，作《遗韩王信书》。《史记·韩信卢绾列传》："十一年春，故韩王信复与胡骑入居参合，距汉。汉使柴将军击之，遗信书曰"云云，是为《遗韩王信书》。"韩王信报曰"云云，是为《报柴武书》。"遂战。柴将军屠参合，斩韩王信。"《汉书·高帝纪》十一年（前196）："春正月……将军柴武斩韩王信于参合。"又如七国之乱，韩颓当讨胶西，作《遗胶西王书》。《汉书·荆燕吴传》："三王之围齐临菑也，三月不能下。汉兵至，胶西、胶东、菑川王各引兵归国。胶西王徒跣，席稿，饮水，谢太后……汉将弓高侯颓当遗王书曰……（胶西王）遂自杀。"

从首都长安出征，消除边患，同样是军人义不容辞的责任和使命。因此面对羌乱，赵充国主动请缨。据《汉书·赵充国传》记载，元康三年（前63），先零与诸羌种豪二百余人解仇交质盟诅。汉遣义渠安国行视诸羌，分别善恶。为虏所击，失亡车重兵器甚众。"时充国年七十余，上老之，使御史大夫丙吉问谁可将者，充国对曰：'亡逾于老臣者矣。'上遣问焉，曰：'将军度羌虏何如，当用几人？'充国曰：'百闻不如一见。兵难隃度。臣愿驰至金城，图上方略。然羌戎小夷，逆天背畔，灭亡不久，愿陛下以属老臣，勿以为忧。'上笑曰：'诺。'"充国既进兵，"酒泉太守辛武贤奏言"云云，请七月出击，是为《奏击罕开》。"天子下其书充国，令与校尉以下吏士知羌事者博议。充国及长史董通年以为"云云，是为《击罕开议》，第一次上书。宣帝可辛武贤，以书敕让充国。"充国既得让，以为将任兵在外，便宜有守，以安国家。乃上书谢罪，因陈兵利害，曰"云云，是为《上书谢罪因陈兵利害》，第二次上书。"六月戊申奏，七月甲寅玺书报从充国计焉。"乃击先零，驱之渡湟水，罕羌不烦兵而下。"其秋，充国病，上赐书曰"云云，令击先零。"时羌降者万余人矣。充国度其必坏，欲罢骑兵屯田，以待其弊……遂上屯田奏曰"云云，是为《上屯田奏》，第三次上书。"上报曰：'皇帝问后将军，言欲罢骑兵万人留田，即如将军之计，虏当何时伏诛，兵何时得决？孰计其便，复奏。'充国上状曰"云云，是为《条上屯田便宜十二事状》，第四次上书。"上复赐报曰"云云，令充国执计复奏。"充国奏曰"云云，是为《复奏屯田便宜》，第五次上书。"诏罢兵，独充国留屯田。明年五月，充国奏言"云云，是为《奏罢屯田》。"奏可，充国振旅而还……上然其计，罢遣辛武贤归酒泉太守官，充国复为后将军卫尉。"

西域不宁，李广利出征，作《初征大宛还至敦煌上书》；常惠出使，作《从塞下上书言乌孙事》。《史记·大宛列传》：太初元年李广利远征大宛，"往来二岁。还至敦煌，士不过什一二。使使上书言：'道远多乏食；且士卒不患战，患饥。人少，不足以拔宛。愿且罢兵，益发而复往。'天子闻之，大怒，而使使遮玉门，曰军有敢入者辄斩之！贰师恐，因留敦煌。"《汉书·萧望之传》："神爵二年，遣长罗侯惠使送公主配元贵靡。未出塞，翁归靡死，其兄子狂王背约自立。惠从塞下上书，愿留少主敦煌郡。惠至乌孙，责以负约，因立元贵靡，还迎少主。诏下公卿议，望之复以为"云云。"天子从其议，征少主还。后乌孙虽分国两立，以元贵靡为大昆弥，汉遂不复与结婚。"

匈奴反复，路博德受命击之，作《奏留李陵》。《汉书·李陵传》："天汉二年，贰师将三万骑出酒泉，击右贤王于天山。召陵，欲使为贰师将辎重。陵召见武台，叩头自请曰……上壮而许之，因诏强弩都尉路博德将兵半道迎陵军。博德故伏波将军，亦羞为陵后距，奏言：'方秋匈奴马肥，未可与战，臣愿留陵至春，俱将酒泉、张掖骑各五千人并击东西浚稽，可必禽也。'"《汉书·武帝纪》太初三年（前101）："强弩将军路博德筑居延。"

王莽自大，扰乱匈奴，将士被迫出征，严尤作《谏伐匈奴》，陈钦作《上言虏犯边》。《汉书·匈奴传》：始建国三年匈奴入寇，王莽"乃拜十二部将率，发郡国勇士，武库精兵，各有所屯守，转委输于边。议满三十万众，赍三百日粮，同时十道并出，穷追匈奴，内之于丁令，因分其地，立呼韩邪十五子。莽将严尤谏曰"云云，是为《谏伐匈奴》。其中云："今既发兵，宜纵先至者，令臣尤等深入霆击，且以创艾胡虏。"《汉书·王莽传》始建国四年（12）："厌难将军陈钦言捕虏生口，虏犯边者皆孝单于咸子角所为。莽怒，斩其子登于长安，以视诸蛮夷。"按同传始建国二年（10）："诛貉将军阳俊、讨秽将军严尤出渔阳。""厌难将军陈钦、震狄将军王巡出云中。"

出使也是一种短时期的离京行为，或出使地方，或出使诸侯王，或出使民族地区。出使地方者，如武帝时唐蒙用军兴法发巴蜀吏卒，巴蜀民大惊恐。相如出使责唐蒙，但也喻巴蜀民要理解天子之心，故作《喻巴蜀檄》，见《史记·司马相如列传》。宣帝时越嶲郡禺同山有碧鸡金马之瑞，王褒请之，大宣汉德，作《碧鸡颂》，见《汉书·王褒传》及《后汉书·南蛮西南夷列传》李贤注引王褒《碧鸡颂》。

出使诸侯王者，如楚汉之争时，汉王复守敖仓，而使郦食其说齐王，作《请说齐王》，见《史记·郦生列传》。武帝时汉击闽越，淮南王刘安上书谏阻，严助受命往谕，作《谕意淮南王》，见《汉书·严助传》。元帝时淮阳王刘钦听舅张博邪说，谏大夫王骏出使谕之，作《谕指淮阳王钦》，见《汉书·宣元六王传》。

出使民族地区者，如高帝时娄敬出使匈奴，作《作丹书铁券与匈奴分土界》，见《史记·刘敬列传》和《北堂书钞》卷一百四引《三辅故事》。武帝时张骞为中郎将，出使至乌孙，作《谕指乌孙》，见《史记·大宛列传》。宣帝时长罗侯常惠使送公主配乌孙元贵靡，作《从塞下上书言乌孙事》，见《汉书·萧望之传》。元帝时车骑都尉韩昌送呼韩邪单于侍子，作《与呼韩邪单于盟约》，见《汉书·匈奴传下》。

二 长期离心型流动

与短期离心型流动不同，长期离心型流动指长期离京在外地，不回或很少回到长安，其主体一般是诸侯王、地方官和免职退休官员。

汉代诸侯王一般分封在山东。汉初这些诸侯王可以自主聘贤治民，因此其封国成为东方人才的汇聚中心。如梁孝王招士于豫州，河间献王得儒于冀州。梁孝王刘武为文帝子，因在吴楚之乱中立下大功，又为窦太后爱子，赏赐无数。孝王大筑宫苑，广招宾客，于是有忘忧馆诸贤之作。《西京杂记》卷四："梁孝王游于忘忧之馆，集诸游士，各使为赋。枚乘为《柳赋》，其辞曰……路乔如为《鹤赋》，其辞曰……公孙诡为《文鹿赋》，其词曰……邹阳为《酒赋》，其词曰……公孙乘为《月赋》，其词曰……羊胜为《屏风赋》，其辞曰……韩安国作《几赋》，不成，邹阳代作，其辞曰……邹阳、安国罚酒三升，赐枚乘、路乔如绢，人五匹。"然孝王不守本分，有求为汉嗣之心。被拒后，竟然派刺客加害于汉臣。其宾客中有识者无不反对谏阻，于是有邹阳《狱中上书自明》、枚乘《七发》、严忌《哀时命》之作。河间献王刘德为景帝子，修学好古，诸儒多从而游。《汉书·景十三王传》："河间献王德以孝景前二年立，修学好古，实事求是。从民得善书，必为好写与之，留其真，加金帛赐以招之。由是四方道术之人不远千里，或有先祖旧书，多奉以奏献王者，故得书多，与汉朝等。是时，淮南王安亦好书，所招致率多浮辩。献王所得书皆古文先秦旧书，《周官》《尚书》《礼》《礼记》《孟子》《老子》之属，皆经传说记，七十子之徒所论。其学举六艺，立《毛氏诗》《左氏春秋》博士。修礼乐，被服儒术，造次必于儒者。山东诸儒多从而游。"

又吴王刘濞招游士于徐州，淮南王刘安招宾客于扬州。《史记·货殖列传》："夫吴自阖庐、春申、王濞三人招致天下之喜游子弟，东有海盐之饶，章山之铜，三江五湖之利，亦江东一都会也。"《汉书·邹阳传》："邹阳，齐人也。汉兴，诸侯王皆自治民聘贤。吴王濞招致四方游士，阳与吴严忌、枚乘等俱仕吴，皆以文辩著名。"按刘濞都广陵，而广陵属徐州。《汉书·地理志》："始楚贤臣屈原被谗放流，作《离骚》诸赋以自伤悼。后有宋玉、唐勒之属慕而述之，皆以显名。汉兴，高祖王兄子濞于吴，招致天下之娱游子弟，枚乘、邹阳、严夫子之徒兴于文景之际。而淮南王安亦都寿春，招宾客著书。而吴有严助、朱买臣，贵显汉朝，文辞并发，故世传《楚辞》。"《史记·淮南列传》："淮南王安为人好读书鼓琴，不喜弋猎狗马驰骋，亦欲以行阴德拊循百姓，流誉天下。""阴结宾客，拊循百姓，为畔逆事。"《索隐》："《淮南要略》云安养士数千，高材者八人，苏非、李尚、左吴、陈由、伍被、毛周、雷被、晋昌，号曰八公也。"按刘安都寿春，淮南及寿春属扬州。

七国之乱后，诸侯王失去了治民的权力，只能衣食租税，日益式微。但由于血统的因素，在某些特殊情况下他们又享有问鼎最高权力的资格。因此诸侯王或不甘寂寞，蠢蠢欲动；或腐化堕落，违法乱纪，成为地方问题的一大根源。

如燕王刘旦在卫太子废后，求宿卫不得。昭帝时为诈被识破，犹不甘心，终于谋反被诛。《史记·外戚世家》："卫太子废后，未复立太子。而燕王旦上书，愿归国入宿卫。武帝怒，立斩其使者于北阙。"《汉书·武五子传》："久之，旦姊鄂邑盖长公主、左将军上官桀父子与霍光争权有隙，皆知旦怨光，即私与燕交通。且遣孙纵之等前后十余辈，多赍金宝走马，赂遗盖主。上官桀及御史大夫桑弘羊等皆与交通，数记疏光过失与旦，令上书告之。桀欲从中下其章。旦闻之，喜，上疏曰……是时昭帝年十四，觉其有诈，遂亲信霍光，而疏上官桀等。""桀等因谋共杀光，废帝，迎立燕王为天子。且置驿书，往来相报，许立桀为王，外连郡国豪桀以千数……会盖主舍人父燕仓知其谋，告之，由是发觉……旦得书，以符玺属医工长，谢相二千石：'奉事不谨，死矣。'即以绶自绞。"《汉书·昭帝纪》元凤元年（前80）："九月，鄂邑长公主、燕王旦与左将军上官桀、桀子票骑将军安、御史大夫桑弘羊皆谋反，伏诛。"

刘贺为昌邑王时，即因动作无节，受到中尉王吉的批评。后来他受召入京，再次受到王吉奏书告诫。据《汉书·王吉传》记载："举贤良为昌邑中尉，而王好游猎，驱驰国中，动作亡节，吉上疏谏曰"云云，是为《上疏谏昌邑王》。刘贺被废之后，退居山阳，太守张敞受命对其进行监视。《汉书·武五子传》昌邑王贺："（宣帝）即位，心内忌贺，元康二年遣使者赐山阳太守张敞玺书曰"云云。"敞于是条奏贺居处，著其废亡之效，曰"云云，是为《条奏故昌邑王居处状》。刘贺后来改封到豫章郡做海昏侯，也被奏劾，以致废嗣而国除。《汉书·武五子传》："数年，扬州刺史柯奏贺与故太守卒史孙万世交通……有司案验，请逮捕。制曰：'削户三千。'后薨。豫章太守廖奏言：'舜封象于有鼻，死不为置后，以为暴乱之人不宜为太祖。海昏侯贺死，上当为后者子充国；充国死，复上弟奉亲；奉亲复死，是天绝之也。陛下圣仁，于贺甚厚，虽舜于象无以加也。宜以礼绝贺，以奉天意。愿下有司议。'议皆以为不宜为立嗣，国除。"

梁孝王之后八世孙刘立，竟然两次被告：一次在成帝时，另一次在哀帝时。《汉书·文三王传》："（梁夷王遂）六年薨，子荒王嘉嗣。十五年薨，子立嗣。鸿嘉中，太傅辅奏"云云，是为《奏约束梁王立》。"事下丞相、御史，请许。奏可。""哀帝建平中，立复杀人。天子遣廷尉赏、大鸿胪由持节即讯。至，移书傅、相、中尉曰"云云。"立惶恐，免冠对曰"云云，是为《对讯》。"时冬月尽，其春大赦，不治。"《汉书·诸侯王表》梁孝王武："阳朔元年，王立嗣。"

诸侯王世袭，要求长期在封国。地方官不能世袭，但有任期规定，也要求任期内长在郡国。由于有相对固定的任期和考课任务，因此地方官大都能专心于任内事务，对属下的敕告就是他们认真履职的一种体现。如王尊任安定太守而下《安定太守告属县教》《又敕掾功曹教》，朱博迁琅邪太守而作《出教主簿》《敕功曹》《口占檄文》《移游徼王卿书》。《汉书·王尊传》："后上行幸雍，过虢，尊供张如法而办。以高弟擢为安定太守。到官，出教告属县曰"云云，是为《安定太守告属县教》。"又出教敕掾功曹"云云，是为《又敕掾功曹教》。《汉书·朱博传》："徙为并州刺史、护漕都尉，迁琅邪太守……顷之，门下掾赣遂耆老大儒，教授数百人，拜起舒迟。博出教主簿：'赣老生不习吏礼，主簿且教拜起，闲习乃止。'"是为《出教主簿》。"又敕功曹：'官属多褒衣大祒，不中节度，自今掾史衣皆令去地三寸。'"是为《敕功曹》。"姑幕县有群辈八人报仇廷中，皆不得。长吏自系书言府，贼曹掾史自白请至姑幕。事留不出。功曹诸掾即皆自白，复不出。于是府丞诣阁，博乃见丞掾曰：'以为县自有长吏，府未尝与也，丞掾谓府当与之邪？'阁下书佐入，博口占檄文曰"云云，是为《口占檄文》。"王卿得敕惶怖，亲属失色，昼夜驰骛，十余日间捕得五人。博复移书曰"云云，是为《移游徼王卿书》。"其操持下，皆此类也。"陈咸为南阳太守而作《移敕郡长吏书》，何并徙颍川太守而作《临颍川敕吏捕钟威赵季李款》。《汉书·陈万年传》："（陈咸）起家复为南阳太守。所居以杀伐立威……郡中长吏皆令闭门自敛，不得逾法。公移敕书曰：'即各欲求索自快，是一郡百太守也，何得然哉！'下吏畏之，豪强执服，令行禁止。"《汉书·何并传》：何并徙颍川太守。是时颍川钟元为尚书令，领廷尉，用事有权。弟威为郡掾，臧千金。又有阳翟轻侠赵季、李款亦纵横郡中。何并至官，"下车求勇猛晓文法吏且十人，使文吏治三人狱，武吏往捕之，各有所部。敕曰"云云。

　　与对属下敕告相对应，地方官大多心系长安，有事能及时向朝廷奏议汇报，如郑昌、萧育、冯逡、张敞、朱云等。郑昌为涿郡太守而作《请删定律令疏》，萧育为朔方刺史而作《奏封事荐冯野王》。《汉书·刑法志》："于是选于定国为廷尉，求明察宽恕黄霸等以为廷平，季秋后请谳。时上常幸宣室，斋居而决事，狱刑号为平矣。时涿郡太守郑昌上疏言"云云，是为《请删定律令疏》。《汉书·冯奉世传》：冯野王为冯奉世之子，迁大鸿胪。"成帝立，有司奏野王王舅，不宜备九卿。以秩出为上党太守，加赐黄金百斤。朔方刺史萧育奏封事，荐言"云云，"上自为太子时闻知野王。会其病免，复以故二千石使行河堤。"冯逡为清河都尉而作《奏请浚屯氏河》，张敞为山阳太守而作《为霍氏上封事》，朱云为槐里令而作《上疏劾韦玄成》。《汉书·沟洫志》："成帝初，清河都尉冯逡奏言……事下丞相、御史，白博士许商治《尚书》，善为算，能度功用。遣行视，以为屯氏河盈溢所为，方用度不足，可且勿浚。后三岁，河果决于馆陶及东郡金堤。"《汉书·张敞传》："徙敞为山阳太守。久之，大将军霍光薨，宣帝始亲政事，封光兄孙山、云皆为列侯，以光子禹为大司马。顷之，山、云以过归第，霍氏诸婿亲属颇出补吏。敞闻之，上封事曰"云云。"宣帝善其计，然不征也。"《汉书·朱云传》："迁杜陵令，坐故纵亡命，会赦。举方正，为槐里令。时中书令石显用事，与充宗为党，百僚畏之。唯御史中丞陈咸年少抗节，不附显等，而与云相结。云数上疏，言……而咸数毁石显。"

官员免职或退休之后，很多回归故地原籍。如淳于意讼毕自长安归齐临菑，胡毋生罢博士自长安归齐，杨恽免光禄勋自长安归京兆华阴，薛广德辞御史大夫自长安归沛，梅福免县尉自南昌归九江寿春。《史记·仓公列传》："意家居，诏召问所为治病死生验者几何人也，主名为谁。诏问故太仓长臣意：'方伎所长，及所能治病者？有其书无有？皆安受学？受学几何岁？尝有所验，何县里人也？何病？医药已，其病之状皆何如？具悉而对。'臣意对曰"云云。《汉书·儒林传》："胡毋生字子都，齐人也。治《公羊春秋》，为景帝博士。与董仲舒同业，仲舒著书称其德。年老，归教于齐，齐之言《春秋》者宗事之，公孙弘亦颇受焉。"《汉书·杨恽传》："恽既失爵位，家居治产业，起室宅，以财自娱。"《汉书·薛广德传》："广德为御史大夫，凡十月免。东归沛，太守迎之界上。沛以为荣，县其安车传子孙。"《汉书·梅福传》：梅福字子真，九江寿春人。"为郡文学，补南昌尉。后去官归寿春，数因县道上言变事，求假轺传，诣行在所条对急政，辄报罢。是时成帝委任大将军王凤，凤专势擅朝，而京兆尹王章素忠直，讥刺凤，为凤所诛。王氏浸盛，灾异数见，群下莫敢正言。福复上书曰……至成帝时，梅福复言宜封孔子后以奉汤祀。绥和元年，立二王后，推迹古文，以《左氏》《穀梁》《世本》《礼记》相明，遂下诏封孔子世为殷绍嘉公。语在《成纪》。是时，福居家，常以读书养性为事。"

　　地方官中有一个特殊群体，就是贬谪人士，贾谊和董仲舒比较有代表性。据《汉书·贾谊传》记载，由于吴廷尉推荐，文帝召贾谊为博士。孝文帝悦之，超迁，一岁中至太中大夫。于是天子议以谊任公卿之位。绛、灌、东阳侯、冯敬之属尽害之，乃毁谊年少初学，专欲擅权，纷乱诸事。"于是天子后亦疏之，不用其议，以谊为长沙王太傅。谊既以适去，意不自得。及度湘水，为赋以吊屈原……其辞曰"云云，是为《吊屈原赋》。在升任公卿的美好前程即将成为现实之际，贾谊突然被外放到南方偏远的长沙国做太傅。"以适去，意不自得"，就说明贾谊此行是极为被动和极不情愿的。董仲舒是一代大儒，为武帝新政建树甚多，然遭公孙弘嫉妒，也不得留京，只得出相胶西。《史记·平津侯列传》："弘为人意忌，外宽内深。诸尝与弘有郤者，虽详与善，阴报其祸。杀主父偃，徙董仲舒于胶西，皆弘之力也。"《汉书·董仲舒传》："仲舒为人廉直。是时方外攘四夷，公孙弘治《春秋》不如仲舒，而弘希世用事，位至公卿。仲舒以弘为从谀，弘嫉之。胶西王亦上兄也，尤纵恣，数害吏二千石。弘乃言于上曰：'独董仲舒可使相胶西王。'胶西王闻仲舒大儒，善待之。"

　　其他贬谪地方的文人有刘歆、杜业、陈汤、陈咸、平当等。《古文苑》卷五《遂初赋》序曰："《遂初赋》者，刘歆所作也……歆好《左氏春秋》，欲立于学官，时诸儒不听。歆乃移书太常博士，责让深切，为朝廷大臣非疾。求出补吏，为河内太守，又以宗室不宜典三河，徙五原太守。是时朝政已多失矣，歆以论议见排摈，志意不得。之官，经历故晋之域，感今思古，遂作斯赋，以叹往事而寄己意。"《汉书·杜周传》："（杜业）数言得失，不事权贵，与丞相翟方进、卫尉定陵侯淳于长不平。后业坐法免官，复为函谷关都尉。会定陵侯长有罪，当就国，长舅红阳侯立与业书曰：'诚哀老姊垂白，随无状子出关，愿勿复用前事相侵。'定陵侯既出关，伏罪复发，下洛阳狱。丞相史搜得红阳侯书，奏业听请，不敬，坐免就国。"《汉书·陈汤传》：成帝下诏罢昌陵之后，有司请废昌陵邑中室，汤以为："县官且顺听群臣言，犹且复发徙之也。"时成都侯商新为大司马卫将军辅政，素不善汤。商闻此语，白汤惑众，请下狱治，按验诸所犯。"于是汤与万年俱徙敦煌。"《汉书·陈万年传》附陈咸传："顷之，红阳侯立举咸方正，为光禄大夫给事中，方进复奏免之。后数年，立有罪就国，方进奏归咸故郡，以忧死。"《汉书·平当传》："累迁……光禄勋。

先是太后姊子卫尉淳于长白言昌陵不可成，下有司议。当以为作治连年，可遂就。上既罢昌陵，以长首建忠策，复下公卿议封长。当又以为长虽有善言，不应封爵之科。坐前议不正，左迁钜鹿太守。"

以上都是大一统王朝安定背景下文人的离心型流动类型。当大一统王朝瓦解而战乱频仍时，也会形成另一种离心型流动：敌之所在，军之所向，从而形成一些《全汉文》作者特殊的人生地理流向。如高祖反秦起沛，定三秦，东击项羽，而于广武对峙。《史记·高祖本纪》："秦二世元年……于是樊哙从刘季来。沛令后悔，恐其有变，乃闭城城守，欲诛萧、曹。萧、曹恐，逾城保刘季。刘季乃书帛射城上，谓沛父老曰"云云。《汉书·高帝纪》二年（前205）：汉王东伐项羽，"至洛阳，新城三老董公遮说汉王曰……于是汉王为义帝发丧，袒而大哭，哀临三日。发使告诸侯曰"云云。又四年："汉王、羽相与临广武之间而语。羽欲与汉王独身挑战，汉王数羽曰"云云。又如郦食其辞陈留雍丘高阳，随高帝征战，最后死于齐地。《史记·高祖本纪》二世三年（前207），"（沛公）西过高阳，郦食其为监门，曰：'诸将过此者多，吾视沛公大人长者。'乃求见说沛公。"《史记·郦生列传》："（汉王）乃从其画，复守敖仓，而使郦生说齐王曰"云云，是为《请说齐王》。"广以为然，乃听郦生，罢历下兵守战备，与郦生日纵酒……（韩信）袭破齐历下军，因入临淄。齐王广、相横怒，以郦生卖己，而烹郦生。"宋义和项羽率军北上击秦救赵，途经安阳内讧，有《下令军中》和《斩宋义出令军中》二文。《史记·项羽本纪》：项梁死后，宋义为上将军，项羽为鲁公，为次将，救赵。行至安阳，留四十六日不进。项羽提出异议，宋义不听，"因下令军中曰"云云，是为《下令军中》。宋义送其子相齐，身送之无盐，饮酒高会。天寒大雨，士卒冻饥。于是"项羽晨朝上将军宋义，即其帐中斩宋义头，出令军中曰"云云，是为《斩宋义出令军中》。"当是时，诸将皆慴服，莫敢枝梧。"张良辞汉归韩欲从韩王不得，乃作《遗项王书》《又以齐反书遗项王》，使项羽先击齐。《汉书·张良传》："良归至韩，闻项羽以良从汉王故，不遣韩王成之国，与俱东，至彭城杀之。时汉王还定三秦，良乃遗项羽书曰"云云，是为《遗项王书》。"又以齐反书遗羽，曰"云云，是为《又以齐反书遗项王》。"项羽以故北击齐。良乃间行归汉。汉王以良为成信侯。"《汉书·高帝纪》元年（前206）："时张良徇韩地，遗羽书曰：

'汉欲得关中，如约即止，不敢复东。'羽以故无西意，而北击齐。"

第三节　《全汉文》作者人生地理交互型流动

《全汉文》作者人生地理流动的基本类型是向心型流动和离心型流动，这两种流动交汇融合就形成了交互型流动。交互型流动至少包括一次向心型流动和一次离心型流动，也就是至少一次入京和一次出京。这是大一统王朝构成的内在要求，也是中央和地方之间人事、物事、信息往来的必然要求。交互型流动的主体是汉朝的各级官员，这些官员按其主要任职经历，大致可以划分为治民官和非治民官两大类。此外，还有皇帝征战或巡幸一类。

本节研究介绍《全汉文》作者人生地理交互型流动，须结合作者整个生平事迹（详见《史记》《汉书》中作者之本传）进行考察，为了简明起见，本节对作者本传采用综述性缩写和节略性引用的写法，下文恕不一一注明。

一　治民官的交互型流动

治民官主要指公卿守相令长，按其仕途的主要发展趋势可以分为升迁型和贬谪型。所谓升迁型，就是指其仕途主要趋势逐步由低级向高级、由地方向中央发展，最后一次任职为京官。他们入为京官的次数一般等于或多于出任地方官次数。从人生结局来看，有的得其善终，有的小过退免，有的不得善终。善终者如公孙弘、魏相、韦玄成、平当等。

公孙弘三入两出，其人生地理交互型流向为：入京—出使匈奴—还京—归家—再入京，终于丞相位。据《史记·平津侯列传》和《汉书·公孙弘传》：

公孙弘为齐菑川国薛县人。少时为薛狱吏，有罪，免。家贫，牧豕海上。年四十余，乃学《春秋》杂说。建元元年，天子初即位，招贤良文学之士。是时弘年六十，以贤良征为博士。使匈奴，还报，不合上意，上怒，以为不能，弘乃病免归。元光五年复征贤良文学，菑川国复推上弘。弘谢曰："前已尝西，用不能罢，愿更选。"国人固推弘，弘至太常。上策诏诸儒，对者百余人，太常奏弘第居下。策奏，天子擢弘对为第一。

召入见，容貌甚丽，拜为博士，待诏金马门。后迁左内史。元朔三年，以弘为御史大夫。元朔中，代薛泽为丞相，封为平津侯。其后以为故事，至丞相封侯，自弘始也。时上方兴功业，屡举贤良。弘自见为举首，起徒步，数年至宰相封侯，于是起客馆，开东阁以延贤人，与参谋议。元狩二年，弘病，竟以丞相终。凡为丞相御史六岁，年八十，终丞相位。

魏相四入三出，其人生地理交互型流向为：入京—出为地方官—入京下狱—出为地方官—入为谏大夫—出为河南太守—入京，官至丞相，终于位。据《汉书·魏相传》：

魏相字弱翁，济阴定陶人。徙平陵。少学《易》，为郡卒吏，举贤良，以对策高第，为茂陵令，茂陵大治。后迁河南太守，禁止奸邪，豪强畏服。会丞相车千秋死，其子为洛阳武库令，自见失父，而相治郡严，恐久获罪，乃自免去。相使掾追呼之，遂不肯还。武库令西至长安，大将军霍光果以责过相。后人有告相贼杀不辜，事下有司。大将军用武库令事，遂下相廷尉狱。久系逾冬，会赦出。复有诏守茂陵令，迁扬州刺史。考案郡国守相，多所贬退。相与丙吉相善，时吉为光禄大夫，与相书曰："朝廷已深知弱翁治行，方且大用矣。愿少慎事自重，臧器于身。"相心善其言，为霁威严。居部二岁，征为谏大夫，复为河南太守。数年，宣帝即位，征相入为大司农，迁御史大夫。韦贤以老病免，相遂代为丞相，封高平侯，食邑八百户。视事九岁，神爵三年薨。谥曰宪侯。

韦玄成三入两出，其人生地理交互型流向为：入为谏大夫—出为都尉—入京袭封—出为太守—入京为官至丞相，终于位。据《汉书·韦玄成传》：

玄成字少翁，为韦贤第四子。少好学，修父业，尤谦逊下士。以明经擢为谏大夫，迁大河都尉。贤薨，征至长安，当袭封，以病狂不应召。而丞相御史遂以玄成实不病，劾奏之。有诏勿劾，引拜。玄成不得已受爵。宣帝高其节，以玄成为河南太守。数岁，玄成征为未央卫尉，迁太常。坐与故平通侯杨恽厚善，恽诛，党友皆免官。久之，上欲感风宪王，辅以礼让之臣，乃召拜玄成为淮阳中尉。是时王未就国，玄成受诏，与太子太傅萧望之及《五经》诸儒杂论同异于石渠阁，条奏其对。及元帝即位，以玄成为少府，迁太子太傅，至御史大夫。永光中，代于定国为丞相，后岁余薨。

平当五入四出，其人生地理交互型流向为：入京为官—出为地方官—入为博士等—出使幽州—入为丞相司直—出为刺史—入为太中大夫等—出为太守—入京官至丞相，终于位。据《汉书·平当传》：

平当字子思，祖父以訾百万，自下邑徙平陵。当少为大行治礼丞，功次补大鸿胪文学，察廉为顺阳长，枸邑令，以明经为博士，公卿荐当论议通明，给事中。每有灾异，当辄傅经术，言得失。文雅虽不能及萧望之、匡衡，然指意略同。使行流民幽州，所过见称，奉使者十一人为最，迁丞相司直。坐法左迁朔方刺史。复征入为太中大夫给事中，累迁长信少府、大鸿胪、光禄勋。先是太后姊子卫尉淳于长白言昌陵不可成，下有司议。当以为作治连年，可遂就。上既罢昌陵，以长首建忠策，复下公卿议封长。当又以为长虽有善言，不应封爵之科。坐前议不正，左迁钜鹿太守。哀帝即位，征为光禄大夫，复为光禄勋，御史大夫，至丞相，终于官。

以上诸人皆位极丞相。西汉御史大夫地位仅次于丞相，九卿次于御史大夫。《全汉文》作者中位至御史大夫者如兒宽、贡禹，位至九卿者如谷永。

兒宽三入两出，其人生地理交互型流向为：入为博士弟子等职—之北地视畜—还为侍御史等，至御史大夫—从封泰山—还京终于位。据《汉书·兒宽传》：

兒宽为千乘人。治《尚书》，事欧阳生。以郡国选诣博士，受业孔安国。以射策为掌故，功次补廷尉文学卒吏。宽为人温良，有廉知自将，善属文，然懦于武，口弗能发明也。时张汤为廷尉，廷尉府尽用文史法律之吏，而宽以儒生在其间，见谓不习事，不署曹，除为从史，之北地视畜数年。及汤为御史大夫，以宽为掾，举侍御史。见上，语经学。上说之，从问《尚书》一篇。后擢为中大夫，迁左内史。宽既治民，劝农业，缓刑罚，理狱讼，卑体下士，务在于得人心；择用仁厚士，推情与下，不求声名，吏民大信爱之。课最。上由此愈奇宽。及议欲放古巡狩封禅之事，诸儒对者五十余人，未能有所定。先是，司马相如病死，有遗书，颂功德，言符瑞，足以封泰山。上奇其书，以问宽，宽对，上然之，乃自制仪，采儒术以文焉。既成，将用事，拜宽为御史大夫，从东封泰山，还登明堂。

宽为御史大夫，以称意任职，故久无有所匡谏于上，官属易之。居位九年，以官卒。

贡禹三入两出，其人生地理交互型流向为：入为博士—出为地方官—入举贤良—出为地方官—入京，官至御史大夫，终于官。据《汉书·贡禹传》：

贡禹字少翁，为琅邪人。以明经洁行著闻，征为博士，出为凉州刺史，以病去官。复举贤良为河南令。岁余，以职事为府官所责，免冠谢。遂去官。元帝初即位，征禹为谏大夫，数虚己问以政事。迁禹为光禄大夫。后为长信少府。会御史大夫陈万年卒，禹代为御史大夫，列于三公。又奏欲罢郡国庙，定汉宗庙迭毁之礼，未及施行而卒。

谷永四入三出，其人生地理交互型流向为：为京官数任—出为太守—入为营军司马等—出为刺史—入为太中大夫等—出为太守—入为大司农，病免。据《汉书·谷永传》记载：

谷永字子云，长安人。永少为长安小史，后博学经书。建昭中，御史大夫繁延寿闻其有茂材，除补属，举为太常丞，数上疏言得失。建始三年冬，日食地震同日俱发，诏举方正直言极谏之士，太常阳城侯刘庆忌举永待诏公车。时对者数十人，永与杜钦为上第焉。由是擢为光禄大夫。数年，出为安定太守。时上诸舅皆修经书，任政事。平阿侯谭年次当继大将军凤辅政，尤与永善。阳朔中，凤薨。凤病困，荐从弟御史大夫音以自代。上从之，以音为大司马车骑将军，领尚书事，而平阿侯谭位特进，领城门兵。永闻之，与谭书。谭得其书大感，遂辞让不受领城门职。由是谭、音相与不平。永远为郡吏，恐为音所危，病满三月免。音奏请永补营军司马，永数谢罪自陈，得转为长史。王音薨，成都侯商代为大司马卫将军，迁永为凉州刺史。后征永为太中大夫，迁光禄大夫给事中。元延元年，为北地太守。永所居任职，为北地太守岁余，卫将军商薨，曲阳侯根为票骑将军，荐永，征入为大司农。岁余，永病，三月，有司奏请免。故事，公卿病，辄赐告，至永独即时免。数月，卒于家。

以上诸人仕途皆能得善终，可谓士人人生最理想者。还有一些人因为小过而提前退免，虽不完美，但毕竟未达到被法办治罪的地步，如张苍、匡衡、薛宣等。

张苍三入两出，其人生地理交互型流向为：入咸阳为官—亡归、从沛公征战等—入为计相—出为淮南相—入京官至丞相—因事免。据《史记·张丞相列传》：

张苍为阳武人。秦时为御史，主柱下方书。有罪，亡归。及沛公略地过阳武，苍以客从攻南阳。从淮阴侯击赵，苍得陈余。赵地已平，汉王以苍为代相，备边寇。已而徙为赵相，相赵王耳。张耳卒，相赵王敖。复徙相代王。燕王臧荼反，高祖往击之，苍以代相从攻臧荼有功。迁为计相，更以列侯为主计四岁。是时萧何为相国，而张苍自秦时为柱下吏，明习天下图书计籍。苍又善用算律历，故令苍以列侯居相府，领主郡国上计者。黥布反亡，汉立皇子长为淮南王，而张苍相之。迁为御史大夫。丞相灌婴卒，张苍为丞相。苍为丞相十余年，鲁人公孙臣上书言汉土德时，其符有黄龙当见。诏下其议张苍，张苍以为非是，罢之。其后黄龙见成纪，于是文帝召公孙臣以为博士，草土德之历制度，更元年。张丞相由此自绌，谢病称老。苍任人为中候，大为奸利，上以让苍，苍遂病免。苍为丞相十五岁而免。孝景前五年苍卒，年百有余岁。

匡衡三入三出，其人生地理交互型流向为：入为博士弟子等—出为平原文学—入对—还归平原—入京官至丞相—因事免。据《汉书·匡衡传》：

匡衡字稚圭，东海承人。父世农夫，至衡好学，家贫，庸作以供资用，尤精力过绝人。衡射策甲科，以不应令除为太常掌故，调补平原文学。学者多上书荐衡经明，当世少双，令为文学就官京师；后进皆欲从衡平原，衡不宜在远方。事下太子太傅萧望之、少府梁丘贺问，衡对《诗》诸大义，其对深美。望之奏衡经学精习，说有师道，可观览。宣帝不甚用儒，遣衡归官。而皇太子见衡对，私善之。会宣帝崩，元帝初即位，乐陵侯史高以外属为大司马车骑将军，领尚书事。高辟衡为议曹史，荐衡于上，上以为郎中，迁博士，给事中。是时，有日蚀地震之变，上问以政治得失，衡上疏，上说其言，迁衡为光禄大夫，太子少傅。衡为少傅数年，数上疏陈便宜，及朝廷有政议，傅经以对，言多法义。上以为任公卿，由是为光禄勋、御史大夫。建昭三年，代韦玄成为丞相，封乐安侯，食邑六百户。后因子昌为越骑校尉，醉杀人，系诏狱。越骑官属与昌弟且谋篡昌。事发觉。而有司奏衡专地盗土，衡竟坐免为庶人，终于家。

薛宣四入四出，其人生地理交互型流向为：入京为官—出为不其丞—入为长安令等职—出为陈留太守—入京官至丞相—免归—入为特进等—免归。据《汉书·薛宣传》：

薛宣字赣君，东海郯人。少为廷尉书佐、都船狱史。后以大司农斗食属察廉，补不其丞。大将军王凤闻其能，荐宣为长安令，治果有名，以明习文法诏补御史中丞。是时，成帝初即位，宣为中丞，执法殿中，外总部刺史。会陈留郡有大贼废乱，上徙宣为陈留太守，盗贼禁止，吏民敬其威信。入守左冯翊，满岁称职为真。迁为少府，共张职办。月余，御史大夫于永卒，遂以宣为御史大夫。数月，代张禹为丞相，封高阳侯，食邑千户。后以邛成太后崩，丧事仓卒，吏赋敛以趋办。其后上闻之，以过丞相御史，遂册免宣。初，宣为丞相，而翟方进为司直。宣知方进名儒，有宰相器，深结厚焉。后方进竟代为丞相，思宣旧恩，宣免后二岁，荐宣明习文法，练国制度，前所坐过薄，可复进用。上征宣，复爵高阳侯，加宠特进，位次师安昌侯，给事中，视尚书事。宣复尊重。宣与弟修因事后母不和，博士申咸毁宣不供养行丧服，薄于骨肉。宣子薛况使刺客斫之，断其鼻唇，身八创。况竟减罪一等，徙敦煌。宣坐免为庶人，归故郡，卒于家。

以上两种升迁者，或得善终，或小过退免，都能免于牢狱之灾。另外有一些升迁者则没有那么幸运，最后身陷囹圄，死于非命，令人惋惜，如萧望之、朱博、王嘉等人。

萧望之三入两出，其人生地理交互型流向为：入为博士弟子等—归为郡吏—入为治礼丞等职—出为平原太守—入京官至御史大夫等职，受陷自杀。据《汉书·萧望之传》：

萧望之字长倩，东海兰陵人。以令诣太常受业。以射策甲科为郎，署小苑东门候。后数年，坐弟犯法，不得宿卫，免归为郡吏。及御史大夫魏相除望之为属，察廉为大行治礼丞。地节三年夏，京师雨雹，望之因是上疏，愿赐清闲之宴，口陈灾异之意。对奏，天子拜望之为谒者。时上初即位，思进贤良，多上书言便宜，辄下望之问状，高者请丞相御史，次者中二千石试事，满岁以状闻，下者报闻，或罢归田里，所白处奏皆可。累迁谏大夫，丞相司直。是时选博士谏大夫通政事者补郡国守相，以望之为平原太守。望之雅意在本朝，远为郡守，内不自得，乃上疏。书闻，征入守少府。宣帝察望之经明持重，论议有余，材任宰相，欲详试其政事，复以为左冯翊。望之为左冯翊三年，京师称之，迁大鸿胪。三年，代丙吉为御史大夫。丞相丙吉年老，上重焉，望之又奏，上以望之意轻丞相，贬为太子太傅。及宣帝寝疾，选大臣可属者，望之为前将军光禄勋。元帝时，受中书令弘恭、石显等谮，免官自杀。

朱博两入两出，其人生地理交互型流向为：为地方官—入为左冯翊等—出为犍为太守等—入京官至丞相，以罪自杀。据《汉书·朱博传》：

朱博字子元，杜陵人。家贫，少时给事县为亭长，好客少年，捕搏敢行。稍迁为郡功曹，徙为并州刺史、护漕都尉，迁琅邪太守，以高弟入守左冯翊，满岁为真。其治左冯翊，文理聪明殊不及薛宣，而多武谲，网络张设，少爱利，敢诛杀。然亦纵舍，时有大贷，下吏以此为尽力。迁为大司农。岁余，坐小法，左迁犍为太守。先是南蛮若儿数为寇盗，博厚结其昆弟，使为反间，袭杀之，郡中清。徙为山阳太守，病免官。复征为光禄大夫，迁廷尉，职典决疑，当谳平天下狱。久之，迁后将军，与红阳侯立相善。王立有罪就国，有司奏立党友，博坐免。后岁余，哀帝即位，以博名臣，召见，起家复为光禄大夫，迁为京兆尹。数月超为大司空。后代光为丞相，封阳乡侯，食邑二千户。因承傅太后指，上奏请免傅喜何武爵土，被查办，博自杀，国除。

王嘉三入两出，其人生地理交互型流向为：入为郎等—出为南陵丞等职—入为太中大夫—出为九江太守等—入京官至丞相，以罪下狱死。据《汉书·王嘉传》：

王嘉字公仲，平陵人。以明经射策甲科为郎，坐户殿门失阑免。光禄勋于永除为掾，察廉为南陵丞，复察廉为长陵尉。鸿嘉中，举敦朴能直言，召见宣室，对政事得失，超迁太中大夫。出为九江、河南太守，治甚有声。征入为大鸿胪，徙京兆尹，迁御史大夫。建平三年代平当为丞相，封新甫侯，加食千一百户。嘉为人刚直严毅有威重，上甚敬之。后因谏封董贤等，上乃发怒，召嘉诣尚书，嘉免冠谢罪。嘉系狱二十余日，不食呕血而死。

升迁型之外，是贬谪型。所谓贬谪型，是指其仕途主要趋势逐步由高级向低级、由中央向地方发展，最后一任为地方官。他们出任地方官次数一般等于或多于入京或入为京官的次数，如董仲舒、严延年、张敞、王尊等。

董仲舒两入两出，其人生地理交互型流向为：入为博士等职—出为江都相—入为中大夫—出为胶西相，病免。据《汉书·董仲舒传》：

董仲舒为广川人。少治《春秋》，孝景时为博士。下帷讲诵，弟子传以久次相授业，或莫见其面。盖三年不窥园，其精如此。进退容止，非礼不行，学士皆师尊之。武帝即位，举贤良文学之士前后百数，而仲舒以贤良对策焉。对既毕，天子以仲舒为江都相，事易王。易王，帝兄，素骄，好勇，仲舒以礼谊匡正，王敬重焉。中废为中大夫。仲舒为人廉直。是时方外攘四夷，公孙弘治《春秋》不如仲舒，而弘希世用事，位至公卿。仲舒以弘为从谀，弘嫉之。胶西王亦上兄也，尤纵恣，数害吏二千石。弘乃言于上曰："独董仲舒可使相胶西王。"胶西王闻仲舒大儒，善待之。仲舒恐久获罪，病免。凡相两国，辄事骄王，正身以率下，数上疏谏争，教令国中，所居而治。及去位归居，终不问家产业，以修学著书为事。仲舒在家，朝廷如有大议，使使者及廷尉张汤就其家而问之，其对皆有明法。年老，以寿终于家。

严延年四入四出，其人生地理交互型流向为：入学丞相府—归为郡吏—入为侍御史等—亡命—入为御史掾—出为平陵令—入为丞相掾—出为官至河南太守，弃市。据《汉书·酷吏传》：

严延年字次卿，东海下邳人。其父为丞相掾，延年少学法律丞相府，归为郡吏。以选除补御史掾，举侍御史。是时大将军霍光废昌邑王，尊立宣帝。宣帝初即位，延年劾奏光擅废立，亡人臣礼，不道。奏虽寝，然朝廷肃焉敬惮。后犯法亡命。会赦，征为御史府掾，拜为平陵令。坐法免官。复为丞相掾，好時令。从军出击西羌，还为涿郡太守，郡中震恐，道不拾遗。迁为河南太守，威震旁郡，河南号曰屠伯。是时张敞为京兆尹，素与延年善。敞治虽严，然尚颇有纵舍，闻延年用刑刻急，乃以书论之。延年自矜伐其能，终不衰止。丞义愈益恐，自筮得死卦，忽忽不乐，取告至长安，上书言延年罪名十事。已拜奏，因饮药自杀，以明不欺。事下御史丞按验，有此数事，以结延年，坐怨望非谤政治不道弃市。

张敞四入四出，其人生地理交互型流向为：入为太仆丞—出为豫州刺史—入为太中大夫—出为函谷关都尉等职—入为京兆尹—亡归—入见—出为冀州刺史等职，卒于官。据《汉书·张敞传》：

张敞字子高，本河东平阳人。祖父孺为上谷太守，徙茂陵。敞本以乡有秩补太守卒史，察廉为甘泉仓长，稍迁太仆丞。会昌邑王征即位，动作不由法度，敞上书谏，后十余日王贺废，敞以切谏显名，擢为豫州刺史。以数上事有忠言，宣帝征敞为太中大夫，与于定国并平尚书事。以正违忤大将军霍光，复出为函谷关都尉。宣帝初即位，废王贺在昌邑，上心惮之，徙敞为山阳太守。久之，勃海、胶东盗贼并起，敞上书自请治之。敞到胶东，明设购赏，开群盗令相捕斩除罪。由是盗贼解散，传相捕斩，吏民翕然，国中遂平。于是制诏御史以胶东相敞守京兆尹。敞既视事，由是枹鼓稀鸣，市无偷盗，天子嘉之。为京兆九岁，坐与光禄勋杨恽厚善，后恽坐大逆诛，公卿奏恽党友，不宜处位，等比皆免，而敞奏独寝不下。敞使贼捕掾絮舜有所按验，舜以敞劾奏当免，不肯为敞竟事。敞即部吏收舜系狱，竟致其死事。会立春，行冤狱使者出，使者奏敞贼杀不辜。天子薄其罪，欲令敞得自便利，即先下敞前坐杨恽不宜处位奏，免为庶人。敞免奏既下，诣阙上印绶，便从阙下亡命。天子思敞功效，使使者即家在所召敞。天子引见敞，拜为冀州刺史。敞居部岁余，冀州盗贼禁止。守太原太守，满岁为真，太原郡清。元帝初即位，待诏郑朋荐敞先帝名臣，宜傅辅皇太子。天子使使者征敞，欲以为左冯翊。会病卒。

王尊两入三出，其人生地理交互型流动为：为地方官—入为司隶校尉等—出为高陵令—入为谏大夫等—出为官至东郡太守，卒于官。据《汉书·王尊传》：

王尊字子赣，涿郡高阳人也。数为郡吏。初元中，举直言，迁虢令，转守槐里，兼行美阳令事。以高弟擢为安定太守，坐残贼免。复为护羌将军转校尉，坐擅离部署，免归家。后为郿令，迁益州刺史，居部二岁，怀来徼外，蛮夷归附其威信。博士郑宽中使行风俗，举奏尊治状，迁为东平相。太后徵史奏尊，尊竟坐免为庶人。大将军王凤奏请尊补军中司马，擢为司隶校尉。尊劾奏匡衡，左迁为高陵令，数月，以病免。会南山群盗为害，有司不能平。王凤荐尊，征为谏大夫，守京辅都尉，行京兆尹事。御史大夫中奏尊暴虐不改，尊坐免。湖三老公乘兴等上书讼尊治京兆功效日著，书奏，天子复以尊为徐州刺史。迁东郡太守。久之，河水盛溢，泛浸瓠子金堤，老弱奔走，恐水大决为害。尊躬率吏民，投沉白马，祀水神河伯。尊亲执圭璧，使巫策祝，请以身填金堤，因止宿，庐居堤上。吏民嘉壮尊之勇节，白马三老朱英等奏其状。下有司考，皆如言。于是制诏御史，加秩王尊。数岁，卒于官。

治民官中有一个特殊的类型，那就是诸侯王。在西汉前期，诸侯王拥有很大的治民权。七国之乱之后，这种权力大多划归傅、相、中尉，诸侯王的治民权几乎被取消。一般的地方治民官有任期的限制，诸侯王则没有这种限制。不过诸侯王也有定期入朝的义务，由此形成他们独特的人生地理流动，如刘胜、刘安。

刘胜两入两出，其人生地理交互型流向为：生为皇子—出为中山王—入朝—归中山，以寿终。据《史记·五宗世家》和《汉书·景十三王传》：

刘胜为景帝贾夫人子。以孝景前三年用皇子为中山王。建元三年，代王登、长沙王发、中山王胜、济川王明来朝，天子置酒，胜闻乐声而泣。问其故，胜对以吏所侵闻。于是上乃厚诸侯之礼，省有司所奏诸侯事，加亲亲之恩焉。胜为人乐酒好内，有子枝属百二十余人。立四十二年卒。

刘安两入两出，其人生地理交互型流向为：生为王子—从父入京—从父迁处雍、封侯封王—入朝—归国，后谋反自杀。据《史记·淮南列传》和《汉书·淮南王传》：

刘安为淮南王刘长子，淮南寿春人。刘长谋反，征入治罪，迁死于雍。孝文八年，封刘安为阜陵侯。孝文十六年，封安为淮南王。建元二年，淮南王入朝。素善武安侯，武安侯时为太尉，乃逆王霸上，与王语曰："方今上无太子，大王亲高皇帝孙，行仁义，天下莫不闻。即宫车一日晏驾，非大王当谁立者！"淮南王大喜，厚遗武安侯金财物。阴结宾客，拊循百姓，为畔逆事。王子孽子不害，最长，王弗爱，王、王后、太子皆不以为子兄数。不害有子建，建阴结交，欲告败太子，以其父代之。太子知之，数捕系而榜笞建。建具知太子之谋欲杀汉中尉，即使所善寿春庄芷以元朔六年上书于天子。书闻，上以其事下廷尉，廷尉下河南治。于是廷尉以王孙建辞连淮南王太子迁闻。上遣廷尉监因拜淮南中尉，逮捕太子。太子即自刭，不殊。伍被自诣吏，因告与淮南王谋反，反踪迹具如此。吏因捕太子、王后，围王宫，尽求捕王所与谋反宾客在国中者，索得反具以闻。上下公卿治，所连引与淮南王谋反列侯二千石豪杰数千人，皆以罪轻重受诛。天子使宗正以符节治王。未至，淮南王安自刭杀，国除为九江郡。

二　非治民官的交互型流动

非治民官主要有军人、使者、皇帝侍从等。治民官出入中央和地方一般有任期相对固定的特点，但非治民官出入中央和地方的时间和期限则不固定，一般由时局和皇帝意志决定。

军人大多在地方有战乱或外患威胁的情况下出征，理想情况下完成任务即回京复命，如赵充国、陈汤；不理想的情况下则可能失利失败，甚至降敌，如李陵。

赵充国五入五出，其人生地理交互型流向为：从击匈奴—入为中郎等职—出击武都氐人—入为中郎将—出屯上谷—入为水衡都尉—出击匈奴—入为后将军等—出击西羌—入为后将军等，终于官。据《汉书·赵充国传》：

赵充国字翁孙，陇西上邽人。武帝时，以假司马从贰师将军击匈奴，大为虏所围。汉军乏食数日，死伤者多，充国乃与壮士百余人溃围陷阵，贰师引兵随之，遂得解。身被二十余创，贰师奏状，诏征充国诣行在所。武帝亲见视其创，嗟叹之，拜为中郎，迁车骑将军长史。昭帝时，武都氐人反，充国以大将军护军都尉将兵击定之，迁中郎将，将屯上谷，还为水衡都尉。击匈奴，获西祁王，擢为后将军，兼水衡如故。与大将军霍光定册尊立宣帝，封营平侯。本始中，为蒲类将军征匈奴，斩虏数百级，还为后将军，少府。义渠安国以骑都尉将骑三千屯备羌，至浩亹，为虏所击。时充国年七十余，上老之，使御史大夫丙吉问谁可将者，充国对曰："亡逾于老臣者矣。"上笑曰："诺。"充国既进兵，大胜。明年充国振旅而还，复为后将军卫尉。年八十六，甘露二年薨，谥曰壮侯。

陈汤三入两出，其人生地理交互型流向为：入为太官献食丞等—出西域—还为射声校尉—徙敦煌、安定—还京，卒。据《汉书·陈汤传》：

陈汤字子公，山阳瑕丘人。少好书，博达善属文。西至长安求官，得太官献食丞。后为郎，数求使外国。久之，迁西域副校尉，建昭三年与延寿出西域。二人谋伐郅支单于，甘延寿欲奏请之，汤则矫制发城郭诸国兵、车师戊己校尉屯田吏士。遂进兵，入康居，围单于城，单于被创死。既至论功。元帝下诏赦甘延寿、陈汤矫制罪诏，乃封延寿为义成侯，赐汤爵关内侯。拜延寿为长水校尉，汤为射声校尉。成帝初即位，丞相衡复奏，汤坐免。成帝下诏罢昌陵之后，有司请废昌陵邑中室，汤以为："县官且顺听群臣言，犹且复发徙之也。"时成都侯商新为大司马卫将军辅政，闻此语，白汤惑众，请下狱治，按验诸所犯。于是汤与万年俱徙敦煌。久之，敦煌太守奏汤前亲诛郅支单于，威行外国，不宜近边塞。诏徙安定。议郎耿育上书言便宜，因冤讼汤，书奏，天子还汤，卒于长安。

李陵三入三出，其人生地理交互型流向为：为侍中—深入匈奴—还为骑都尉—出酒泉张掖备胡等—召见武台—出击匈奴、降匈奴。据《汉书·李陵传》：

李陵字少卿，陇西成纪人。少为侍中建章监。善骑射，爱人，谦让下士，甚得名誉。武帝以为有广之风，使将八百骑，深入匈奴二千余里，过居延视地形，不见虏，还。拜为骑都尉，将勇敢五千人，教射酒泉、张掖以备胡。数年，汉遣贰师将军伐大宛，使陵将五校兵随后。行至塞，会贰师还。上赐陵书，陵留吏士，与轻骑五百出敦煌，至盐水，迎贰师还，复留屯张掖。天汉二年，贰师将三万骑出酒泉，击右贤王于天山。召陵，欲使为贰师将辎重。陵召见武台。李陵于是将其步卒五千人出居延，至浚稽山，与单于相直，骑可三万围陵军。大败匈奴，后被匈奴重兵包围。兵疲食尽，突围不果，遂降。昭帝立，大将军霍光、左将军上官桀辅政，素与陵善，遣陵故人陇西任立政等三人俱至匈奴招陵。陵曰："丈夫不能再辱。"陵在匈奴二十余年，元平元年病死。

使者是皇帝的代表，负责出使地方或其他国家或民族政权，传达皇帝旨意，完成国家意志。在理想情况下使者完成任务即可回国复命，如陆贾；不理想的情况下则可能被扣，历尽艰辛才能回国，如张骞、苏武。

陆贾四入五出，其人生地理交互型流向为：从高帝征战—随高帝入京—出使南越—入为太中大夫—病免好畤—入为太中大夫—出使南越—归京，终于好畤。据《史记·陆贾列传》《汉书·陆贾传》：

陆贾为楚人。以客从高祖定天下，名有口辩，居左右，常使诸侯。沛公至武关，用张良计，使郦生、陆贾往说秦将，啖以利，因袭攻武关，破之。楚汉相争于荥阳，汉兵盛食多，项王兵罢食绝。汉遣陆贾说项王，请太公，项王弗听。高帝已定天下，陆贾使南越，卒拜尉他为南越王，令称臣奉汉约。归报，高祖大悦，拜贾为太中大夫。孝惠时，吕太后用事，欲王诸吕，畏大臣及有口者。贾自度不能争之，乃病免。以好畤田地善，往家焉。孝文帝即位，欲使人之南越。陈丞相等乃言陆生为太中大夫，往使尉他，令尉他去黄屋称制，令比诸侯，皆如意旨。还归，后以寿终。

张骞五入四出，其人生地理交互型流向为：入为郎—出使西域—还为太中大夫—从击匈奴—还为卫尉—从击匈奴—还为庶人—出使乌孙—还为大行，终于官。据《史记·大宛列传》《汉书·张骞传》：

张骞为汉中人，建元中为郎。骞以郎应募，使月氏，与堂邑氏胡奴甘父俱出陇西。经匈奴，匈奴得之，传诣单于，单于留之。留骞十余岁，益宽，骞因与其属亡向月氏，西走数十日至大宛。大宛遣骞，为发导绎，抵康居，康居传致大月氏。大月氏王已为胡所杀，立其太子为王。既臣大夏而居，地肥饶，少寇，志安乐，又自以远汉，殊无报胡之心。骞从月氏至大夏，竟不能得月氏要领。留岁余，还，并南山，欲从羌中归，复为匈奴所得。留岁余，单于死，左谷蠡王攻其太子自立，国内乱，骞与胡妻及堂邑父俱亡归汉。汉拜骞为太中大夫，堂邑父为奉使君。骞以校尉从大将军击匈奴，知水草处，军得以不乏，乃封骞为博望侯。骞为卫尉，与李将军俱出右北平击匈奴。匈奴围李将军，军失亡多；而骞后期当斩，赎为庶人。是后天子数问骞大夏之属，拜骞为中郎将。骞既至乌孙，乌孙王昆莫见汉使如单于礼，骞大惭，知蛮夷贪，乃曰："天子致赐，王不拜则还赐。"昆莫起拜赐，其他如故。骞还到，拜为大行，列于九卿。岁余，卒。

苏武两入一出，其人生地理交互型流向为：入为郎—出使匈奴—还为典属国、免官病卒。据《汉书·苏武传》：

苏武为苏建中子，杜陵人。少以父任，兄弟并为郎，稍迁至栘中厩监。天汉元年，且鞮侯单于初立，尽归汉使路充国等。武帝嘉其义，乃遣武以中郎将使持节送匈奴使留在汉者，因厚赂单于，答其善意。既至匈奴，置币遗单于。单于方欲发使送武等，会缑王与长水虞常等谋反匈奴中，副使张胜与谋。单于使卫律召武受辞，武谓惠等："屈节辱命，虽生，何面目以归汉！"引佩刀自刺。卫律惊，自抱持武，驰召医。武益愈，单于使使晓武。单于愈益欲降之，乃幽武置大窖中，绝不饮食。天雨雪，武卧啮雪与旃毛并咽之，数日不死。匈奴以为神，乃徙武北海上无人处，使牧羝，羝乳乃得归。武杖汉节牧羊，卧起操持，节旄尽落。昭帝即位，数年，匈奴与汉和亲。汉求武等，匈奴诡言武死。后汉使复至匈奴，常惠请其守者与俱，得夜见汉使，具自陈道。教使者谓单于，单于视左右而惊。

单于召会武官属，前以降及物故，凡随武还者九人。诏武奉一太牢谒武帝园庙，拜为典属国。武来归明年，武子男元与上官安有谋，坐死。武免官。数年，昭帝崩，武以故二千石与计谋立宣帝，赐爵关内侯。武年八十余，神爵二年病卒。

皇帝侍从包括侍中、中常侍、郎、谒者、大夫、给事中、左右曹、诸吏、散骑、待诏等，除侍卫职外，可以助娱乐，备顾问，与论议，随时扈从皇帝行幸地方，或者受皇帝委派单独出使、出宰地方。不论是行幸还是出使、出宰，一般事后或任期满后都要回到首都，从而形成另一种独特的人生地理流动。他们为天子腹心之臣，一方面很受亲近，如东方朔、司马相如；但另一方面也容易触犯忌讳而被严惩，如严助、京房等。

东方朔三入两出，其人生地理交互型流向为：入为待诏等职—从至甘泉—归京—从至泰山等—归京，以寿终。据《史记·滑稽列传》和《汉书·东方朔传》：

东方朔字曼倩，平原厌次人。武帝初即位，征天下举方正贤良文学材力之士，待以不次之位，四方士多上书言得失，自衒鬻者以千数，其不足采者辄报闻罢。朔初来，上书文辞不逊，高自称誉，上伟之，令待诏公车，奉禄薄，未得省见。后待诏金马门，稍得亲近。当从甘泉，曾向公孙弘借车。元封元年，上封泰山后，欲自浮海求蓬莱，群臣谏，莫能止。东方朔谏，上乃止。武帝既招英俊，程其器能，用之如不及。时方外事胡越，内兴制度，国家多事。自公孙弘以下至司马迁，皆奉使方外，或为郡国守相至公卿。而朔尝至太中大夫，后常为郎，与枚皋、郭舍人俱在左右，诙啁而已。久之，朔上书陈农战强国之计，因自讼独不得大官，欲求试用。其言专商鞅、韩非之语也，指意放荡，颇复诙谐，辞数万言，终不见用。以寿终。

司马相如三入两出，其人生地理交互型流向为：入为郎—出客梁国等—入为郎—出使西南—还京，后病卒。据《史记·司马相如列传》和《汉书·司马相如传》：

司马相如为蜀郡成都人，字长卿。以赀为郎，事孝景帝，为武骑常侍，非其好也。会景帝不好辞赋，是时梁孝王来朝，从游说之士齐人邹阳、淮阴枚乘、吴庄忌夫子之徒，相如见而悦之，因病免，客游梁。梁孝王令与诸生同舍。相如得与诸生游士居数岁，乃著《子虚之赋》。会梁孝王卒，相如归，而家贫，无以自业。得临邛卓文君，为富人。居久之，蜀人杨得意为狗监，侍上。上读《子虚赋》而善之，乃召问相如。相如曰："有是。然此乃诸侯之事，未足观也。请为天子游猎赋，赋成奏之。"赋奏，天子以为郎。会唐蒙使略通夜郎西僰中，发巴蜀吏卒千人，郡又多为发转漕万余人，用兴法诛其渠帅，巴蜀民大惊恐。上闻之，乃使相如责唐蒙，因喻告巴蜀民以非上意。是时邛、筰之君长闻南夷与汉通，得赏赐多，多欲愿为内臣妾，请吏，比南夷。天子乃拜相如为中郎将，建节往使。司马长卿便略定西夷，邛、筰、冉、駹、斯榆之君皆请为内臣。还报天子，天子大说。其后人有上书言相如使时受金，失官。居岁余，复召为郎。后病卒。

严助四入三出，其人生地理交互型流向为：入为中大夫—出使会稽—还京—出使南越、淮南—还京—出为会稽太守—入为侍中，被诛。据《汉书·严助传》：

严助，会稽吴人。郡举贤良，对策百余人，武帝善助对，由是独擢助为中大夫。建元三年，闽越举兵围东瓯，东瓯告急于汉。乃遣助以节发兵会稽。会稽守欲距法，不为发。助乃斩一司马，谕意指，遂发兵浮海救东瓯。未至，闽越引兵罢。后三岁，闽越复兴兵击南越。南越守天子约，不敢擅发兵，而上书以闻。上多其义，大为发兴，遣两将军将兵诛闽越。淮南王安上书谏。是时，汉兵遂出，未逾领，适会闽越王弟余善杀王以降。汉兵罢。上嘉淮南之意，美将卒之功，乃令严助谕意风指于南越。南越王顿首谢，即遣太子随助入侍。助还，又谕淮南王，助由是与淮南王相结而还。上大悦。上问所欲，对愿为会稽太守。于是拜为会稽太守。数年，不闻问。上赐书，助恐，上书愿奉三年计最。诏许，因留侍中。后淮南王来朝，厚赂遗助，交私论议。及淮南王反，事与助相连，上薄其罪，欲勿诛。廷尉张汤争，以为助出入禁门，腹心之臣，而外与诸侯交私如此，不诛，后不可治。助竟弃市。

京房两入一出，其人生地理交互型流向为：入为郎等职—出为魏郡太守—征入，弃市。据《汉书·京房传》：

京房字君明，东郡顿丘人也。治《易》，事梁人焦延寿。其说长于灾变，分六十四卦，更直日用事，以风雨寒温为候：各有占验。房用之尤精。好钟律，知音声。初元四年以孝廉为郎。永光、建昭间，西羌反，日蚀，又久青亡光，阴雾不精。房数上疏，先言其将然，近数月，远一岁，所言屡中，天子说之。天子数召见问，石显、五鹿充宗皆疾房，欲远之，建言宜试以房为郡守。元帝于是以房为魏郡太守，秩八百石，居得以考功法治郡。房自知数以论议为大臣所非，内与石显、五鹿充宗有隙，不欲远离左右，及为太守，忧惧。房未发，上令阳平侯凤承制诏房，止无乘传奏事。房意愈恐，去至新丰，因邮上封事。房至陕，复上封事。房去月余，竟征下狱。及房出守郡，显告房与张博通谋，非谤政治，归恶天子，诖误诸侯王。房、博皆弃市。

三 皇帝征战或巡幸

治民官和非治民官之外，皇帝亲征或封禅巡狩，形成他们特殊的人生地理交互型流动，以高帝和武帝最为典型。

高帝的人生地理交互型流向十分复杂，这里仅就其诏令写作地梳理其部分地理流向，可以概括为四出四还：出豫州—还司隶—出兖州—还司隶—出兖州、冀州—还司隶—出豫州—还司隶（表8-2）。

表8-2 高祖诏令写作时地表

序号	作者	篇名	时间	身份	地点	郡国	属州	备注
1	高帝	《书帛射城上与沛父老》	前209	故亭长	沛县	沛郡	豫州	出
2	高帝	《入关告谕》	前206	沛公	霸上	京兆	司隶	
3	高帝	《夷三族令》	前206	沛公	长安	京兆	司隶	
4	高帝	《重祠诏》	前205	汉王	栎阳	左冯翊	司隶	还
5	高帝	《发使告诸侯》	前205	汉王	洛阳	河南郡	司隶	
6	高帝	《数项羽十罪》《下令恤军士死者》	前203	汉王	荥阳广武	河南	司隶	
7	高帝	《下令立韩信为楚王彭越为梁王》《下令赦天下》《答诸侯王韩信等上尊号》	前202	汉王	定陶	济阴	兖州	出
8	高帝	《立吴芮为长沙王诏》《以亡诸为闽粤王诏》	前202	皇帝	定陶	济阴	兖州	
9	高帝	《罢兵赐复诏》《诏卫尉郦商》	前202	皇帝	洛阳	河南	司隶	还
10	高帝	《上太公尊号诏》	前201	皇帝	栎阳	左冯翊	司隶	

续表

序号	作者	篇名	时间	身份	地点	郡国	属州	备注
11	高帝	《择立齐王荆王诏》《封爵誓》《又与群臣刑白马而盟》《丹书铁券》《赐韩王信书》	前201	皇帝	洛阳	河南	司隶	还
12	高帝	《赦诏》	前201	皇帝	陈县	淮阳国	兖州	出
13	高帝	《疑狱诏》	前200	皇帝	邯郸	赵国	冀州	
14	高帝	《立灵星祠诏》	前199	皇帝	长安	京兆	司隶	
15	高帝	《复吏卒限制衣冠令》	前199	皇帝	洛阳	河南	司隶	
16	高帝	《所述书天子所服第八》	前198	皇帝	长安	京兆	司隶	
17	高帝	《捕赵王张敖诏》	前198	皇帝	洛阳	河南	司隶	还
18	高帝	《择立代王诏》《定口赋诏》《求贤诏》《择立梁王淮阳王诏》	前196	皇帝	洛阳	河南	司隶	
19	高帝	《立赵它为南粤王诏》	前196	皇帝	长安	京兆	司隶	
20	高帝	《择立吴王诏》	前195	皇帝	沛县	沛郡	豫州	出
21	高帝	《置秦始皇楚王陈胜等守冢诏》《议立燕王诏》《立南武侯织为南海王诏》《布告天下诏》《手敕太子》	前195	皇帝	长安	京兆	司隶	还

武帝的人生地理交互型流向也十分复杂，这里仅就其诏令写作地梳理其部分地理流向，可以概括为三出三还：在司隶—出兖、豫、并州—还司隶—出兖州—还司隶—出兖州—还司隶（表8-3）。

表8-3 武帝诏令写作时地表

序号	作者	篇名	时间	身份	地点	郡国	属州	备注
1	武帝	《复高年子孙诏》、《修山川祠诏》、《省卫士罢苑马诏》《策贤良制》（《元光元年策贤良制》）	前140	皇帝	长安	京兆	司隶	在司隶
2	武帝	《祀太室牛鼎文》	前138	皇帝	长安	京兆	司隶	
3	武帝	《诏罢王恢韩安国兵》《答淮南王安谏伐越诏》	前135	皇帝	长安	京兆	司隶	

续表

序号	作者	篇名	时间	身份	地点	郡国	属州	备注
4	武帝	《诏贤良》	前134	皇帝	长安	京兆	司隶	
5	武帝	《赐严助书》《欲伐匈奴诏》	前133	皇帝	长安	京兆	司隶	
6	武帝	《策废陈皇后》《元光五年策贤良制》《册书答公孙弘》	前130	皇帝	长安	京兆	司隶	
7	武帝	《赦雁门代郡军士诏》	前129	皇帝	长安	京兆	司隶	
8	武帝	《议不举孝廉者罪诏》、《赦诏》（朕闻）	前128	皇帝	长安	京兆	司隶	
9	武帝	《许诸侯王分子弟邑诏》《益封卫青》《报李广》《诏赐吾丘寿王玺书》	前127	皇帝	长安	京兆	司隶	
10	武帝	《赦诏》（夫刑罚）、《削梁王地》	前126	皇帝	长安	京兆	司隶	
11	武帝	《劝学诏》《又益封卫青》《诏御史封公孙敖等》《封公孙弘为平津侯诏》	前124	皇帝	长安	京兆	司隶	在司隶
12	武帝	《议置武功驰赏官诏》《封霍去病等》	前123	皇帝	长安	京兆	司隶	
13	武帝	《报公孙弘》《遣谒者巡行天下诏》	前122	皇帝	长安	京兆	司隶	
14	武帝	《益封霍去病》（戎士）、《又益封霍去病》、《浑邪王降益封霍去病》	前121	皇帝	长安	京兆	司隶	
15	武帝	《议后土祀》	前121	皇帝	雍	右扶风	司隶	
16	武帝	《诏封萧何曾孙》	前120	皇帝	长安	京兆	司隶	
17	武帝	《益封霍去病》（率师）	前119	皇帝	长安	京兆	司隶	
18	武帝	《遣博士褚大等循行天下诏》《诏封皇子制》《封皇子制》《策封齐王闳》《策封燕王旦》《策封广陵王胥》	前117	皇帝	长安	京兆	司隶	
19	武帝	《遣博士循行振饥诏》《振流民诏》	前115	皇帝	长安	京兆	司隶	

序号	作者	篇名	时间	身份	地点	郡国	属州	备注
20	武帝	《封常山王二子诏》	前114	皇帝	长安	京兆	司隶	
21	武帝	《封栾大为乐通侯诏》《得宝鼎》	前113	皇帝	长安	京兆	司隶	在司隶
22	武帝	《封周子南君诏》	前113	皇帝	洛阳	河南	司隶	
23	武帝	《以石庆为丞相诏》《赐卜式爵诏》《封韩千秋子等》《征南粤诏》《郊祠泰畤诏》	前112	皇帝	长安	京兆	司隶	
24	武帝	《减内史稻田租挈诏》《敕责杨仆书》《议郊祀乐》	前111	皇帝	长安	京兆	司隶	
25	武帝	《巡边诏》《迁东越民诏》	前110	皇帝	云阳甘泉	左冯翊	司隶	
26	武帝	《改元大赦诏》《令诸侯治邸泰山下诏》《泰山刻石文》《与奉车子侯家诏》	前110	皇帝	奉高	泰山	兖州	出
27	武帝	《增太室祠诏》	前110	皇帝	崇高	颍川	豫州	
28	武帝	《临北河遣使者告单于》	前110	皇帝		朔方	并州	
29	武帝	《尊祠灵星诏》《使公孙遂往朝鲜》	前109	皇帝	长安	京兆	司隶	
30	武帝	《产芝赦诏》	前109	皇帝	云阳甘泉	左冯翊	司隶	还
31	武帝	《报石庆》	前107	皇帝	长安	京兆	司隶	
32	武帝	《祠后土诏》	前107	皇帝	汾阴	河东	司隶	
33	武帝	《求贤诏》	前106	皇帝	长安	京兆	司隶	
34	武帝	《增封泰山诏》	前106	皇帝	奉高	泰山	兖州	出
35	武帝	《礼首山祠后土诏》	前105	皇帝	汾阴	河东	司隶	
36	武帝	《李夫人赋》《定礼仪诏》《诏兒宽》《定正朔改元太初诏》	前104	皇帝	长安	京兆	司隶	还
37	武帝	《幸河东诏》	前103	皇帝	汾阴	河东	司隶	
38	武帝	《封李广利为海西侯诏》《击匈奴诏》	前101	皇帝	长安	京兆	司隶	
39	武帝	《制书报胡建》	前100	皇帝	长安	京兆	司隶	
40	武帝	《沉命法》《诏关都尉》《诏路博德》《诏李陵》	前99	皇帝	长安	京兆	司隶	

序号	作者	篇名	时间	身份	地点	郡国	属州	备注
41	武帝	《改铸黄金诏》《报齐人延年》	前95	皇帝	长安	京兆	司隶	还
42	武帝	《泰山鼎文》	前93	皇帝	奉高	泰山	兖州	出
43	武帝	《报楼兰国请立质子》	前92	皇帝	长安	京兆	司隶	
44	武帝	《以刘屈氂为左丞相诏》《以刘去为广川王诏》	前91	皇帝	长安	京兆	司隶	
45	武帝	《赐丞相刘屈氂玺书》《责问暴胜之》《封莽通等》《封李寿张富昌诏》	前91	皇帝	云阳甘泉	左冯翊	司隶	还
46	武帝	《报桑弘羊等请屯田轮台诏》(《轮台罪己诏》)、《报车千秋》、《力农诏》	前89	皇帝	云阳甘泉	左冯翊	司隶	
47	武帝	《赦诏》(朕郊)	前88	皇帝	云阳甘泉	左冯翊	司隶	

最后需要说明的是，本节所述及的治民官和非治民官，只是着眼于作者仕途的主要任职身份而言。事实上，治民官类作者除了公卿守相令长身份之外，还可能有其他非治民官的任职经历，如贾谊任过博士、太中大夫，公孙弘任过博士，韦贤任过谏大夫，谷永任过光禄大夫，萧望之任过郎、谒者、谏大夫，匡衡任过郎中、博士、给事中，王嘉任过郎、太中大夫，等等。同样，非治民官类作者除了侍中、郎、中大夫等身份之外，也可能有其他治民官的任职经历，如严助任过会稽太守，京房任过魏郡太守等。

附 录

一 《全汉文》篇目作年

说明:

1. 卷次、作者及篇目顺序据严可均《全汉文》。

2. 作者前数字为作者序号,可与后面的"二 《全汉文》作者索引"配合使用。

3. 篇目斜线后数字表示该文作年,有"-"者为公元前纪年,无者为公元后纪年。"＊"表示该文未编年,"△"表示该文重出,或归属有误。

4. 《全汉文》篇目 1445 篇,应考者 1432 篇,已编年 1382 篇,未编年 50 篇;作者 319 位(不含第二作者与阙名),应考者 320 位(含庞真),已编年 317 位(不含庞真为 316 人),未编年 3 位。

卷一

1. 高帝

重祠诏／-205

立吴芮为长沙王诏／-202

以亡诸为闽粤王诏／-202

罢兵赐复诏／-202

诏卫尉郦商／-202

赦诏／-201

择立齐王荆王诏／-201

上太公尊号诏／-201

疑狱诏／-200

立灵星祠诏／-199

捕赵王张敖诏／-198

择立代王诏／-196

定口赋诏／-196

求贤诏／-196

择立梁王淮阳王诏／-196

立赵它为南粤王诏／-196

择立吴王诏／-195

置秦皇楚王陈胜等守冢诏／-195

议立燕王诏／-195

立南武侯织为南海王诏／-195

布告天下诏／-195

条奏便宜/ -61

表奏采易阴阳明堂月令/ -61

124. 蔡义

上疏求召见/ -82

125. 令狐茂

上书理太子/ -91

126. 车千秋

上急变讼太子冤/ -90

127. 黄霸

单于朝仪议/ -52

128. 士伍尊

上书请复丙吉后爵邑/ -34

卷三十

129. 张敞

告絮舜教/ -54

上书谏昌邑王/ -74

上书自请治胶东勃海盗贼/ -62

奏书谏胶东王太后数出游猎/ -62

诣公车上书/ -53

上书请令入谷赎罪/ -61

为霍氏上封事/ -66

上疏谏用方术/ -56

奏劾黄霸/ -55

条奏故昌邑王居处状/ -64

美阳鼎不宜荐见议/ -56

答两府入谷赎罪难问/ -61

为胶东相与朱邑书/ -62

书/ -62

与严延年书/ -59

＊答朱登遗蟹酱书

130. 张竦

为陈崇草奏称莽功德/3

为刘嘉作奏称莽功德/6

131. 田延年

奏没入诸下里物/ -74

卷三十一

132. 杜延年

奏记霍光争侯史吴事/ -78

133. 杜钦

举贤良方正对策/ -29

白虎殿对策/ -29

上疏追讼冯奉世前功/ -33

奏记王凤理冯野王/ -24

说王凤/ -32

复说王凤/ -32

说王凤重后父/ -33

说王凤绝羁宾/ -33

说王凤处置夜郎等国/ -27

说王凤治河/ -26

复说王凤起就位/ -24

复说王凤举直言极谏/ -24

戒王凤/ -24

134. 杜业

上书追劾翟方进/ -7

上书言王氏世权/ -7

奏事/ -4

说成帝绍封功臣/ -16

奏请收还武库兵器/-2

226. 马宫

上书谢罪乞骸骨/5

227. 鲍宣

上书谏哀帝/-3

复上书/-2

228. 梅福

上书言王凤专擅/-14

上书请封孔子子孙为殷后/-8

229. 郭舜

上言宜绝康居/-29

230. 尹赏

临死戒诸子/3

231. 申咸

上书理师丹/-6

232. 龚胜

朱博傅晏赵玄罪议/-5

王嘉罪议/-2

卷五十一

233. 扬雄一

蜀都赋/-17

甘泉赋/-13

河东赋/-13

羽猎赋/-12

卷五十二

扬雄二

长杨赋/-11

＊覈灵赋

太玄赋/-1

逐贫赋/1

酒赋/-15

反离骚/-24

广骚/-24

畔牢愁/-24

上书谏勿许单于朝/-3

对诏问灾异/-5

答刘歆书/13

与桓谭书/9

答桓谭书/9

卷五十三

扬雄三

难盖天八事/9

解嘲/-1

解难/-1

蜀王本纪/-17

赵充国颂/-12

剧秦美新/9

＊连珠

卷五十四

扬雄四

冀州箴/8

青州箴/8

兖州箴/8

徐州箴/8

扬州箴/8

荆州箴/8

豫州箴/8

益州箴/8

311. **乌珠留单于**

上哀帝书请入朝／－3

上书改名／2

312. **鄯善王尉屠耆**

请遣将屯田伊循城／－77

313. **乌孙昆弥**

上宣帝书／－72

又上宣帝书／－64

314. **龟兹王绛宾**

上书求与乌孙女入朝／－66

仙道

315. **修羊公**

＊化为白石羊题背

鬼神

316. **天皇大帝**

茅君九锡玉册文／－1

317. **西王母**

传书／－3

318. **武帝**

＊赐将作大匠丞札

319. **段孝直**

＊上表讼冤

二　《全汉文》作者索引

说明：

1. 本表用于《全汉文》320 位作者（含庞真）姓名检索，大致按音序排列。

2. 作者后数字为作者在"一　《全汉文》篇目作年"中的序号。

参考文献

一 古代文献

（清）阮元校刻《十三经注疏》（清嘉庆刊本），中华书局，2009。

（清）焦循：《孟子正义》，《诸子集成》第一册，中华书局，1954。

（周）左丘明：《国语》，上海古籍出版社，1998。

（汉）刘向集录《战国策》，上海古籍出版社，1998。

姚春鹏译注《黄帝内经》，中华书局，2011。

（战国）庄周撰，郭庆藩集释《庄子》，《诸子集成》本，第三册。

（战国）商鞅，严万里校《商君书》，《诸子集成》本，第五册。

（战国）韩非，王先慎校《韩非子》，《诸子集成》本，第五册。

（周）列御寇撰，张湛注《列子》，《四库全书》本，第1055册，上海古籍出版社，1987。

（周）尹喜：《关尹子》，《四库全书》本，第1055册。

（汉）王逸章句，（宋）洪兴祖补注《楚辞补注》，中华书局，1983。

（汉）孔安国传，〔日本〕太宰纯音《古文孝经孔氏传》，《四库全书》第182册。

（清）王聘珍：《大戴礼记解诂》，中华书局，1983。

（汉）扬雄撰，周祖谟校笺《方言校笺》，中华书局，1993。

（汉）许慎：《说文解字》，中华书局，1963。

（汉）刘熙撰，（清）毕沅疏证，王先谦补《释名疏证补》，中华书局，2008。

（汉）司马迁：《史记》，中华书局，1982。

〔日本〕泷川资言考证《史记会注考证附校补》，上海古籍出版社，1986。

（汉）班固撰，（唐）颜师古注《汉书》，中华书局，1962。

（清）王先谦：《汉书补注》，中华书局，1987。

（清）沈钦韩：《汉书疏证》，《续修四库全书》第 267 册，上海古籍出版社，2002。

（清）周寿昌：《汉书注校补》，《续修四库全书》本，第 267 册。

周振鹤编：《汉书地理志汇释》，安徽教育出版社，2006。

（汉）荀悦撰，张志烈点校《汉纪》，《两汉纪》，中华书局，2002。

何清谷校释《三辅黄图校释》，中华书局，2005。

（汉）赵岐：《三辅决录》，清《二酉堂丛书》本。

（汉）应劭：《风俗通义校释》，吴树平校释，天津人民出版社，1980。

（汉）卫宏：《汉官旧仪》，《四库全书》本，第 646 册。

（清）孙星衍等辑，周天游点校《汉官六种》，中华书局，1990。

（汉）蔡邕：《独断》，《四库全书》本，第 850 册。

（汉）崔寔：《四民月令校注》，石声汉校注，中华书局，2013。

佚名：《汉武故事》，《汉魏六朝笔记小说大观》，上海古籍出版社，1999。

（汉）郭宪：《汉武帝别国洞冥记》，《汉魏六朝笔记小说大观》，上海古籍出版社，1999。

（汉）孔鲋撰，王钧林、周海生译注《孔丛子》，中华书局，2009。

（汉）刘安：《淮南子》，《诸子集成》本，第七册。

（清）苏舆撰，钟哲点校《春秋繁露义证》，中华书局，1992。

（汉）桓宽：《盐铁论》，《诸子集成》本，第七册。

（汉）扬雄：《扬子法言》，《诸子集成》本，第七册。

（汉）严遵：《道德指归论》，《道藏》本。

（汉）王充：《论衡》，《诸子集成》本，第七册。

（汉）班固撰，（清）陈立疏《白虎通疏证》，中华书局，1994。

（汉）贾谊著，王洲明、徐超注《贾谊集校注》，人民文学出版社，1996。

（汉）司马相如：《司马文园集》，明末刻《七十二家集》本。

（汉）扬雄著，张震泽校注《扬雄集校注》，上海古籍出版社，1993。

（魏）王肃注《孔子家语》，《四库全书》本，第 695 册。

（晋）陈寿：《三国志》，中华书局，1982。

（晋）常璩著，汪启明等译注《华阳国志译注》，四川大学出版社，2007。

（晋）皇甫谧：《高士传》，《四库全书》本，第 448 册。

（晋）张华撰，范宁校证《博物志校证》，中华书局，1980。

（晋）崔豹：《古今注》，《汉魏六朝笔记小说大观》，上海古籍出版社，1999。

（晋）嵇含：《南方草木状》，《汉魏六朝笔记小说大观》，上海古籍出版社，1999。

（晋）葛洪撰，周天游校注《西京杂记》，中华书局，2020。

（晋）葛洪著，（清）孙星衍校正《抱朴子》，《诸子集成》本，第八册。

（晋）王嘉撰，（南朝梁）萧绮录，齐治平校注《拾遗记》，中华书局，1981。

（北魏）郦道元著，（清）王先谦校《合校水经注》，中华书局，2009。

（南朝宋）范晔：《后汉书》，中华书局，1965。

（清）王先谦：《后汉书集解》，中华书局，1984。

（南朝宋）刘义庆撰，徐震堮校笺《世说新语校笺》，中华书局，1984。

（南朝梁）沈约：《宋书》，中华书局，1974。

（南朝梁）殷芸：《殷芸小说》，《汉魏六朝笔记小说大观》，上海古籍出版社，1999。

（南朝梁）萧统编，（唐）李善注《文选》，中华书局，1977。

（南朝梁）萧统编，（唐）张铣等注《六臣注文选》，中华书局，1987。

（南朝梁）刘勰撰，范文澜注《文心雕龙注》，人民文学出版社，2001。

（南朝梁）钟嵘撰，陈延杰注《诗品注》，人民文学出版社，1961。

（南朝梁）任昉：《文章缘起》，《四库全书》本，第1478册。

（南朝梁）陶弘景：《古今刀剑录》，明《汉魏丛书》本。

（南朝陈）徐陵编，（清）吴兆宜注《玉台新咏笺注》，中华书局，1985。

（南朝陈）虞荔：《鼎录》，《四库全书》本，第840册。

（唐）陆德明：《经典释文》，中华书局，1983。

（唐）房玄龄：《晋书》，中华书局，1974。

（唐）魏征：《隋书》，中华书局，1973。

（唐）杜佑：《通典》，浙江古籍出版社，2000。

（唐）李吉甫撰，贺次君点校《元和郡县图志》，中华书局，1983。

（唐）马总：《意林》，《四库全书》本，第872册。

（唐）徐坚等编《初学记》，中华书局，2004。

（唐）虞世南编《北堂书钞》，《四库全书》本，第889册。

（唐）欧阳询等编《艺文类聚》，中华书局，1965。

（唐）吴兢：《乐府古题要解》，《四库全书存目丛书》集部第415册，齐鲁书社，1997。

（宋）陈彭年、丘雍：《宋本广韵》，中国书店，1982。

（宋）王益之：《西汉年纪》，《四库全书》本，第329册。

（宋）徐天麟：《西汉会要》，中华书局，1955。

（宋）司马光：《资治通鉴》，中华书局，1997。

（宋）乐史：《宋本太平寰宇记》，中华书局，2001。

（宋）秦醇：《赵飞燕别传》，见《穷怪录》（及其他四种），丛书集成初编本，中华书局，1991。

（宋）张君房纂辑《云笈七签》，华夏出版社，1996。

（宋）王应麟：《困学纪闻》，《四部丛刊三编》景元本。

（宋）黄震：《黄氏日钞》，元后至元刻本。

（宋）李昉编《太平御览》，中华书局，1960。

（宋）王应麟：《玉海》，广陵书社，2003。

（宋）洪迈：《容斋随笔》，上海古籍出版社，1978。

（宋）吴淑：《事类赋》，宋绍兴十六年刻本。

（宋）郭茂倩：《乐府诗集》，中华书局，1979。

（宋）章樵注《古文苑》，《守山阁丛书》本。

（元）马端临：《文献通考》，浙江古籍出版社，2000。

（元）王大彬：《茅山志》，《续修四库全书》本，第723册。

（明）田汝成：《西湖游览志》，中华书局，1958。

（明）周复俊辑《全蜀艺文志》，明嘉靖刻本。

（清）钱大昕：《三史拾遗》，《续修四库全书》本，第454册。

（清）赵翼：《廿二史札记校证》，王树民校证，中华书局，2013。

（清）严可均辑校《全上古三代秦汉三国六朝文》，中华书局，1958。

（清）严可均辑校，陈延嘉等点校《全上古三代秦汉三国六朝文》，河北教育出版社，1997。

（清）陈沆：《诗比兴笺》，上海古籍出版社，1981。

（清）王太岳等：《钦定四库全书考证》，《四库全书》本，第1500册。

（清）吴荣光：《历代名人年谱》，上海书店，1989。

（清）钱保塘：《历代名人生卒录》，北京图书馆出版社，2002。

（清）皮锡瑞：《经学历史》，周予同注释，中华书局，2004。

二 近现代文献

郑鹤声编《司马迁年谱》，商务印书馆，1956。

姜亮夫纂定，陶秋英校《历代人物年里碑传综表》，中华书局，1959。

游国恩等：《中国文学史》，人民文学出版社，1964。

陈直：《汉书新证》，天津人民出版社，1979。

吴海林、李延沛：《中国历史人物生卒年表》，黑龙江人民出版社，1981。

谭其骧主编《中国历史地图集》（第二册），地图出版社，1982。

刘大杰：《中国文学发展史》，上海古籍出版社，1982。

逯钦立辑校《先秦汉魏晋南北朝诗》，中华书局，1983。

萧涤非：《汉魏六朝乐府文学史》，人民文学出版社，1984。

安作璋、熊铁基：《秦汉官制史稿》（上册），齐鲁书社，1984。

黄留珠：《秦汉仕进制度》，西北大学出版社，1985。

程金造：《史记管窥》，陕西人民出版社，1985。

张大可：《史记研究》，甘肃人民出版社，1985。

陆侃如：《中古文学系年》，人民文学出版社，1985。

吴文治：《中国文学史大事年表》，黄山书社，1987。

刘汝霖：《汉晋学术编年》，中华书局，1987。

卢云：《汉晋文化地理》，陕西人民教育出版社，1991。

王兴国：《贾谊评传》，南京大学出版社，1992。

费振刚等辑校《全汉赋》，北京大学出版社，1993。

郑文：《汉诗研究》，甘肃民族出版社，1994。

聂石樵：《先秦两汉文学史稿》，北京师范大学出版社，1994。

王永祥：《董仲舒评传》，南京大学出版社，1995。

陆侃如、冯沅君编撰《中国诗史》，山东大学出版社，1996。

曹道衡、沈玉成编撰《中国文学家大辞典》（先秦汉魏晋南北朝卷），中华书局，1996。

刘师培：《刘师培全集》，中共中央党校出版社，1997。

卢央：《京房评传》，南京大学出版社，1998。

汪桂海：《汉代官文书制度》，广西教育出版社，1999。

李申：《中国儒教史》，上海人民出版社，1999。

魏文华编著《儒学大师董仲舒》，新华出版社，2000。

钱穆：《两汉经学今古文平议》，商务印书馆，2001。

张涛：《经学与汉代社会》，河北人民出版社，2001。

中国文物研究所、甘肃省文物考古研究所编《敦煌悬泉月令诏条》，中华书局，2001。

王国维：《观堂集林》，河北教育出版社，2001。

程章灿：《魏晋南北朝赋史》，江苏古籍出版社，2001。

卞孝萱等：《两汉文学》，安徽教育出版社，2001。

周长山：《汉代城市研究》，人民出版社，2001。

陈蛰生：《先儒年表》，《北京图书馆藏珍本年谱丛刊》第5册，北京图书馆出版社，2001。

王国维：《太史公系年考略》，《北京图书馆藏珍本年谱丛刊》第6册，北京图书馆出版社，2001。

梁廷灿：《历代名人生卒年表·历代帝王生卒年表》，北京图书馆出版社，2002。

赵敏俐：《周汉诗歌综论》，学苑出版社，2002。

彭卫、杨振红：《中国风俗通史》（秦汉卷），上海文艺出版社，2002。

杨世明：《巴蜀文学史》，巴蜀书社，2003。

林剑鸣：《秦汉史》，上海人民出版社，2003。

钱穆：《秦汉史》，生活·读书·新知三联书店，2004。

程世和：《汉初士风与汉初文学》，中国社会科学出版社，2004。

陈茂同：《中国历代职官沿革史》，百花文艺出版社，2005。

郑杰文、李梅：《中国学术思想编年》（秦汉卷），陕西师范大学出版社，2005。

费振刚等校注《全汉赋校注》，广东教育出版社，2005。

周良宵：《皇帝与皇权》（增订本），上海古籍出版社，2006。

张继海：《汉代城市社会》，社会科学文献出版社，2006。

刘跃进：《秦汉文学编年史》，商务印书馆，2006。

石观海主编《中国文学编年史》（汉魏卷），湖南人民出版社，2006。

龙文玲：《汉武帝与西汉文学》，社会科学文献出版社，2007。

董治安主编《两汉全书》，山东大学出版社，2009。

王启才：《汉代奏议的文学意蕴与文化精神》，人民出版社，2009。

辛德勇：《秦汉政区与边界地理研究》，中华书局，2009。

王青：《扬雄评传》，南京大学出版社，2011。

曾大兴：《文学地理学研究》，商务印书馆，2012。

刘跃进：《秦汉文学地理与文人分布》，中国社会科学出版社，2012。

易小平：《西汉文学编年史》，上海古籍出版社，2012。

宋清秀、曾礼军、包礼祥：《中国学术编年》（两汉卷），华东师范大学出版社，2013。

俞启定主编《中国教育通史》（秦汉卷），北京师范大学出版社，2013。

王子今：《秦汉交通史稿》，中国人民大学出版社，2013。

曾大兴：《中国历代文学家之地理分布》，商务印书馆，2013。

葛剑雄：《西汉人口地理》，商务印书馆，2014。

梅新林：《中国文学地理形态与演变》，上海人民出版社，2014。

王彦辉：《秦汉户籍管理与赋役制度研究》，中华书局，2016。

李岩：《中国古代尊老养老问题研究》，中国社会科学出版社，2016。

周振鹤：《西汉政区地理》，商务印书馆，2017。

祝总斌：《两汉魏晋南北朝宰相制度研究》，北京大学出版社，2017。

易小平：《〈全汉文〉编年》，广西人民出版社，2018。

三　期刊论文

钱穆：《司马迁生年考》，《学术季刊》（台北）1953 年第 4 期，转引自施丁等主编《史记研究》，中国大百科全书出版社，2009。

刘开扬：《论司马相如及其作品》，《江海学刊》1962 年第 2 期。

施丁：《董仲舒天人三策作于元光元年辨——兼谈董仲舒不是"罢黜百家，独尊儒术"的创始人》，《社会科学辑刊》1980 年第 3 期。

王以宪：《扬雄著作系年》，《湘潭大学学报》1983 年第 3 期。

施丁：《司马迁生年考》，《杭州大学学报》1984 年第 3 期。

郑文：《对扬雄生平与作品的探索》，《文史》第二十四辑，中华书局，1985。

王增文：《关于枚乘〈七发〉主旨的商榷》，《商丘师专学报（社会科学版）》1988 年第 1 期。

黄开国：《扬雄的著述活动与著作》，《成都大学学报（社会科学版）》1992 年第 2 期。

张震泽：《扬雄生平、作品评价及其他有关问题》，《辽宁大学学报（哲学社会科学版）》1992 年第 3 期。

陈延嘉、王同策、左振坤：《严可均的贡献与我们的工作》，《长春师院学报》1994 年第 3 期。

程章灿：《论〈全上古三代秦汉三国六朝文〉之阙误》，《南京大学学报（哲学社会科学版）》1995 年第 1 期。

王利器：《〈全上古三代秦汉三国六朝文〉证误》，《文学评论》1996 年第 2 期。

王增文：《论梁苑辞赋》，《中州学刊》1996 年第 5 期。

郭荣章：《唐孙樵〈兴元新路记〉识评——兼述郑子真故里考辨》，《成都大学学报（社会科学版）》1997 年第 2 期。

章培恒、刘骏：《关于李陵〈与苏武诗〉及〈答苏武书〉的真伪问题》，《复旦学报（社会科学版）》1998 年第 2 期。

包明明：《汉赋中的汉武帝——从〈长门赋〉到〈李夫人赋〉》，《古典文学知识》1999 年第 3 期。

李尔钢：《"汉兴三十年"、"四十年"与贾谊书不伪说》，《古典文学知识》1999 年第 1 期。

赵逵夫：《〈七发〉与枚乘生平新探》，《西北师大学报（社会科学版）》1999 年第 1 期。

李士彪：《〈全汉文〉校读札记》，《齐鲁学刊》2000 年第 4 期。

杨福泉：《扬雄至京、待诏、奏赋、除郎的年代问题》，《上海大学学报（社会科学版）》2002 年第 1 期。

跃进：《〈独断〉与秦汉文体研究》，《文学遗产》2002 年第 5 期。

赵逵夫：《汉晋赋管窥》，《甘肃社会科学》2003 年第 5 期。

易平、易宁：《史记早期文献中的一个根本问题——《太史公书》

"藏之名山，副在京师"考》，《南昌大学学报（人文社会科学版）》2004年第1期。

熊良智：《扬雄"四赋"时年考》，《四川师范大学学报（社会科学版）》2005年第3期。

踪凡：《严可均〈全汉文〉〈全后汉文〉辑录汉赋之阙误》，《文学遗产》2007年第6期。

易小平：《〈全汉文〉阙误辨正》，《兰台世界》2016年第9期。

易小平：《两汉宗室文人籍贯考辨——基于目前三种籍贯推断方式的讨论》，《北京社会科学》2016年第4期。

后　记

本书是笔者 2014 年申报立项的国家社科基金项目"《全汉文》编年系地与分布"的结项成果，该成果以笔者博士学位论文《西汉文学系年》和教育部课题结项成果《〈全汉文〉编年》为基础。

《西汉文学系年》于 2005 年 5 月在山东大学通过博士学位论文答辩。该论文对西汉时期 130 位作家和 59 位相关人物、1000 余篇作品以及其他各种文学事物的史料做了一次较大规模的收集和整理，通过考证将之落实到所属的具体年代或时段，从而勾画出整个西汉文学发展演变的历史轨迹。该论文于 2012 年由上海古籍出版社出版，更名为《西汉文学编年史》。

《〈全汉文〉编年》是笔者 2010 年申报立项的教育部人文社会科学研究项目"《全汉文》编年"的结项成果。该成果对清代严可均所辑《全上古三代秦汉三国六朝文》子集《全汉文》中的 312 位作者和 1346 篇文章进行了编年，分别占其总数的 98% 和 93%，另外还对 65 位相关人物进行了简要编年。该成果已于 2018 年由广西人民出版社出版。

以上研究都属于传统的文学编年研究。其间笔者接触到一些文学地理学方面的著作，如卢云《汉晋文化地理》、曾大兴《中国历代文学家之地理分布》、刘跃进《秦汉文学地理与文人分布》、梅新林《中国文学地理形态与演变》等，于是产生了将文学编年与文学系地结合进行研究的想法。考虑到已有的研究基础和研究对象应有的明确性，决定以《全汉文》为切入点进行这一研究。2014 年以"《全汉文》编年系地与分布研究"为题申报国家社科基金项目，获准立项。

该项目原定于 2017 年结题，由于种种原因，延期到 2019 年才最终完成。结题之后继续修改，形成此书。此书从时间和地点两个角度，层层深入地研究《全汉文》中之作者与文章。以考证《全汉文》作者生卒、籍贯和文章创作时地为基础，分析西汉各州作者籍贯和文章的时空分布特点及原因。以作者人生地理为结合点，将《全汉文》文章创作地分布和作者籍贯地分布统一起来，进而考察作者人生地理流向与作者人生追求和社会资源配置之间的关系。通过以上研究，尝试将文学编年、文学系地与文学总集研究结合起来，开拓文学地理学断代研究的新领域。虽未必能至，然心向往之。

广西大学文学院研究生曾鸿雁、王斯怡、钟宏达、韩婷婷、林贞余、文艺菲、杨琰玲、王婷、翟婧怡、陈斯斯协助复印《史记》《汉书》有关地名资料，罗雪莲、王美荣、蒲小莉、文艺菲、申珊珊协助转录表格，钟宏达、韩婷婷、林贞余、文艺菲、匡义、陈诗懿、罗金秋、蔡宇璇协助部分资料核对统计，在此一并致谢。

广西大学文学院院长孙瑞教授、广西大学文学与文化研究中心主任龙文玲教授一直关心支持本书的出版，谨致谢忱。

社会科学文献出版社宋月华女士、李建廷先生、王霄蛟先生为本书出版做了大量工作和周到安排，发现并订正了书稿中的不少讹误，提出了一些重要的修改意见，特此致谢。

由于本人才疏学浅，书中一定还存在不少问题和错误，恳请广大读者和各位专家不吝赐教。

易小平

2022 年 8 月 10 日于广西大学东校园

图书在版编目（CIP）数据

　　《全汉文》编年系地与分布 / 易小平著. -- 北京：
社会科学文献出版社，2022.8
　　ISBN 978 - 7 - 5228 - 0936 - 6

　　Ⅰ. ①全… 　Ⅱ. ①易… 　Ⅲ. ①古籍 - 中国 - 汉代 ②《
全汉文》- 研究 　Ⅳ. ①Z423.4

　　中国版本图书馆 CIP 数据核字（2022）第 195726 号

《全汉文》编年系地与分布

著　　者 / 易小平

出 版 人 / 王利民
责任编辑 / 李建廷　王霄蛟
责任印制 / 王京美

出　　版 / 社会科学文献出版社
　　　　　　地址：北京市北三环中路甲 29 号院华龙大厦　邮编：100029
　　　　　　网址：www. ssap. com. cn
发　　行 / 社会科学文献出版社（010）59367028
印　　装 / 三河市尚艺印装有限公司

规　　格 / 开　本：787mm × 1092mm　1/16
　　　　　　印　张：23.5　字　数：381 千字
版　　次 / 2022 年 8 月第 1 版　2022 年 8 月第 1 次印刷
书　　号 / ISBN 978 - 7 - 5228 - 0936 - 6
定　　价 / 158.00 元

读者服务电话：4008918866

▲ 版权所有 翻印必究